KLAUS-PETER WOLF

Ein mörderisches Paar

DER VERDACHT

Ostfriesenkrimi

FISCHER Taschenbuch

MIX
Papier | Fördert gute Waldnutzung
FSC® C083411

Originalausgabe
Erschienen bei FISCHER Taschenbuch
Frankfurt am Main, Juni 2024

Satz: Dörlemann Satz, Lemförde
Druck und Bindung: CPI books GmbH, Leck
ISBN 978-3-596-70864-2

»Weniger ist nicht mehr. So ein Blödsinn. Mehr ist mehr!«
Willi Klempmann, genannt George, Gangsterkönig

»Ich schnarche gar nicht – ich träume nur manchmal,
ich sei ein Motorrad.«
Hauptkommissar Rupert, Kripo Aurich

»Erfüllte Träume machen uns müde.
Die Sehnsucht danach aber gibt uns Kraft und treibt uns an.«
Dr. Bernhard Sommerfeldt, Klinikleiter und Serienkiller

»Ich traue keinen perfekten Menschen. Perfektion ist seelenlos.
Wer eine Seele hat, hat auch schwarze Flecken und Risse.
Sie machen uns aus. Es sind die Narben unserer Erfahrungen.«
Frauke

Markus Baumann hatte viele Methoden ausprobiert, Frauen rumzukriegen. Keine war so erfolgreich wie die Sommerfeldt-Masche. In letzter Zeit hatte es drei Fernsehsendungen über den Serienkiller gegeben, eine Reportage über die Misserfolge bei der Fahndung nach seinem Ausbruch und über mögliche Helfershelfer in Ostfriesland, eine Sondersendung von *Aktenzeichen XY ... ungelöst,* mit der die aktuelle Fahndung nach ihm befeuert werden sollte, und dann unterhielten sie sich im *Literarischen Quartett* über ihn und seine Biographie. Zum ersten Mal hatte die Sendung mehr als drei Millionen Zuschauer und wurde in der Mediathek zigmal aufgerufen. Angeblich drehte das ZDF einen Spielfilm auf der Grundlage seiner Biographie *Totenstille im Watt,* aber wer die Hauptrolle, also Dr. Bernhard Sommerfeldt, spielen sollte, wurde wie ein Staatsgeheimnis gehütet.

Er hatte sich viel mit Sommerfeldt beschäftigt, und seitdem er auf Sommerfeldt machte, legte er reihenweise Frauen flach. Sie vertrauten ihm sofort, waren bereit, ihn zu verstecken, boten ihm Geld an und liebten ihn bis zur Erschöpfung.

Er selbst war ein Jäger. Er war auf keinen Frauentyp festgelegt. Für ihn war es ein Sieg, wenn sie mit ihm ins Bett stiegen, und genau darum ging es.

In frühester Kindheit schon hatte er erlebt, dass er nicht um seiner selbst willen geliebt wurde, sondern höchstens für Leistungen, die er vollbrachte. Also gab er für seinen Vater den tollen Torwart, obwohl er es ziemlich bescheuert fand, sich mit dem Kopf voran auf einen Ball zu stürzen, nach dem andere traten. Vier Finger waren ihm beim Spiel gebrochen worden und einmal auch die Nase.

Für seine Mutter wollte er das musische Genie geben, doch Torwart und Klavierspielen, das passte nicht zusammen. Mit gebrochenen Fingern spielt sich Mozart schlecht.

In seinem Innern war er weder Fußballer noch Musiker, und auch den braven Schüler spielte er nur. Er wollte geliebt werden und strampelte sich ab. Um die Liebe seiner Eltern kämpfte er schon lange nicht mehr, das war Schnee von gestern. Jetzt sammelte er Erlebnisse mit Frauen, am besten an jedem Wochenende mit einer anderen. Und mit der Sommerfeldt-Masche war das überhaupt kein Problem.

Zu seiner Ausstattung gehörte ein helles Leinenjackett. Aus der rechten Tasche ragte immer ein Buch von Dr. Bernhard Sommerfeldt.

Baumann fand die Frauen in Bibliotheken, bei Krimilesungen, bei Spaziergängen im Park, und besonders viele von ihnen machten gern Urlaub an der Nordsee. Sie besuchten die Plätze, an denen Sommerfeldt sich laut seiner Bücher aufgehalten hatte. Welcher Sommerfeldt-Fan wollte nicht mal im *Café ten Cate* Baumkuchen gegessen haben? Natürlich besuchten sie den Lütetsburger Park, wollten auf Langeoog in einem Anna-See-Apartment wohnen, am liebsten mit Blick auf die Eisdiele Venezia.

Er wusste, wie er sie fand, und er wusste, wie er sie ansprechen musste. Dazu waren keine Verrenkungen in Diskotheken notwendig, und er musste auf keiner Skipiste mit dem Skilehrer konkurrieren. Er begann ein lockeres Gespräch über Ostfriesland und über Sommerfeldt, und wenn er den Glanz in ihren

Augen sah, dann verriet er nach nicht allzu langer Zeit, er sei Dr. Bernhard Sommerfeldt. Natürlich nicht mehr ganz so schön wie auf den Fahndungsplakaten, denn er habe sich umoperieren lassen, sonst könne er sich ja nicht an seinen Lieblingsorten aufhalten. Er sei verpfiffen worden und brauche dringend eine sichere Wohnung für die Nacht.

Von zehn Versuchen hatten acht funktioniert. Zweimal hatte er die Geschichte selbst abgebrochen, weil sie ihm frei heraus sagte, ihr Mann hätte bestimmt nichts dagegen, der sei auch Sommerfeldt-Fan.

Besonders angenehm an der Sommerfeldt-Methode fand er auch, dass er danach nicht großartig Schluss machen musste und es keine schrecklichen Abschiedsszenen gab, keine *Ich-hasse-dich*-Schreie, sondern jede verstand, dass er weiterziehen musste und ihr weder eine Telefonnummer geben konnte noch eine Adresse.

Er ging mit einem Augenzwinkern und versprach, sich wieder zu melden. Das war es dann auch schon.

Er arbeitete als Verwaltungsangestellter in Meppen. So konnte er jedes Wochenende einen kurzen Trip nach Ostfriesland machen. Am Anfang buchte er sich noch ein Zimmer, gern im *Smutje,* weil dort viele Leserinnen von Dr. Sommerfeldt übernachteten, inzwischen sparte er sich das Geld. Meist brauchte er ja gar kein eigenes Zimmer, weil er die Nacht sowieso in einem anderen Bett verbrachte. Das erhöhte für ihn sogar noch den Spaß bei der Jagd und den Druck, es auch hinzukriegen. Wenn alles schiefging, konnte er immer noch nach Hause fahren und es am anderen Tag noch mal versuchen.

Die neugestaltete Wasserkante in Norddeich, *das Deck,* war ein magischer Anziehungspunkt für Sommerfeldt-Fans. Dazu das Meer, die Sonne, die entspannte Stimmung, vielleicht noch ein Glas Weißwein vor dem *Haus des Gastes* – was sollte da schiefgehen?

Doch diesmal lief nicht alles so gut für ihn. Er glaubte, noch in der glücklichsten Phase seines Lebens zu sein. Er sah einer vollbusigen Fünfzigjährigen in die Augen, die sogar Stellen aus der Sommerfeldt-Trilogie wörtlich zitieren konnte. Sie tranken Weizenbier und rieben sich gegenseitig mit Sonnencreme ein, doch keine drei Meter von ihnen entfernt saß Johann Baptist Reichhart, auch *der Henker* genannt. Inzwischen hatte es sich bis zu ihm rumgesprochen, dass Sommerfeldt zum Frauenhelden mutiert war, der gern in Norddeich, Bensersiel und Greetsiel auf die Jagd ging.

Für Johann Baptist war Sommerfeldt zehn Millionen wert, denn genau so viel hatte Willi Klempmann auf seinen Kopf ausgesetzt.

Die beiden Turteltäubchen sahen nicht so aus, als ob sie sich heute noch trennen würden. Mir wird gar nichts anderes übrig bleiben, dachte Johann Baptist und spielte mit der rechten Hand in seiner Jackentasche mit der Stahlschlinge. Ich muss beide töten. Zuerst ihn – der gefährlichste Gegner muss immer sofort ausgeschaltet werden – und danach sie. Zeugen kann ich wahrlich nicht gebrauchen.

Zur gleichen Zeit heiratete der echte Dr. Bernhard Sommerfeldt unter dem Namen Ernest Simmel seine geliebte Frauke Winterberg im Alten Leuchtturm auf Wangerooge. Hauptkommissar Rupert und seine Frau Beate waren Trauzeugen.

Jörg und Monika Tapper hatten die Hochzeitstorte persönlich nach Wangerooge gebracht.

Das dreistöckige Kunstwerk wartete jetzt im Apartment Anna Düne mit Meerblick darauf, angeschnitten zu werden.

Als Klinikleiter wollte Simmel keine große Hochzeit. Er hatte Angst, alle einladen zu müssen, und eine Riesenfeier mit all den Offiziellen stellten die beiden sich eher unromantisch vor. Nicht mal Freunde aus dem Lütetsburger Golfclub hatten sie eingeladen. Es sollte ein ganz intimes, kleines Fest werden.

Sommerfeldt bestand darauf, seine Braut, die natürlich in Weiß geheiratet hatte, jetzt über den Sand in die Nordsee zu tragen. Jörg machte Fotos. Viele Menschen verließen ihre Strandkörbe, um zuzusehen und Beifall zu klatschen. So eine Hochzeit bei herrlichem Wetter direkt am Strand lockte einfach immer viele Menschen an.

Der Wind blies in Fraukes Kleid und ließ sie schwanger erscheinen. Die Wellen leckten an ihren Füßen. Sie kreischte vor Freude, und Sommerfeldt tauchte mit ihr gemeinsam vollständig unter. Es sah ein bisschen aus wie eine Taufe.

Im freudigen Überschwang, angestachelt von der Meerluft und dem Applaus, packte Rupert seine Beate und kreischte: »Nach so vielen Jahren Ehe machen wir das jetzt auch mal! Davon hab ich schon immer geträumt!« Er rannte mit Beate ins Wasser.

»Du bist verrückt!«, schrie sie.

»Ja«, antwortete er, »deshalb hast du mich doch geheiratet.«

Monika Tapper sah ihren Mann an, der Fotos machte, breitete die Arme aus und sagte: »Ja, nun, und was ist mit mir?«

Er gab einem Kind sein Handy und sagte: »Pass gut drauf auf, Kleiner.« Dann schnappte er seine Frau und trug sie wie eine Beute zu den anderen ins Wasser.

Als sie klatschnass, aber glücklich, wieder im Sand standen und die drei Pärchen sich beklatschen und fotografieren ließen, lud Sommerfeldt die Umstehenden ein, mit ihnen zum *Friesenjung* zu kommen.

»Da oben«, sagte er, »habe ich eine Hochzeitstorte, die ist eh zu groß für uns. Wer möchte, bekommt ein Stück.«

»Und falls es Beschwerden gibt«, rief Jörg Tapper, »ich bin der Konditor.«

»So etwas«, sagte ein Mann zu seiner Frau, »erlebst du nur in Ostfriesland, Hilde. Ich hab's dir doch gesagt: Lass uns wieder hin. Hier fühle ich mich immer zwanzig Jahre jünger.«

Sie küsste ihren Mann auf die Wange und bestätigte: »Ich mich auch!«

Beim Anschneiden der Torte achteten Monika und Beate darauf, dass Sommerfeldt und Frauke gemeinsam den ersten Schnitt machten, und als Frauke ihre Hand oben hatte, lachte Beate: »Jetzt wissen wir auch, wer in der Ehe die Hosen anhat!«

Das Brautpaar verteilte Tortenstücke an alle Anwesenden. Sommerfeldt hatte schon Sorge, selbst nichts mehr abzubekommen, zumal Rupert bereits das dritte Stück aß. Schließlich war es ja auch eine dreistöckige Torte mit drei verschiedenen Geschmacksrichtungen.

Pfirsich-Maracuja fand Rupert ganz klasse, aber sein Favorit war Whisky-Sahne. Auf Himbeer-Sahne fuhr besonders Beate ab. Echte Früchte konkurrierten mit Marzipangebilden.

Dazu gab es Ostfriesentee und heißen Kaffee, doch wirklich warm wurde ihnen nicht davon. Zum Glück gab es unten im Anna-Düne-Gebäude eine Sauna, und die hatten sie vorsichtshalber anheizen lassen. Die sechs zogen sich dorthin zurück.

Monika Tapper wagte nicht, es auszusprechen. Sie hatte es nur einmal ihrem Mann erzählt und sich dann entschieden, den Mund zu halten. Dieser Ernest Simmel hatte manchmal etwas von ihrem alten Stammgast Dr. Bernhard Sommerfeldt. Er sah völlig anders aus, aber er liebte die gleichen Speisen, er lachte über die gleichen Scherze, er konnte leidenschaftlich über Literatur reden, und in seiner Nähe bekam jede Frau das Gefühl, etwas ganz Besonderes zu sein. Ein schützenswertes Kulturgut, wie sie es mal genannt hatte, ja geradezu ein göttliches Wesen.

Sommerfeldt verehrte die Literatur, die Kunst und die Frauen auf eine fast schon religiöse Weise. Bei Ernest Simmel erlebte sie etwas Vergleichbares. Dazu diese Lebensgier, dieser Wille, Spaß zu haben und aus der Zeit, die einem auf Erden blieb, das Beste herauszuholen. Und die Art, wie er Torte aß, als würde er sie einatmen ... Er hatte ein fast erotisches Verhältnis zu Sahne und Marzipan, als würde er mehr riechen und schmecken als andere. Auch darin glich er Sommerfeldt. Diese Hingabe an Gaumenfreuden hatte sie nicht bei vielen Menschen erlebt.

Sie grinste. Ihr Mann war so ähnlich.

Rupert aß einfach gierig, als wollte er die Energie haben, die darin enthalten war. Sommerfeldt und ihr Mann hatten sich stattdessen immer ganz dem Genuss hingegeben.

Die Marzipanröschen auf der Torte waren nicht einfach Verzierung, sondern Ernest Simmel aß sie wie eine Offenbarung, ließ die einzelnen Blätter mit geschlossenen Augen auf der Zunge zergehen.

Vielleicht, dachte Monika, ist er ja wirklich Sommerfeldt. Aber ich werde ihn nicht fragen. Und ich werde diesen Gedanken nicht äußern.

Sie schaute sich ihren Mann Jörg an. Hegte der etwa auch einen Verdacht? War es die feine Anspielung eines Konditors, dass er blutrot gefärbte Schokolade von der Torte tropfen ließ, als hätte er sich beim Herstellen der Torte verletzt? War das seine Art, Dr. Ernest Simmel zu sagen: *Ich weiß, wer du wirklich bist, Kumpel. Aber ich werde dich nie verraten.*

Sie hieß Birgit Ritter und leitete eine Kindertagesstätte in Essen. Vor knapp zehn Jahren hatte sie begriffen, dass ihre Ehe ein nicht mehr zu reparierender Trümmerhaufen war, und sich dafür entschieden, ihr Glück zu suchen, statt im Unglück auszuharren.

Es kam ihr vor wie eine Entscheidung auf Leben und Tod, eine Entscheidung für sie selbst. Es lag etwas Verbotenes darin, denn sie hatte so lange gebraucht, sich zu trauen.

Seitdem war vieles angenehmer geworden. Sie aß, worauf sie Lust hatte, sah sich die Filme an, die ihr gefielen, und niemand war beleidigt, wenn sie abends im Bett las oder Hörbücher hörte. Sie machte jedes Jahr vierzehn Tage Urlaub in Norddeich, und ein Tagesausflug nach Norderney war auch immer drin.

Manchmal schrieb sie Besprechungen über ihre Lieblingsbücher und veröffentlichte sie bei Lovelybooks. Einmal im Monat ging sie mit ihren Freundinnen in die Sauna. Sie genoss es, beflirtet zu werden. Endlich glaubte niemand mehr, ein Recht darauf zu haben, eifersüchtig zu werden.

Und jetzt saß sie hier auf dieser Bierbank mit Blick aufs Meer mit einem Mann, der behauptete, Dr. Bernhard Sommerfeldt zu sein, und sie hatte keinen Grund, an seiner Aussage zu zweifeln. Trotzdem wollte sie ihn einem kleinen Test unterziehen, und sei es nur, um ihren Freundinnen, die das alles sicherlich nicht glauben würden, hinterher etwas erzählen zu können.

Sie schlug ihm vor, ein Selfie zu machen. Er lehnte das lächelnd ab, und sie sagte: »Klar, verstehe schon. War blöd von mir.«

Sie lud ihn in ihren Strandkorb mit der Nummer 351 ein. Sie hatte extra einen gewählt, der weit von den Spielgerüsten entfernt war, denn sie fürchtete, dass sonst wieder die Erzieherin mit ihr durchgehen könnte. Auch wollte sie nicht gern von Eltern oder Kindergartenkindern aus Essen, die vielleicht auch hier Urlaub machten, erkannt werden. Norddeich-Zeit war private Zeit!

Die Zartheit, mit der er ihr vor dem Strandkorb den Rücken eincremte, hatte schon fast etwas von einem Vorspiel an sich.

Wie oft hatte Johann Baptist Reichhart andere Männer beobachtet ... Er hatte versucht, von ihnen zu lernen. Er war nicht sehr erfolgreich. Meist hatte er für Sex bezahlen müssen, und im Grunde war es ihm auch lieber so, um in keinerlei emotionale Abhängigkeit zu geraten. Doch genau da hinein war er jetzt gerutscht.

Seine Desiree kümmerte sich gerade in Emden-Twixlum um ihre *heiligen* Tomaten und hatte ihm für heute Abend eine selbst gemachte Pizza versprochen. Er hoffte, es bis dahin hinter sich gebracht zu haben.

Desiree wusste nicht, wovon er wirklich lebte. Vielleicht ahnte sie es. Offiziell war er Handelsvertreter. Dies hier sollte sein letzter Job werden.

Zehn Millionen für Dr. Bernhard Sommerfeldt! Er musste schnell sein.

Hinter dem Kopfgeld waren viele her.

Im Grunde hatte er den Tipp sogar von Desiree. Eine Freundin hatte ihr erzählt, sie hätte eine Nacht mit dem berühmten Serienkiller verbracht. Sie hätte schon besseren Sex gehabt, aber eben nicht mit so einem berühmten Mann.

Er hatte sie angeblich in Greetsiel angesprochen, wo sie vor der Eisdiele saß und eins seiner Bücher las.

»Bitte erschrecken Sie nicht«, hatte er angeblich gesagt. »Das Buch ist von mir. Es sind ein paar böse Jungs hinter mir her. Können Sie mir helfen, mich zu verstecken?«

Johann Baptist glaubte diese Aussage und folgerte daraus, dass Sommerfeldt tatsächlich auf der Flucht war, verängstigt, vermutlich, weil er wusste, dass zehn Millionen auf seinen Kopf ausgesetzt worden waren. Er würde also misstrauisch sein und vorsichtig. Er sprach Frauen an, um ein wenig Sicherheit zu finden, aber er war nicht in der Lage, sich wirklich von Ostfriesland zu trennen. Auch das passte zu Sommerfeldt.

Als er sah, wie Sommerfeldt diese Frau bezirzte, stieg seine Lust darauf, ihn umzubringen, denn dieser Mann gehörte genau zu den Typen, die ihm immer die besten Frauen vor der Nase weggeschnappt hatten. Je weniger von den Typen herumliefen, umso besser würde es ihm gehen.

Die Leinenjacke mit dem Roman hatte er an den Strandkorb gehängt, so dass man die Hälfte des Covers von *Totenstille im Watt* immer noch sehen konnte. Sommerfeldt hatte also seine Angel schon wieder ausgeworfen. Johann Baptist Reichhart folgerte daraus, dass sich Sommerfeldt sehr sicher fühlen musste. Im Grunde war er ein Angeber, eine leere Dose, die laut klapperte. Ohne seine Bücher, ohne seinen Ruhm, wäre er nichts.

Gleichzeitig klingelten in Johann Baptist die Warnglocken. *Unterschätz ihn nicht! Er hat sechs Morde gestanden und wahrscheinlich ein Dutzend begangen. Er ist immer wieder entwischt.*

Doch so, wie er da im Strandkorb diese Frau beflirtete, machte er den Eindruck eines Mannes, der unvorsichtig und träge geworden war. Der nicht ständig das Umfeld beobachtete, um eine Gefahr schnell genug erkennen zu können. Er benahm sich nicht wie einer auf der Flucht. Eher wie ein Tourist, der auf ein Abenteuer aus war.

Jeder hat seine Schwachstellen, dachte Johann Baptist. Deine sind die Frauen. Und darüber wirst du stolpern, du blöder Angeber, du.

Noch heute wirst du mich reich machen!

Er schloss einen Moment die Augen und genoss die Sonne im Gesicht. Es fühlte sich an, als würde der Wind seine Wangen streicheln. Würde das in Zukunft sein Leben werden? Vielleicht zusammen mit Desiree? Nur noch Sonne, Meer, Freizeit und Genießen?

Er erschrak bei dem Gedanken und riss die Augen wieder auf. Wurde auch er müde und faul, unvorsichtig und träge? War er dabei, zum selbstgefälligen Henker zu werden, der sich auf seinem Ruhm ausruhte?

Sein eigentliches Ziel, so wie sein Vorbild Reichhart dreitausend Leute hinzurichten, hatte er eh aufgegeben. Er würde nie gegen den richtigen Johann Baptist Reichhart gewinnen. Der hatte schließlich in staatlichem Auftrag handeln dürfen. Erst für die Weimarer Republik, dann für die Nazis und schließlich für die Amerikaner. Das war ein ungleicher Kampf, den konnte er nicht gewinnen. Er war Freiberufler und stolz darauf. Er handelte nicht in staatlichem Auftrag. Er hatte kein System hinter sich. Er suchte sich seine Jobs selbst aus.

Er konnte es gar nicht abwarten, Sommerfeldt endlich hinzurichten, und befürchtete auch, es könne ihm selbst jetzt noch jemand anders zuvorkommen. Was, wenn plötzlich einer der Eis schleckenden Touristen da vorne aus seiner Jogginghose einen Revolver zog und in den Strandkorb feuerte? Dieser Idiot von Sommerfeldt ließ doch jeden ganz nah an sich ran. Jetzt zum Beispiel.

Ein schwer bepackter Mann mit einem stattlichen Bierbauch ging direkt an dem Strandkorb vorbei, in dem die zwei sich ständig neue Spiele in Sachen Haut ausdachten. Der Mann konnte eine Pumpgun unter der Decke tragen oder ein Samurai-Schwert.

Sommerfeldt beachtete ihn nicht einmal.

Johann Baptist ging davon aus, dass auch er selbst noch nicht bemerkt worden war, obwohl er sich die ganze Zeit in seiner Nähe aufhielt. Der hat nur Augen für die Frauen, dachte er, und genau das wird ihm jetzt das Genick brechen.

Was die beiden da im Strandkorb trieben, war inzwischen nicht mehr ganz jugendfrei und mit einer größeren Öffentlichkeit kompatibel. Sie erkannten das selbst und gingen Hand in Hand zwischen den Strandkörben auf dem kürzesten Weg zu ihrer Ferienwohnung.

Sie waren unabhängig, und sie waren scharf aufeinander.

Voller Neid und Missgunst schlich Johann Baptist ihnen nach.

In der Ferienwohnung angekommen, riss sie alle Fenster und Türen auf. Die Vorhänge flatterten nach draußen. Irgendein alter Muff musste raus, bevor die neue Liebe einziehen konnte.

Er überlegte ernsthaft, ob er ihnen ein bisschen Zeit lassen sollte. War es schöner, ihn jetzt sofort zu holen, oder sollte er ihm noch einen letzten Spaß gönnen, sozusagen die Henkersmahlzeit? Sie mussten eh beide sterben.

Was wird schöner, dachte er, was ist besser für mich? Wenn ich sie umbringe, während sie noch vor Sehnsucht brennen oder wenn sie schon erschöpft, vielleicht gar ein bisschen enttäuscht, nebeneinander liegen?

Auf dem Nachbargrundstück spielten Kinder. Ihre Mutter lag im Liegestuhl, löste Kreuzworträtsel und forderte die Kinder auf, nicht so laut zu sein und sich zu vertragen.

Die Mutter zog ihr Bikinioberteil aus und cremte sich mit einer Sonnenschutzmilch die weißen Brüste ein, um sich ein wenig oben ohne zu sonnen.

Er hätte ihr gern noch ein wenig zugesehen, wie sie sich so im Liegestuhl flegelte, als sei sie in einer Parallelwelt.

Kann ich das auch, dachte er, so entspannen und alles ausblenden?

Er hatte Angst, noch länger vor dem Haus herumzustehen. Die Gefahr, hier gesehen und später beschrieben zu werden, war einfach zu groß.

Er wollte sich nicht die Mühe machen, die Leichen zu entsorgen. Er würde sie einfach in der Ferienwohnung lassen. Natürlich würde die Kripo bei allen Nachbarn klingeln und fragen, ob sie etwas gesehen hätten.

Nein, er musste schnell handeln. Außerdem bestand auch die Gefahr, dass sie für ihre intime Zweisamkeit Fenster und Türen wieder schlossen.

Er musste seine Chance jetzt nutzen.

Er trat ins Wohnzimmer, hörte das Flattern der Vorhänge und das Kichern der zwei in der Küche.

»Einen Wunsch habe ich«, sagte sie gerade.

Markus Baumann war nur zu gern bereit, seiner neuen Eroberung lang gehegte sexuelle Wünsche zu erfüllen. Der Gedanke machte ihn scharf.

Doch sie sagte: »Würdest du denn für mich deine berühmte Fischsuppe kochen? Wenn ich das meinen Freundinnen erzähle, dass Dr. Bernhard Sommerfeldt für mich seine Fischsuppe gekocht hat, dann …« Sie verstand, dass ihm das nicht gefallen würde, und entschuldigte sich sofort: »Keine Sorge, ich erzähle es natürlich meinen Freundinnen nicht. Niemand wird jemals erfahren, dass wir beide hier … Aber deine Fischsuppe, das wäre wirklich das Größte!« Sie zitierte den Satz aus seinen Aufzeichnungen wörtlich: *»Es ist viel schwieriger, eine gute Fischsuppe zuzubereiten, als an eine neue Identität zu kommen.«*

Er hatte zwar mit ganz anderen Wünschen gerechnet, versprach aber: »Na klar mach ich für dich meine Fischsuppe. Ich würde sie selbst gern mal wieder essen. Aber dann muss ich vorher einkaufen gehen. Das ist riskant. Ich lasse mich nicht gerne in der Öffentlichkeit blicken im Moment.«

»Aber warum, dein neues Gesicht kennt doch noch niemand, oder?«, fragte sie erschrocken. »Wir haben doch auch gerade zusammen im Strandkorb gesessen und vor dem *Haus des Gastes.*«

Er merkte, dass er sich verhaspelt hatte. An einer anderen Stelle seines Körpers hatte sich so viel Blut angesammelt, dass für sein Gehirn nicht mehr genug übrig blieb. Er kannte das von sich. Kurz vorher begann er, Unsinn zu reden. Er musste jetzt schnell zur Sache kommen.

»Ich gehe für uns einkaufen«, schlug sie vor. »Schreib mir einfach alles auf, was du brauchst.«

Johann Baptist Reichhart zog die Stahlschlinge aus seiner Tasche und betrat die Küche.

Baumann stand mit dem Rücken zu Johann Baptist. Noch bevor er das Gesicht seines Mörders gesehen hatte, lag die Schlinge der Garotte bereits um seinen Hals.

Er fuchtelte mit den Armen herum, bog seinen Rücken durch, versuchte, das Seil zu greifen, und bekam keinen Ton heraus.

Birgit Ritter dagegen reagierte sofort. Sie schnappte sich die Teekanne vom Tisch. Ostfriesische Rose. Und sie griff ihn damit an. Noch nie in seinem Leben war Johann Baptist mit einer Teekanne attackiert worden. Die Stahlschlinge erforderte beide Hände.

Birgit traf ihn einmal an der Schläfe, und mit dem zweiten Schlag zerschmetterte sie die Kanne direkt an seiner Stirn.

Ihm wurde schwarz vor Augen. Sterne flogen auf ihn zu. Er sah sich taumeln. Die Garotte baumelte von Sommerfeldts Hals herunter wie eine Krawatte, deren Knoten nach einer langen steifen Feier endlich gelöst worden war.

Er hörte die Frau kreischen: »Hau ab! Hau ab! Ich halte ihn auf!«

Jetzt traktierte sie ihn mit einem Besenstiel. Wie eine Löwenmutter ihre Jungen verteidigt, so versuchte sie, den vermeintlichen Sommerfeldt zu schützen.

Dass die Garotte in die Ecke flog, erkannte Johann Baptist Reichhart am Geräusch. Er hatte Mühe, etwas zu sehen. Für einen Moment glaubte er, sein Gesicht sei voller Blut, doch es war nur der Rest Bünting-Tee, der über sein Auge gelaufen war.

Er versuchte, den Besenstiel zu fassen, mit dem sie wie mit einem Aikido-Stab nach ihm schlug und stach.

Natürlich hatte er Sommerfeldt für den stärkeren Gegner gehalten, doch mit ihr fertigzuwerden, war ein viel größeres Problem.

»Lauf, Bernhard, lauf!«, rief sie und rammte Johann Baptist die Spitze des Besenstiels in die Rippen. Der jaulte vor Schmerz.

So war es schon immer gewesen: Schmerzen befreiten sein Gehirn, halfen ihm, sich zu fokussieren. Er vergrub sein Gesicht in der Armbeuge, damit trocknete er gleichzeitig seine Augen und raffte sich auf. Zweimal traf ihn der Besenstiel am Kopf, noch einmal hörte er den Ruf: »Lauf, Bernhard! Ich werde schon fertig mit dem!«

Sie versuchte, ihm jetzt in die Weichteile zu treten. Zu seinem Glück traf sie nur seinen Oberschenkel.

»Er wollte mich umbringen«, rief Markus Baumann entsetzt. Er stürmte in Richtung Außenterrasse: »Ich rufe die Polizei!«, schrie er und tippte auf seinem Handy herum. Aber Birgit warnte ihn: »Du kannst doch nicht die Polizei rufen! Mein Gott, erinnere dich daran, wer du bist!«

Vielleicht war das der Moment, in dem ihr die ersten Zweifel kamen. Sie stürmte hinter ihm her. Auf dem Weg zur Terrasse stolperte Baumann über eine Falte im Teppich.

Sie stellte sich breitbeinig vor ihn, um ihn zu schützen.

Johann Baptist stach gnadenlos zu. Weil die Klinge so scharf war, spürte sie nicht einmal einen Schmerz. Sie sah nur, dass sich auf ihrem Shirt ein großer roter Fleck ausbreitete. Rückwärts stürzte sie über den Mann, den sie für Bernhard Sommerfeldt hielt. Ihre Beine lagen über seinem Bauch.

Johann Baptist kniete sich nieder, um Sommerfeldt den Hals durchzuschneiden. Er nahm sich vor, es zu genießen. Er setzte die Klinge an und sagte: »Weißt du, wie viel ich für dich kriege?«

Kalter Tee tropfte von seinem Kinn in Baumanns Gesicht.

»Ich bin's nicht!«, rief Markus Baumann. »Sie töten den Falschen! Sie wollen bestimmt den richtigen Dr. Sommerfeldt! Ich bin doch nur ...«

Johann Baptist zitierte Birgit: »Lauf, Bernhard, lauf! Sie ist bereit, für dich zu sterben. Für sie kriege ich gar nichts, aber für dich zehn Millionen. Gute Reise. Nimm's nicht persönlich. Es ist rein geschäftlich.«

Markus Baumanns Körper zitterte. Er strampelte. Er leistete nicht die geringste Gegenwehr.

Einen Moment überlegte Johann Baptist, ob er Sommerfeldt enthaupten sollte, um den Kopf tatsächlich auf einem Silbertablett zu Klempmann zu bringen. Gleichzeitig schätzte er Klempmann als nicht sehr humorvoll ein.

Das viele Blut machte ohnehin schon eine große Sauerei. Er konnte so nicht nach draußen gehen, deshalb schloss er alle Fenster und Türen.

Birgit versuchte, ein paar Meter in Richtung Badezimmer zu

kriechen, warum auch immer. Er gab ihr mit dem Messer den Rest.

Vorsichtshalber machte er von dem Mann, den er für den toten Sommerfeldt hielt, einige Fotos. Schließlich konnte sich jeder hinterher als Vollstrecker aufspielen und das Geld für sich beanspruchen.

Er schickte eine Nachricht an Willi Klempmann: *Ich habe mir erlaubt, Ihnen eine große Freude zu machen.*

Dann duschte er, wusch das Blut aus seinen Klamotten, reinigte alles, so gut es ging, nahm sich aus der Obstschale eine Banane und aß sie auf dem Weg zurück zu seinem Motorrad.

Es ist vollbracht, dachte er. Jetzt musste er nur noch zusehen, dass niemand versuchen würde, ihn um die zehn Millionen zu betrügen oder sie ihm abzujagen. Er brauchte neue Papiere, einen neuen Namen für sich und für Desiree. Und dann ein neuer Anfang. Ein neues Glück.

Er ging beschwingt, kaufte sich bei *Riva* ein Eis und schlenderte noch einmal zum Deich hoch, um aufs Meer zu schauen. Juist sah zum Greifen nah aus.

Er hatte das Gefühl, an einem Wendepunkt seines Lebens zu stehen. Es kam ihm so vor, als hätte er bisher gar nicht gewusst, wie man wirklich lebt, und deswegen einfach andere nachgemacht. Er hatte sich als Vorbild den letzten Henker, Johann Baptist Reichhart, ausgesucht und darüber vergessen, wer er wirklich war. Jetzt, vielleicht zusammen mit Desiree, könnte alles anders werden. Vielleicht würde er sich selbst finden und entdecken. Gleichzeitig kam ihm der Gedanke kitschig vor. Er gehörte eigentlich nicht zu den Leuten, die im Leben immer einen tieferen Sinn suchten. Die meiste Zeit war ihm alles sinnlos erschienen. Zufällig.

Er bestieg sein Motorrad, als sei er bereits ein neuer Mensch geworden. Die zehn Millionen würden ihm helfen, endlich so zu leben, wie er es sich immer gewünscht hatte: Frei und unabhängig!

Das Motorradfahren befreite seinen Kopf. Er liebte es, durch den Gegenwind zu zischen. Manchmal empfand er die Luft wie eine Mauer, in die er mit seiner Maschine eine Schneise schnitt, so, wie er mit seinem Messer einen Hals durchtrennte. Die Maschine zwischen den Schenkeln ließ seinen ganzen Körper vibrieren. Es hatte etwas Triumphales an sich, wenn er an den Autos vorbeirauschte. Er fühlte sich wie ein Gott, der Leben nehmen konnte und sich frei bewegte in Zeit und Raum.

Doch nach jedem Höhenflug folgte für Johann Baptist Reichhart der Absturz. Es war wie diese Leere, nachdem man Koks geschnupft hatte. Wenn man begriff, dass man doch kein unsterblicher Held war, dem alles gelang, sondern nur eine der gewöhnlichen Arschgeigen, die auf dieser Welt versuchten, einen Platz zu finden und etwas darzustellen.

Jetzt kamen ihm Zweifel. Klar, die Furie hatte ihn *Bernhard* genannt, aber er sah wirklich nicht aus wie Dr. Bernhard Sommerfeldt. Sicher, der hatte sich umoperieren lassen, keine Frage. Das war allgemein bekannt. Doch in seiner Vorstellung war Sommerfeldt ein Kämpfer. Sportlich. Muskulös. Ja, drahtig. Einer, der fünfzig Liegestütze am Morgen machte und in der Lage war, einen Mann mit einem einzigen Fausthieb zu fällen.

Gut, vielleicht hatte er sich mit der Zeit ein bisschen gehen lassen. Aus dem Serienkiller war ein Frauenheld geworden, und bestimmt hatte er auch ein paar Kilo zugenommen. Nicht nur aus Tarnungsgründen … Dass er Torten liebte und sich öfter mal in seinem Lieblingscafé *ten Cate* einen Baum- oder Apfelkuchen gegönnt hatte, war Teil der Legende. Aber hätte sich ein Sommerfeldt nicht anders verhalten? Hätte er nicht härter gekämpft? War der Mann, den alle fürchteten, so leicht zu besiegen?

Johann Baptist Reichhart war auf der Wirdumer Straße, Richtung Marienhafe, als das Handy in seiner Jacke über dem Herzen vibrierte. Kurz vor Loppersum hielt er an, stellte sein Motorrad zwischen zwei Bäumen ab, urinierte ins Gras und fischte sein Handy aus der Lederjacke. Er sah die Nummer auf dem Handy. Es war Klempmanns Erfüllungsgehilfin Christine, die anders hieß, aber sich so nannte, nach der von ihr verehrten Profi-Kickboxerin Christine Theiss.

Er hasste beide Frauen, von denen Klempmann sich beschützen ließ: Christine genauso wie Annika Schneider. Klempmann nannte sie *meine Engelchen.* Für Fremde sah es aus, als würde ein Vater mit seinen Töchtern spazieren gehen.

In Wirklichkeit waren sie eiskalt und berechnend.

Wenn ich in Klempmanns Situation wäre, dachte er, würde ich mich auch lieber von zwei schönen Frauen als von zwei schäbigen Kerlen beschützen lassen.

Er behandelte sie, als seien sie sein Besitz, aber sie taten es genauso mit ihm. Nach außen hin wirkte es so, als würde Klempmann ihnen gehören. Man kam nicht an ihn ran, ohne von den beiden durchgecheckt zu werden. Sie entschieden, wer in seine Nähe durfte, und sie gaben sich Mühe, jeden Besucher einzuschüchtern. Von Anfang an sollte ganz klar sein, dass sie jeden töten würden, der es wagte, die Hand gegen Klempmann zu erheben.

Christine Theiss war in Baptists Augen eine kaltschnäuzige Ziege. Widerwillig rief er sie zurück. Vermutlich würde sie ihm die zehn Millionen übergeben.

Dieser Traum platzte schon, als er ihren Atem hörte, noch bevor sie das erste Wort gesagt hatte. Da war etwas Überhebliches in ihrer Stimme, wenn sie mit ihm sprach, so als sei er für sie ein Idiot, dessen Dienste sie nur in Anspruch nahm, weil sie sich zu solch niedrigen Tätigkeiten nicht herablassen wollte.

»Wir kaufen nur das Original. Man hat uns schon viele Fälschungen angeboten. Ein Gutachter muss das Gemälde zunächst überprüfen«, erklärte sie, als ginge es hier darum, ein Kunstwerk zu verkaufen.

Klempmanns Leute waren geschult darin, Gespräche zu führen, die von Fahndungsgruppen ruhig abgehört werden konnten. Vor Gericht lieferten sie keine Beweise. Man redete über Reisen, Kunst, Partys – sogar Zoo- oder Theaterbesuche.

Diese Gespräche erinnerten ihn immer an den Deutschunterricht. Man redete über Tiere, meinte aber Menschen. Christine redete über Bilder, meinte aber einen Mord.

Für Interpretationen konnte niemand verurteilt werden. Nur für klare Aussagen. Dieses Gespräch war also, juristisch gesehen, nicht gerichtstauglich.

Er antwortete und bemühte sich um eine feste Stimme. Sie durfte seine Zweifel auf keinen Fall spüren: »Das Gutachten wird bestimmt bald öffentlich bekanntgegeben. Wenn ein wertvolles Objekt wie dieses den Besitzer wechselt, steht das bestimmt in der Fachpresse.«

»Wir können im Moment keinen Gutachter schicken. Sie haben hier die Bringschuld.«

Er schluckte und lachte demonstrativ: »Bringschuld?«

Glaubte sie ernsthaft, er würde die Leiche jetzt zu Klempmanns Yacht karren? Wollten sie ihn um sein Geld betrügen?

Ich hätte ihm doch den Kopf abschneiden sollen, dachte er, um ihn Klempmann auf einem Silbertablett zu präsentieren.

»Es ist nicht ungefährlich, ein so wertvolles Objekt zu transportieren ... Da müssen auch Versicherungsfragen geklärt werden ...«

Spitz stellte Christine fest: »Wie gesagt, ein Foto genügt uns nicht. Sie haben die Bringschuld. Wenn Sie beweisen können, dass Sie das Original haben, sind wir im Geschäft, ansonsten stehlen Sie uns bitte nicht länger unsere Zeit.«

Sie beendete das Gespräch ohne irgendeine freundliche Floskel. Vermutlich war irgendein Zeitlimit überschritten, das man brauchte, um sie zu orten. Klempmann hatte die merkwürdigsten Regeln aufgestellt. Einige davon waren längst obsolet geworden, weil die moderne Technik seine Sicherheitsvorkehrungen aushebelte. Doch er hielt an ihnen fest.

Johann Baptist Reichhart fuhr wieder zurück nach Norddeich. Diesmal konnte er die Motorradfahrt nicht genießen. Er brauchte sie mehr, um seine Wut abzubauen.

Plötzlich fand er die laute Maschine verräterisch. Er stellte sie im Dörper Weg an der Tourismuszentrale bei den Fahrradständern ab und ging den Rest zu Fuß.

Er musste irgendetwas kaputt machen. Die kurze Fahrt hatte wenig geholfen. Er kochte vor Wut. Am liebsten hätte er dieser Christine den Hals durchgeschnitten. Er hoffte, Klempmann würde ihm eines Tages den Auftrag dazu erteilen, weil sie zu viel wusste und drohte, zur Verräterin zu werden. Wer Gangsterbossen sehr nahekam, war selten lange sicher.

Es wäre ihm eine Genugtuung, einen solchen Auftrag zu erledigen.

Er musste etwas zerstören, seine Wut an etwas auslassen. Ein kläffender Hund wäre jetzt genau das Richtige gewesen. Die Möwen über ihm waren unerreichbar und schienen ihn auszulachen.

Er stellte sich vor, wie es wäre, hier eine Ferienwohnung zu mieten, ganz oben unterm Dach, und von dort aus mit einem Gewehr Möwen abzuschießen. Das war spannender als Tontaubenschießen. Diese öde Ballerei hatte ihm nie Spaß gemacht. Er brauchte ein lebendes Objekt.

Es wäre leicht gewesen, anders ins Haus zu kommen. Es gab viele professionelle Möglichkeiten, doch er trümmerte seinen Ellbogen wie ein zorniger Amateur gegen die Glasscheibe im Wohnzimmer. Der Schmerz durchfuhr ihn wie ein Blitz.

Warum mache ich so etwas, fragte er sich. Mein Gelenk wird anschwellen und wochenlang weh tun. Ich werde Voltaren brauchen und Schmerztabletten und lange an diesen Mist erinnert werden. Das war völlig unprofessionell. Geradezu idiotisch. Ich will doch genau das Gegenteil sein: Klar. Kalt. Berechnend. Nicht von Emotionen getrieben.

Aber diese Christine machte ihn rasend. Er hielt es nicht aus, dass eine Frau glaubte, Macht über ihn zu haben. Das stürzte ihn zurück in schlimmste Kindheitserinnerungen. Dies hier war auch ein Kampf um Autonomie und darum, sein Leben selbst zu bestimmen. Für ihn war es unmöglich, irgendwo angestellt zu sein. Er konnte keinen Chef über sich akzeptieren. Er war ein Jäger. Er machte Beute. Ein Freelancer. Einer, der nur eine Partei kannte: seine eigene.

Als müsse er sich beweisen, wie blöd er sein konnte, schlug er nun auch noch ein paar herausstehende große Splitter mit dem Ellbogen aus dem Rahmen. Dann griff er durch zur Klinke und öffnete das Fenster.

Er zog seine Motorradhandschuhe aus und zwängte seine Finger in blaue Chirurgenhandschuhe. Das Geräusch hörte sich an, als würde er ein Präservativ über sein Glied streifen.

Er betrat das Wohnzimmer und sah sich sein Werk an. Er

mochte Frauen, die etwas mehr auf den Hüften hatten. Die hier hätte ihm auch gefallen können. Doch seit er Desiree in seinem Leben hatte, interessierte er sich nicht mehr für andere Frauen. Er hatte sogar die Lust verloren, sich Sex zu kaufen. Mit ihr und Willi Klempmanns zehn Millionen wäre er endlich frei.

Plötzlich ergriff ihn ein fast zärtliches Gefühl für Birgit Ritter. So sollte die Polizei sie nicht finden. Er bedeckte sie mit einer bunt gemusterten Wolldecke und ordnete ihre Haare.

Er holte ein Schneidebrettchen aus der Küche und überlegte sogar einen Moment, eins der Küchenmesser zu benutzen, doch dann entschied er sich dagegen. Er nahm sein eigenes, um Dr. Bernhard Sommerfeldt den kleinen Finger der rechten Hand abzuschneiden.

In der Küche fand er Brötchentüten. In einer lag noch ein angebissenes Schokocroissant. Plötzlich brach der kleine Junge in ihm durch. Er biss in das Croissant. Es schmeckte ihm. Er wollte es gerade weglegen, doch dann befürchtete er, aus seinem Biss könne die Kripo Rückschlüsse ziehen, ja vielleicht gar seine DNA herausfiltern. Er aß also das Croissant in Ruhe komplett auf, wischte sich den Schokomund ab und benutzte dann die Tüte, um den kleinen Finger zu transportieren.

Plötzlich entschied er sich um. Es gab auch zwei Butterbrotdosen in der Ferienwohnung. Eine gelbe und eine blaue. Er nahm die blaue.

Je schneller sie Sommerfeldt finden würden, umso eher würde es in der Zeitung stehen. Die Berichterstattung könnte ihm nutzen, die Millionen abzukassieren. Also ließ er die Wohnungstür sperrangelweit auf, als er die Wohnung verließ.

Er ging über den Dörper Weg zurück zur Touristeninformation, verstaute die Butterbrotdose mit dem kleinen Finger darin in seiner Motorradtasche und fuhr zu seiner Desiree.

Alles wird gut werden, dachte er. Ich bin ganz kurz davor. Mit den zehn Millionen werde ich ein neues Leben beginnen. Ich will nicht länger Johann Baptist Reichhart sein. Ich schaffe es eh nicht, mehr als dreitausend Leute umzubringen. Ich werde nie so weit kommen wie mein Vorbild, der berühmte Henker. Soll er doch dieses Spiel gewonnen haben, und ich mache mir dafür ein schönes Leben mit Desiree.

Er würde ihr die Wahl des Wohnorts überlassen. Sie konnten auf der ganzen Welt von vorn anfangen. Doch er befürchtete, so wie er sie kannte, würde sie am liebsten in Twixlum bleiben, im Haus ihrer Großeltern. Sie war auf eine merkwürdige Art heimatverbunden, etwas, das ihm immer gefehlt hatte. Sie wusste, wo sie hingehörte. Er nur, wo er nicht sein wollte.

Im Grunde wollte er nicht einmal er selbst sein, sondern immer ein anderer. Vielleicht könnte er mit Desiree der werden, der er nie gewesen war.

Janine Feldhaus studierte im fünften Semester Germanistik, Kunstgeschichte und Philosophie. In der Saison arbeitete sie gern in Ostfriesland als Aushilfskellnerin oder auch in einer Putzkolonne. Sie scheute Arbeit nicht, mochte den Umgang mit Menschen und das Gefühl, ihren Lebensunterhalt selbst zu verdienen.

Wenn die Nordrhein-Westfalen Ferien hatten, waren in Ostfriesland Servicekräfte knapp. Tagsüber arbeitete sie beim Gebäudereinigungsservice *Die Nordseehexe*, säuberte Ferienwohnungen und hatte das Gefühl, dabei viel über Menschen zu lernen. Die Art, wie sie ihre Ferienwohnungen verließen und was sie zurückließen, erzählte einiges über die Menschen.

Sie stellte sich vor, wer hier gewohnt hatte, warum dort ein zerrissenes Micky-Maus-Taschenbuch im Papierkorb lag, wie die Socken in die Couchritze kamen und warum das Schlafzimmer so wirkte, als hätte hier nur eine Person geschlafen.

Viele ließen für die nächsten Gäste etwas zurück. Wahrscheinlich meinten sie es sogar gut, wenn sie Butter oder Aufschnitt im Kühlschrank liegen ließen. Aber es gab Auflagen in Sachen Hygiene vom Gesundheitsamt. Außer Pfeffer und Salz und vielleicht ein paar Kaffeefiltertüten und Teebeuteln durfte sie nichts in den Wohnungen lassen. Alles andere galt als Müll und musste entsorgt werden.

Sie nahm sich oft Sachen mit und hatte dabei das Gefühl, *Lebensmittel zu retten,* wie sie es nannte. Außerdem wirkte sich das alles sehr positiv auf ihre Kasse aus. Filterkaffee musste sie sich fast nie kaufen, es blieb meist Kaffee zurück, Tee sowieso. Sie trank keine Kuhmilch, aber immer häufiger ließen die Leute auch Hafer- oder Mandelmilch da.

Einmal hatte sie einen Liebesbrief gefunden. Sie hatte es nicht übers Herz gebracht, ihn wegzuwerfen. Tagelang hatte sie mit sich gehadert, ob sie ihn an die Frau, an die er gerichtet war, schicken sollte. Oder würde sie ihr damit nur Schmerz bereiten? Aber sie hatte den Brief eben nicht weggeworfen, sondern er lag unterm Kopfkissen in ihrem Bett.

Diesen Morgen würde sie nie vergessen.

Sie hatte bis fast zwei Uhr im Bett gelesen. Wenn ein Buch sie richtig gefangennahm, konnte sie nicht aufhören. Es fielen ihr sogar manchmal die Augen zu, aber dann erwachte sie wieder, suchte die Stelle, wo sie aufgehört hatte, und versuchte, wenigstens noch bis zum Ende des Kapitels zu kommen.

Manchmal träumte sie von dem, was sie gelesen hatte. Sie wurde zu einer der handelnden Personen. Nicht immer war sie dabei die Gute. In ihrem Leben war sie es zweifellos, doch in ihren Träumen identifizierte sie sich manchmal mit den Antagonisten, den bösen, verschlagenen Typen, mit gerissenen Frauen, die Männer benutzten und egoistisch ihr Ding durchzogen, ohne Rücksicht auf den Rest der Welt. Im wirklichen Leben war sie immer bemüht, niemanden zu verletzen und keinen Schaden anzurichten. Sie nahm sich eher zurück, als in die erste Reihe zu treten, suchte eher den Ausgleich als den Konflikt.

An diesem herrlichen Sommertag stand die Wohnungstür weit offen, aber das war nicht ungewöhnlich, wenn Gäste ihre Ferienwohnung verließen. Die, die vergaßen abzuschließen, waren ihr lieber als die, die aus Versehen den Schlüssel mitnahmen, dafür aber ihren eigenen auf dem Küchentisch neben der Kaffeetasse liegen ließen.

Einige räumten vorher noch die Spülmaschine aus, und das gesamte Geschirr stand wieder sauber im Regal, andere dagegen hatten kein Problem damit, einen wüsten Frühstückstisch mit halbvollen Tassen und verkrümelten Tellern zurückzulassen.

All das nahm Janine gelassen hin. Sie war einiges gewöhnt. Doch zwei Leichen hatte sie noch nie gefunden.

Sie schrie nicht. Es war, als würde sie aus ihrem Körper treten und sich selbst von außen betrachten.

Was denkt eine Frau, die plötzlich vor zwei Toten steht, fragte sie sich.

Es war, als würde das Ganze nicht ihr geschehen, sondern vielleicht einer Freundin.

Was, dachte sie, ist jetzt richtig? Rausrennen? Um Hilfe schreien? Nach den beiden gucken, ob vielleicht noch jemand lebt? Erste Hilfe leisten?

Wobei ihr völlig klar war, dass beide tot waren und sie nicht in der Lage gewesen wäre, jemanden mit einer Mund-zu-Mund-Beatmung zu retten.

Ja, sie hatte das geübt, und die Vorstellung, einem Menschen in größter Not zu helfen, gefiel ihr. Doch jetzt spürte sie, dass sie nicht in der Lage dazu wäre. Da war viel zu viel Blut. Ein bisschen hoffte sie sogar, dass die beiden tot waren und so keine Hilfe von ihr benötigten.

Ruft man erst die Polizei? Erst einen Krankenwagen? Musste sie ihren Arbeitgeber informieren, weil gleich bei den nächsten Ferienwohnungen ja ein gewisser Zeitdruck da war? Die einen zogen aus und wollten so lange wie möglich drinbleiben, die anderen wollten so schnell wie möglich rein und dann sofort ab an den Strand.

Sie konnte sich nicht vorstellen, heute weiterzuarbeiten. Irgendwie war dieser Tag ein Einschnitt in ihrem Leben. Nichts wäre mehr so wie vorher. Plötzlich kam ihr ihr bisheriges Dasein als *Easy Living* vor. Alles war geregelt und lief gut, niemand wollte ihr etwas Böses. Die wirklich schlimmen Dinge fanden woanders statt. In Büchern. In Filmen. Oder in Ländern, die sie nie besucht hatte.

Sie hätte nicht sagen können, wie lange sie so herumgestanden hatte. Dann ging sie nach draußen vor die Tür, um dort zu telefonieren. Einerseits fühlte sie sich dort sicherer, andererseits quälte sie der Gedanke, die Toten im Stich zu lassen.

Sie rief zunächst die Polizei an. Sie sprach mit einer gewissen Marion Wolters, die sehr freundlich war, ja einfühlsam, und genaue Daten abfragte. Vielleicht weil die Kommissarin so nett war, begann Janine plötzlich zu schluchzen. Es brach aus ihr heraus: »Ich weiß gar nicht, was ich jetzt machen soll …«

»Sie müssen gar nichts machen. Warten Sie einfach dort«,

sagte Marion Wolters. »Sie können auch gern psychologische Hilfe in Anspruch nehmen. Wir haben dafür ...«

»Nein, das meine ich gar nicht. Ich weiß gar nicht, wie ich jetzt weitermachen soll. Ich bin doch gekommen, um die Wohnung zu putzen. Ich kann das nicht! Da ist so viel Blut ...«

»Oje«, Marion Wolters versuchte sofort, sie zu bremsen. »Das dürfen Sie auch gar nicht. Das ist jetzt ein Tatort.«

»Ja, aber ich werde doch dafür bezahlt, dass ich ...«

»So ein Verbrechen ist immer ein Einschnitt. Da geht das normale Tagwerk nicht weiter«, erklärte Marion Wolters. »Ihre Chefs werden Verständnis dafür haben. Das müssen sie sogar ... Sobald die Kollegen da sind, wird alles abgesperrt werden, dann kommen Spurensicherer, Notärzte und ...«

»Warum«, fragte die junge Frau, »habe ich in dieser Situation das Gefühl, alles falsch gemacht zu haben?«

»Sie haben nichts falsch gemacht.«

»Ja, das weiß ich ja, aber warum fühlt es sich so an, als sei ich daran schuld, dass da drin zwei Leichen liegen?«

Marion Wolters kannte das. Manche Menschen fühlten sich an etwas schuldig, was gar nichts mit ihnen zu tun hatte, ja was sie nicht einmal beeinflussen konnten. Andere dagegen fühlten sich nicht mal verantwortlich für den Scheiß, den sie selbst verzapft hatten. Sie ließen ihren Müll rumliegen, als sei der Rest der Welt dazu da, hinter ihnen aufzuräumen. Sie hinterließen in Beziehungen verbrannte Erde und kümmerten sich einen Dreck um den Schaden, den sie angerichtet hatten.

Am liebsten hätte Marion Wolters die junge Frau in den Arm genommen. Stattdessen schickte sie die Einsatzwagen nach Norddeich.

Frank Weller redete vor der Tür mit Janine Feldhaus. Sie hatte sich ins Gras gesetzt, und er hockte sich zu ihr. Sie trank Leitungswasser aus einer Plastikflasche und musste nach jedem zweiten Satz einen Schluck nehmen.

Ann Kathrin Klaasen betrat den Tatort als Erste. Es war, als würden Mord und Verbrechen wie alte Spinnennetze im Raum hängen, und sie müsse sich erst einen Weg durch den verstaubten Vorhang bahnen. Sie sog die Luft ein. Da war dieser metallische Blutgeruch, ein bisschen nach Kupfer. Dazwischen ein unangenehmes Rasierwasser, viel zu scharf, wie Männer es manchmal benutzten, um ihre Alkoholfahne zu übertünchen.

Was war hier geschehen?

Dem Mann war auf einem Brettchen der kleine Finger abgeschnitten worden. Die beiden Toten lagen merkwürdig verrenkt. Hier hatte ein Kampf stattgefunden.

Die Frau war fast liebevoll zugedeckt worden, so als würde es dem Täter leidtun oder als würde er sich schämen für das, was er angerichtet hatte.

Ann Kathrin war immer froh, wenn sie vor den KTUlern und der Spurensicherung vor Ort war. So konnte sie den Tatort betrachten, ohne herumwuselnde Leute, irritierende Schildchen, Pülverchen und Pröbchen. Für Minuten war es dann fast so, als könnten die Wände zu ihr sprechen. Sie erzählte das nicht, sie wollte schließlich nicht ausgelacht werden. Doch diese kurze Zeit allein am Tatort war für sie sehr wertvoll. Später dann zerfetzten Kollegen mit ihrer Geschäftigkeit die Aura des Verbrechens.

Hinter ihr betrat, in ihren Augen viel zu früh, Helmut, der Kollege von der KT, in einem weißen Schutzanzug die Ferienwohnung.

Sie konnte Helmut nicht leiden. Sie lehnte ihn so sehr ab,

dass sie sogar seinen Nachnamen immer wieder vergaß. So, wie er Frauen ansah und über sie sprach, gehörte er ihrer Meinung nach überhaupt nicht in den Polizeidienst. Er hatte nie etwas getan, was dienstrechtlich von Belang gewesen wäre, doch ihr gefiel seine Denke nicht. Er zog Frauen gern mit Blicken aus, reduzierte sie auf ihre Sexualität und kommentierte gern Körperformen, ja verteilte Noten. Es ging das Gerücht, dass er von den weiblichen Leichen gern Fotos als Andenken mit nach Hause nahm und sogenannte *Muschibilder* sammelte. Es war nur ein Gerücht, aber sie hatte sich fest vorgenommen: Sollte sie ihn auch nur ein einziges Mal dabei erwischen, wäre das das Ende seiner Karriere.

Er hatte Probleme im sozialen Umgang mit Menschen, deswegen waren ihm Tote und Gegenstände lieber. Nie wäre er in der Lage gewesen, ein Verhör zu führen, wie sie es tat, oder jemanden zum Reden zu bringen. Im Gegenteil - dort, wo er auftauchte, verstummten die Menschen oft. Niemand hörte ihm gern zu. Er wusste das genau und kämpfte zumindest um die Anerkennung von Männern, indem er zotige Bemerkungen machte. Damit kam er aber längst nicht bei allen gut an.

Er lüftete die Decke, mit der Birgit Ritter zugedeckt worden war, sofort. Als Ann Kathrin sah, wie er die Tote betrachtete, hätte sie ihm am liebsten eine reingehauen. Sie tat es nicht. Sie versuchte, ihn einfach zu ignorieren und ihre Arbeit zu machen, doch er ermahnte sie, den Tatort nicht mit ihrer DNA zu kontaminieren.

Ann Kathrin würdigte ihn keines Blickes mehr. Sie ging in die Küche. Sie versuchte, für sich zu rekonstruieren, was geschehen war.

Die Blutspuren zeigten ein deutliches Bild. Ann Kathrin vermutete, dass der Täter mit dem abgeschnittenen Finger in die Küche gegangen war. Die Blutstropfen deuteten darauf hin.

Er musste längere Zeit an der Arbeitsplatte gestanden haben. Möglicherweise hatte er Schubladen auf- und zugezogen. Ann Kathrin entdeckte Croissantkrümel.

War es möglich, dass der Täter hier im Stehen gegessen hatte, mit dem abgeschnittenen Finger des Toten in der Hand?

Janine Feldhaus erinnerte Frank Weller an seine eigenen Töchter. Am liebsten hätte er sie nach Hause gefahren und ihr vorher noch ein Eis ausgegeben.

Helmut rief hinter Ann Kathrin her: »Fassen Sie bitte nichts an, Frau Klaasen! Lassen Sie uns erst unsere Arbeit tun! Herrgott nochmal, wie oft muss ich das sagen?«

Er hatte nicht bemerkt, dass Weller bereits hinter ihm stand. Er überprüfte gerade, ob Birgit Ritter einen Slip trug oder nicht. Weller ermahnte ihn genervt: »Wenn du irgendein Problem mit uns hast, dann nur frei raus damit. Ich habe nämlich auch eins mit dir.«

Helmut blickte zu Weller hoch. »Was soll das heißen?«

»Wir können das auch gleich hier klären«, schlug Weller vor.

»Willst du dich mit mir prügeln? Am Tatort?«

»Nein«, korrigierte Frank ihn, »ich würde vorschlagen, wir gehen vorher raus in den Garten.«

Ann Kathrin hatte den Dialog gehört. Sie mochte es nicht, wenn ihr Ehemann Frank sich ständig mit breiter Brust vor sie stellte, um sie zu verteidigen, denn sie glaubte, so etwas gar nicht nötig zu haben, war aber gleichzeitig gerührt davon. Sie ermahnte die beiden Männer: »Wir sind Polizisten! Wir haben hier einiges zu erledigen. Gehen wir das bitte so professionell wie möglich an.« An Frank gewandt, sagte sie: »Fragen wir uns, was hier geschehen ist!«

Ann Kathrin ließ die beiden stehen und ging ins Badezimmer.

»Ja, will die jetzt hier zum Klo?«, fragte Helmut.

Frank ballte seine rechte Faust. Das reichte als Drohung vollkommen aus.

Ann Kathrin rief aus dem Bad: »Frank, komm doch mal!«

Er war sofort bei ihr, bemühte sich dabei aber, nicht in irgendwelche Blutlachen zu treten. Sie zeigte auf die Handtücher, die Feuchtigkeit an den Wänden und sagte: »Wenn mich nicht alles täuscht, hat der Täter hier geduscht, nachdem er die beiden getötet hat.«

An einem Handtuch, das auf dem Boden lag, glaubte Ann Kathrin eine verwaschene Blutspur zu erkennen.

Aus dem Wohnzimmer rief Helmut: »Ja, es kann aber auch sein, dass sich der Tote heute Morgen beim Rasieren geschnitten hat. Herrje! Das ist doch alles nur Spekulatius! Wir müssen erst die Blutgruppen überprüfen, DNA und ...«

Weller schloss die Tür zum Badezimmer, um Helmut nicht länger hören zu müssen. »Es ist unerträglich mit dem«, grummelte er. »Können wir nicht mit unserer Chefin reden, ob wir einen anderen Partner bekommen?«

»Er ist nicht unser Partner. Er ist einfach nur ein blöder Typ. Warum soll es bei der Polizei anders sein als im Rest der Gesellschaft? Wir sind halt auch nur ein Spiegel des Ganzen. Alles Gute, Schlechte und Dämliche, das es im ganzen Land gibt, gibt es auch bei uns.«

»Als ich zur Polizei ging«, sagte Weller, »da dachte ich, ich hätte mich für die Seite der Guten entschieden. Ich wusste nicht, dass da auch solche Arschlöcher herumlaufen.«

Ann Kathrin zuckte mit den Schultern. Frank kam zum Fall zurück: »Die Tote ist mit hoher Wahrscheinlichkeit Frau Birgit Ritter aus Essen. Dort war sie Leiterin einer Kita. Sie hat die Ferienwohnung bis heute gemietet. Sie ist geschieden. Vielleicht hat sie hier mit ihrem Freund Urlaub gemacht, und das hat ihn dann das Leben gekostet. Wir wissen noch nichts über seine Identität.«

Ann Kathrin schüttelte den Kopf und deutete auf die Ablage über dem Waschbecken: »Da ist nur eine Zahnbürste, Frank, und alles, was du hier siehst, sind deutlich weibliche Toilettenartikel. Ich bezweifle, dass sie hier mit einem Mann gewohnt hat. Vielleicht hat sie ihn gerade erst kennengelernt und auf einen Kaffee eingeladen.«

»Oder«, gab Frank zu bedenken, »sie hat eine Urlaubsbekanntschaft gebeten, mit in ihre Ferienwohnung zu kommen, weil sie Angst hatte, sich verfolgt fühlte oder so.«

Ann Kathrin war anderer Meinung: »Nein, Frank, es ging nicht um sie. Es ging um ihn. Der Täter hat ihm, warum auch immer, einen Finger abgeschnitten.«

»Ein Trophäenjäger?«

Ann zuckte mit den Schultern: »Das Ganze kommt mir sehr merkwürdig vor.«

Helmut öffnete die Badezimmertür und mischte sich ein: »Wollt ihr hier alleine sein oder was? Habt ihr keine eigene Wohnung? Das ist doch eine ganz klare Situation. Ein Einbrecher. Er hat die Scheibe eingeschlagen, ist von den beiden erwischt worden, und dann die typische Verdeckungstat.«

Ann Kathrin verzog den Mund. Solche voreiligen Schlussfolgerungen machten sie ziemlich sauer und bewiesen aus ihrer Sicht nicht mehr als die Inkompetenz des Kollegen. »Ja, ganz typisch bei einer Verdeckungstat ist, dass man einem Opfer den Finger abschneidet und ihn vorher mit einer Garotte würgt ... «

Helmut hob die Hände, als würde er sich ergeben: »Schon gut, schon gut, Frau Kommissarin, ich wollte mich nicht in Ihre Arbeit einmischen. Aber es ist doch augenscheinlich, dass ... «

Ann Kathrin führte Weller an Helmut vorbei aus dem Badezimmer und zeigte auf die Scherben am Boden. »Die Scheibe wurde eingeschlagen, nachdem bereits Blut auf den Boden gespritzt war.«

Weller bückte sich, betrachtete alles aus der Nähe und nickte. »Ja, Ann, stimmt.«

»Und was bedeutet das?«, fragte Helmut.

»Dass der Täter zurückgekommen ist. Und diesmal war er in Eile. Irgendetwas stimmte noch nicht. Er hatte noch etwas zu erledigen. Ich vermute, er hat erst dann den Finger abgeschnitten und die Frau zugedeckt.«

»Langsam«, rekapitulierte Weller, »du meinst, hier bricht einer ein, tötet die beiden, duscht dann in Ruhe, haut ab, kommt nach einer Weile zurück, schlägt die Scheibe ein, statt über den Weg zu gehen, den er vorher genommen hat, schneidet dem Mann einen Finger ab, deckt die Frau zu und verschwindet dann wieder?«

»Nicht ganz«, sagte Ann. »Beim ersten Mal ist er nicht eingebrochen. Entweder sie haben ihn hereingelassen, oder eine Tür stand offen. Ich vermute, so oder so ähnlich muss es gewesen sein.«

Weller guckte ratlos: »Aber warum macht einer so etwas?«

»Wenn wir das herausfinden, sind wir ihm schon sehr nahe gekommen.«

»Ja«, lästerte Helmut, »ich höre schon die Handschellen klicken.«

Weller durchsuchte Markus Baumanns Jacke, die in der Küche über dem Stuhl hing. Er fand den Roman *Totenstille im Watt*. Keinen Ausweis, keine Papiere, aber zwei in Folie gehüllte Illustriertenseiten über Dr. Bernhard Sommerfeldt. In der rechten Jackentasche ein Handy.

Weller wusste, dass das, was er jetzt machte, nicht ganz legal war, aber er empfand alle Regeln und Gesetze, die die Polizei an der Aufklärung eines Verbrechens hinderten, als Störmanöver aus Gangsterkreisen.

Er ging mit dem Handy zum Toten. Dabei trat er versehentlich in eine Blutlache, was Helmut zu einem Aufschrei veranlasste. Weller hielt das Handy vor Markus Baumanns Gesicht.

»Was machen Sie da, verdammt?«, brüllte Helmut.

Weller sah ihn grinsend an: »Gesichtserkennung. Oder wollen wir tagelang warten, bis irgendwelche Spezialisten das Passwort für uns knacken, nachdem Richter und Staatsanwaltschaft unterschrieben haben, dass wir das auch dürfen? Sieh an«, lachte Weller, »Sesam öffne dich! Schon liegt uns die digitale Welt zu Füßen.«

Helmut spottete: »Das ist die ostfriesische Art des Datenschutzes, was?«

Weller deutete an, er solle den Mund halten und lieber seine Arbeit tun.

Zunächst durchstöberte Weller die WhatsApp-Nachrichten der letzten Tage.

»Na bitte, jetzt wissen wir doch schon einiges. Er heißt Bernhard, und er chattet mit verschiedenen Frauen.« Weller pfiff leise. »Der geht aber ganz schön ran, der Bursche.«

Rupert wurde es bei der Dienstbesprechung ganz anders, und das lag nicht nur an seinem Iliosakralgelenk. Er rieb sich den Rücken und wusste kaum, wie er sitzen sollte. Er brauchte dringend eine Behandlung bei der Heilpraktikerin Sabine Hartig. Sie hatte ihn immer wieder hingekriegt, und das, ohne ihm dabei besonders weh zu tun. Wenn ihn solche Rückenschmerzen quälten, fühlte er sich immer als alter Mann, und dieses Gefühl gefiel ihm überhaupt nicht. Es war schlimmer als der Schmerz.

Was hier bei der Dienstbesprechung auf den Tisch kam, bereitete ihm zusätzlich Magendrücken. Er ahnte Zusammenhänge, die die anderen noch nicht sahen, und er machte sich Sorgen um seinen Freund Bernhard Sommerfeldt. Ja, er scheute sich nicht, wenn er über ihn nachdachte, ihn *Freund* zu nennen. In der Öffentlichkeit hätte er das natürlich nie getan, doch sie hatten sich gegenseitig das Leben gerettet und mehrfach vor viel Ärger bewahrt. Gerade erst war er Trauzeuge bei dessen Hochzeit gewesen, und Sommerfeldt war jetzt mit der Frau verheiratet, die Rupert einmal sehr viel bedeutet hatte: Frauke.

Polizeidirektorin Elisabeth Schwarz fasste die Ermittlungsergebnisse zusammen: »Wir haben in der Ferienwohnung in Norddeich zwei Leichen gefunden. Die der Erzieherin Birgit Ritter aus Essen und die des Verwaltungsangestellten Markus Baumann aus Meppen. Woher die beiden sich kannten oder wie sie zueinander standen, wissen wir bisher nicht. Herrn Baumann wurde ein Finger abgeschnitten. Er wurde mit einem Stahlseil gewürgt und schließlich erdolcht ...«

Weller räusperte sich: »Na ja, wir wissen schon etwas über deren Beziehung. Also, sie haben sich ziemlich heiße WhatsApp-Nachrichten geschickt. Merkwürdigerweise nannte er sich darin aber nicht Markus, sondern Bernhard.«

»Wie sind wir an diese WhatsApp-Nachrichtenwechsel gekommen?«, hakte Frau Schwarz nach.

Weller guckte vor sich auf den Tisch: »Na ja, sein Handy lag in der Wohnung rum ...«

»Lag in der Wohnung rum«, wiederholte Frau Schwarz, als könne sie es nicht glauben. »Und wie sind Sie in die Nachrichten reingekommen?«

Weller gab es zu: »Gesichtserkennung.«

»Sein Handy akzeptiert Ihr Gesicht?«, fragte Frau Schwarz, die noch nicht ganz verstanden hatte.

Marion Wolters, die natürlich längst kapiert hatte, was geschehen war, grinste in sich hinein. Weller stieg gerade in ihrer Achtung.

Die Pressesprecherin Rieke Gersema hielt sich beide Hände vors Gesicht, und genau das tat Frau Schwarz auch, als sie Wellers Antwort hörte: »Nicht mein Gesicht, aber seins.«

Frau Schwarz bemühte sich um Luft. Dann stellte sie fest: »Wir sind also auf illegale Weise an Informationen gekommen, indem wir den Datenschutz umgangen haben und …«

Rupert schlug mit der Faust auf den Tisch, dass die Teetassen nur so klirrten und schimpfte: »Datenschutz ist oft nicht mehr als Täterschutz!«

Frau Schwarz stöhnte und versuchte, die Runde zu belehren: »Wenn wir auf illegale Weise an Informationen kommen, können wir die später vor Gericht nicht verwenden.«

»Ja, tut mir leid«, log Weller. »Ich gelobe auch Besserung. Ich werde das bestimmt nicht wieder tun, aber jetzt wissen wir doch ein paar Sachen. Also, die beiden waren ein Liebespaar, er gab sich als Bernhard aus …«

Ann Kathrin griff ein, indem sie einfach wieder zu den Fakten zurückkam: »In der Wohnung befindet sich nur das Blut von Frau Ritter und Herrn Baumann. Obwohl ein Kampf mit dem Täter stattgefunden haben muss, konnte die Spusi bisher kein Blut einer dritten Person nachweisen. Das bedeutet für uns auch, der Täter hat geduscht und sich das Blut abgewaschen. Später ist er dann zurückgekommen und …«

»Mein Gott, hat man es denn nur noch mit Verrückten zu tun?«, fragte Frau Schwarz.

»Ja«, gab Rupert ihr auf provozierende Art recht, »ein klardenkender, psychisch stabiler Mensch schneidet in der Regel anderen Leuten nicht den Finger ab und sticht auch nicht mit einem Messer auf sie ein.«

Marion Wolters hatte auch etwas beizusteuern. Sie hoffte, damit von Wellers Fehltritt abzulenken: »Wir befragen im Moment alle Touristen in den umliegenden Ferienhäusern, ob jemand etwas gesehen oder gehört hat.«

Rieke Gersema stand auf und öffnete ein Fenster. Augenblicklich, als hätte sie nur darauf gewartet, flog eine Hummel herein, machte ziemlichen Lärm und umkreiste zweimal den Tisch, bevor sie wieder verschwand.

Rupert wäre der Hummel am liebsten nach draußen gefolgt. Er wollte sich hier so rasch wie möglich verabschieden, um Sommerfeldt zu warnen.

Möglicherweise roch Frau Schwarz auch schon Lunte, denn sie zeigte auf die Illustriertenseiten: »Das hatte der Tote also in der Tasche. Einen Artikel über Dr. Bernhard Sommerfeldt.« Sie fixierte Ann Kathrin mit einem vorwurfsvollen Blick. Ann Kathrin hielt dem Blick stand.

Frau Schwarz gab als Erste auf und guckte auf ihre Teetasse. »Ein Fan? Er nennt sich Bernhard, hat das Buch bei sich und den Zeitungsartikel? Ich habe diese morbide Faszination, die dieser Sommerfeldt auf einige Menschen ausstrahlt, nie verstanden.«

Rupert versuchte, alles runterzuspielen: »Ja, vielleicht liest er Sommerfeldt und sammelt Zeitungsartikel über ihn. Kann ja alles sein. Der eine ist Fan von den Stones, der andere von Udo Lindenberg, wieder andere hören *Mondzart* …«

»Das heißt Mozart, Sie Banause!«, fuhr Frau Schwarz ihn an.

Weller versuchte sofort, Rupert zur Seite zu stehen: »*Mondzart* ist eine Auricher Band.«

Frau Schwarz verzog die Lippen. Sie mochte es nicht, belehrt zu werden.

Rupert guckte Weller groß an. Er hatte noch nie von einer Band namens *Mondzart* gehört. Weller zwinkerte ihm zu. Gegen Frau Schwarz hielten sie immer zusammen, so wie gegen Gangster, Kriminelle und besserwisserische BKAler.

»Jedenfalls«, fuhr Rupert fort, »spielt es doch gar keine Rolle, was einer liest oder welche Musik er hört. Das hat mit dem Mordfall nichts zu tun.«

»Alles hängt mit allem zusammen«, sagte Ann Kathrin. »So ist die Welt.« Sie goss sich Tee ein. Sie sah nachdenklich aus. Sie spürte, dass sie vor großen Herausforderungen und Problemen standen. »Mir«, sagte sie, »macht der abgeschnittene Finger am meisten Sorgen. Es ist, als bräuchte der Täter einen Beweis, dass er Markus Baumann getötet hat und nicht irgendein anderer.«

Weller interpretierte Anns Satz: »Das könnte bedeuten, jemand hat ein Kopfgeld auf Baumann ausgesetzt? Auf einen Mitarbeiter der Meppener Verwaltung?«

»Ja«, warf Marion Wolters ein, »oder jemand sammelt Trophäen. Wir haben bereits vergleichbare Fälle überprüft.«

»Vergleichbare Fälle!«, spottete Rieke Gersema.

Marion fuhr fort: »Getötete Personen, denen post mortem der Finger abgetrennt wurde. Es gab da vor zwei Jahren einen Fall in Saarbrücken. Der Täter sitzt aber, und er hat auch nicht den kleinen Finger abgeschnitten, sondern den Ringfinger, um seiner Oma den Ehering zu stehlen.«

»Was ist«, stöhnte Rupert, »aus dieser Welt nur geworden? Wir haben es also glücklicherweise nicht mit einem Serientäter zu tun, der Finger sammelt.«

»Dann«, erklärte Weller, »hätte er nämlich auch Frau Ritter den kleinen Finger abgeschnitten.«

»Es ging«, betonte Ann Kathrin noch einmal, »um den Mann. Sie ist Beifang, obwohl alles in ihrer Wohnung stattfand. Wenn jemand Baumann töten wollte, so frage ich mich, warum ist er nicht nach Meppen gegangen und hat ihn sich da geholt? Woher wusste unser Täter, dass er ihn in Frau Ritters Ferienwohnung antreffen würde?« Ann Kathrin sprach, als würde sie nur laut nachdenken und alle dürften dabei zuhören. »Das bedeutet, er ist ihm möglicherweise nachgereist, hat die zwei beobachtet und ist dann hinterher in die Ferienwohnung. Er hat seine Chance wahrgenommen, vermutlich, weil die Türen offen standen.«

Rupert zeigte auf Ann Kathrin: »Das ist gut. Das ist verdammt gut. Wir dürfen also nicht nur die Nachbarn befragen, sondern wir müssen gucken, welchen Strandkorb sie hatte und welche Strandkörbe drumherum standen. Jemand könnte den Täter dort gesehen haben.«

Polizeidirektorin Schwarz verschränkte die Arme vor der Brust und sank in ihren Stuhl zurück. Wie die sich hier gegenseitig die Bälle zuspielen, dachte sie. Das ist schon faszinierend. Manchmal kam ihr diese Bande vor wie ein einziges Gehirn. Einer dachte den Gedanken des anderen zu Ende.

Weller hatte Einwände: »Trotzdem«, sagte er, »wenn jemand Baumann töten wollte, wieso holt er ihn sich nicht alleine, sondern riskiert eine Zeugin und einen zweiten Mord?«

»Sie ist«, ergänzte Ann Kathrin, »wenn ich die Kampfspuren richtig deute, auch keineswegs geflohen, sondern auf den Täter losgegangen.«

»Das ist mal wieder reine Spekulation«, behauptete Frau Schwarz.

Ann Kathrin schüttelte den Kopf: »Nein, ihre Stichverletzungen sprechen eine klare Sprache. Vielleicht finden wir unter ihren Fingernägeln DNA des Täters.«

Rupert hatte einen Geistesblitz: »Möglicherweise sogar an ihren Zähnen.«

»An ihren Zähnen?«, fragte Frau Schwarz. »Wie kommen Sie denn darauf?«

»Ja, Frauen beißen manchmal, wenn sie kämpfen, und kratzen und ... «

Diesmal zeigte Ann Kathrin auf Rupert: »Das ist gar nicht schlecht. Wir sollten das überprüfen.«

Wilhelm Klempmann ließ sich gern *George* nennen – englisch ausgesprochen, weil das gefährlicher klang als Willi. Unter einem Willi stellten sich viele einen Rentner vor, der im Garten hinter seiner fast abbezahlten Doppelhaushälfte Rosen züchtete. George, das hatte dagegen etwas Weltmännisches, fand er.

Es machte ihn immer sauer, wenn jemand den Namen deutsch aussprach. Aber das war jetzt nicht sein größtes Problem.

Er galt als Boss der Bosse, lebte auf einer Luxusyacht und ließ sich von zwei Leibwächterinnen schützen, die jedem Playboy-Covergirl Konkurrenz machen konnten. Allein der Anblick dieser beiden Frauen versöhnte ihn mit dem sonst oft rauen Leben. Dabei ging es nie um Sex. Den hatte er mit seiner Silvia. Wenn es so etwas wie eine Seelenverwandtschaft gab, dann verband ihn das mit ihr. Das Wort *bessere Hälfte* stimmte in dem Zusammenhang. Sie repräsentierte das Gute, das er aus sich evakuiert hatte, um sein zu können, wer er war: ein gnadenloser Gangsterboss.

Er liebte sie für all das, was er nicht sein konnte.

Andere zahlten Steuern. Silvia verteilte seine Millionen an wohltätige Organisationen. Im Moment war ihr Lieblingsprojekt ein Ausbildungsprogramm für minderjährige Mütter. In Norden, der ältesten ostfriesischen Stadt, wurde ein Haus für die jungen Frauen gebaut. Eine eigene Wohnung für jede, mit Küche, Bad und natürlich einem Kinderzimmer. Es entstanden acht solcher Wohneinheiten. Das Ganze stand bereits kurz vor der Einweihung, und Klempmann fütterte den Bau mit seinen illegalen Geldern.

Klempmann nannte es *Heim für gefallene Mädchen*, Silvia *Zufluchtsort für junge Mütter* oder *Neustart-Programm.*

Trinkwasserprojekte in Afrika oder Leseförderung in von Kultusministerien vernachlässigten Bundesländern – Silvia fühlte sich für alles zuständig und liebte ihn dafür, dass er eine nie versiegende Geldquelle war.

Genaues über seine Geschäfte wollte sie nicht wissen. Er belästigte sie nicht mit den ekelhaften Widrigkeiten seiner Unternehmungen, und sie ersparte ihm die Details der wohltätigen Arbeit für die Gesellschaft.

So bildeten sie eine perfekte, sich liebende Symbiose.

Noch nie hatte jemand sein Leben so sehr durcheinandergebracht wie dieser Bernhard Sommerfeldt. Dieser belesene, kunstbeflissene Drecksack hatte seine Drogendepots auffliegen lassen. Die Crystal-Meth-Fabriken in Meppen und Wilhelmshaven, in denen auch Yellow-Sunshine-Trips und Potenzmittel hergestellt wurden, die zehnmal wirksamer waren als Viagra, dafür aber Leberkrebs verursachten, hatte Sommerfeldt an die Bullen verraten. Das hätte er vielleicht noch verschmerzt. Aber auch seine Heroindepots hatte Sommerfeldt der Polizei preisgegeben. Acht Zentner hatten sie aus den Sandlagern hinterm Deich gebuddelt.

Seit Jahren hatten sie diese stillen Depots völlig unkompliziert nutzen können. Tonnen von Sand und Sandsäcken lagerten in ungeschützten Hallen direkt hinterm Deich, um der Bevölkerung die Möglichkeit zu geben, bei einer Sturmflut den Deich besser verteidigen zu können.

Die ostfriesische Mordkommission, die für Drogen überhaupt nicht zuständig war, brüstete sich damit, diesen Coup gelandet zu haben. Sie waren zu Volkshelden geworden. Sie verstanden es glänzend, sich in der Presse gut darzustellen. Besonders dieser Trottel namens Rupert, bei dem niemand wusste, ob das sein Vor- oder Nachname war, gab mit dem durchschlagenden Erfolg an, er stieg vielleicht nicht auf der Karriereleiter nach oben, aber doch im Ansehen der Ostfriesen.

Die ostfriesische Polizei galt jetzt als knallhart und unbestechlich, womit sie einige andere Polizeistationen gegen sich aufbrachte, denn der Verdacht der Bestechlichkeit geisterte zwischen den Zeilen durch die Blätter.

Klempmann wusste genau, was gelaufen war. Sommerfeldt hatte ihnen das alles gesteckt. Deswegen kam die eigentliche Aktion von der ostfriesischen Mordkommission. Damit hatte er sich bei ihnen freigekauft. Eines Tages würden Köpfe rollen! Er sah es schon vor sich, wie dieser Rupert in Handschellen aus der Polizeiinspektion gebracht wurde, dahinter Weller und diese Klaasen. Die ganze Bande gehörte in den Knast, und Sommerfeldt unter die Erde. Diese unheilige Allianz zwischen einem Serienkiller und der Polizei musste beendet werden. Erst dann würden seine Geschäfte wieder laufen wie früher, und er könnte Silvia mit Geld für wohltätige Zwecke ausstatten.

In Gangsterkreisen galt er als angeschlagen. Man vertraute ihm, dem großen, gefürchteten George, nicht mehr. Wer so viele Drogen verloren hatte, musste ein schwarzes Schaf in seinen

Reihen haben. Einen Verräter. Und das machte alle anderen Geschäftspartner vorsichtig.

Niemand durfte je erfahren, dass er selbst alle Geheimnisse preisgegeben hatte. Um sein Leben zu retten, hatte er Sommerfeldt geschworen, ein besserer Mensch zu werden und mit dem ganzen Mist aufzuhören.

Vor Silvia konnte er damit sogar glänzen. Aber so wollte er nicht abtreten. Jetzt galt er als schwach. Überhaupt war ihm in den letzten Wochen klar geworden, dass es viele Vorstadtganoven gab, die nur darauf warteten, seine Stelle einzunehmen. Er war ein Leitwolf unter vielen anderen hungrigen Wölfen. Wer in seiner Position Schwäche zeigte, lebte nicht mehr lange, oder er musste sich einer anderen Organisation unterwerfen.

Zwei Clanchefs hatten bereits eindeutige Angebote geschickt. Ein arabischer Vermittler aus dem Ruhrgebiet hatte ihm als Gastgeschenk Fleisch gebracht. Natürlich halal. Und ihm Schutz angeboten. Im Gegenzug wollte er alle Adressen und Kontakte. Klempmann sollte sich zur Ruhe setzen und Geschäftsführer einer gut eingeführten Hotelkette werden.

Ein Mann, der von allen nur *der Tschetschene* genannt wurde, schickte aus Berlin das Angebot an *meinen deutschen Bruder*, er solle Berater der Familie für legale Geldanlagen werden. Wobei man von ihm erwartete, aus schwarzem Geld weißes zu machen und das dann rasch zu vermehren.

Willi Klempmann empfand das alles als demütigend. Noch vor kurzem hätten diese Leute nicht mal gewagt, seinen Namen laut auszusprechen, ohne sich vorher umzudrehen. Und jetzt überbrachte ihm Christine die erleichternde Nachricht von Johann Baptist Reichhart, er habe Sommerfeldt erledigt. Endlich!

Er hielt große Stücke auf den Mann, der auch *Der Henker* genannt wurde. Doch Willi Klempmann wollte sich nicht zu früh freuen. Niemand wusste, wo Sommerfeldt sich aufhielt, und zehn Millionen Kopfgeld machten erfinderisch. Schon viermal hatten sich Erfolgsmeldungen in den letzten Tagen als Enten herausgestellt. Die Düsseldorfer präsentierten ihm gar einen vierundsiebzigjährigen Mann, der mit dem Rad verunglückt war.

Es war erstaunlich, wie schnell sich auch in Amateurkreisen die Sache mit dem Kopfgeld auf Sommerfeldt herumgesprochen hatte. Zwei Jugendliche hatten einen Besoffenen in Köln am Dom die Treppe zum Hauptbahnhof hinuntergeschubst und den Mann dann fotografiert. Er war weder tot, noch war es Bernhard Sommerfeldt, doch die zwei hofften, niemals mehr im Leben arbeiten zu müssen und trotzdem in Fülle und Wohlstand schwelgen zu können.

Profikiller versuchten, doppelt zu kassieren. Zuerst erledigten sie ihren Auftrag, kassierten den Mörderlohn und reichten dann ein Foto bei Klempmann mit der Behauptung ein, sie hätten Sommerfeldt ausgeknipst. So weit war es also schon, dass nicht einmal mehr die Profis Respekt vor ihm hatten und versuchten, ihn zu verarschen.

Deshalb wollte er nicht auf Johann Baptist hereinfallen, aber er rechnete sich Chancen aus, dass es Baptist gelungen sein könnte. Er war genau der richtige Mann dafür.

Willi Klempmann kannte den umoperierten Sommerfeldt. In den sozialen Medien waren Fotos vom *Doppelmord in Norddeich* aufgetaucht. Klempmann fragte sich, wie so etwas passieren konnte. Hatte hier ein Polizist Bilder an seine Geliebte verschickt, um damit anzugeben, oder gar an seine Kinder? Jedenfalls gab es diese Fotos. Nicht in der offiziellen Presse, wohl aber im Netz.

Der Mann auf dem Foto sah nicht so aus, wie er Sommerfeldt

in Erinnerung hatte, allerdings lag er verrenkt am Boden in einer schwierigen Lichtsituation. Doch Baptist, der Henker, hatte versprochen, einen Finger mitzubringen. Er fürchtete also die DNA-Analyse nicht. Das Problem war nur, Klempmann besaß gar keine Vergleichs-DNA von Sommerfeldt.

Annika Schneider brachte Johann Baptist und den abgeschnittenen kleinen Finger mit dem Motorboot vom Hafen Norderney zu Willi Klempmanns Yacht, die wie immer außerhalb der Dreimeilenzone durch die Wellen glitt.

Annika hatte Johann Baptist nach Waffen durchsucht und ihm sogar die Stahlschlinge abgenommen. Als sich das Motorboot der Yacht näherte, wurde er nervös. Was hinderte eigentlich Klempmann daran, ihn jetzt umzubringen und ins Meer zu werfen, statt ihm die zehn Millionen auszuhändigen?

Fürs Telefon war die Sache zu heiß. Aber er musste es ihm sagen und ihm dabei in die Augen sehen. Sommerfeldt bewegte sich aus Ruperts Sicht auf eine geradezu bekiffte Weise unbeschwert durchs Leben. Die Hochzeit mit Frauke hatte ihm ein unverschämt glückliches Grinsen ins Gesicht gezaubert, das Rupert an Jack Nicholson in seinen besten Zeiten erinnerte.

Er selbst wäre auch gern so gewesen: reich, aber ausgestattet mit einer tiefen Verachtung für Geld und alles Materielle. Niemandem fiel so etwas leichter als Menschen, die im Überfluss schwammen. Aber Rupert hatte Millionäre kennengelernt, die von ihrem Reichtum gefangen gehalten wurden und krankhaft geizig geworden waren, als hätten sie Angst, eine zu teure Tasse Kaffee könne ihr Aktiendepot verschlingen.

Sommerfeldt liebte gutes Essen, hatte aber nicht ein Kilo zu viel drauf, er wirkte nicht nur sportlich und muskulös, nein, er war es auch. Rupert nahm schon zu, wenn er nur an Currywurst dachte, und musste jedes genossene Bierchen später hart abtrainieren.

Für Rupert war Sommerfeldt ein Liebling der Götter. Sie beschützten und beschenkten ihn, aber möglicherweise verließ er sich zu sehr darauf und wurde nachlässig.

Rupert schickte ihm per WhatsApp *mDsA*, ein zwischen ihnen vereinbarter Code. Es bedeutete: *muss Dich sprechen, Alter.* So eine Nachricht von Sommerfeldt an ihn hätte Rupert dazu gebracht, wie ein Hase, der den Schuss gehört hat, hektische Haken zu schlagen. *mDsA* bedeutete: Alarmstufe rot.

Sommerfeldt antwortete erst eine Viertelstunde später: *Sind auf Langeoog. Spielen eine Runde Golf. Hast du Lust?*

Rupert fluchte leise vor sich hin: »Das ist ja zum Mäusemelken!« Er ballte das Handy in seiner Faust, als hätte er vor, es zu zerquetschen.

Ich dachte, ihr seid noch auf Wooge, schrieb er.

Sommerfeldt antwortete: *Ostfriesland ist ein Paradies! Inselhopping!*

Rupert hätte eigentlich nach Harlesiel fahren müssen, um dort eine Linienmaschine nach Langeoog zu nehmen. Aber selbst das dauerte ihm zu lange, und für die Fähre blieb sowieso keine Zeit. Alles musste ganz schnell gehen. Am liebsten hätte er in wenigen Minuten vor Sommerfeldt gestanden.

Als hätte Sommerfeldt seine Gedanken geahnt, schrieb er: *Chartere dir eine Maschine von Norddeich aus. Wenn du dich beeilst, kannst du bei uns noch mit einsteigen und eine Runde mitspielen.*

Das war typisch für ihn. Er dachte nicht darüber nach, wie teuer etwas war. Er zahlte einfach den Preis.

Rupert kannte dieses Gefühl. Selbst als er undercover den Gangsterkönig Frederico Müller-Gonzáles gespielt hatte, der mit riesigen Schwarzgeldsummen jonglierte, hatte ihn ein gewisser anerzogener Respekt beim Umgang mit Geld nie verlassen. Eine Flasche Wein, die tausend Euro kostete, bereitete ihm Sodbrennen, und das lag nicht am Wein.

Es waren keine Dienstwagen frei, und er konnte sich schlecht einen ausleihen, um den dann privat am Flugplatz Norddeich abzustellen. Es fiel ihm nicht leicht, doch er ging runter in die Einsatzzentrale und fragte Marion Wolters: »Kann ich mir dein Auto leihen? Ich muss mal kurz …«

Sie grinste ihn breit an, klopfte auf ihre Hüften und lachte: »Ich komme nicht mehr mit dem Auto zum Dienst, sondern mit dem Fahrrad.« Sie hob ermahnend ihren Zeigefinger: »Und nicht mit dem E-Bike, nein, ich strample richtig. Das bringt was, sag ich dir! Meine Waden sind schon richtig fest geworden.«

Bevor sie in der Lage war, ihm ihre sportlichen Erfolge zu zeigen, wiegelte Rupert ab: »Okay. Ich nehme auch das Rad.«

Sie gab ihm den Schlüssel und ermahnte ihn: »Ich schließe mein Rad immer zweimal ab. Mir sind schon zwei Räder geklaut worden, und dieses war teurer als mein letztes Auto. Die Zahlenkombination ist 90 60 90.«

»Ach«, grinste Rupert, »deine Traummaße? Die kann ich mir merken.«

Warum, fragte er sich, fahren taffe Frauen Räder in pink oder rosa? Keine Stange in der Mitte, aber dafür Farben, als sei es ein Puppenkleid …

Er setzte sich darüber hinweg und kämpfte sich an grinsenden Touristen vorbei in Richtung Flugplatz Norddeich.

»Eigentlich«, sagte die junge Frau am Schalter und lächelte

Rupert verschmitzt an, »geht das nicht. Man muss solche Flüge voranmelden.«

Aber dann machte sie es doch möglich. Vielleicht lag es daran, dass er sie so gekonnt beflirtete und ihr das Gefühl vermittelte, sie sei eine geheimnisvolle Schönheit, die bestimmt bald vom Film entdeckt werden würde. Und wäre er ein paar Jahre jünger und nicht verheiratet, würde er auf die Knie fallen und um ihre Hand anhalten. Vielleicht lag es aber auch nur daran, dass sie der Polizei behilflich sein wollte und sie sein Foto in der NWZ oder in den Ostfriesischen Nachrichten gesehen hatte. Immerhin war er der Kommissar, der dem Drogenkartell einen gewaltigen Schlag verpasst hatte. Für viele war er damit zum Helden geworden.

Weller hielt sich bei solchen Sachen zum Glück gern zurück und überließ Rupert die Show, denn Weller ging davon aus, dass es gut war, wenn man als Kommissar auch mal unerkannt agieren konnte.

Rupert vergaß, das Fahrrad abzuschließen. Er ließ das Zahlenschloss im Körbchen auf dem Gepäckträger liegen. Die Polizeipsychologin Elke Sommer deutete das später so, als hätte Rupert damit einen geheimen Groll gegen Marion Wolters ausgelebt, weil sie ihm als Frau immer die kalte Schulter gezeigt hatte.

So ein Quatsch! Für Marion Wolters hatte er sich nie interessiert. Aber wenn man einmal berühmt war, so wie er, dann dichteten einem die Leute jede Menge Legenden an.

Rupert zahlte den Flug mit seiner Kreditkarte, war sich aber gar nicht sicher, ob er genug Geld auf dem Konto hatte.

Der Flug ging am Küstenstreifen entlang. Rupert sah aus dem Fenster, genoss den Blick auf die Segelboote und Krabbenfischer. Er war froh, dass die wieder ihren Beruf ausüben durften.

Er hatte, wie alle in der Polizeiinspektion, für sie unterschrieben und an ihren Protestaktionen teilgenommen. Ein handwerklich schlecht gemachtes Gesetz, das wohl Korallenriffe schützen sollte, hatte den Krabbenfischern verboten, Krabben mit Schleppnetzen auf dem Grund zu fangen. Aber an der Nordseeküste sind Korallenriffe so selten, dass man fast sagen kann, es gibt sie gar nicht, und das lag sicherlich nicht an den Krabbenfischern. Hunderte Familien hatten vor dem Aus ihrer finanziellen Existenz gestanden. Rupert hätte die Verantwortlichen am liebsten in Handschellen abgeführt und gezwungen, eine Weile bei Wind und Wetter zur See zu fahren.

Er winkte den Krabbenfischern von oben zu. Natürlich sahen sie ihn nicht, aber er wollte trotzdem demonstrieren, und sei es nur für sich selbst, dass er auf ihrer Seite stand. Nie hatte er mehr Krabbenbrötchen gegessen als damals. Weller hatte davon gesprochen, die Krabbenfischerei sei ein Kulturgut. Rupert hatte keine Ahnung, was Weller damit meinte, aber es war ein gutes Gefühl für ihn, auf der richtigen Seite gestanden und gewonnen zu haben.

Die Landebahn befand sich direkt neben dem Golfplatz. Mit einem guten Schlag, so vermutete Rupert, hätte man eine Maschine vom Himmel holen können. Trotzdem fühlte er sich sicher. Er konnte Sommerfeldt und Frauke sogar schon sehen.

Er stieg aus, bedankte sich beim Piloten und traf Sommerfeldt an Loch sieben. Frauke stand auf dem Grün und versuchte, aus drei Metern Entfernung einen Ball, der farblich sehr Marions Fahrrad glich, einzulochen. Hochkonzentriert führte sie ihren Putter.

Frauke trug ein weißes Käppi, Sommerfeldt ein blaues. Er traute sich, auf Langeoog mit einem Käppi Golf zu spielen, auf dem groß *Wangerooge* stand. Wahrscheinlich, dachte Rupert, ist das wieder einer seiner Tricks. Wenn sich später jemand an ihn erinnerte, dann würde in der Beschreibung stehen:

Er hatte ein Käppi auf, auf dem stand Wangerooge, obwohl er auf Langeoog war. Dafür wüsste man seine Augenfarbe nicht und hätte vergessen, ob er einen Dreitagebart trug, einen Vollbart oder glatt rasiert war. Vieles, was Sommerfeldt machte, war Ablenkung. So viel hatte Rupert inzwischen über ihn gelernt.

Fraukes Ball rollte zunächst gerade auf das Loch zu, aber weil der Boden nicht eben war, verhungerte der Ball knapp dreißig Zentimeter vor dem Loch.

»Du musst das Grün vorher richtig lesen«, riet Sommerfeldt. Dann erst umarmte er Rupert. »Warum«, fragte er ihn, »hast du dir keine Schläger geliehen?«

»Ich bin nicht gekommen, um Golf zu spielen, verdammt!«, knurrte Rupert. »Für dich ist das Leben wohl ein Riesenwitz oder was, aber jetzt wird's gerade ernst.«

»Herrje, verdirb uns nicht den schönen Tag. Du siehst ja richtig angefressen aus.«

Rupert kam gleich zur Sache: »Wir haben in Norddeich ein totes Pärchen gefunden.«

Sommerfeldt hob die Hände und lachte: »Ich war's nicht, Alter.«

»Natürlich nicht«, wiegelte Rupert ab.

Frauke nahm mit dem Schläger Maß, doch Sommerfeldt winkte ab: »Geschenkt!«

Sie wollte sich aber nichts schenken lassen und lochte ein.

Als würde es hier immer noch um Golf gehen, lachte Sommerfeldt: »Du hast gar keine Platzreife, Rupert, stimmt's? Deshalb haben sie dir keine Schläger geliehen.«

»Es geht hier nicht um Golf!«, zischte Rupert. »Nicht um Spaß und nicht ums Vergnügen. Sie jagen dich. Wer immer es war, hatte es auf dich abgesehen. Dem Mann wurde ein Finger abgeschnitten.«

Frauke, die alles mitbekommen hatte, zeigte sich im Gegensatz zu Sommerfeldt erschrocken: »Er hat ein Pärchen umgebracht? Du meinst, sie wollten uns …«

Rupert tippte Sommerfeldt gegen die Brust: »Er hatte ein Buch von dir bei sich und Zeitungsartikel. Ich kenne seine Chatverläufe. Der Idiot hat sich als Bernhard Sommerfeldt ausgegeben. Da macht einer Frauen scharf, indem er so tut, als sei er du.«

»Oh, geht das denn?«, fragte Frauke spitz. Etwas an Ruperts Aussage machte sie wütend, und gleichzeitig ahnte sie, dass er recht hatte.

»Ja«, gab Sommerfeldt zu, »es gibt schon eine Menge Leute, die sauer auf mich sind.«

»Das kannst du wohl laut sagen«, spottete Rupert, der Sommerfeldts Aussage ziemlich untertrieben fand.

»Fangt den Typen und sperrt ihn ein. Oder muss ich das selber machen?«, fragte Sommerfeldt. Er nahm sein Käppi ab, kämmte sich mit den Fingern durch die Haare, ließ den Nordwestwind kurz mit ihnen spielen und setzte es dann wieder auf.

»Ich dachte«, sagte Frauke, »der ganze Irrsinn hätte jetzt ein Ende, und wir könnten …«

»Ein geruhsames Leben führen?« brachte Sommerfeldt ihren fragenden Satz zu Ende.

Die Sonne versteckte sich kurz hinter einer kleinen Wolke und verlieh ihr dadurch einen goldenen Schein, als hätte sie sie verschluckt und würde nun selbst brennen.

Sommerfeldt schulterte sein Golfbag und ging zum nächsten Abschlag.

Rupert sah Frauke an. War da in ihren Augen immer noch etwas von der alten Zuneigung zu spüren, die sie mal füreinander empfunden hatten? Sie wirkte, als sei sie mehr auf Ruperts als auf Sommerfeldts Seite. Sie nahm das Ganze jedenfalls nicht auf die leichte Schulter.

Rupert trottete hinter den beiden her und wurde laut: »Kapierst du das denn nicht? Hier hat jemand versucht, dich umzulegen! Sie haben diesmal nur den Falschen erwischt, irgendeinen Ignoranten aus Meppen.«

Sommerfeldt zog ein Holz-Tee aus der Tasche und schob den spitzen Stift in den Boden und platzierte darauf seinen Ball. Er spielte mit weißen Bällen, auf denen ein Spendenaufdruck fürs *Hospiz am Meer* abgebildet war.

»Macht es dir gar nichts aus, dass dich einer umlegen will?«

Als würde die Aufschrift ihn an die eigene Sterblichkeit erinnern, drehte er sich zu Rupert um, breitete seine Arme aus und lachte: »Hier kommt sowieso keiner lebend raus.«

»Wo?«, fragte Rupert. »Was meinst du damit? Langeoog?«

»Nein«, grinste Sommerfeldt und wedelte mit den Händen durch die Luft. »Ich meine, von dieser Welt. Wir werden geboren, und irgendwann ist es zu Ende. Was dazwischen geschieht, können wir aber beeinflussen. Und ich würde gerne ein bisschen Spaß haben und jetzt am liebsten ein Pärchen spielen. Das ist mir an Loch acht noch nie geglückt.« Sommerfeldt zog seinen Driver aus dem Bag, reinigte die Schlagfläche mit einem grünen Handtuch, auf das *Golfclub Lütetsburg* gestickt war.

Er war völlig konzentriert. Er pustete sogar auf die Schlagfläche und machte zwei Probeschwünge.

Rupert pflaumte ihn an: »Willst du mich damit beeindrucken, dass du jetzt hier den stahlharten Macker spielst, dem alles am Arsch vorbeigeht?«

Frauke legte ihren Zeigefinger über die Lippen und bat Rupert um Ruhe: »Psst. Er muss sich konzentrieren. Wenn ein Golfer schlägt, braucht er Ruhe.«

Rupert knirschte vor Wut mit den Zähnen und sah zum Himmel. Fünf Wildgänse flatterten in Richtung Spiekeroog.

»Das ist genau so'n philosophischer Scheiß, der mir auf den Sack geht!«, brüllte Rupert gegen Fraukes Rat. Er ballte die Fäuste. »Ja, klar, wir müssen alle die Welt verlassen! Ja, klar, wir müssen alle sterben! Okay, meinetwegen. Aber nicht heute und auch noch nicht morgen!«

Frauke ermahnte ihn noch einmal: »Psst ... «

Sommerfeldts Schläger machte ein schneidendes Geräusch durch die Luft. Dann stand er, das Gewicht ganz auf dem linken Bein, den Schläger hinter seinem Rücken gestoppt und sah dem Ball hinterher. Der Ball flog in einem hohen Bogen ziemlich geradeaus, bekam dann in der Luft aber einen Rechtsdrall. Sommerfeldt ließ den Schläger sinken. »Mist! Vergeigt!« Vorwurfsvoll sah er Rupert an.

»Ja, bin ich das jetzt schuld oder was? Ich fand das 'nen super Schlag.«

»Ja, weil du keine Ahnung hast. Der ging ins Rough ... «

Rupert wurde schon wieder laut. Er stellte sich Sommerfeldt in den Weg: »Hör mal gut zu: Wenn du auffliegst und klar wird, dass der tolle Klinikleiter Ernest Simmel in Wirklichkeit Dr. Bernhard Sommerfeldt ist, dann bin auch ich erledigt. Ich war euer Trauzeuge! Habt ihr das vergessen?« Er zeigte auf Frauke: »Und du warst ... « Er sprach es nicht aus, weil er sie nicht beleidigen wollte. Doch Frauke genierte sich nicht für ihre Vergangenheit und formulierte: »Deine Miet-Ehefrau. Ja.«

»Nein«, wehrte Rupert sich, »nicht meine. Als Kommissar kann ich mir das gar nicht leisten. Du hast dreimal so viel Geld im Monat bekommen, wie ich verdiene.« Er boxte in die Luft.

»Aber das ist, verdammt nochmal, eine andere Geschichte. Und ich habe keine Lust, dass das alles brühwarm breitgetreten wird wie breiige Scheiße. Das klebt einem dann ewig an den Hacken. So was wird man nicht mehr los!« Rupert trampelte auf dem Rasen herum, als müsse er seine Schuhe vom Dreck befreien.

Sommerfeldt stellte sich neben Rupert und nahm ihn in den Arm. Das passte ihm überhaupt nicht. Es hatte etwas Väterliches an sich.

»Alter Freund«, sagte Sommerfeldt beschwichtigend, »mach dich locker. Ich verstehe ja, dass ihr Stress habt. Irgendjemand hat einen Typen umgelegt, der so getan hat, als sei er ich. Vielleicht wäre er besser als Elvis-Imitator durch die Lande gereist. Das ist weniger gefährlich. Das bedeutet für uns doch nur, wer immer es war, der Stümper weiß nicht, wo ich wirklich bin.«

»Mensch, das war in Norddeich! Der ist ganz nah an euch dran!«

»Was schlägst du vor?«, fragte Frauke, um Rupert zu unterstützen.

Der nahm das dankbar zur Kenntnis. »Wir müssen«, sagte Rupert, »ihn finden, bevor er euch findet und wir alle auffliegen.«

»Dann«, folgerte Frauke, »gebt euch Mühe, ihn zu fassen.«

»Während ihr Golf spielt oder was?«, lästerte Rupert.

Sommerfeldt stellte sein Golfbag bei einem Sandbunker ab und formulierte, was die anderen noch nicht aussprechen wollten, aber längst dachten: »Wenn es ein Profikiller war, ein gedungener Mörder, dann hilft es wenig, wenn ihr ihn einkassiert. Sein Chef wird einen anderen beauftragen.«

Rupert nickte, fast dankbar über diese Klarheit, und fügte hinzu: »Es wird ein Auftragskiller sein. Warum sonst hätte er dem Mann den Finger abschneiden sollen?«

Als sei das jetzt genau die richtige Reaktion, drückte Frauke ihr Tee-Stück in den Boden und jonglierte den bonbonfarbenen Ball darauf. Vielleicht war sie doch ein bisschen nervös, und ihre Hand zitterte, oder der Nordwestwind frischte auf, jedenfalls fiel der Ball wieder herunter, noch während sie in der Hocke saß.

Irgendwie spürte Rupert einen Stich Eifersucht, trotzdem formulierte er seinen Vorschlag: »Am besten verzieht ihr euch für eine Weile. Macht einfach eine Hochzeitsreise. Das hattet ihr doch sowieso vor, oder? Ich versuche, die Sache hier in unserem Sinne zu klären.« Gleichzeitig grollte Rupert. Der amüsierte sich mit Frauke, vermutlich auf den Kanaren, während er hier die Drecksarbeit erledigen musste.

»Ich habe mal«, sagte Sommerfeldt belehrend, als wüsste das nicht jeder, »in Lingen im Knast gesessen. Seitdem liebe ich frische Luft und bin am liebsten draußen. Ich reise gern herum und ... «

Er schwieg und deutete auch Rupert an, er solle nun ganz still sein, denn Frauke holte mit ihrem Driver aus.

»Du ahnst ja nicht«, zischte Rupert, »wie sehr ihr mir mit eurem Golf und dem ganzen Getue auf den Sack geht!«

Rupert konnte Fraukes Ball gegen die Sonne gar nicht mehr sehen. Sommerfeldt stellte sich anders hin, um die Flugbahn zu verfolgen.

Frauke lachte: »Jaaa! Perfekt!«

»Herzlichen Glückwunsch«, lobte Sommerfeldt sie.

Es war für Rupert sehr deutlich, dass die beiden ihr Spiel fortsetzen wollten. Trotzdem hatte er das Gefühl, Sommerfeldt nachdenklich gestimmt zu haben. Wahrscheinlich überspielte der nur seine Sorgen geschickt, vermutete Rupert.

»Ich habe mit Klempmann meinen Frieden geschlossen«, sagte Sommerfeldt.

Frauke fügte hinzu: »Er hat versprochen, ein anständiger Kerl zu werden, und ich glaube ihm.«

Sommerfeldt lachte: »Na klar. Schließlich hat er uns all die Drogenlager verraten. Sein gesamtes Geschäftsmodell existiert nicht mehr.«

»Okay«, sagte Rupert, »er hat nichts damit zu tun. Das glaube ich gern. Der alte Herr hat sich zur Ruhe gesetzt und ist zum Wohltäter geworden. Aber wer hat es dann auf euch abgesehen?«

Sommerfeldt schüttelte seine Finger, als seien die Hände nass geworden und er wolle sie trocknen: »Wenn wir das herausfinden, besuche ich die Gentlemen persönlich …«

»O nein«, bestimmte Rupert, »das wirst du nicht tun. Ihr haltet euch schön aus allem raus. Noch kennt man eure Identität nicht.«

»Dann beeil dich«, forderte Sommerfeldt, lutschte seinen Zeigefinger an und prüfte den Wind. »Wenn sie erst wissen, wer wir sind, kannst du sie nicht mehr verhaften. Dann muss ich die Arbeit erledigen.«

Rupert nickte: »Ja, da ist was dran.«

Eine Islander flog Langeoog an. Es sah aus, als hätte der Pilot vor, auf dem Golfplatz zu landen.

»Ostfriesland«, sagte Rupert, »ist schon ein komischer Ort.«

Frauke bemerkte, wie Rupert sie ansah. Ein bisschen war sie geschmeichelt und ein bisschen empört. Sie stupste ihn in die Seite: »Ich bin verheiratet. Und du auch!«

Später, als Rupert die Insel wieder verlassen hatte, konnte er das schöne, bunte Fahrrad nicht mehr finden. Er wusste noch nicht, wie er es Marion Wolters sagen sollte, aber es gab in Ostfriesland nicht nur gedungene Mörder, sondern auch Fahrraddiebe.

Während Rupert sich grämte, saßen Frauke und Sommerfeldt

im Osten der Insel in der Meierei, aßen Dickmilch mit Sanddorn und krümelten Schwarzbrot hinein. Etwas Erfrischenderes nach dem Golfspiel kannten beide nicht. Mit dem Fahrrad durch den Wind und dann Dickmilch mit Sanddorn …

Sommerfeldt blickte seiner frisch angeheirateten Frau in die Augen und fragte: »Ist da noch was zwischen Rupert und dir?«

Sie wehrte ein bisschen zu empört ab, so als sei der Gedanke vollkommen lächerlich. Doch er hatte gesehen, wie die beiden sich angeschaut hatten.

»Du bist eine wunderbare Frau«, flüsterte er. »Ich kann jeden Mann verstehen, der dir verfällt. Ich bin ja selbst eine von diesen verlorenen Seelen …«

»Ist das«, fragte sie, »ein Zitat? Ein Gedicht oder …«

»Nein«, lächelte er, »das ist von mir. In deiner Nähe kriege ich immer das Gefühl, ich sollte Liebesgedichte schreiben statt …« Er schwieg und löffelte seine Dickmilch. Ein goldgelber Sanddorntropfen klebte an seiner Lippe. Darin spiegelte sich die Sonne. Er leckte ihn ab.

»Statt Leute umzubringen«, ergänzte Frauke seinen Satz.

Er hielt den Mund und blinzelte gegen die Sonne.

Die Besitzerin der Meierei, Dagmar Falke, kam zu ihnen und setzte sich kurz mit auf die Bank. »Na, schmeckt's euch?«

»Köstlich wie immer«, bestätigte Sommerfeldt.

»Ich habe nie bessere Dickmilch gegessen«, stimmte Frauke zu.

»Den Sanddornsaft«, sagte Dagmar, »haben wir selbst gemacht. Die Früchte hier auf der Insel geerntet, gepresst und … Vielleicht wäre das auch mal was für euch, zum Runterkommen. Helft uns doch bei der Ernte. Wir haben Gäste, die aus stressigen Berufen kommen, die reisen an, um ein, zwei Tage im Sanddorn zu verbringen. Das bringt jeden runter.«

»Wann geht's denn los mit der Ernte?«, fragte Frauke.

»Jetzt noch nicht. Die Zitrone des Nordens erntet man erst im Herbst.«

Die Situation irritierte Johann Baptist. Seitdem sie an Bord waren, hielt Annika sich eine Armlänge rechts hinter ihm auf. Er konnte ihren Atem spüren. Das machte ihn nervös. Und genau das war vermutlich auch die Absicht. Sie hätte ihn jederzeit mit einem Messer niederstechen können.

Wenn er sich umdrehte, um Kontakt zu ihr aufzunehmen, lächelte sie ihn erhaben an und schwieg. Sie hatte etwas von einer Hohepriesterin an sich, die gerade ein Ritual vorbereitete und sich dabei nicht stören ließ. Sie roch sogar nach Kirche ... Spielte sein Verstand ihm einen Streich, oder war das wirklich Weihrauch?

Er begann, sich wie ein Opferlamm zu fühlen. Dabei hatte das hier ein triumphaler Tag werden sollen.

Noch bevor er Klempmann überhaupt zu Gesicht bekam, ahnte er, dass seine Chancen, die Yacht mit zehn Millionen wieder zu verlassen, gegen Null gingen. Er musste froh sein, wenn er überhaupt lebend von Bord kam.

Er saß im Netz der Spinne.

Annika hatte so eine Art, ihn anzusehen, als sei er kein Mensch, sondern ein Schlachttier, dessen Gesundheitszustand sie überprüfte, weil sie sich noch nicht ganz sicher war, ob die Qualität des Fleisches für die Gaumenfreuden der Gäste ausreichend war. Er fühlte sich schon wie ein Opferlamm, dabei war eigentlich noch gar nichts passiert.

Er fragte sich, ob Annika darin geschult worden war, Gäste zu verunsichern, bevor sie Klempmann überhaupt gegenübertraten. Statt unverschämte Forderungen zu stellen oder auf seinem Recht zu beharren, war man im Grunde schon froh, die Audienz lebend wieder verlassen zu dürfen.

Der Wind ließ Annikas Haare flattern. Sie deutete mit einem Blick an, Johann Baptist könne jetzt die Kapitänskajüte betreten. Sie stieß ihn nicht vorwärts wie einen Gefangenen. Es lief alles nur mit freundlichen Gesten und Blicken ab.

Klempmann stand vor einem großen Bullauge und betrachtete durch sein Fernglas ein paar Gebäude auf Norderney, die er zu gern hätte abreißen lassen, um dort große Fünf-Sterne-Hotels mit Wellnessoasen zu eröffnen. Hotels mit Meerblick waren auf den ostfriesischen Inseln Goldgruben. Klempmann hatte für so etwas ein Gespür, und er liebte es, Goldgruben zu besitzen.

Er schien gar nicht zu bemerken, dass jemand den Raum betreten hatte. Wie eine Statue stand Christine Theiss bei ihm. Verführerisch wie eine Tänzerin im Moulin Rouge, aber mit dem Blick einer Furie. Sie trug eng anliegende sportliche Kleidung, als hätte sie bis gerade eben trainiert, aber nicht ein Tropfen Schweiß war zu sehen. Von der ersten Sekunde an fixierte sie Johann Baptist eiskalt. Ohne dass sie ein Wort sprach, war völlig klar, dass sie auf einen Fingerzeig von Klempmann hin bereit war, seinen Gast widerspruchslos zu töten.

Sie wollen mich kleinmachen, dachte Reichhart. Sie wollen mich niederringen, bevor ich meine Forderungen überhaupt vortragen kann. So macht man aus einem Triumphator einen Bittsteller.

Klempmann drehte sich um und lächelte, als hätte er Johann Baptist erst jetzt bemerkt. Am Kapitänstisch befand sich eine Art Thron aus einem riesigen Stück Baum geschnitzt. Wer immer darin saß, dem sollte das Ding Bedeutung verleihen. Bequem war es sicherlich nicht. Trotzdem lümmelte Klempmann sich hinein wie ein Jugendlicher in den Kinositz, nachdem er sich ins Pornokino geschlichen hatte.

Er deutete Johann Baptist an, dass er sich ihm gegenüber, an die andere Seite des Tisches, setzen sollte. Der Stuhl dort sah mehr nach Theaterfundus als nach modernen Büromöbeln aus, war aber erstaunlich bequem.

Annika blieb hinter Johann Baptist stehen, was ihm ein mulmiges Gefühl verursachte. Sie hätte ihm mit einer einzigen Bewegung von oben eine Garotte um den Hals schlingen können, um ihn zu erwürgen.

Von außen betrachtet, konnte das Ganze hier so aussehen, als würden sich zwei ältere Herren von zwei jungen Frauen bedienen lassen. In Wirklichkeit hatte die Situation etwas Mörderisch-Bedrohliches.

Christine stellte ein Kölsch-Glas vor Klempmann und bereitete ihm darin einen Drink zu. Auch das geschah wortlos. Nacheinander öffnete sie drei rohe Eier und ließ den Inhalt ins Glas glitschen. Dabei achtete sie darauf, das Eigelb nicht zu zerstören, sondern als Kugel hineingleiten zu lassen. So etwas bekam man nicht so einfach hin. Sie musste das lange geübt haben.

Johann Baptist sah leicht angewidert, aber doch fasziniert zu. Es war so leise an Bord, dass das Zerkrachen der Eierschalen ihm jedes Mal einen Schauer über den Rücken laufen ließ. So ähnlich hörten sich Knochen an, wenn sie brachen.

Willi Klempmann nahm das Glas in die Hand, hielt es gegen das Licht und erfreute sich am Strahlen des Eigelbs. Dann blickte er Christine wohlwollend an. Sie toppte den Drink mit zwei Spritzern Tabasco und hielt dann noch kurz eine Pfeffermühle darüber.

Was, fragte Johann Baptist sich, wollen die mir hier demonstrieren?

Klempmann führte das Glas zu den Lippen und leerte es in einem Zug, wobei er nacheinander jedes Eigelb mit einem glucksenden Geräusch verschluckte. Er stellte das Glas auf den Tisch, wischte sich über die Lippen und stöhnte wohlig.

Christine räumte das Glas sofort ab und zerquetschte die übrig gebliebenen Eierschalen in der Faust zu kleinen Krümeln, bevor sie die Reste in einen Papierkorb rieseln ließ, der aussah wie eine zu groß geratene Urne.

»Auch einen Drink?«, fragte Klempmann.

»Nein, danke«, erwiderte Johann Baptist und legte den abgeschnittenen Finger auf den Tisch. Willi Klempmann rührte das Ding nicht an. Der kleine Finger lag da wie eine unbewiesene Behauptung.

Klempmann sagte kritisch: »Weißt du, was ich mich frage?«

»Nein …«

»Ich frage mich, warum die ostfriesische Polizei nicht riesig damit auftrumpft, dass Dr. Bernhard Sommerfeldt tot ist. Diese alte Geschichte, dass sie ihn haben laufen lassen, klebt ihnen doch wie Möwenscheiße an den Hacken. Sie werden das Gerücht einfach nicht los. Sie könnten das Ganze als Befreiungsschlag feiern. Stattdessen kein Wort darüber.«

»Vielleicht wissen sie noch gar nicht, wie prominent der Tote ist …«

Willi Klempmann lachte auf, als hätte er selten einen besseren Witz gehört. Er zeigte auf den Mann, der auch *Der Henker* genannt wurde, und kicherte: »Der war gut! Der war wirklich gut. Er ist ein Spaßvogel, Mädels, findet ihr nicht auch?«

Beide Frauen bestätigten das: »Ja, und was für einer.« »Ja, aber echt«, echote Christine. Beide sahen aber keineswegs belustigt aus, sondern ihre Gesichter versteinerten eher. Sie waren es einfach gewohnt, Klempmann recht zu geben, folgerte Johann Baptist.

Willi Klempmann seufzte. »Ich kenne den umoperierten Sommerfeldt. Er hat an meinem Tisch gesessen. Wir haben – nun, sagen wir mal – Geschäfte miteinander gemacht, und der Tote auf dem Foto sieht ihm in keiner Weise ähnlich.«

Johann Baptist wusste, dass es jetzt gefährlich wurde. Am liebsten wäre er rausgerannt, von Bord gesprungen und durch die kalte Nordsee nach Norderney geschwommen.

»Ich schätze dich wirklich sehr«, fuhr Klempmann fort. »Aber ich mag es nicht, wenn man versucht, mich reinzulegen. Und da bist du leider nicht der Erste.«

Annika stellte sich hinter Johann Baptist anders hin. Der stammelte: »Ich würde mir nie erlauben …«

Willi Klempmann hob beschwichtigend die Hand: »Es wäre ja zu schön, wenn du den echten Sommerfeldt erledigt hättest. Selbstverständlich würde ich dich wie versprochen belohnen. Aber ich fürchte, man hat dich reingelegt.«

»Bei allem Respekt, ich glaube das nicht.«

Christine mischte sich ungefragt mit scharfer Stimme ein: »Die Online-Zeitungen schreiben von einem Markus B. Einem Verwaltungsangestellten aus Meppen …«

»Verwaltungsangestellter«, spottete Annika hinter Johann Baptists Rücken.

Reichhart verteidigte sich: »Na klar, das sind falsche Papiere. Sommerfeldt gibt den Harmlosen. Ein Verwaltungsangestellter aus Meppen, da denkt doch niemand an einen Serienkiller …« Er zeigte auf den Finger: »Lass doch einfach die DNA überprüfen, dann sind alle Bedenken vom Tisch.«

»Ja, das werden wir tun«, bluffte Klempmann. »Und bis dahin

wäre ich an deiner Stelle sehr vorsichtig. Falls der echte Sommerfeldt noch lebt, wird er jetzt aufgeschreckt sein, und wie ich ihn kenne, jagt er dich jetzt genauso wie du ihn.« Klempmann lehnte sich zurück, als würde er im Fernsehsessel sitzen und einen Thriller schauen. »Das kann spannend werden, was meint ihr, meine Engelchen?«

Die beiden lächelten süffisant. Johann Baptist war nicht sicher, wem sie mehr Erfolg wünschten, Sommerfeldt oder ihm.

»Bring ihn wieder zurück nach Norderney«, sagte Klempmann zu Annika. Er erhob sich von seinem Thron, stolzierte wieder zum Bullauge, nahm das Fernglas und sah nach draußen. »Ich spüre es deutlich«, sagte er gegen das Glas, mehr zu sich selbst als zu allen anderen. »Er lebt. Und er ist in unserer Nähe. Wir haben ihn aufgeschreckt. Er wird aus seinem Versteck herauskommen.«

Die Herren aus Wiesbaden weigerten sich, die Besprechung in Norden durchzuführen. Sie sprachen den Namen der ältesten ostfriesischen Stadt aus, als sei sie bereits in Schutt und Asche gelegt worden oder als hätte das organisierte Verbrechen die Verwaltung übernommen. Norden wurde für Führungskräfte des BKA zu einer No-go-Area. Aurich ging so gerade noch, doch auch da fühlten sie sich nicht wirklich wohl.

Zwei BMWs, die die Bedeutung der transportierten Personen unterstreichen sollten, mit gepanzerten Glasscheiben und Bodenschutz gegen Sprengladungen ausgestattet, fuhren in Aurich vor.

Niklas Eisenmann ließ sich per Hubschrauber einfliegen. Er galt als Legende. Er hatte die Truppe der Ninjas aufgebaut, die es offiziell nie gegeben hatte. Andere Regierungen töteten Staatsfeinde oder Terroristen per Drohne, die Bundesregierung hatte angeblich Ninjas, die es wie einen Unfall aussehen ließen. Angeblich gab es dort Spezialisten für Selbstmorde, Lebensmittelvergiftungen, Autounfälle und tödliche Eifersuchtsdramen.

Polizeidirektorin Elisabeth Schwarz war weit genug aufgestiegen in der Hierarchie und kannte die internen Strukturen seit Jahrzehnten. Sie wusste, dass die Ninjas mehr waren als ein Gerücht. Doch sie hätte sich lieber die Zunge abgebissen, als darüber ein Wort zu verlieren.

Sie empfand sich als loyal diesem Staat gegenüber und allen gewählten Regierungen. Sie wollte für das Gute und gegen das Böse kämpfen, und sie wusste, dass das Böse sich nicht an Regeln hielt. Fairplay gab es höchstens unter Sportlern, aber nicht im Kampf gegen das organisierte Verbrechen, wahnsinnige Serienkiller oder Attentäter.

Elisabeth Schwarz wollte an einem besseren Verhältnis zu Ann Kathrin Klaasen arbeiten. Sie wusste genau, dass Ann Kathrin der Schlüssel war, um zu einem funktionierenden Team zu kommen. Niemand konnte diese Inspektion wirklich leiten, wenn Ann Kathrin Klaasen ständig querschoss. Gut zwei Drittel der Belegschaft hatte sie traditionsgemäß auf ihrer Seite. Die einen liebten Frau Klaasen, die anderen hatten Respekt vor ihr, und der Rest fürchtete sie.

Elisabeth Schwarz öffnete Ann Kathrins Bürotür, ohne anzuklopfen, und sagte: »Bitte begleiten Sie mich nach Aurich, Frau Klaasen.«

Ann Kathrin sah kurz von ihren Akten auf und versuchte, im Gesicht ihrer Chefin zu lesen, worum es ging. Die verkrampfte Körperhaltung sagte ihr, dass es eine schwierige Situation war, vor der Frau Schwarz Angst hatte.

»Wiesbaden?«, fragte Ann Kathrin ostfriesisch knapp.

Die Polizeidirektorin nickte.

Ann Kathrin klappte die Akte zu und stand auf.

Elisabeth Schwarz fuhr. Ann Kathrin saß schweigend neben ihr. Sie tippte auf ihrem Handy herum. Frau Schwarz vermutete, dass Ann Kathrin ihren Mann Frank Weller informierte und hoffte, dass sie keine Rundmails in die üblichen Chats der Firma schickte. Sie wusste, dass es eine *Eierlikörchen*-Gruppe gab und auch andere informelle WhatsApp-Gruppen innerhalb der Polizei. Die Ostfriesen regelten alles gern abseits der offiziellen Wege. Es war nicht unbedingt illegal, aber auch nicht wirklich im Rahmen der Dienstvorschriften richtig.

»Niklas Eisenmann ist schon da. Außerdem Kurt Kleinhaupt und Mechthild Döse. Sie haben mich um ein Vier-Augen-Gespräch gebeten, aber ich denke, es ist gut, wenn ich den dreien nicht alleine gegenübertrete.«

Ann Kathrin schaute von ihrem Handy hoch. »Doktor Mechthild Döse?«, fragte sie nach und betonte das Wort *Doktor*, den Titel, den Frau Schwarz ausgelassen hatte.

»Ja, genau die.«

»Sie ist von der Inneren. Hat schon einige Leute zu Fall gebracht. Nicht alle zu Unrecht«, konstatierte Ann Kathrin. »Eine Einser-Juristin, keine ganz ungefährliche Frau. Ich habe sie zweimal erlebt. Sie ist vom Ehrgeiz zerfressen. Wahrscheinlich ist sie mal sehr verletzt worden, und dafür soll irgendjemand leiden. Es ist nicht angenehm, in ihre Schusslinie zu geraten.«

Das schätzte Elisabeth Schwarz an Ann Kathrin Klaasen: Sie konnte Menschen klar einschätzen, ja verstand es, sie zu lesen.

Frau Schwarz versuchte jetzt, mit ihr mitzuhalten: »Vielleicht hat man den Namen Döse in ihrer Jugend zu oft falsch ausgesprochen … Mal mit B am Anfang und mal mit M, je nachdem.

Das kann einem Menschen schon ganz schön zusetzen.« Sie gab gleich ihre eigene Erfahrung zum Besten: »Mich haben sie nur in den seltensten Fällen Elisabeth Schwarz genannt. Lila, Rot, Gelb, Braun, Grau - das gesamte Farbspektrum.«

»Und das hat Ihren Charakter geprägt?«, fragte Ann Kathrin erstaunt zurück.

Elisabeth Schwarz überholte einen silbergrauen Audi und schüttelte den Kopf: »Nein, das natürlich nicht ...«

Auf der Brookmerlander Straße, kurz hinter Osteel, lief ein Hase über die Straße. Frau Schwarz bremste scharf ab. Wie unter Schock blieb das Tier in der Mitte der Fahrbahn stehen, schien die Fahrerin anzusehen, schlug dann einen Haken und verschwand.

»Bei Frau Döse wird es nicht anders gewesen sein«, gab Ann Kathrin zu bedenken. »Spielereien mit unseren Namen überwinden wir irgendwann. Dann werden die, die das tun, für uns zu Idioten. Nein, bei Dr. Döse sitzt das tiefer. Ich vermute, sie ist mal verraten worden und seitdem ständig auf der Suche nach Verrätern.«

»Verraten worden? Im Dienst? Von wem?«

»Vielleicht hat einfach nur ihr Ehemann sie mit ihrer besten Freundin betrogen. Der Klassiker. Sie könnte eine Kanzlei führen und mit der Verteidigung von Straftätern vermutlich das Zehnfache verdienen von dem, was sie bei uns bekommt. Trotzdem hat sie einen Grund, für unsere Firma zu arbeiten.«

»Sie machen mir Angst, Frau Klaasen. Manchmal, wenn Sie sprechen, läuft mir ein Schauer den Rücken runter. Dann wird es auch plötzlich im Raum ganz still, und alle hören Ihnen zu. Woran liegt das? Mir gelingt so etwas nie.«

»Dass Ihnen alle zuhören?«

»Ja, wenn Sie so wollen. Dass alle ruhig werden. Dass sie an meinen Lippen hängen, auf das nächste Wort warten, ja ihm entgegenfiebern.«

»Ist das so?«, fragte Ann Kathrin. »Ich habe oft das Gefühl, dass mir keiner zuhört und ich mich nicht durchsetzen kann.«

Frau Schwarz lachte und schlug auf das Lenkrad. »Ausgerechnet Sie!«

Sie parkten in Aurich im Innenhof der Inspektion und gingen gemeinsam hoch in den Besprechungsraum. Sie betraten ihn nebeneinander.

Seinem Gesicht und seiner Gestik nach zu urteilen, ereiferte sich Kurt Kleinhaupt gerade Niklas Eisenmann gegenüber, während Frau Dr. Döse auf ihren Computerbildschirm starrte.

Kleinhaupt stoppte mitten im Wort und in der Bewegung. Er musterte Ann Kathrin Klaasen, sagte aber nichts, zeigte nur sein Erstaunen. Eisenmann nickte Ann Kathrin kurz zu. Frau Dr. Döse sagte scharf, ohne vom Bildschirm aufzusehen: »Wir hatten um ein Vier-Augen-Gespräch gebeten.«

Ann Kathrin registrierte, dass das gegen sie ging, konnte es sich aber nicht verkneifen, einen Gegenangriff zu starten: »Dann müssen außer mir aber noch drei Personen den Raum verlassen, oder?«

Elisabeth Schwarz versuchte, zu beschwichtigen: »Bitte – ich habe Frau Klaasen mitgebracht, weil ich sie als wirklich erfahrene Kollegin sehr schätze und ihr …«

»Also, ich habe nichts dagegen«, sagte Eisenmann, der wusste, dass es nicht leicht war, sich in Ostfriesland gegen Ann Kathrin Klaasen durchzusetzen.

Kleinhaupt ging zwischen Ann Kathrin und Elisabeth Schwarz durch zur Tür, schloss sie und lehnte sich dagegen, als könne er nur so verhindern, dass weitere Leute den Raum betraten.

Mechthild Döse klappte ihren Computer zu und guckte Ann Kathrin an, als sei sie eine besorgte Ärztin und Ann Kathrin ihre todkranke Patientin. Dann funkelte sie Elisabeth Schwarz an.

»Meine Kollegen«, sie zeigte mit links auf Eisenmann und mit rechts auf Kleinhaupt, »haben vorgeschlagen, dass wir uns in Aurich treffen und nicht in Norden, weil wir davon ausgehen, dass in Norden ein vertrauliches Gespräch unmöglich ist. Ich hingegen neige zu der Annahme, dass Aurich genauso verwanzt ist wie Norden.«

Elisabeth Schwarz holte tief Luft: »Also, hören Sie mal, behaupten Sie etwa …«

Kurt Kleinhaupt stellte sich zwischen die Frauen und hob beide Arme, als wolle er sich ergeben. »Ruhig Blut, die Damen! Wir können gerne einen kleinen Strandspaziergang machen und uns …«

Ann Kathrin lachte ihn demonstrativ aus: »Dann hätten wir uns besser in Norden getroffen. Aurich hat keinen Strand.«

Frau Schwarz fügte für die Wiesbadener hinzu: »Leer übrigens auch nicht, obwohl eine Krimireihe so tut, als gäbe es dort einen Sandstrand. Außenstehende glauben das wohl mal ganz gerne …«

Damit hatte sie sich einerseits geoutet, dass sie sich bereits Ostfriesland zugehörig fühlte und nur zu gern bereit war, Leute, die von woanders herkamen, zu belehren. Damit kam sie bei den anderen nicht gut an.

Frau Döse attackierte Ann Kathrin direkt: »Es ist unbestritten, Frau Klaasen, dass der verurteilte Serienkiller Dr. Bernhard Sommerfeldt nur deshalb aus der Haft fliehen konnte, weil Sie ihn bei einer Tatortbegehung auf unverantwortliche Weise lax …«

»Sind Sie wirklich gekommen«, fuhr Elisabeth Schwarz hart dazwischen, »um die alten Kamellen aufzuwärmen?«

Eisenmann hielt sich zurück, aber er und Kleinhaupt wechselten kurz Blicke, wer jetzt reagieren sollte, bevor sich die Sache hier hochschaukelte und eine Zusammenarbeit gänzlich unmöglich machte.

Kleinhaupt ergriff die Initiative: »Wie dem auch sei, wir gehen davon aus, dass der Doppelmord in Norddeich von Dr. Bernhard Sommerfeldt begangen wurde.«

»Was? Warum sollte er das tun?«, fragte Ann Kathrin.

»Er ist«, erklärte Frau Döse, »wie alle Serienkiller ein eitler Fatzke. Er hält es nur schwer aus, wenn sich jemand anders für ihn ausgibt.«

Kleinhaupt übernahm: »Ja, er hat es natürlich nicht ausgehalten, dass diese lächerliche Gestalt aus Meppen hier als Abstauber auftrat und als Sommerfeldt Frauen flachgelegt hat.«

Dr. Döse verzog die Lippen. Ihr schien der Ausdruck nicht zu gefallen, Inhaltlich stimmte sie aber mit Kleinhaupt überein, darum ließ sie ihn weitermachen.

Eisenmann ging zur Tür, öffnete sie und sah in den Flur. Er bewegte sich zwischen Vorsicht und Paranoia.

»Es ist«, sagte Mechthild Döse, »unerträglich für den gesamten Polizei- und Justizapparat, dass es diesen Verdacht gibt – ich betone ausdrücklich, diesen begründeten Verdacht –, dass Sommerfeldt in Ostfriesland von der Polizei gedeckt wird. Wir müssen, um unseren Namen reinzuwaschen und als Behörde in der Öffentlichkeit wieder gut dazustehen, einen endgültigen Schlussstrich ziehen.« Sie machte eine schneidende Bewegung mit der Hand durch die Luft, als würde sie mit einem Schwert etwas durchtrennen.

Kleinhaupt fuhr fort: »Da er hier wieder aktiv geworden ist, werden wir ihn hier auch erwischen. Sie und Ihre Leute lassen die Finger davon. Das machen wir dieses Mal vom BKA.«

Jetzt verstand Ann Kathrin, was Eisenmann hier sollte.

»Genauer gesagt, werden es meine Ninjas erledigen«, sagte er.

Niemand sprach es aus, doch das bedeutete, Sommerfeldt sollte keineswegs verhaftet, sondern gleich an Ort und Stelle getötet werden. In dem Fall musste es nicht mal wie ein Unfall aussehen, sondern er würde sich der Verhaftung garantiert widersetzen und dabei, oder später auf der Flucht, erschossen werden. Einer der Ninjas würde zum Helden werden. Vielleicht erledigte Eisenmann es sogar persönlich und benutzte seine Ninjas nur als Treiber, die ihm Sommerfeldt vor die Mündung bringen würden.

»Erstens bezweifle ich, dass Dr. Bernhard Sommerfeldt Birgit Ritter und Markus Baumann in Norddeich getötet hat.«

»Ja, beschützen Sie Ihren Freund nur«, fuhr Dr. Döse dazwischen.

»Er ist nicht mein Freund, aber ich weiß eine Menge über ihn. Ich habe alle Akten gelesen, alle Interviews und seine Bücher. Er kann Frauen nichts zuleide tun. Er hat auch niemals eine Frau …«

Dr. Döse schlug mit der Hand fest auf den Tisch. Ihr Computer hüpfte. »Verdammt nochmal, Schluss mit dem sentimentalen Mist! Das ist doch reine Manipulation für die Presse, damit die Frauen ihn alle gut finden und ihm Liebesbriefe ins Gefängnis schreiben. Deswegen stellt er sich so dar, als würde er nur böse Männer töten, aber Frauen verehren. Das ist doch alles Humbug!«

»Das ist kein Humbug, Frau Döse, das sind Fakten!«, verteidigte Ann Kathrin ihre Aussage.

Elisabeth Schwarz war froh, Ann Kathrin mit dabeizuhaben.

Sie saßen irgendwie gemeinsam in einem Boot, fand sie, und Ann Kathrin schlug sich ganz tapfer.

Ann Kathrin ging zum Hängeschrank, öffnete ihn und nahm eine Keksdose heraus, in der Deichgrafkugeln, Marzipanseehunde, Sanddornkekse und Blättergebäck lagen. Reste von der letzten großen Dienstbesprechung, an der noch alle Kollegen teilnehmen durften. Sie stellte die Dose auf den Tisch, nahm selbst eine Deichgräfin heraus, wickelte die Kugel aus dem rosa Papier und ließ sie zwischen den Zähnen geradezu provokativ zerkrachen.

Damit verunsicherte sie die anderen. Frau Dr. Döse zuckte mit den Schultern. »Ja – und?«

Ann Kathrin öffnete ihre Hände und sagte: »Ich lausche. Wie wollen Sie ihn denn fassen? Sofern er sich überhaupt in Ostfriesland aufhält … Haben Sie einen Plan?«

Kleinhaupt sprang ein wie ein eifriger Schüler, der hoffte, eine gute Note zu ergattern: »O ja … «

Doch bevor er fortfahren konnte, pfiff Frau Dr. Döse ihn zurück: »Und weil wir befürchten, dass unser Plan an ihn durchgestochen wird, darum. Frau Klaasen, wollten wir nicht, dass Sie an dieser Besprechung teilnehmen.«

Ann Kathrin wandte sich an die Polizeidirektorin Elisabeth Schwarz, die immerhin ihre direkte Vorgesetzte war: »Heißt das, ich soll jetzt gehen?«

Frau Schwarz zögerte. Sie wusste, dass sie ihre Position innerhalb der gesamten Polizeiinspektion gefährden würde, wenn sie sich jetzt gegen Ann Kathrin wendete. Sie versuchte, es allen recht zu machen: »Vielleicht wäre es wirklich besser, Frau Klaasen. So würden Sie sich schützen. Wenn der Plan misslingt, laufen Sie sonst Gefahr, dass man Sie dafür verantwortlich macht, ja behauptet, Sie hätten ihn gewarnt.«

Ann Kathrin atmete schwer aus: »Das wird ja immer schöner!« Einen Moment überlegte sie, ob sie ihren Freund, den Strafverteidiger Wolfgang Weßling, anrufen sollte. Brauchte sie einen Anwalt? Er hatte ihr manchmal in schwierigen Fällen mit Rat und Tat zur Seite gestanden.

Ann Kathrin verspürte den Impuls, den Raum zu verlassen und die Tür hinter sich zuzuknallen. Vielleicht war es Zeit, die vielen Überstunden mal abzufeiern. Gleichzeitig wollte sie sich aber nicht von ihrem Arbeitsplatz vertreiben lassen. Dies hier war ihr Revier. Da konnten nicht einfach ein paar Platzhirsche aus Wiesbaden kommen, um sich breitzumachen.

Elisabeth Schwarz räusperte sich und sagte mit glühend roten Wangen: »Ich möchte eine Ehrenerklärung für Frau Klaasen abgeben. Es ist unerträglich, wie sie hier verdächtigt wird. Selbstverständlich wird sie keine Pläne an irgendwen verraten. Vor Ihnen, liebe KollegInnen, steht eine Ikone deutscher Polizeiarbeit.«

Sie genderte jetzt sogar, weil sie sich unangreifbar machen wollte. Sie hatte das komische Gefühl, es dadurch zu werden.

»KollegInnen«, wiederholte Frau Dr. Döse. »Schön, dass Sie mich mit einbeziehen, Frau Schwarz. Ich selbst empfinde Gendern übrigens als eine Vergewaltigung der deutschen Sprache. Aber das ist ja jetzt nicht unser Thema.«

Eisenmann konnte sich nicht mehr zurückhalten. Er schimpfte los: »Ich habe von Anfang an gesagt, wir sollen denen in Ostfriesland nichts sagen. Gar nichts! Einfach unser Ding durchziehen. Ich weiß überhaupt nicht, wozu dieser Termin hier stattfindet! Wir gefährden die ganze Geschichte, bevor sie überhaupt begonnen hat!«

Kleinhaupt dozierte: »Es ist die Aufgabe des BKA vor Ort mit den lokalen Kräften zusammenzuarbeiten, weil die oft die

Bedingungen viel besser kennen als unsereins, wenn wir von außen ...«

»Bla, bla, bla!«, schrie Eisenmann und machte mit den Händen Bewegungen, als würden Enten schnattern.

»Ich verlasse dieses Gespräch unter Protest«, stellte Ann Kathrin klar und wandte sich zur Tür.

»Ich ebenfalls«, erklärte Polizeidirektorin Schwarz und fügte hinzu: »Wenn Sie uns um Diensthilfe bitte, werden Sie die selbstverständlich im Rahmen unserer Möglichkeiten erhalten. Ich werde über dieses Gespräch hier eine Notiz anfertigen und zu den Akten nehmen. Ihre Unterstellungen sind ungeheuerlich!«

Ann Kathrin war schon fast im Flur, da erreichte sie die schneidende Stimme von Frau Dr. Döse: »Kommen Sie zurück, verdammt nochmal! Benehmen Sie sich hier nicht wie Pastorentöchter!«

Da Frau Schwarz zurückging, tat Ann Kathrin es auch. Plötzlich fühlte sie sich verbunden mit ihr. Etwas entstand hier. Es hatte Ann Kathrin durchaus angefasst, wie Frau Schwarz über sie gesprochen hatte, und einige der Kämpfe, die sie miteinander ausgefochten hatten, taten Ann Kathrin jetzt leid.

»Wer sagt uns denn«, fragte Frau Döse und fuchtelte mit den Armen über ihrem Kopf herum, »dass hier nicht überall Wanzen sind und wir sowieso abgehört werden?«

»Ja«, grinste Ann Kathrin spöttisch, »Dr. Sommerfeldt ist überall, geradezu wie ein Gespenst. Die gesamte Polizeiinspektion arbeitet für ihn. Mein Gott, wie krank muss man sein, um so einen Mist zu glauben?«

Eisenmann kontrollierte wieder, ob niemand im Flur war, schloss dann die Tür und übergab an Kurt Kleinhaupt.

»Also gut. Dr. Sommerfeldt hat durch den Doppelmord in

Norddeich seinen wunden Punkt gezeigt. Er ist reizbar. Wir können ihn also herauslocken …«

Ann Kathrin griff sich an den Magen. Ihr wurde augenblicklich schlecht, und das lag sicherlich nicht an der Deichgräfin, die sie gerade verzehrt hatte. Sie fischte sich zwei Sanddornkekse aus der Dose und kaute. Sie musste einfach irgendetwas tun und verdauen. Frau Schwarz tat es ihr gleich.

Dr. Mechthild Döse verzog die Lippen und guckte angestrengt. Ann Kathrins Kaugeräusche gingen ihr auf die Nerven.

»Wir werden ihn nach Norderney locken. Eine Insel lässt sich leichter kontrollieren. Dort kommt er auf keinen Fall wieder weg.«

»Waren Sie mal auf Norderney?«, fragte Ann Kathrin mit vollem Mund. »Norderney ist erstaunlich groß. Es gibt über zweihundert touristische Betriebe. Fast dreißigtausend Gästebetten. Dazu kommen die Tagesgäste …«

Kleinhaupt tat das mit einer Handbewegung ab, und Eisenmann zischte: »Er wird sich kaum nach Baltrum locken lassen.«

»Wir werden einen Schauspieler engagieren, der in der Thalia-Buchhandlung auf Norderney aus den Sommerfeldt-Büchern vorliest.«

Ann Kathrin zog einen Stuhl heran und setzte sich. Sie streckte die Beine kraftlos aus. Es schien, als würde die Energie aus ihr weichen.

»Wir gehen davon aus, dass eine solche Lesung Sommerfeldt anlocken wird.«

Frau Dr. Döse ergänzte: »Er wird sich das nach unserer Einschätzung auf keinen Fall entgehen lassen. Dass sein Werk weiter popularisiert wird, findet er nämlich toll. Er wird dort sitzen und lauschen …«

»Und dann werden wir ihn einkassieren«, versprach Eisenmann.

»Ich gebe zu«, sagte Frau Schwarz, »dass Ihr Plan sich klug anhört – falls Dr. Bernhard Sommerfeldt nicht längst in Lateinamerika ist oder sonstwo auf der Welt.«

Ann Kathrin zuckte mit den Schultern: »Ich glaube kaum, dass er dumm genug ist, zu so einer Lesung zu gehen.«

Dr. Döse beugte sich vor und zeigte auf Ann Kathrin: »Ja, Frau Klaasen, wenn Sie ihn warnen, wird er natürlich nicht kommen.«

Empört sprang Ann Kathrin auf. Sie hätte der Frau am liebsten eine Ohrfeige verpasst. Elisabeth Schwarz befürchtete das schon und versuchte, Ann Kathrin festzuhalten. Doch die beherrschte sich. Sie stampfte nur wütend mit dem Fuß auf und schimpfte: »Also, das ist doch …« Sie fand keine Worte, die stark genug waren, um ihrer Empörung Ausdruck zu verleihen.

Jetzt ließ Ann Kathrin sich nicht mehr daran hindern, zu gehen.

Frau Dr. Döse rief ihr hinterher: »Wenn diese Aktion schiefgeht, Frau Klaasen, mache ich Sie persönlich dafür verantwortlich!«

Im Flur drehte Ann Kathrin sich noch einmal um und fauchte: »Wie schön, dass Sie jetzt schon eine Schuldige haben! Dann kann Ihnen ja nichts mehr passieren! Sie sind eine dämliche, arrogante Kuh!«

»Das meint Frau Klaasen nicht so«, beschwichtigte Elisabeth Schwarz, doch das einmal zerschlagene Porzellan fügte sich dadurch nicht mehr zu formschönen Teetassen zusammen.

Draußen vor der Polizeiinspektion holte Elisabeth Schwarz Ann Kathrin ein. Sie hielt sie an der Schulter fest. »Frau Klaasen, Sie können jetzt so nicht gehen.«

Ann Kathrin machte sich los: »Ich würde am liebsten die Klamotten hinschmeißen, meinen Dienst quittieren und …«

»Mit Weller eine Fischbude in Norddeich aufmachen. Ich weiß. Ich kenne solche Situationen. Glauben Sie, mir ist so etwas noch nie passiert? Manchmal müssen wir ganz schön was aushalten. Aus dem eigenen Apparat kommt oft mehr Druck als von außen.«

Ann Kathrin wollte weiter, in die Innenstadt, um irgendwo etwas zu essen. Sie wusste noch nicht wohin mit ihrem Zorn. Da rief die Polizeidirektorin hinter ihr her: »Ich dachte nicht, dass Sie so unprofessionell sind! Ich hatte erwartet, dass Sie so etwas leichter wegstecken.«

Damit traf sie Ann Kathrin heftiger, als sie dachte. Sie wollte doch so gern professionell sein, klar abgegrenzt und autonom. Meistens war sie es ja auch. Aber eben nicht immer.

Christian Ahlers saß nach einem anstrengenden Drehtag in Norden im Restaurant Smutje und aß einen Burger mit Pommes aus Süßkartoffeln. Er kannte sich mit Kriminalliteratur bestens aus. Mochte Henning Mankell, Sjöwall & Wahlöö und …

Ihm gegenüber saß Frau Dr. Mechthild Döse, die bedeutend mehr und schneller sprach als ihr Begleiter, Kurt Kleinhaupt, der hieß zwar Kleinhaupt, aber auf seinen Schultern thronte ein dicker, runder Kopf. Der Name Großkopf hätte besser zu ihm gepasst, dachte Ahlers, was er aber nicht sagte.

Er spürte, dass die beiden ihm nicht die ganze Wahrheit sagten. Irgendetwas an der Sache war faul, doch das Honorar klang sehr verlockend. Angeblich waren sie beide große Sommerfeldt-Fans. Wie sie mehrfach betonten, nicht von dem Serienkiller, wohl aber vom Literaten. Eigentlich sei Sommerfeldt, das hätte er durch seine Biographie doch bewiesen, ein großer

Schriftsteller. In der Bevölkerung würde er aber mehr als Verbrecher wahrgenommen.

»Nun«, widersprach Christian Ahlers, »das stimmt nicht so ganz. Ich schätze ihn auch als Literaten sehr. Zu gern hätte ich ihn einmal persönlich kennengelernt.«

Frau Dr. Döse lächelte: »Sommerfeldt gehört in diese Gegend wie der Matjes oder ein Krabbenbrötchen.«

Ahlers nickte und säbelte ein bisschen schuldbewusst an seinem Hamburger herum.

»Wir sind jedenfalls«, erklärte Frau Dr. Döse, »ein paar eingefleischte Fans und bedauern, dass es nie eine Sommerfeldt-Lesung gegeben hat. Wir würden gern eine organisieren.«

»Sind Sie so etwas wie die Leiterin des Fanclubs?«, fragte Ahlers.

Sie lächelte und kicherte gespielt kindisch: »Man schämt sich ja fast, es zu sagen, aber ja, es ist so.«

»Und ich«, sagte Kleinhaupt, »unterstütze das Ganze von Verlagsseite aus. Normalerweise schicken wir Autoren auf Lesereisen durch die Buchhandlungen. Das ist immer auch eine tolle Werbung für das Buch und zieht meist einen Verkaufserfolg nach sich.« Er schränkte ein: »Wenn die Autoren gut sind. Deshalb suchen wir einen Schauspieler, der das für uns machen kann. Ich muss im Verlag natürlich noch einige Leute überzeugen ...«

Frau Dr. Döse legte ihre rechte Hand auf die linke von Christian Ahlers. »Mich haben Sie schon überzeugt. Ich glaube, Sie sind die ideale Wahl. Ich würde seine Texte gerne aus Ihrem Mund hören.«

»Wir würden«, flüsterte Kleinhaupt, »gerne mit einem Probeabend auf Norderney beginnen. Wir zahlen Ihnen dreitausend am Abend.«

Christian Ahlers nickte erstaunt. »Das ist deutlich mehr als üblich.«

»Ja«, gab Frau Dr. Döse ihm recht, »aber die Sache ist es uns auch wert. Die Hälfte tut der Fanclub dazu, der Rest kommt vom Verlag.«

»Und wenn das in Norderney funktioniert und ich den Verlag überzeugen kann, würden wir mit Ihnen auch eine Reise durch Deutschland, Österreich und die Schweiz organisieren. Sagen wir, ein Dutzend Veranstaltungen.«

»Wann«, fragte Christian Ahlers, »soll das denn sein? Ich habe Drehverpflichtungen und ...«

»So schnell wie möglich. Wir fiebern der ersten Veranstaltung alle entgegen. Die späteren können wir dann langfristig planen. Wie sieht es bei Ihnen mit dem Wochenende aus?«

Ahlers staunte: »Aber so schnell kann man doch eine Veranstaltung gar nicht bewerben ...«

Kleinhaupt lachte: »Norderney ist eine Ferieninsel. Da hängt man nicht drei Wochen vorher Plakate auf. Einige Touristen kommen vielleicht erst an dem Tag an.«

Frau Dr. Döse mischte sich ein: »Der Fanclub wird sowieso anreisen. Wir haben unser internes Fan-Treffen am Samstag. Die ersten zwei Dutzend Karten sind also schon mal verkauft.«

Erfreut sagte Christian Ahlers: »Ich kenne Sommerfeldts Werk natürlich. Aber ein bisschen Vorbereitung brauche ich schon. Am liebsten würde ich aus *Totenstille im Watt* vorlesen. Und dann vielleicht noch über seine Zeit in Bamberg ... den ersten Mord und ...«

»Das überlassen wir ganz Ihnen und Ihrer künstlerischen Freiheit«, schlug Kleinhaupt vor. »Also, sagen wir, am Samstag!«

Christian Ahlers willigte ein.

»Darauf«, schlug Kleinhaupt vor, »trinken wir aber jetzt noch einen zusammen.« Er winkte der Kellnerin.

Verdammt, dachte Rupert, entweder, ich werde alt und senil, oder ich verblöde langsam ... Auf dem Rückflug von Langeoog nach Norddeich hatte er mit einer jungen Amerikanerin im Flieger gesessen, die alles *beautiful, beautiful* fand und die behauptete, Ostfriesland sei *the place to be.*

Gegen den lauten Motor der Islander hatte Rupert versucht, mit ihr zu flirten. Seine eigenwillige Art, englisch zu sprechen, amüsierte sie. Sie fand ihn *so sweet.* Sein Satz *My english is not the yellow from the egg - but it goes* machte ihr Spaß. Hinter seinem Satz *I know me here out* verbarg sich sein Angebot, ihr ein bisschen von Ostfriesland zu zeigen. Er brachte sie zum Lachen, und sie hatte strahlend weiße Zähne. Sie mochte witzige Männer und zeigte sich gar nicht abgeneigt.

In dem Moment war es, als würde Rupert einen Stich ins Herz bekommen. Ihm wurde während des Fluges über der Nordsee klar, dass er Frauke viel interessanter fand als diese aufgekratzte Amerikanerin mit den Ballonlippen.

Bin ich, fragte er sich, verliebt in Frauke? Oder würde ich einfach nur wieder einmal gern mit ihr eine Nummer schieben?

Wenn Frauke ihm in die Augen sah, löste das ein Kribbeln in seinem ganzen Körper aus. Das schaffte sonst nur seine Ehefrau Beate. Nicht immer. Aber manchmal, in großen Momenten.

Vielleicht hatte die Amerikanerin ihn verwirrt, vielleicht auch Frauke oder der Flug. Jedenfalls stand er jetzt in Norddeich am Flugplatz herum und fragte sich, wie er überhaupt hierhergekommen war. Sein Auto stand hier nicht. Hatte Weller ihn hierhin gebracht? Oder Beate? War er mit dem Taxi gekommen?

Eine abfliegende Maschine ließ den Rock der Amerikanerin in erstaunliche Höhen flattern. Der ostfriesische Wind tat den Rest.

Die windigsten Ecken der Welt sind doch immer die schönsten, dachte Rupert. Gut für die Augen und gut fürs Gemüt.

Dann fiel es ihm ein: Das Fahrrad! Marion Wolters hatte ihm das Fahrrad geliehen. Aber verdammt, wo war das Ding?

Er durchsuchte seine Taschen nach dem Schlüssel, fand ihn aber nicht.

Scheiße, dachte er, ich hab das Rad gar nicht abgeschlossen. Der Schlüssel steckte drin.

Dem Kommissar der Mordkommission wird ein pinkfarbenes Damenrad geklaut. Wie peinlich ist das denn, fragte er sich.

Die Amerikanerin wurde von Rita Grendel abgeholt, in deren Ferienwohnung sie sich für ein paar Tage eingemietet hatte. Rupert lief hin und fragte: »Können Sie mich vielleicht mit in die Stadt nehmen? I mean, can you take me with in the city?«

Rita Grendel lachte: »Ja, klar, machen wir gerne. Aber du kannst ruhig deutsch mit mir sprechen, Rupi!« Um ihn auf den Arm zu nehmen, übersetzte sie gleich: »You can speak German with me, Rupi! I am from Ostfriesland – genau wie du.«

An der Post bat er die zwei, ihn rauszulassen. Zum Glück hatte die Stadt schöne Blumenbeete anlegen lassen. Norden sollte sich den Touristen als bunte, lebenswerte Stadt präsentieren. Er pflückte ein paar gelbe Petunien, Ochsenaugen, Narzissen und zart lilafarbene Geranien, die hier auch Storchschnabel genannt wurden. Er hoffte, Marion Wolters damit milde zu stimmen.

Als er über den Marktplatz auf die Polizeiinspektion zuging, war es ihm schon peinlich. Er wollte die Blumen irgendwie verstecken, aber es gelang ihm nicht.

Er betrat das Gebäude. Zum Glück saß Marion direkt vorn, hinter der Glasscheibe am Empfang. Sie beachtete ihn aber gar nicht, sondern telefonierte und suchte dabei irgendeine Information im Computer.

Rupert wollte zu ihr rein, stand mit den Blumen da, fand nicht so schnell die richtigen Worte, da hörte er die lesbische Kommissarin Sylvia Hoppe laut lachen: »Ha, das ist ja toll! Unser Rupi will dir einen Antrag machen!«

Marion drückte das Gespräch weg und wendete sich Rupert zu. »Sag nicht, mein Fahrrad ist kaputt!«, kreischte sie.

Sylvia Hoppe kommentierte: »Der steht da mit Blumen in den Flossen, und du denkst so was?«

»Nein, es ist nicht kaputt«, gestand Rupert, »es wurde mir geklaut. Wir müssen dringend etwas gegen die organisierte ... «

Marion Wolters nahm die Blumen nicht. Sie guckte zur Decke und stöhnte: »Ich glaub es nicht! Da war ein Bügelschloss dabei, dafür hab ich hundertneununddreißig Euro bezahlt! Gehärteter Stahl, kunststoffummantelt, mit Sägeschutz. Wer soll das denn wie geklaut haben?«

Marion bewegte sich wie eine Maschine auf Rupert zu. Er ging rückwärts, weil er Angst hatte, von der Dampfwalze überrollt zu werden.

»Warum hast du das Zahlenschloss nicht benutzt?«

»Ich habe ... ich hatte ... ich fürchte ... kann sein, ich hatte die Kombination vergessen ... ich ... es tut mir auch wirklich leid ... «

Marion stöhnte: »Mein Gott, was bist du für ein Idiot!«

Jetzt verteidigte Sylvia Hoppe ihn: »Also, mir ist auch schon ein Rad geklaut worden und dir schon zweimal. Das ist ja eine Täter-Opfer-Umkehr hier.«

Rupert staunte, dass Sylvia für ihn Partei ergriff. Sie nahm ihm sogar die Blumen ab, als hätte er ihr den Strauß mitgebracht. Sie suchte eine Vase, fand keine, nahm dann ein großes Wasserglas und stellte sie hinein.

»Die Blumen«, kommentierte sie, »können ja auch nichts dafür.«

Eisenmann war schon unterwegs nach Norderney, um das Setting genau zu bestimmen, in dem Sommerfeldt einkassiert werden sollte. Es durfte nicht nach einem aus dem Ruder gelaufenen Polizeieinsatz aussehen, sondern er stellte sich vor, dass Sommerfeldt mit einem gezielten Rettungsschuss getötet werden musste.

Er wollte nichts dem Zufall überlassen. Sommerfeldt sollte sich eine Geisel nehmen, am besten eine schöne, junge Frau, die Eisenmann vorher aussuchen wollte. Er hatte mehrere Kandidatinnen für diesen Job. Er würde sogar einen möglichen Fluchtweg für ihn vorbereiten, einen, der sich einfach anbot, und dabei würde er sich zwei Kugeln fangen, die seinem erbärmlichen Leben endlich ein Ende bereiteten.

Während er die Gegend um die Thalia-Buchhandlung in der Poststraße ausbaldowerte und einen genauen Plan einzeichnete, machten sich Kurt Kleinhaupt und Mechthild Döse Sorgen.

Kleinhaupt wirkte nachdenklich. Mechthild Döse fragte ihn, was los sei. Es lief doch gerade alles ganz in ihrem Sinne. Doch Kleinhaupt rückte nach und nach damit raus: »Dieser Christian Ahlers, der kam mir bekannt vor.«

»Kein Wunder«, lachte Frau Dr. Döse, »der ist Schauspieler.

Sie haben den sicherlich schon ein paarmal im Fernsehen gesehen.«

»Ich bin nicht so ein Filmegucker.«

»Alle Leute gucken Filme«, behauptete sie.

Sie waren gemeinsam zum Deich gefahren und hatten eine Flasche Weißwein mitgenommen. Sie lagen auf dem sommerwarmen Asphalt und warteten auf den Sonnenuntergang. Sie befürchtete schon, er wolle eine romantische Situation gestalten, um sie dann anzugraben. Bei Eisenmann hätte sie sich das vielleicht noch gefallen lassen, aber Kleinhaupt fand sie unattraktiv, und beruflich konnte er ihr keine großartigen Perspektiven eröffnen. Eher im Gegenteil. Sie war in der Lage, ihn zu protegieren.

Er trank schon das zweite Glas Weißwein und starrte aufs Meer. Sie hatte Sand zwischen den Zähnen und auf den Lippen, weil immer wieder Böen von Westen her Sand mitbrachten.

Plötzlich zuckte er zusammen. »Jetzt hab ich's! Der sieht aus wie dieser Bloem!«

»Der Journalist?«

»Ja, genau der.«

»Ach, Blödsinn.«

Er setzte sich auf. »Stellen Sie sich doch mal vor – eine andere Frisur, andere Klamotten, ein etwas anderes Auftreten. Hat dieser Saukerl uns reingelegt?«

Ihr wurde ganz anders. Sie wollte nicht von unten zu ihm hochschauen und kam ebenfalls hoch. »Wenn das nicht der Schauspieler Christian Ahlers war, sondern der Journalist Holger Bloem, dann wird uns die Presse zerreißen!«

»So was nennt man heutzutage investigativen Journalismus«, erläuterte Kleinhaupt.

Mechthild Döse googelte Christian Ahlers. Sie fand ein paar

Bilder von ihm im Netz. Es waren Szenenfotos aus Filmen. Er sah immer anders aus. Und tatsächlich erinnerte er sie jetzt auch an diesen Holger Bloem.

»Das darf doch nicht wahr sein! Diese ostfriesische Saubande!«, schimpfte sie.

»Zurückpfeifen können wir das Ding nicht mehr. Thalia hat es schon online gestellt.« Er zeigte ihr das Bild auf seinem Handybildschirm. »Überraschungslesung aus *Totenstille im Watt.*«

Sie stöhnte. »Jetzt ziehen wir das durch. Dieser Bloem ahnt nicht, dass er mit seinem Leben spielt.«

»Glauben Sie ernsthaft, Sommerfeldt wird versuchen, ihn zu töten?«

»Wenn ihm die Lesung nicht gefällt, garantiert.«

»Na, dann hoffen wir mal, dass er als Vortragskünstler eine Begabung ist …«

Kleinhaupt versuchte, einen Arm um Frau Döse zu legen. Sie rückte von ihm ab. »Freundschaft plus ist bei mir nicht«, sagte sie.

Von Freundschaft war ja auch keine Rede, dachte Kleinhaupt, sagte aber nur: »Ich dachte, wir könnten ein bisschen Spaß zusammen haben, wenn wir schon so fern der Heimat sind hier im öden Ostfriesland …«

Sie zeigte aufs Meer: »Öde finde ich es hier nicht. Im Grunde beneidenswert. Diese Kretins wohnen im Weltnaturerbe, haben das Paradies vor der Tür, und was machen sie daraus?«

Nach dem Besuch bei Willi Klempmann war Johann Baptist Reichhart in einer merkwürdigen Stimmung. Er fuhr nach Twixlum zu seiner Desiree. Das alte Haus mit dem verwilderten

Garten, versteckt hinter hohen Hecken und weit ausladenden, schützenden Bäumen, war jetzt genau der Rückzugsort, den er brauchte. Dort konnte man - so hatte Desiree ihm erzählt - sich den Ansprüchen der Welt völlig entziehen.

Es war das Haus ihrer Großeltern. Es hatte etwas Verwunschenes an sich. »Hier«, sagte Desiree, »verschwinde ich, um ganz ich selbst zu werden.«

Hier war sie keiner Bewertung ausgesetzt, musste keine Leistung vollbringen, nicht effektiv sein. Sie nannte sich, als sie noch mit ihrem Körper Geld verdiente, *Curvy Model*. Sie hatte ausladende Hüften, einen dicken Bauch und schwere Brüste. Johann Baptist liebte ihre kräftigen Oberschenkel, die jede Hosenform sprengten. Verglichen mit ihr hatten andere Frauen Storchenbeine.

Sie rasierte sich am ganzen Körper und genierte sich nicht, wenn er ihr dabei zusah. Sie fand, Menschen sollten Haare nur am Kopf haben.

Sie war ein lustvoller Mensch und auf eine erfrischende Weise schamlos, wenn es um Genuss ging. Sie rauchte zwanzig bis dreißig Mentholzigaretten am Tag. Ständig spielte sie mit ihrem goldenen Feuerzeug.

Obwohl an allen strategisch wichtigen Punkten im Haus Aschenbecher standen, drückte sie ihre Zigaretten in Tassen und auf Untertellern aus. Meist rauchte sie nur ein Drittel, höchstens die Hälfte der Zigarette, dann wurde sie ihrer überdrüssig.

Im Haus züchtete sie Orchideen, am liebsten weiße. Wenn schon mal Blüten abfielen, legte sie sie als Dekoration beim Essen auf den Tisch, flocht sie sich in die Haare oder klemmte sie sich hinters Ohr.

Sie hatte etwas von einem Hippiemädchen, das zur erfahrenen Frau geworden war. In ihrer Nähe fühlte er sich frei. Freier als irgendwo sonst auf der Welt. Und doch blieb er eingeschlossen in sich selbst.

Sie hielt ihn immer noch für einen Handelsvertreter.

Ihr gegenüber verspürte er den Wunsch, sich preiszugeben, sein eigentliches Ich zu zeigen. Doch gleichzeitig fürchtete er, sie damit zu erschrecken. Wenn sie alles über ihn wusste, würde sie auch zu einer Gefahr für ihn werden. Er machte sich damit erpressbar, ja lieferte sich aus.

Eine Weile könnte ich für sie vielleicht sein, wer ich wirklich bin, dachte er. Doch schon beim ersten Streit, bei der ersten Unstimmigkeit, müsste ich sie töten, um mich selbst zu schützen. Wenn ich noch länger was von ihr haben will, muss ich sie belügen.

Doch die Sehnsucht, ihr die Wahrheit zu sagen, war heute besonders groß.

Sie schnitt selbstgezogene Tomaten und würfelte Zwiebeln aus dem Garten. Sie bereitete einen Thunfischsalat vor. Als Hauptspeise sollte es Lammkarree geben. Der Duft erfüllte bereits das Haus.

»Lamm«, sagte sie, »muss man ganz heiß essen, und es muss auf den Punkt gebraten sein.«

Vom Kochen verstand sie etwas. Sie schaffte es, Lammfleisch zart und saftig, mit einem rosa Kern zu garen.

Sie brauchte kein Fleischthermometer, um die Kerntemperatur zu messen. Sie machte so etwas nach Gefühl, Geruch und Geschmack. Mit ihr zu kochen oder ihr dabei zuzusehen, empfand er als mindestens so lustvoll wie das Essen selbst.

Sie kam ihm vor wie eine Künstlerin, die an einer Skulptur arbeitete, und nicht einfach wie eine Frau, die einen Salat zubereitete. Sie war ganz in ihre Arbeit versunken.

Er holte sich aus dem Kühlschrank eine angebrochene Flasche Weißwein, goss, ohne aufs Etikett zu achten, zwei Gläser halbvoll, setzte sich zu ihr und schaute ihr zu. Sie sprachen nicht.

Zu gern hätte er ihr jetzt erzählt, wer er wirklich war. Dass er immer versucht hatte, so zu sein wie sein großes Vorbild, der letzte deutsche Henker Johann Baptist Reichhart. Er wollte ihr von dem Scharfrichter erzählen, der 3165 Menschen im staatlichen Auftrag hingerichtet hatte. Während des Nationalsozialismus viele Widerstandskämpfer, unter anderem die Geschwister Scholl. Später arbeitete er dann für die Alliierten und vollstreckte Hinrichtungen an seinen ehemaligen Auftraggebern, die jetzt als Kriegsverbrecher galten.

Der Gedanke an das Leben seines Vorbilds relativierte für ihn alles.

Recht, Unrecht, schuldhaftes Verhalten, Ruhm oder Ehre – das alles waren doch nur Wertungen der Gesellschaft. Es konnte sich jederzeit in die eine oder andere Richtung drehen. Was gerade noch ein Verbrechen war, zählte vielleicht morgen schon als Heldentat und umgekehrt.

Er hätte ihr gern von Sommerfeldt erzählt und dass er dabei war, ihn zu jagen. Für zehn Millionen wollte er ihn zur Strecke bringen. Vielleicht war es ihm sogar schon gelungen. Nicht mal das wusste er genau.

Betrog Klempmann ihn um seinen Lohn, oder achtete er nur peinlich genau darauf, für sein Geld auch die bestellte Dienstleistung zu erhalten?

»Erst wollte ich Käse in den Salat mischen«, sagte sie, »aber mir ist heute nach Thunfisch.« Sie griff mit den Fingern in die Schüssel und probierte. Sie leckte sich die Finger an. »Oder meinst du, Thunfisch und Lamm, das passt nicht?«

»Liegt nicht die wahre Kunst im Kontrast?«, fragte er zurück, und sie warf ihm dankbar ein Küsschen zu.

Wenn nur alles im Leben so einfach wäre, dachte er.

Er nippte am Wein. Sie nahm ihr Glas und leerte es mit einem Zug.

Sie saß in ihrem seidenen Kimono da, der mehr ihre Schultern bedeckte als den Rest vom Körper. Die Mentholzigarette baumelte zwischen ihren Lippen und wippte auf und ab. Der Rauch zog an ihrem Gesicht hoch und verfing sich in ihren Haaren. Für ihn hatte das etwas Verruchtes, Hexenhaftes, Hocherotisches an sich. Sie tat es aber nicht, weil sie auf Wirkung bedacht war. Sie rauchte wie andere joggten: um sich mit Energie aufzuladen. Für sie bedeutete das reine Lebensfreude.

Es war schön für ihn, mit einem Genussmenschen wie ihr zusammenzuleben. Jetzt, in ihrer Nähe, bekam er Gelüste, mit den Fingern zu essen. Er griff sich ein von ihr geschnittenes Tomatenstück. Sie lächelte und schob ihm noch zwei Zwiebelringe zwischen die Lippen.

Er kaute, schluckte, und dann platzte es aus ihm heraus: »Ich bin kein Handelsvertreter, Schönste. Ich will dir die Wahrheit sagen. Ich bin Profikiller.«

Er sagte es mit einer Grabesstimme, als müsse er auch damit rechnen, dass sie ihn verlassen könnte. Stattdessen knallte sie das Messer auf den Holztisch, breitete die Arme aus und verfiel in homerisches Gelächter. Sie drückte ihre Zigarette auf dem Schneidebrett aus. Sie kriegte sich gar nicht mehr ein vor Lachen, wischte sich Tränen aus den Augen, sah ihn liebevoll an und sagte: »Du musst nicht versuchen, für mich den starken Mann zu spielen. Ich brauche keinen Abenteurer. Ich liebe dich ganz einfach so, wie du bist, mit deinem ehrlichen, langweiligen Beruf.«

Jetzt leerte er sein Weinglas, um Zeit zu gewinnen. Was sollte er davon halten? Sie hielt ihn für einen Aufschneider, für einen, der versuchte, etwas Besonderes zu sein. Dabei hatte er immer alles getan, um unscheinbar zu werden, unauffällig, um ungehindert seine eigenen Wege gehen zu können.

Ihr gegenüber war alles ganz anders. Er verstand sich selbst nicht. Es war, als wollte er sich ihr ausliefern, um von ihr gesehen zu werden als der, der er wirklich war. Doch sie nahm das nicht ernst.

Sie lief zum Herd und sah nach dem Lammkarree. Dann drehte sie sich zu ihm um und klagte: »Hör bitte auf damit! Ich liebe dich ganz so, wie du bist. Du hast mir eine Weile richtig Angst gemacht, weil du behauptet hast, du hättest einen Stammkunden von mir aus Eifersucht umgebracht.«

»Ja. Diesen Felix Einholz.«

Sie wehrte ab. Dabei zog sie ihren Kimono fest über dem Körper zusammen, als wolle sie ihm nicht mehr von sich zeigen als eben nötig.

»Fang nicht wieder damit an! Eine Weile habe ich das wirklich geglaubt. Felix ist bei einem Raubüberfall getötet worden. Im Fehntjer Tief.«

»Ja, das glaubt die Polizei. Aber in Wirklichkeit ...«

»Verflucht, reicht es dir nicht, ein ganz normaler Mann zu sein? Musst du hier unbedingt den Sommerfeldt spielen?« Sie holte ihre Zigaretten und zündete sich mit dem goldenen Feuerzeug eine neue an. Die Zigarette wippte zwischen ihren Lippen, als sie sagte: »Früher wollten alle Junge unbedingt Gitarre spielen lernen, um Mädchen zu beeindrucken. Neuerdings machen sie auf Serienkiller oder was? Mensch, am Anfang, als wir hier zusammenwohnten, wusste ich nicht, ob ich deine Gefangene bin oder deine Freundin! Später dann hatte ich Angst, die Polizei könnte dich jederzeit abholen. Hör endlich mit diesen Lügengeschichten auf! Du bist ein toller Kerl!« Sie zählte auf: »Wer hat es denn schon so weit gebracht wie du? Du hast ein eigenes kleines Flugzeug, fährst einen teuren SUV, dazu ein Motorrad, von dem alle Halbstarken träumen ... Was willst du mehr? Glaubst du, nur weil ich aus dem Milieu komme, stehe ich auf Bad Boys und brauche unbedingt einen von den ganz harten Kriminellen? Nein, offen gestanden stehen die mir bis hier!« Sie zeigte auf ihre Unterlippe.

Er kannte nicht viele Menschen, die so rauchten wie sie. Sie sog den Qualm ein und blies ihn durch die Nase aus. Dabei hielt sie die Lippen schräg aufeinandergepresst, um die Zigarette nicht zu verlieren. Ein bisschen hatte sie jetzt etwas von einem Drachen.

Er offenbarte sich jetzt vollständig: »Da du gerade Sommerfeldt erwähnst – auf seinen Kopf sind zehn Millionen ausgesetzt. Geld, das ich mir holen werde.«

Sie lachte ihn aus. »Zehn Millionen! Was sollen wir denn mit zehn Millionen?«

»Dann sind wir frei. Dann kann ich dir endlich etwas bieten. Wir müssen nie wieder arbeiten und ... «

»Aber wir sind doch frei! Mein Leben gefällt mir. Ich brauche keinen teuren Autos, keine Luxusreisen und auch keine Designerklamotten.« Sie kicherte: »Die passen mir sowieso nicht.«

Mit der linken Hand pflückte sie die Zigarette von ihren Lippen und drückte sie im Aschenbecher aus. Es wirkte, als würde sie ein großes Insekt darin zerquetschen.

»In zwei Minuten ist das Lamm so weit.«

Er verstand die Aufforderung und begann fast trotzig, den Tisch zu decken. Sie öffnete den Herd. Eine Duftwelle flutete den Raum. Mit dem Lammkarree auf einem Tablett kam sie zum Tisch. Messer, die lang und scharf genug waren, um einen Menschen zu töten, hatte er neben die Teller drapiert.

Während sie den Braten aufschnitt und in Portionen teilte, aus denen jeweils der Knochen wie ein Griff herausragte, sagte sie: »Weißt du, was dein Problem ist?« Ohne ihm die Gelegenheit zu einer Antwort zu geben, fuhr sie fort: »Du hast das Gefühl, du müsstest dich mit all den Männern in Konkurrenz setzen, die ich vor dir gehabt habe. Und du willst sie in allem überflügeln. Du willst gefährlicher sein als sie, mehr Geld haben als sie, besser aussehen und ...« Sie stoppte einen Moment: »Das ist alles völliger Unsinn. Ich habe mich für dich entschieden.«

Sie legte ihm Fleisch auf den Teller. Er ignorierte Messer und Gabel, blies einmal darüber und biss hinein. Er aß mit den Fingern. So fühlte es sich besser an. Tierisch.

Sie tat es ihm gleich, leckte sich Fett und blutigen Fleischsaft von den Lippen und prophezeite: »Danach werden wir uns lieben. Ich vögel dir den ganzen Konkurrenzmist aus dem Gehirn raus.«

»Das ist«, gestand er, »das beste Lammkarree, das ich je gegessen habe. Auf den Punkt gebraten.«

»Deichlamm«, triumphierte sie. »Etwas Besseres gibt es nicht. Das ist nicht erst um die halbe Welt geflogen, um auf unserem Teller zu landen.«

Noch vor dem Frühstück machten Frauke und Sommerfeldt einen Spaziergang an der Wasserkante entlang. Sie waren im Südwesten der Insel. Um diese Zeit war hier auf Langeoog kein Mensch. Nur gigantische Vogelschwärme ließen die Frage in ihnen aufsteigen, ob Hitchcock damals einen Thriller gedreht hatte oder eine Dokumentation.

Gerade waren besonders viele Austernfischer und Rotschenkel um sie herum. Frauke hatte gelesen, dass Zwergseeschwalben vom Aussterben bedroht seien. Wenn sie sich nicht irrte, hatten die Tiere hier ein neues Brutgebiet gefunden. Vielleicht war es aber auch eine andere Art, so genau konnte sie die Vögel nicht voneinander unterscheiden.

Sie nahm ihr Handy, um ein Foto zu machen. Sie hatte eine App, mit der Vogelstimmen erkannt werden konnten. Doch etwas anderes lenkte sie ab.

Auf ihrem Bildschirm ploppte eine Nachricht auf. Sie verfolgte über einen Google Alert alles, was über Sommerfeldt geschrieben wurde. Sie wollte da einfach auf dem Laufenden bleiben, und nun staunte sie nicht schlecht.

Sie flüsterte in sein Ohr: »Schau mal«, und hielt ihm ihr Handy hin.

Er lächelte und las, schien aber wenig beeindruckt.

Sie stupste ihn an: »Ist das nicht schön, wenn die Menschen dich nicht als Killer in Erinnerung behalten, sondern als großen Autor? Dieser Ahlers macht eine ganze Tournee mit deinen Büchern. Ich finde das klasse. Ich denke, literarisch wirst du viel zu wenig gewertschätzt. Für mich bist du viel mehr Künstler als ...« Sie sprach es nicht aus.

»Ich bin Klinikleiter«, lächelte er. »Das da ist jemand ganz anderes.«

Sie knuffte ihn in die Rippen: »Ach, gib doch zu, dass du stolz bist! Deine Trilogie wird sogar verfilmt. Bin mal gespannt, wer dich spielt ...« Sie lächelte: »Es sollte ein Kerl zum Verlieben sein, finde ich.«

Er fand einen Vogelschwarm interessanter, zeigte dorthin

und wollte etwas über ihr Flugverhalten sagen, da kündigte sie an: »Ich werde uns Karten besorgen. Das lassen wir uns doch nicht entgehen.«

Er wiegelte ab: »Quatsch! Was sollen wir denn da? Wenn du dir unbedingt aus meinen Werken vorlesen lassen willst, mache ich das gern selbst für dich.«

»Ich hole uns Karten«, sagte sie. »Das ist bestimmt schnell ausverkauft.«

Er widersprach: »Och nö ... Eigentlich wollte ich doch mit dir am Wochenende zum Golfen nach Borkum.«

Sie sah ihn staunend an: »Borkum hat doch überhaupt keinen Golfplatz, mein Lieber.«

Als müsse er sich vor dem Frühstück körperlich austoben, schlug er im Sand ein Rad und führte mehrere Boxschläge und Highkicks gegen imaginäre Gegner aus. Dann stand er, als hätte er gerade mehrere Unsichtbare besiegt, vor ihr und grinste: »Sie haben aber einen Golfclub.«

»Eine Insel ohne Golfplatz, aber mit Golfclub?« Sie nahm ihn nicht ernst. Sie glaubte, dass er nur ablenken wollte. Irgendetwas daran, dass jemand anders seine Texte vorlas, war ihm peinlich.

»Strandgolf im Sand«, sagte er.

Sie hielt das für einen Scherz.

»Ja, ich finde es auch merkwürdig, aber ich denke, jeder Golfer sollte so etwas einmal im Leben gemacht haben. Es ist ja praktisch jeder Schlag so, als würde man den Ball aus dem Sandbunker hauen. Dazu der Wind, das Meer – also ich finde es amüsant. Zumindest will ich es einmal ausprobieren.«

Sie guckte aufs Meer und dann zum Himmel. Sie rief zum Horizont: »So hat mein Mann sich also unsere Flitterwochen vorgestellt! Golfspielen auf einer Insel ohne Golfplatz im Sand!«

Sie drehte sich wieder zu ihm um und fuhr fort: »Manchmal weiß ich nicht so genau, ob du originell bist oder einfach nur verrückt.«

Als sei das eine Antwort, zog er sich wortlos aus.

»Ja«, sagte sie, »gute Idee.«

Sie legten ihre Kleider auf einen Haufen und die Schuhe obendrauf. Dann rannten sie nackt in die Nordsee, begleitet von Möwenschreien und dem Schnattern einiger Wildgänse.

Zehn Millionen Euro weckten bei so einigen Menschen Begehrlichkeiten. Unter anderem bei den Geschwistern Samantha und Claudia Lewandowski aus dem Ruhrgebiet.

Claudia war inzwischen eine verheiratete Krosch, träumte aber davon, sich scheiden zu lassen, und wollte gern wieder Lewandowski heißen, denn von ihrem Mann Frederick Krosch hatte sie die Nase voll. Sie fragte sich inzwischen sogar, ob es nicht besser sei, grundsätzlich auf Männer zu verzichten und ein Leben als Singlefrau zu führen. Sie beneidete ihre Schwester, der sie sich vor der Hochzeit immer überlegen gefühlt hatte, inzwischen genau darum, dass sie nicht verheiratet war.

Samantha studierte Englisch und Geschichte auf Lehramt, träumte aber davon, historische Romane zu schreiben und damit irgendwann genug Geld zu verdienen, um sich ein unabhängiges Leben ohne Dienstherrn leisten zu können.

Claudia betrachtete ihre Ehe nicht einfach als gescheitert, sondern das Ganze kam ihr vor wie ein schwerer Autounfall, den sie nur knapp überlebt hatte. Sie fühlte sich von den Verletzungen entstellt, innerlich und äußerlich wund, als seien ihre Arme und Beine mehrfach gebrochen worden.

Jedes Jahr Ehe hatte sie um zehn Jahre altern lassen. Sie war knapp dreißig, kam sich aber vor, als würde sie kurz vor der Rente stehen. Sie wollte noch etwas haben vom Leben, sich etwas ansehen von der Welt und den ganzen Ehemist vergessen.

Der letzte Eintrag in ihrem Tagebuch, bevor er es gelesen hatte, lautete: *Nie wieder werde ich für einen Typen waschen, bügeln, kochen und die Beine breitmachen.*

Eifersüchtig nach Liebesbriefen suchend, hatte ihr Mann das Tagebuch gefunden und war vollständig ausgerastet. Es hatte keine zwanzig Seiten, war aber voll mit Beschimpfungen, Verdächtigungen und Wahrheiten über ihn, die er nicht ertragen konnte.

Sie war noch in der Nacht von Dorsten zu ihrer Schwester nach Bochum geflohen und hatte dort im *Summa cum Laude* von der Geschichte gehört.

Claudia kannte diesen Sommerfeldt gar nicht, Samantha dagegen wusste sogar, dass seine Biographie vom ZDF verfilmt werden sollte. Die beiden googelten nach dem Typen, und es gab etwas, das sie sofort faszinierte: In jedem zweiten Artikel über ihn stand, dass er keiner Frau etwas zuleide tun könnte. Einige erklärten es mit einem Mutterkomplex, andere mit einer Aggressionshemmung, die viele Männer hätten. Es gäbe Frauenschläger genug auf der Welt, aber eben auch das genaue Gegenteil: Männer, die Frauen nichts zuleide tun konnten.

Sie bestellten sich noch am gleichen Abend alle drei Bücher als E-Book. Besonders der dritte Band der Trilogie, *Todesspiel im Hafen,* machte ihnen klar, dass er tatsächlich eine Beißhemmung Frauen gegenüber hatte. Und auf den smarten Typen waren zehn Millionen ausgesetzt! Es kam also nur noch darauf an, ihn zu finden.

Bilder von ihm gab es im Netz genug. Beide fanden ihn attraktiv, und Claudia dachte sogar, dass er möglicherweise ein Kerl sei, bei dem sie noch mal schwach werden könnte.

Die zwei beschlossen, auf die Jagd zu gehen. Sie verteilten das Geld bereits und schwelgten in den Möglichkeiten, die ihnen dadurch eröffnet werden würden, bevor sie auch nur eine Spur von ihm hatten.

Samantha wollte eine Zeit in Schottland verbringen, Sagen und Mythen erforschen, um ihren historischen Roman zu schreiben.

Claudia wollte mindestens ein Jahr durch die Welt reisen und in verschiedenen Wellnesshotels wohnen. Dort jeweils eine gute Suite mieten und sie ganz schnell durcheinanderwirbeln, nur um den Zimmermädchen beim Aufräumen zuzugucken oder sich währenddessen massieren zu lassen. Teure Kosmetik wollte sie sich leisten, vielleicht eine persönliche Fitnesstrainerin oder, wenn der Typ gut genug aussah und charmant war, gern auch einen Fitnesstrainer. Sie wollte endlich mal etwas für sich tun und weder auf Geld achten noch auf andere Menschen. Nie wieder wollte sie von irgendwem abhängig sein. Nie wieder jemanden um etwas bitten müssen.

»Vielleicht«, flüsterte Claudia, »können wir ihn aufspüren. Aber müssen wir ihn dann auch töten? Reicht es nicht, wenn wir ihn der Polizei übergeben?«

Samantha lächelte: »Noch nie haben Polizei oder Staatsanwaltschaft so eine Summe auf jemanden ausgesetzt. Da gibt es fünf-, vielleicht zehntausend Euro für einen Tipp. Das hier ist etwas ganz anderes. Das ist nicht offiziell. Vermutlich nicht mal legal ... Der hat es sich mit einigen hochkarätigen Leuten verdorben. Vielleicht aus der Wirtschaft oder Politik ...«

»Ja, aber ich weiß nicht, ob ich das schaffen würde, jemanden umzubringen. Ich meine, womit denn? Wir haben nicht mal eine Schusswaffe ...«, wandte Claudia ein.

»Männer schießen. Frauen mischen Gift«, stellte Samantha fest, als sei es ein physikalisches Gesetz.

»Und wer garantiert uns, dass wir das Geld dann auch kriegen? Ich meine, wenn wir schon die Drecksarbeit machen, wollen wir doch auch bezahlt werden. Wir kennen den Auftraggeber ja gar nicht. Das Ganze ist möglicherweise nur ein Gerücht oder ein Witz.«

Eine Weile schwiegen die beiden. Samantha bestellte zwei Rotwein. Als sie miteinander anstießen, warf sie ihre Haare zurück, leckte sich über die Lippen und flüsterte vielversprechend: »Zwei so heiße Bräute wie wir werden doch so einen Macker abschleppen können, oder nicht? Wenn er in unserer Gewalt ist, werden wir das genau hier veröffentlichen.« Sie zeigte auf die Homepage vom Sommerfeldt-Fanclub. Dort gab es die Möglichkeit zu kommentieren und Fotos einzustellen.

»Wem immer dieser Sommerfeldt zehn Millionen wert ist, der wird diese Seite genau kennen. Wenn wir da ein Bild von unserem Gefangenen veröffentlichen, wird es einen Aufschrei seiner Unterstützerinnen geben. Ich wette, es findet ein Überbietungswettbewerb statt. Die einen werden versuchen, ihn freizukaufen, die anderen wollen seinen Tod.«

Claudia staunte ihre Schwester an: »Boah, was bist du für ein raffiniertes Luder.«

Die nahm es als Kompliment. »Ja, nä?«, sagte sie. »Ich werde immer unterschätzt.«

Ernüchtert lehnte Claudia sich zurück und nahm einen ordentlichen Schluck von dem schweren Wein. »Jetzt müssen wir nur noch herausfinden, wo er ist, und daran wird wohl alles scheitern. Aber es war schön, davon zu träumen.«

Samantha sah das anders: »Ich könnte mir vorstellen, dass er am Samstag auf Norderney sein wird. In der Buchhandlung. Um die Lesung zu verfolgen. Und wenn er nicht persönlich da ist, so wird er jemanden schicken, der das Ganze beobachtet. Vermutlich ist ihm dieser Schauspieler ... Christian Ahlers ... sehr nah. Der macht das doch nicht einfach so. Die kennen sich bestimmt. Ahlers wird uns zu ihm führen, falls wir ihn nicht schon dort erwischen. Wir werden uns die schärfsten Klamotten anziehen. Wir werden die schärfsten Bitches sein, die an dem Abend auf ganz Norderney rumturnen. Glaub mir, wenn wir es richtig anstellen, kriegen wir jeden Typen. Denn eins wissen wir über Sommerfeldt genau und über diesen Ahlers ebenfalls: Sie sind beide nicht schwul.«

Claudia staunte ihre Schwester an. So kannte sie Samantha gar nicht. Hatte sie sich in letzter Zeit so verändert? Habe ich, fragte Claudia sich, von ihr überhaupt nichts mehr mitgekriegt, weil mein bekloppter Mann mich so sehr in Anspruch genommen hat? Ist mir irgendetwas entgangen?

Die Espressomaschine war recht laut. Überhaupt gab es im *Summa cum Laude* einen ziemlichen Lärmpegel. Der schien plötzlich wie weggeblasen, als Samantha, lauter als sie eigentlich wollte, ausrief: »Ich habe noch jeden Heteromann ins Bett gekriegt, den ich haben wollte!«

An mehreren Tischen giggelten Leute. »Hört, hört!«, rief ein sportlicher Germanistikstudent und erhob sich, um einen besseren Blick auf die Frau zu haben, die diesen Satz so selbstbewusst ausgesprochen hatte.

Claudia wusste vor Scham nicht, wo sie hingucken sollte. Samantha dagegen überspielte alles mit einem Lächeln: »Ach, ist doch wahr!«

Frederick Krosch nannte sich Fred, weil die Leute bei dem Namen Frederick immer an die kleine Feldmaus aus Leo Lionnis Buch dachten, das Günter Bruno Fuchs, der Poet und Grafiker, so zauberhaft übersetzt hatte.

Fredericks Mutter kam aus Stuttgart. Sie hatte ihn nach diesem Buch benannt. Als er klein war, fand er es auch ganz toll. Liebevoll hatte sie immer wieder *meine kleine Feldmaus* zu ihm gesagt. Später dann wurde es ihm lästig, und er versuchte, den Namen vergessen zu machen.

Wenn Claudia ihn in Verlegenheit bringen wollte, nannte sie ihn im Bekanntenkreis Frederick.

Er war brennend eifersüchtig. Er wusste um die Schönheit seiner Frau, schließlich war er ihr selbst verfallen. Jetzt kannte er seine Fehler. Er wusste, dass er sie auf ihren Körper, ihr Aussehen, ihre Sexualität reduziert hatte und dass ihr das gar nicht gefiel.

Er beobachtete sie.

In seiner Phantasie verführten andere Männer seine Frau, Männer, die besser waren als er, klüger, wohlhabender und vermutlich auch umgänglicher und einfühlsamer. Er konnte an gar nichts anderes mehr denken.

Jetzt beobachtete er das *Summa cum Laude*. Immerhin war sie nicht gleich zu einem neuen Liebhaber gezogen, sondern zunächst zu ihrer Schwester.

Die beiden Frauen planten etwas, so, wie sie da zusammengluckten. Er hatte nur einen kurzen Blick reingeworfen. Er hoffte, dass sie ihn nicht gesehen hatten. Sie saßen zu zweit an einem Vierertisch. Immerhin nicht mit anderen Männern! Trotzdem. Lange würde das so nicht weitergehen.

Er hatte vor, im VW-Bus vor Samanthas Wohnung zu schlafen. Den Bus hatte er sich von einem Kumpel geliehen. Einem der wenigen, die er noch hatte. Schließlich konnte er seine Frau schlecht mit seinem eigenen Auto beschatten. Damit wäre er sofort aufgefallen.

Er stellte sich vor, wie sie ihn schallend auslachen würde, weil er sich benahm wie ein eifersüchtiger Idiot. Und im Grunde war er das ja auch.

Er hatte GeoPro, ein Lokalisierungssystem, auf ihrem und seinem Handy installiert. Er konnte sie jederzeit über den Standort ihres Handys orten und bis auf wenige Meter genau bestimmen, wo sie sich aufhielt. Er hatte vor, ihr zu folgen. Er wusste nicht so recht, warum. Was er in ihrem Tagebuch gelesen hatte, ließ ihn nicht in Ruhe. So sah sie ihn also!

Irgendwie musste er ihr und auch sich beweisen, dass sie ein schlechter Mensch war. Mindestens so schlecht, wie sie dachte, dass er sei.

Dann wären sie quitt. Dann könnten sie sich trennen. Auf keinen Fall wollte er sie in dem Gefühl entlassen, dass er der Böse sei und sie die Gute, denn das stimmte irgendwie nicht. Fast wünschte er sich, dass sie ihn betrog, und gleichzeitig tat es ihm jetzt schon weh.

Was bin ich bloß für ein verkorkster Typ, dachte er. Ich sitze hier in diesem geliehenen VW-Bus, habe einen Mordshunger, die Frauen amüsieren sich da drin, essen Nudeln und trinken Wein. Und ich ärgere mich hier.

Warum?

Ich könnte auch irgendwohin fahren und mich amüsieren, mir eine Neue aufreißen oder …

Er kratzte sich. Nein, genau das konnte er eben alles nicht tun. Denn dies hier war noch nicht zu Ende. Er war noch nicht fertig mit ihr. Noch lange nicht!

Willi Klempmann war gut gelaunt. Ein Tag nach seinem Geschmack kündigte sich an. Eine Hitzewelle plagte das Land. In den Großstädten schien der Asphalt zu kochen. In Ostfriesland war es zehn Grad angenehmer als im Rest der Republik und hier auf Klempmanns Yacht, die er *mein Paradies* nannte, erfrischte der Nordwestwind die Menschen.

Seine geliebte Silvia war bei ihm und achtete peinlich genau darauf, dass jede seiner Hautstellen mit einer Fünfziger-Sonnenschutzcreme eingerieben wurde, denn sie fürchtete Hautkrebs mehr als er die Kriminalpolizei und die Justiz.

Richter ließen sich austricksen. Zeugen bestechen. Gegner konnte man töten. Gegen Hautkrebs halfen nur liebevolle zarte Hände und eine gute Lotion.

Silvia achtete sehr auf seine Gesundheit. Sie hatte ihm verboten, eine Sonnenbank zu benutzen. Früher, als ein richtiger Kerl noch braungebrannt sein musste, hatte er eine eigene Sonnenbank auf der Yacht gehabt, unten im Fitnessraum, neben der Sauna und der Massagebank.

Silvia versuchte, alles aus seinem Leben zu verbannen, was ihm schaden konnte. So manch handgerollte kubanische Zigarre fiel ihr dabei zum Opfer.

Obwohl sie ihm nur Sachen verbot, die ihm Spaß machten, mochte er es, wenn sie sich Sorgen um ihn machte und ihn bemutterte.

Die eigentliche Gefahr für ihn schätzte sie jedoch völlig falsch ein: Dr. Bernhard Sommerfeldt.

Sie glaubte an einen Deal mit Sommerfeldt, und er belog seine Silvia nicht gern, denn sie war ein viel zu guter Mensch, um in dieser Welt zurechtzukommen. Sie glaubte tatsächlich,

Sommerfeldt und ihr George hätten Frieden geschlossen. Ja, sie fühlte sich sogar ein bisschen als Architektin eben dieses Friedensvertrages. Wahrscheinlich würde sie sogar um Sommerfeldt trauern, wenn seine Asche endlich der Nordsee anvertraut werden würde, weil er zu Fischfutter geworden war.

Klempmann hatte ein Gefühl für gute Deals. Ein toter Sommerfeldt würde ihn wieder zurück ins Spiel bringen. Zum Boss der Bosse machen.

Die Gonzáles-Familie hatte ihre Organisation legalisiert.

Aus Drogen- und Menschenhändlern waren Immobilienmakler und Hotelkettenbesitzer geworden. Aus Gangsterbossen Manager.

Aber nicht allen in der Familie passte das. Nicht jeder Wolf ließ sich zum Schoßhündchen dressieren. Einige Leute aus dem Rotlicht- und Drogenmilieu fühlten sich vom Bürokram angewidert, verstanden nicht, warum sie mit der Bürokratie kämpfen sollten und Formulare ausfüllen mussten, statt Bürokraten einfach umzulegen. Einige empfanden es auch als Demütigung, Steuern zu zahlen. Sie nannten es *staatliche Schutzgelderpressung.*

Rebellierende Gruppen waren bereit, zu ihm überzulaufen. Doch vorher musste Sommerfeldt weg. Er war der dicke Eiterpickel an seinem Arsch, der bequemes Sitzen auch auf den schönsten Möbelstücken unmöglich machte.

Silvia rieb sein Gesicht liebevoll mit Sonnencreme ein, massierte dabei seine Schläfen und strich über die Stirnfalten, als könne sie mit ihren Fingerkuppen die Haut glätten und verjüngen. Er hielt die Augen geschlossen, atmete ruhig und genoss die Situation.

Er roch Silvia gern. Da war dieser vertraute Duft von Angekommensein. Nichts beruhigte ihn mehr, als ihre wohltuende Nähe zu spüren.

»Werden wir«, fragte sie, »zu der Lesung gehen?«

Damit hatte er nicht gerechnet.

»Möchtest du?«

Sie hörte die Verunsicherung aus seiner Gegenfrage heraus. Normalerweise reagierte er begeisterter, wenn ein Vorschlag von ihr kam. Er war selten so verhalten.

»Wir dümpeln hier vor Norderney«, sagte sie. »Du kannst praktisch hinspucken.«

Er brummte, ohne die Augen zu öffnen: »Ich kenne seine Bücher. Und sogar die Hörbücher.«

»Ich auch«, lachte sie und erhöhte beim Einmassieren den Druck auf seine Wangenknochen.

Jetzt war seine Oberlippe dran. Er nannte das *Zahnfleischmassage.*

»Ich mag diesen Ahlers als Schauspieler«, behauptete sie. »Der hat auch eine angenehme Stimme.«

Er spürte deutlich, dass sie ihn locken wollte. Es war nicht einfach für sie, ihn von seiner Yacht herunterzubekommen. Er war nicht gern unter Menschen, und wenn, dann mussten es Leute sein, die er ausgesucht hatte. Am wohlsten fühlte er sich, wenn sie auf seiner Gehaltsliste standen.

Er sagte nichts, als würde die Oberlippenmassage ihn am Reden hindern.

»Man muss sich bestimmt schnell Karten besorgen, bevor alles ausverkauft ist. Die Insel ist voller Touristen«, drängelte sie.

Sie war daran gewöhnt, von ihm zu bekommen, was sie begehrte, als sei er geboren worden, um ihre Wünsche zu erfüllen. Ob sie Geld für die Leseförderung brauchte, für ein Hospiz oder für ihr augenblickliches Lieblingsprojekt, den Zufluchtsort für junge Mütter – auf ihren George war immer Verlass. Wenn sie sagte: »Ich brauche achthunderttausend«, spendierte er eine

Million, weil er nicht knauserig erscheinen wollte. Wenn man sich einen Platz im Himmel erkaufen konnte, so hatte er ihn längst erworben.

Am Geld für die Eintrittskarten lag es sicherlich nicht. Sie sprach es aus: »Du bist menschenscheu, mein Lieber. Kein Wunder, nach den miesen Erfahrungen, die du gemacht hast. Aber wenn man vom Fahrrad fällt, ist es wichtig, bald wieder in den Sattel zu steigen, bevor man eine Phobie bekommt.«

Er öffnete die Augen und sah ihr direkt ins Gesicht. »Ich habe keine Phobien. Ängste sind mir fremd!«

Sie lächelte milde und streichelte über seine Wange: »Ach, du Guter, du bist ein Mensch wie wir alle. Natürlich hast du Ängste.«

Er versuchte, sich aus seinem Liegestuhl hochzustemmen, doch sie drückte ihn wieder zurück. Sie wollte ihm keine Möglichkeit geben, vor diesem Gespräch zu fliehen. Sie hatte den Wind im Rücken. Ihre Haare wehten in sein Gesicht. Hinter ihr war der Himmel blau.

»Du hast soziale Ängste. Steh doch dazu! Wenn ich einen Vortrag halte, dann sitzt du ganz hinten, irgendwo nah an der Tür in der letzten Reihe und lässt dich von deinen Amazonen beschützen.«

»Wir leben«, verteidigte er sich, »in schwierigen Zeiten. Ich bin nicht ängstlich. Ich bin vorsichtig! Ich will nicht ins offene Messer laufen.«

»Christina und Annika können gern mitkommen. Du mit drei Frauen, das müsste dir doch gefallen.«

Er stöhnte. Wenn Silvia sich einmal etwas in den Kopf gesetzt hatte, war es schwer, sie davon abzubringen. Er bastelte an einem Gegenvorschlag. Er brauchte etwas Tolleres, das zeitgleich stattfand. Aber, verdammt, was sollte das sein?

Ein Satz wie »Ich habe uns bereits Karten für das Musical *König der Löwen* in Hamburg besorgt« käme jetzt gut. Oder noch besser, ganz weit weg. Ein Wochenende in New York. Gab es nicht gerade im Museum of Modern Art eine wichtige Ausstellung, über die sie sich freuen würde? Oder im Van-Gogh-Museum in Amsterdam? Er wusste, wie sehr sie van Gogh liebte.

Sie hatten das Museum schon dreimal besucht. Einmal hatte er ihr ein Amsterdam-Wochenende zum Geburtstag geschenkt. Er hatte darüber nachgedacht, ihren Lieblings-van-Gogh, die Vase mit Kornblumen und Mohn, für sie stehlen zu lassen, denn die Kunstdrucke auf Satin hatten einfach nicht die magische Strahlkraft des Originals.

Doch dieses Ansinnen hatte sie vehement abgelehnt und sich stattdessen ein Wochenende mit ihm in Amsterdam gewünscht.

Sie stupste ihn an: »Komm, sei nicht so spießig und langweilig.«

»Wenn du diesen Ahlers so gerne hörst, könnte ich ihn ja auf unsere Yacht einladen. Er könnte uns beiden vorlesen, wir essen mit ihm zu Abend und ...«

Sie lachte: »Hauptsache, du musst dich nicht von hier wegbewegen, was?«

»Aber wir bewegen uns doch die ganze Zeit«, konterte er und wippte mit seinem Oberkörper, grinsend wie ein kleiner Junge. »Wir sind auf einer Yacht! Es schaukelt hin und her.«

Frank Weller hatte seine Frau Ann Kathrin selten so sauer gesehen. Gleichzeitig wirkte sie verschlossen, als wolle sie ihm etwas verheimlichen, wüsste aber schon genau, dass ihr das sowieso nicht gelingen konnte. Er hatte bei *ten Cate* Baumkuchentörtchen besorgt. Eine Kreation von Christian Tapper. Baumkuchen mit einer Vanille-Tonka-Creme, garniert mit Blaubeeren und Himbeeren.

Weller behauptete: »Es schmeckt, als sei es direkt vom Himmel auf die Erde gefallen.« Seiner Meinung nach passte Kaffee besser dazu als Tee, aber vorsichtshalber hatte er beides vorbereitet.

Er versuchte, Ann abzulenken: »Schau mal, was ich für uns habe. Zaubereien aus dem *Café ten Cate.*«

Er hatte auf der Terrasse gedeckt und den Sonnenschutz ausgefahren, um die Törtchen zu schützen, die bereits Hummeln anlockten. Eigentlich hatte Weller, um die Brummer vom Kuchen abzulenken, eine Bananenschale ans andere Ende der Terrasse gelegt, doch die wurde jetzt von einer Ameisenarmee attackiert.

Weller versuchte einen Scherz, um Ann Kathrin aufzuheitern. Er stellte sich wie ein Ausstellungsstück mit ausgebreiteten Armen ein paar Meter von ihr entfernt hin und grinste sie breit an: »Du siehst aus wie eine Ehefrau, der man gerade die Wohnung gekündigt hat, weil ihr Mann etwas mit der Vermieterin laufen hat. Aber hey, Ann, das ist nicht so! Ich bin's! Frank! Ich liebe nur dich, und das Haus gehört uns ...«

Ann Kathrins Laune wurde nicht besser. Sie schien noch mehr abzusacken.

»Ich sollte vielleicht besser sagen: dir«, fügte er kleinlaut hinzu.

»Danke, dass du mich an meinen Ex erinnerst«, stichelte sie.

»Oh, das tut mir leid, Ann, das wollte ich echt nicht. Ich wollte dir nur zeigen, wie klasse es ist. Die Sonne scheint, es weht ein sanfter Wind. Wir wohnen im Weltnaturerbe. Ich habe uns gerade die geilsten Törtchen geholt, die man im Universum auftreiben kann, und du guckst, als ...«

»Ja?«, fragte sie angriffslustig zurück. »Wie gucke ich denn?«

Er verließ seine herausgestellte Position, setzte sich stattdessen an den Tisch, nahm sich ein Törtchen und sah es an, als hätte er Hemmungen, mit der Gabel hineinzupieksen, weil er das wertvolle Stück nicht zerstören wollte.

»Ich nehme das mit Blaubeeren. Oder willst du sie lieber haben? Dann nehme ich das Himbeertörtchen.«

Damit machte er es auch nicht besser. Sie antwortete nicht, und er schlug vor: »Okay. Halbe-halbe.«

Er teilte beide Törtchen und fügte die Hälften zu einem neuen zusammen. Eins für Ann und eins für sich. So machten sie es meist mit Pizza.

Er schob ihr einen Teller hin und bat sie: »Nun erzähl schon. Mach dir Luft!«

»Sie haben mich dazu verdonnert, den Mund zu halten!«

Frank ließ demonstrativ seine Kinnlade heruntersacken und stieß mit der Gabel in das Törtchen, als wolle er die Hummel aufspießen. Er erwischte aber nur eine Blaubeere.

»Wir sind Kollegen! Oder stehe ich jetzt hier unter irgendeinem Verdacht?«

Um Zeit zu gewinnen, goss Ann Kathrin sich Tee ein.

Weller fuchtelte mit der Gabel herum, als sei sie sein Schwert und er müsse sich gegen einen Drachen verteidigen: »Die haben kein Recht dazu! Weder die Schwarz noch sonst irgendwer. Wir führen eine Ehe! Was man dir sagt, hat man mir gesagt und umgekehrt. Zwischen uns beiden gibt es doch keine Dienstgeheimnisse!«

Ann Kathrin nippte am Tee, stellte sorgfältig ihre Tasse ab und flüsterte: »Siehst du, genau deswegen ist es eigentlich nicht in Ordnung, dass wir als Ehepaar zusammenarbeiten. Du könntest nicht gezwungen werden, gegen mich auszusagen, ich nicht gegen dich – im Grunde haben die da oben«, sie deutete zum Himmel, »doch recht. Wir machen hier einfach unser Ding, und wenn wir dann Schwierigkeiten bekommen, beschweren wir uns.«

»Gib denen nicht so viel Macht«, forderte Weller.

Ann Kathrin nahm die Törtchenhälfte mit den Himbeeren zwischen die Finger und biss hinein, so dass sie ein Stück vom Baumkuchen, von der Creme und eine Frucht zwischen die Lippen bekam. Sie kaute und gab lustvolle Geräusche von sich. Als könne sie nicht glauben, welches Geschmackserlebnis da gerade unter ihrem Gaumen explodiert war, probierte sie nun einen Bissen mit einer Blaubeere.

Weller kam es so vor, als hätte Asterix sich mit seinem Zaubertrank aufgeladen. Die Törtchen schienen wie eine Wahrheitsdroge zu wirken, oder zumindest gaben sie Ann Kathrin die Kraft, jetzt damit herauszukommen: »Sie wollen Sommerfeldt auf Norderney eine Falle stellen.«

»Die Lesung?«

Ann Kathrin nickte.

Weller verstand nicht, was daran so geheimnisvoll sein sollte. Er winkte ab, als sei das alles kalter Kaffee für ihn.

»Eisenmann ist mit von der Partie«, fügte Ann Kathrin hinzu.

»Mit seinen Ninjas? Gibt's die noch?«, staunte Weller.

»Du weißt, was das heißt, Frank.«

Er nickte. »O ja. Dann soll Sommerfeldt das Ganze nicht überleben.«

Ann Kathrin sah zu der Amsel im Kirschbaum, als hätte sie Angst, von ihr belauscht zu werden. »Und weißt du, was das Schönste ist?«

Weller zuckte mit den Schultern und aß von seinem Törtchen.

»Wenn Sommerfeldt nicht erscheint, werden sie uns das anhängen, weil wir ihn angeblich gewarnt haben.«

»Schöner Plan«, spottete Weller empört. »Da kann ja praktisch gar nichts schiefgehen. Entweder, sie erwischen ihn, oder wir sind die Doofen.«

»Genau«, sagte Ann, »und das stinkt mir gewaltig.«

Die zwei aßen still, jeder mit seinen Gedanken beschäftigt. Weller glaubte, Ann Kathrins Zorn vibrieren zu spüren.

»Wir sitzen in der Zwickmühle, Frank.«

Er sah sie groß an. Sie erklärte: »Wir sind von der Mordkommission. Wir können nicht dabei zusehen, wie ein Mord geplant wird. Die Todesstrafe ist in unserem Land abgeschafft. Und wenn wir Eisenmann und seine Ninjas daran hindern, Sommerfeldt umzubringen, dann ... «

Weller ergänzte ihren Satz: »... befeuern wir damit die alten Gerüchte, wir würden Sommerfeldt unterstützen, ja, mit ihm zusammenarbeiten.«

»Ja, genau. Wir sitzen in der Falle.«

Bernhard wirkte nachdenklich. In sich gekehrt. Gar nicht so fröhlich und optimistisch wie sonst.

Frauke wollte ihn gern aufheitern. Sie hatte im Internet auf der Sommerfeldt-Facebook-Fanseite eine Pappmaske mit seinem Gesicht gefunden. Susanne Kaminski pries das Ganze an als: *Fühl dich mal als Sommerfeldt!*

Wahrscheinlich war es als Karnevalsscherz gedacht. Man konnte sich die Schablone kostenlos herunterladen, um sich dann das Gesicht selbst auszudrucken. Fans befestigten die

Maske mit einem Gummiband hinter ihren Ohren, ließen sich so fotografieren und kommentierten die Fotos mit Sätzen wie: *So werde ich das nächste Gehaltsgespräch mit meinem Chef führen. Endlich fühle ich mich gewappnet!*

Eine Frau mit abstehenden Locken schrieb unter das Foto: *Seitdem mein Ex denkt, dass Sommerfeldt abends bei mir ein und aus geht, stalkt er mich nicht mehr.*

In der *Klinik hinterm Deich* ließ Frauke sich die Maske gleich mehrfach ausdrucken. Sie nahm etwas festeres Papier, so dass die Maske besser hielt, und schnitt mit einer Nagelschere das Gesicht aus.

Das Foto war vor einigen Jahren gemacht worden, während Bernhard ein Fernsehinterview gab. Er sah verdammt gut aus, fand Frauke.

Es tat ihr fast weh, die Augen ausschneiden zu müssen, doch sonst konnte sie unter der Maske ja nichts sehen. Sie schaffte es aber nicht, die Augen dann wegzuwerfen. Sie legte sie in ihr Portemonnaie zu dem Glückspfennig, den sie als Kind einmal gefunden hatte. Es war eine Kindheitserinnerung, aus einer Zeit, als sie noch glaubte, dass Magie wirksamer sei als jede Medizin.

Sommerfeldt hatte bei dem wunderbaren Wetter zunächst Zeit in der Bibliothek verbracht. Sie waren von Langeoog geradezu überstürzt abgereist, als ginge es um einen wichtigen Patienten. In Wirklichkeit, das spürte sie, wollte er einfach nur zurück an den Ort, an dem er für alle der Klinikleiter Dr. Ernest Simmel war.

So verunsichert wie in den letzten Stunden hatte sie ihn noch nicht oft erlebt. In der Bibliothek hatte er es nicht lange ausgehalten. Sie beobachtete ihn schweigend, während sie Gedichte von Ringelnatz las, von Gölzenleuchter und Ingo Cesaro. Sie konnte darin wegschwimmen. Die Worte trugen sie wie die Nordseewellen ihre Gischt, doch Bernhard fand keine Ruhe in den Büchern und auf den Seiten keinen Anker. Er zog einen Dürrenmatt-Band heraus, blätterte darin, versuchte, sich festzulesen, aber es gelang ihm nicht. Er flatterte von Buch zu Buch, griff nach Falladas dickem Roman *Wolf unter Wölfen*. Schließlich landete er bei Christiane Franke, der es immerhin gelang, ihn zum Lächeln zu bringen.

Dann verschwand er wortlos. Sie hörte ihn die Treppen hochsteigen. Sie wusste auch so, wohin er wollte: aufs Dach der Klinik. Dort saßen sie manchmal und blickten aufs Meer. Vom Dach aus konnte man über den Deich sehen, bis nach Juist. Es war gigantisch.

Sie überlegte, ob sie ihm folgen sollte. Vielleicht wollte er allein sein. Doch sie wusste von sich selbst, dass sie in Identitätskrisen Kontakt brauchte, und gerade dann fiel es ihr leider besonders schwer, darum zu bitten.

Sie ließ ihm ein paar Minuten, atmete noch zwei Gedichte ein, dann folgte sie ihm. Aus dem Kühlschrank nahm sie eine große Flasche Wasser mit.

Er saß genauso, wie sie es sich gedacht hatte: barfuß auf dem Dach, das die Hitze des Tages gespeichert hatte. Hier gab es keinen Schatten.

Er sah auf die Nordsee, ohne irgendetwas zu fokussieren. Das Segelschiff schien für ihn nicht zu existieren, die Kiter ignorierte er. Sein Blick ging durch bis zum Horizont.

Sie setzte sich neben ihn, berührte ihn aber nicht. Sie behielt ihre Schuhe an, weil es ihr zu heiß war, um barfuß auf dem Dach zu sitzen. Sie öffnete die Sprudelflasche und nahm einen großen Schluck. Sie hielt ihm die Flasche hin. Er nahm sie und trank, sagte aber immer noch nichts.

»Willst du reden?«, fragte sie.

»Hm«, brummte er leise und klang dabei wenig entschlossen.

»Ich kann auch wieder gehen, wenn du alleine sein willst«, schlug sie vor.

»Manchmal«, sagte er leise, »besonders in Situationen, in denen ich sehr glücklich bin, laufe ich dieser Gefahr entgegen ...« Er schwieg wieder.

»Welcher Gefahr?«

»Der, völlig abzukacken. Es fühlt sich dann an, als würde ich mich tanzend durch die Welt bewegen, fröhlich und gut gelaunt. Alles läuft rund für mich. Ich bin ein Glückskind, von den Göttern reich beschenkt. Und dann plötzlich breche ich ein, falle in ein Loch, in dem es dunkel ist und kalt ...« Er griff mit den Armen nach oben, als würde er den Rand dieses Lochs ertasten wollen. »Ich komme dann da nicht mehr raus. Ich weiß, dass oben, über mir, das Leben stattfindet. Das tolle, donnernde Leben, an dem ich teilnehmen könnte. Aber ich kann es nicht, weil ich hier unten bin. Mein Körper ist vielleicht da oben, feiert mit den anderen eine Party, trinkt tolle Sachen, liest großartige Bücher und bewegt sich in der Welt, als würde ich dazugehören. Aber ein Teil von mir sitzt in diesem Loch fest und kann das alles nicht spüren. Es ist, als wäre alles falsch.«

Er rieb sich die Oberarme, als würde er frieren. Dabei war die Hitze hier nur durch den Nordwestwind erträglich.

Sie fand, dass er jetzt ein Kindergesicht hatte. Er sah weder aus wie der erwachsene Klinikleiter noch wie der Serienkiller Dr. Bernhard Sommerfeldt, dessen Foto sie gerade ausgeschnitten hatte, sondern eher wie ein kleiner Junge, vielleicht acht oder zehn Jahre alt, möglicherweise noch jünger.

»Du frierst«, sagte sie.

Er nickte und presste die Lippen aufeinander.

»Die meisten anderen Menschen leiden gerade unter der Hitze.«

»Ich weiß.«

»Wirst du krank?«

»Ich habe das Gefühl, in einem Kühlschrank zu sitzen.« Er legte sich mit dem Rücken aufs heiße Dach, als brauche er es wie eine gigantische Wärmflasche.

»In der Kälte deiner Kindheit?«, fragte sie behutsam.

Ihre Frage trieb ihm Tränen in die Augen.

Oder war es der Nordwestwind?

Er sprach mit gebrochener Stimme, als sei er rekonvaleszent und gerade erst nach einer OP aufgewacht. »Manchmal weiß ich einfach nicht, wer ich bin.«

»Gerade du sagst doch immer, man muss herausfinden, wer man ist, und es dann mit allen Konsequenzen sein.«

»Ja, verdammt, das sage ich. Vor allen Dingen mir selbst. Zuerst war ich Johannes Theissen«, erklärte er. »Ich war ein kleiner Junge, der versucht hat, seinen Eltern zu gefallen, der aber von seiner Mutter nicht geliebt wurde oder auf eine so verrückte Weise, dass es ihn fast erstickt hat. Er durfte nicht sein, sich nicht ausprobieren. Er konnte sich nicht entwickeln, sondern musste so werden, wie sie ihn haben wollte.« Er schüttelte sich. »Das war ganz schrecklich. Ich habe es ja versucht, doch ich merkte immer, das bin ich nicht. Mein ganzes Leben schon laufe ich mit diesem Mist rum, dass ich nicht weiß, wer ich bin.« Er zupfte an seiner Haut herum, als müsse er prüfen, ob sie überhaupt zu ihm gehörte. »Ich habe alles getan, um mich spüren, weißt du. Manchmal wusste ich einfach gar nicht, wer in dieser Haut steckt – ein Monster oder ein guter Mensch?«

»Deshalb fiel es dir auch leicht«, sie relativierte, »scheinbar so leicht, in Norddeich zum Hausarzt Dr. Bernhard Sommerfeldt zu werden …«

Er nickte: »Ja, ich wurde Arzt, ohne einer zu sein. Ich habe Menschen umgebracht, um die Welt zu verbessern … Ich habe schreckliche Dinge gemacht … und mich gleichzeitig gefühlt, als würde ich das alles nur beobachten, so als sei ich ein Schriftsteller … Hans Fallada …« Er schüttelte den Kopf, als könne er sich selbst nicht glauben: »Etwas in mir fühlte sich an wie Hans Fallada. Dann ging es mir gut.«

»Du liest Fallada immer noch gerne …«

»Ja. Wenn ich der Schriftsteller war, dann habe ich, glaube ich, versucht, alles zusammenzufügen. Die verschiedenen Bruchstücke meiner Persönlichkeit. Ich komme mir vor wie ein Puzzle, bei dem Teile fehlen.«

»Und jetzt«, sagte sie, »bist du auch noch Ehemann und Klinikleiter.«

»Ja, von allem bin ich ein bisschen, und nichts bin ich wirklich.«

»Das«, sagte sie, »habe ich an dir so bewundert: deine Fähigkeit, dich zu verwandeln. Zu sein, wer du sein möchtest – und zwar genau in dem Moment! Es fühlte sich für mich an wie eine großartige Gabe, für die du dankbar sein solltest.«

»Aber es ist auch ein gottverdammter Fluch.«

Sie rückte jetzt näher zu ihm und berührte seine rechte Hand. »Mit mir«, versprach sie, »kannst du sein, wer immer du gerade bist.«

»Mir ist zum Heulen zumute«, gestand er.

Sie rückte auf dem heißen Dach noch ein Stück näher an ihn heran. Er ließ es geschehen.

»Immer wenn es mir besonders gut geht, passiert so ein Mist. Dann breche ich plötzlich ein. Vielleicht bin ich deswegen so gerne Sommerfeldt. Wenn die Gefahr da ist, wenn ich gejagt werde, wenn alle Sinne auf Verteidigung stehen oder auf Angriff, dann passiert mir das nicht. Im Kampf, da spüre ich mich wirklich, verstehst du? Aber wenn ich glücklich bin, dann ... dann schütze ich mich einfach nicht richtig.«

»Bei mir«, wiederholte sie, »kannst du sein, wer immer du gerade bist. Ich nehme dich an, so wie du bist. Bei mir musst du dich nicht schützen und nicht verstecken.«

Das war genau, was er zu hören gehofft hatte. Doch in ihm läuteten auch Alarmglocken, als könne genau das nicht sein. Als sei es eine Lüge.

»Und wenn ich eine Heulsuse bin?«, fragte er. »Das steht weder dem Klinikleiter noch dem Serienkiller oder dem Schriftsteller gut. Wenn ich eine Heulsuse bin, dann ...« Er redete nicht weiter, als würde ihm die Phantasie fehlen, was auf »dann« folgen könnte.

Sie legte vorsichtig die Arme um ihn, als würden sie hier im Bett liegen. »Dann kannst du dich auch bei mir ausheulen.«

»Ich habe Angst, dass du mich dann als Mann nicht mehr ernst nimmst.«

»Vielleicht kann ich genauso die Gestalt wandeln wie du. Dann werde ich eben für eine Weile zu der Mutter, die du nie hattest, die du dir aber immer gewünscht hast.«

Er klammerte sich an sie, dass es fast weh tat, und heulte ihr T-Shirt nass.

Es liefen erstaunlich viele gutaussehende Männer auf Norderney herum. Auf der Fähre waren Claudia und Samantha noch der Meinung gewesen, sie führen zur Insel, um den Job ihres Lebens zu erledigen. Doch zwischen Nordsee, Strandpromenade und Cafés stellte sich gegen ihren Willen ein Urlaubsfeeling ein. Eine Leichtigkeit trug die zwei von Café zu Café. In der *Milchbar,* mit Blick aufs Meer, widerstanden sie noch den Gerüchen, wollten weiter auf die schlanke Linie achten, gerade jetzt, wo alles so körperlich wurde.

Aber dann, im *Surf-Café,* konnten sie nicht anders. Direkt neben ihnen aßen zwei junge Männer, die interessiert zu ihnen herüberguckten, als wollten sie abschätzen, ob sie bei ihnen landen könnten. Lustvoll kauten sie an ihren Surf-Burgern zwischen Reibekuchen herum. Saft vom Bio-Rind lief ihnen mit BBQ-Soße über die Lippen. Ihre Art zu essen hatte etwas Animalisches an sich. Der mit dem kahlrasierten Kopf hatte einen QR-Code als Tattoo am Hals.

Claudia flüsterte ihrer Schwester zu: »Der hat mehr Muskulatur am Oberarm als ich an den Schenkeln.«

Die beiden lobten das Fleisch und tranken Weizenbier.

»Kann ich euch nur empfehlen«, rief der Blonde und winkte den beiden, als hätten sie um einen Tipp gebeten.

Sein Freund ergänzte, während er sich Tomate und Zwiebeln zwischen die Lippen schob: »Gibt es auch als Falafel-Burger, falls ihr vegan seid. Mit Hummus und …«

»Sind wir nicht«, stellte Samantha klar und orderte zwei Surf-Burger und zwei Weißwein-Schorlen. Doch Claudia korrigierte: »Für mich bitte Apfelsaftschorle.« Fast verschämt flüsterte sie ihrer Schwester zu: »Ich trinke doch jetzt keinen Alkohol! Wir müssen das hier mit klarem Kopf durchziehen.«

Claudia hatte sich zwar heute Morgen das Gesicht und die Beine eingecremt, doch jetzt brannte die Sonne so sehr auf ihren nackten Waden, dass sie befürchtete, sich einen Sonnenbrand zu holen.

Eine Siebzehnjährige saß zwei Tische weiter und rieb sich die Haut ganz in Ruhe mit Nussöl ein, als sei dies ein Ritual oder eine Kunstperformance und alle Gäste wären nur gekommen, um ihr dabei zuzusehen.

Claudia hatte keineswegs vor, hier allen eine Show zu liefern. Sie kramte in ihrer Tasche nach dem Sonnenschutzmittel. Sie musste zur Toilette und dachte kurz darüber nach, sich im Waschraum einzucremen, verwarf den Gedanken dann aber wieder. Die Creme ließ sie auf dem Tisch liegen.

Als sie zurückkam, saßen die beiden jungen Männer schon bei Samantha am Tisch. Sie stellten sich als Ingo und Patrick vor. Sie waren beide noch keine vierzig. Ingo wirkte ein bisschen jünger und charmanter als Patrick, weil er weniger großspurig auftrat.

Samantha fragte sich, warum Patrick die ganze Zeit eine hellblaue Sommerjacke trug. Dafür war es eigentlich viel zu warm. Wollte er ein peinliches Tattoo verbergen?

Doch dann, als ihr die Gabel herunterfiel und die Serviette vom Tisch geweht wurde, bückte er sich, um ihr behilflich zu sein. Dabei berührten sich ihre Gesichter fast. Sie glaubte, unter seiner Jacke eine Pistole im Holster aufblitzen zu sehen.

Sie war sich nicht sicher, und sie konnte schlecht fragen, doch sie war wie elektrisiert von dem Gedanken. War das vielleicht schon Dr. Bernhard Sommerfeldt? Hatte der Serienkiller von sich aus Kontakt aufgenommen? Ging ihr Plan auf? Waren sie die heißesten Girls auf Norderney? Befand er sich schon auf der Insel? Oder waren die zwei ebenfalls gekommen, um sich das Kopfgeld zu holen? Sie vermutete, dass eine Menge Glücksritter und Hobby-Kopfgeldjäger gerade unterwegs nach Norderney waren.

Frederick Krosch betrat das *Surf-Café* nicht. Er stolzierte nur davor auf und ab. Er fragte sich, ob die beiden ihn bewusst ignorierten oder wirklich noch nicht bemerkt hatten. War er einfach Luft für sie geworden? War das eine besondere Form ihrer Rache? Genoss Claudia es, dass er hinter ihr herspionierte? Versuchte sie jetzt, ihn eifersüchtig zu machen? Suchte sie sich extra dafür zwei Typen aus, die wie Kampfmaschinen wirkten, voller Testosteron und mit durchtrainierter Muskulatur?

Er fürchtete, sie könne plötzlich aufstehen, herauskommen und ihn zur Rede stellen. Was, wenn sie ihn fragen würde: *Was willst du hier? Warum lässt du mich nicht in Ruhe?*

Er hätte keine Antwort gewusst. Das Ganze war ein selbstquälerischer Prozess für ihn. Der Frust nährte in ihm die Lust, sich zu besaufen. Er kämpfte dagegen an.

Die Sonne pritzelte inzwischen so sehr auf ihrer Haut, dass Claudia die Sonnencreme nahm, um noch einmal die Toilette aufzusuchen und diesmal mit eingecremten Beinen zurückzukommen. Kaum war sie verschwunden, winkte Samantha Ingo und Patrick mit dem Zeigefinger näher zu sich heran, als würde sie zwei Schüler an die Tafel holen wollen.

Ich muss mir diese Lehrerinnengesten abgewöhnen, dachte sie. Gleichzeitig stellte sie fest, dass es aber immer noch funktionierte, auch bei erwachsenen Männern. Sie flüsterte: »Wir werden von einem Stalker verfolgt. Er ist schon auf der Fähre hinter uns her gewesen. Ich fühle mich richtig unwohl. Der ist überall, wo wir sind, und glotzt und …«

Ingo reckte sich, so dass sein QR-Code am Hals länger wurde. »Wer?«

Sie deutete nur mit einem Blick auf Frederick, der draußen auf und ab ging. Er war nicht alleine. Um ihn herum fünf, sechs andere Touristen, die sich fröhlich etwas erzählten und Eis aus übergroßen Waffeln aßen.

Doch Ingo wusste sofort, wer gemeint war. Er grinste: »Das schmale Handtuch da, mit den hängenden Schultern?«

»Ja, genau der.«

Er wollte aufstehen, und auch sein Kumpel Patrick war direkt bereit dazu, aber Samantha bremste die zwei: »Moment, Moment. Claudia darf das nicht wissen. Die ist so sensibel. Fangt jetzt bloß keine Schlägerei an. Macht hier keinen Aufstand!«

»Keine Sorge«, grinste Patrick, »so was erledigen wir im Vorbeigehen.«

Frederick war plötzlich zwischen zwei Muskelprotzen eingekeilt.

»Ich würde dir ja am liebsten was auf die Fresse hauen und dich dann im Sand vergraben«, sagte der eine, doch der andere beruhigte ihn: »Wir haben aber heute einen besonders friedlichen Tag, und deswegen schlagen wir dir vor, dass du deine Scheiße zusammenpackst und augenblicklich von der Insel verschwindest. Wenn wir dich hier noch einmal sehen, dann …«

Frederick guckte auf sein Handy.

»Was ist?«, fragte Patrick. »Willst du jetzt die Polizei rufen, oder was?«

»Am besten schaltest du auf Flugmodus, du fliegst nämlich jetzt von der Insel«, lachte Ingo.

Frederick Krosch verzog sich tatsächlich. Er beschloss, die Insel zu verlassen. Aber er kam sich nicht ganz so blöd vor wie noch vor wenigen Minuten, denn er hatte das Gespräch mit seinem Handy aufgezeichnet.

Er schickte die Sprachdatei an Claudia und schrieb dazu: *Es macht mir nichts aus, dass du einen neuen Macker hast. Aber musstest du so tief unter Niveau gehen?*

Es war keine Niederlage für ihn, sondern er log es sich zum

Sieg um. Sie sollte sich wenigstens als Schlampe fühlen, die sich mit solchem Pack einließ. Für ihn war sie jetzt erledigt, so hoffte er. Doch noch während er auf die nächste Fähre wartete, kamen ihm Zweifel.

Flitterwochen auf den schönsten Golfplätzen der Erde hatte Frauke eh längst abgeschrieben. Ihren Bernhard aus Ostfriesland wegzulocken, war ein großes Problem. Innerhalb Deutschlands bewegte er sich noch ganz locker, wollte aber am liebsten bereits nach zwei Tagen wieder in der Nähe seiner Klinik sein. Nach mehr als einer Nacht außerhalb Ostfrieslands wurde er unzufrieden.

Auf Norderney gab es auch einen Golfplatz, und Frauke stellte sich vor, es könne ihm guttun, die Lesung von Christian Ahlers zu besuchen. Vielleicht bekam er ja so wieder Kontakt zum Schriftsteller in sich, und das würde ihn zufriedener, ja glücklicher machen. Er schrieb sich Boden unter die Füße, wenn die Welt um ihn herum ins Wanken geriet.

Dass ihn jemand erkennen könnte, hielt sie für ausgeschlossen. Sie war lange genug Miet-Ehefrau für verschiedene Gangsterbosse gewesen, um eine brenzlige Situation zu wittern.

Bernhard nahm heute Nachmittag an einer Fallbesprechung teil, danach gab es Verhandlungen mit einem Investor. Sommerfeldt hatte schon die ganze Zeit vermutet, dass es politische Kräfte gab, die die Ubbo-Emmius-Klinik in Norden vor die Wand fahren wollten. Ärzte und Pflegepersonal suchten zunehmend nach Alternativen.

In der Bevölkerung gab es eine große Verunsicherung. Das Norder Krankenhaus sollte ein Gesundheitszentrum werden.

Das hörte sich natürlich besser an als Krankenhaus, war aber eine Beschönigung dafür, dass Dienste eingestellt werden sollten.

Es hatte bereits eine Demonstration von Norder Bürgern gegeben, und er war als Klinikleiter zu einer Diskussion eingeladen, die unter der Fragestellung stand: *Hat jemand, der nach 18 Uhr einen Herzinfarkt bekommt, noch eine Überlebenschance?*

Frauke wusste, dass ihr Mann bedauerte, nicht von seiner Privatklinik aus die Notfallversorgung der Bevölkerung sicherstellen zu können. Er fürchtete nichts mehr als staatliche Eingriffe und Kontrollen. Er machte alles gern *unter der Hand.* Auch nahm er nicht gern an öffentlichen Diskussionen teil. Er wollte in Ostfriesland unerkannt ein gutes Leben führen.

Rupert hatte ihn gewarnt. Offensichtlich wurde wieder verstärkt nach ihm gefahndet, und auch Profikiller waren unterwegs, um ihn zu jagen.

In der Klinik war er sicher.

Frauke überließ ihn seinen Plänen und Gedanken und nahm die Fähre nach Norderney, um die Lage zu peilen, wie sie es scherzhaft nannte. Die Fähre fuhr wie immer pünktlicher als Busse und Bahnen. Sie genoss die Überfahrt an Deck, war in Gedanken aber bei ihrem Bernhard.

Als Immobilienmaklerin hatte sie zwei Objekte auf Norderney im Angebot. Eine Ferienwohnung am Nordstrand, hinter den Dünen, möbliert, mit Einbauküche und Schrankbetten, sechsunsfünfzig Quadratmeter für siebenhundertfünfzigtausend Euro. Außerdem noch ein Apartment in der Nordhelmsiedlung, mit Balkon, komplett renoviert, zweieinhalb Zimmer, siebzig Quadratmeter für neunhunderttausend Euro. Beide Objekte würde sie spielend loswerden.

Ein Herr Meinerzhagen aus Bonn hatte um einen Termin gebeten, sich die Wohnungen anzusehen.

Warum nicht, dachte sie sich. Verbinden wir das Angenehme mit dem Nützlichen. Außerdem wollte sie sich die neue Buchhandlung mal anschauen. Vielleicht würde Bernhard sich ja über einen besonderen literarischen Abend freuen. Wenn es noch Karten gibt, dachte sie, kaufe ich gleich zwei.

Sie sah den Möwen zu, die gierig Chips essende Kinder belauerten. Manchmal beneidete sie die Möwen.

Ob solche Raubtiere überhaupt ein Zeitgefühl hatten? Sie sind nur auf der Jagd. Geht es nur darum, etwas zum Fressen zu finden?

Einerseits freute sie sich auf Norderney und sogar auf ihren Kunden Meinerzhagen, andererseits war ihr klar, dass sowohl sie als auch Bernhard in Berufen steckten, die drohten, sie beide aufzufressen. Es gab immer etwas zu makeln, es gab immer Probleme in der Klinik ... Sie versuchten ständig, sich Freiräume zu schaffen. Manchmal gelang das gut, dann aber brach wieder so viel Alltag über sie herein.

Sie wusste, dass es in ihrem Mann durchaus den Impuls gab, die Ubbo-Emmius-Klinik zu kaufen und daraus ein tolles Krankenhaus zu machen, das den Menschen die Sicherheit einer Grundversorgung gab und gleichzeitig das Gefühl, mit Krankheiten und Problemen willkommen zu sein.

Er fürchtete nicht die Kosten und auch nicht die Arbeit. Er fürchtete die Bürokratie.

Sie traf Herrn Meinerzhagen am Kurplatz auf einer weißen Holzbank vor der Eisdiele *Frieseneis*. Er aß ein Eis im Milchbrötchen, sie selber nahm einen friesischen Joghurt mit karamellisierten Zwetschgen und Baiserkrümeln obendrauf. Heute war nicht der Tag, um auf die schlanke Linie zu achten.

Meinerzhagen wirkte auf sie wie ein Mann, der wild entschlossen war, eine der beiden Ferienwohnungen zu kaufen. Er hatte offensichtlich genügend Geld und wollte es irgendwo unterbringen. Er betonte mehrfach, dass er Angst habe, der Euro würde bald nichts mehr wert sein, und dann wäre es ja wohl gut, ein bisschen Betongold zu besitzen.

»Bei einer Immobilie«, belehrte er sie, »ist die Lage alles. Und Norderney ist halt ein geiles Pflaster. Überhaupt die ostfriesischen Inseln. Ich habe schon auf Langeoog eine, und würde mir auch gerne noch eine auf Norderney kaufen.«

Frauke wusste, dass sechs Richtige im Lotto für solche Pläne nicht ausreichten. Sie gehörte nicht zu den Menschen, die glaubten, einen Polizisten von weitem zu erkennen. Aber der hier hatte etwas von einem pensionierten Ermittler.

Ihren Joghurt löffelnd, fragte sie ihn nach seinem Beruf.

Es gefiel ihm, mit dieser schönen Frau zu reden. Er fand ihr Interesse an seiner Person schmeichelhaft und erzählte von seiner Karriere: »Ich kannte Leute«, sagte er, »die sind zur Polizei gegangen, um nicht zur Bundeswehr zu müssen. Bei mir war es genau andersherum. Ich war zunächst bei der Bundeswehr und habe mich dann entschieden, zur Polizei zu gehen, weil es mindestens so wichtig ist, das Land nach innen zu verteidigen wie nach außen. Ich habe mich jahrelang mit Bandenkriminalität beschäftigt. Bis zu meiner Pensionierung. Mit einundsechzig war dann Feierabend.« Er lachte sie an: »Mit sechzig geht das Leben doch erst richtig los.«

Seine Art zu reden kannte sie von mächtigen Menschen. Von Gangsterbossen, die glaubten, über Leben und Tod entscheiden zu können, und mit großen finanziellen Summen jonglierten. Aber auch Manager redeten oft so, die mit einer Unterschrift eine Karriere beflügeln oder beenden konnten.

Frauke stellte nicht die indiskrete Frage, wie ein Polizeibeamter an so viel Geld kam. Vielleicht hatte er ja geerbt, oder er brachte nun seine Lebensersparnisse unters Volk.

Sie hatte Mühe, sich länger auf ihn zu konzentrieren, denn ihr fielen Männer in modischen Sommeranzügen auf, die sich viel Mühe gaben, lässige Urlauber zu spielen. Doch sie bewegten sich steif und fokussiert, wie Boxer vor dem Kampf, die wissen, dass ihnen gleich jemand heftig ins Gesicht hauen wird. Die besten von ihnen hatten den lauernden Gang von Elitesoldaten. Eine Hand immer ganz nah an der Waffe, bereit, sofort zu ziehen.

Sie besuchte mit dem Kunden beide Ferienwohnungen, und zwischendurch gingen sie noch einen Kaffee trinken. Sie musste ihn nicht überzeugen. Er war wild entschlossen, zu kaufen. Ja, es kam ihr so vor, als hätte er noch gern eine dritte Wohnung gekauft, aber leider hatte sie nicht mehr im Angebot.

Er steckte ihr eine Karte zu: »Falls Sie doch noch etwas hören auf den Inseln ... Also, ich bin jederzeit interessiert.«

Witzig, dachte sie. Er gibt mir seine Karte. Das ist bestimmt eine alte Gewohnheit aus Ermittlerzeiten. Wir haben doch längst miteinander korrespondiert. Ich habe seine E-Mail-Adresse und seine Telefonnummer. Oder ist so etwas heute eine Oldschool-Gentlemanlike-Geste einer Dame gegenüber, die man beeindrucken will?

Die Thalia-Buchhandlung hatte die gesamte Schaufensterfront mit Werken von Dr. Bernhard Sommerfeldt dekoriert. Besonders auffällig fand sie einen Strandkorb im Schaufenster, in dem eine Puppe saß, *Totenstille im Watt* las und die Sommerfeldt-Maske trug, die Frauke auf seiner Fanseite im Internet gefunden hatte.

Sie machte mit ihrem Handy ein Foto, um es Bernhard zu

schicken, und ging in die Buchhandlung. Im Eingangsbereich stand ein Fahrrad, mit dem angeblich Bücher sogar zu den Strandkörben ausgeliefert wurden, wenn man sie in der Buchhandlung bestellte.

Leider gab es keine Karten mehr. Die freundliche Buchhändlerin staunte selbst. »Was ist das für ein Land«, sagte sie, »in dem ein Serienkiller wie Dr. Bernhard Sommerfeldt zur Kultfigur wird? Es gibt wohl gleich mehrere Fanclubs. Sie haben sich um die Karten fast geprügelt. Wir hätten die Veranstaltung dreimal ausverkaufen können. Wir hätten es auch im historischen Kurtheater machen können, aber wir wollten lieber in unserer Buchhandlung bleiben …«

»Wird es eine Wiederholung geben?«, fragte Frauke.

»Falls Herr Ahlers zur Verfügung steht, ganz sicher«, versprach die Buchhändlerin.

Frauke wollte schon gehen, da hakte die Buchhändlerin nach: »Sind Sie auch ein Fan?«

Frauke lächelte: »Das kann man wohl sagen.«

Die Frisia I fuhr bereits in zwanzig Minuten zurück zum Festland, doch Frauke ließ sich Zeit. Sie schlenderte noch ein bisschen durch die Innenstadt und dann in Richtung *Weiße Düne*. Immer wieder fielen ihr diese Männer auf, die versuchten, sich wie Urlauber zu bewegen, dafür aber viel zu nervös und angespannt wirkten. Es waren Männer, die auf ihren Einsatz warteten. Was vor ihnen lag, erfüllte sie mit Angst und gleichzeitig mit Stolz.

Frauke wusste, dass in den Polizeistationen auf den Inseln bedarfsorientierter Dienst gemacht wurde. Von Ostern bis zu den Herbstferien wurden einige Dienststellen durch Verstärkungskräfte vom Festland unterstützt. Oft erfolgte eine Rufumleitung von Norderney zum Kommissariat in Norden.

Auf keinen Fall waren das hier zivile Beamte, die auf der Insel für Ruhe und Ordnung sorgten. Das Ganze wirkte gar nicht so sehr wie ein Polizeieinsatz, sondern fast schon militärisch. Alles hatte etwas Verkrampftes an sich. Sie gingen nicht gerade im Stechschritt über die Promenade, aber doch sehr zackig.

Sie hatte vermutlich nicht alle gesehen, aber doch mindestens ein Dutzend. Sie bewegten sich in Zweier- oder Vierergruppen.

Frauke schrieb an ihren frisch angetrauten Ehemann: *Sieht aus, als würden sie dich hier erwarten. Eisenmann habe ich noch nicht gesehen, aber seine Ninjas sind schon da.*

Fraukes Nachricht sollte eine Warnung sein, kam aber bei Sommerfeldt anders an. Fast wie eine Aufforderung.

Er hockte in einer Sitzung und fragte sich seit einer halben Stunde: Warum mache ich das hier eigentlich? Warum bin ich nicht draußen auf dem Deich? Die Sonne scheint. Warum mache ich keine Wattwanderung oder sitze wenigstens bei *ten Cate* und probiere eine neue Torte? Warum höre ich mir hier Zahlen an?

Der Raum wurde ihm zu eng. Er saß schon so, dass er mühelos nach draußen gucken konnte, doch es fiel ihm immer schwerer, Interesse zu heucheln.

Hat doch gerade ernsthaft ein junger Chirurg gefragt, warum wir keine Krankenkassenzulassung beantragen, dachte er. Weiß der denn gar nicht, wo er hier ist? Kann man so naiv sein?

Der Mann, dem der junge Arzt gestern ein Stück Darm entfernt hatte, wurde in ganz Europa gesucht und hatte viele Sorgen, aber bestimmt nicht die, ob die AOK die Kosten für seine OP übernahm.

Ein Kribbeln durchlief Sommerfeldt, als er Fraukes Nachricht las. Er war sofort wacher, als hätte er einen Energieschub bekommen. Sie suchten ihn. Sie wollten ihm eine Falle stellen. Wer sich in so einer Situation nicht spürt, dachte er, der ist längst gestorben.

Er spielte mit der Idee, sich der Herausforderung zu stellen.

»Sei, wer du bist«, sagte er. »Zeig ihnen, mit wem sie sich anlegen.«

Dr. Sibylle Birk blickte hoch, und der junge Chirurg neben ihr erstarrte. An ihrer Reaktion wurde Sommerfeldt klar, dass er gerade nicht nur gedacht, sondern laut gesprochen hatte.

Er mochte Frau Dr. Birk. Sie war die beste Spezialistin für Plastisch-Rekonstruktive und Ästhetische Chirurgie, die er kannte. Ihr verdankte er sein neues Gesicht. Er hatte ihr aus der Klemme geholfen. Sie drohte, in einem Schuldensumpf zu versinken, weil ein Vermögensberater sie betrogen hatte.

Das kleine Ego-Schwein wusste inzwischen, ob es ein Leben nach dem Tod gab oder nicht. Wartete ein Gericht auf uns? Himmel oder Hölle? Kamen wir einfach wieder? Diese Fragen waren für den ehemaligen Vermögensberater inzwischen geklärt. Sommerfeldt hatte ihm dabei geholfen.

Sibylle Birk hatte ihm damals gesagt: »Sie haben mich vor dem Gefängnis bewahrt.«

»Sie mich auch«, hatte er geantwortet. Damit waren sie quitt. Das Ganze war nie wieder angesprochen worden.

Vielleicht war sie heimlich verliebt in ihn. Jedenfalls arbeitete sie gern in seiner Nähe. Sie versuchte, den jungen Chirurgen zu beruhigen: »Dr. Simmel zitiert manchmal Sätze aus Romanen, die er liest. Dies war einer seiner Lieblingssätze.«

Dankbar lächelte Sommerfeldt sie an.

Das Leben war für ihn ein Spiel mit hohem Einsatz. Er musste sich eingestehen, dass es ihn verdammt reizte, nach Norderney zu fahren, um sich dem Kampf zu stellen. Er war eine Legende. Hieß das, dass er seinen Ruf verteidigen musste?

Er erhob sich vom Stuhl. »Entschuldigt bitte«, sagte er in die Runde. »Ich glaube, ich brauche eine kleine Pause. Ich muss ein bisschen allein sein. Ich gehe ans Meer und lasse mich durchpusten.«

Mit leichtem Neid nickten einige Mitarbeiter. Er war ein Chef, der keine faulen Ausreden suchte. Er behauptete auch nicht, krank zu sein. Nein, er nahm es sich einfach heraus, ein bisschen spazieren zu gehen.

Bevor er den Raum verließ, sah er Frau Dr. Birk an und sagte: »Deine Entscheidung ist meine Entscheidung.«

Sie schien für alle Beteiligten zu wachsen.

Als er die Tür hinter sich schloss, hörte er noch ihre Stimme: »Das ist ein Chef nach meinem Geschmack. Er verteilt klare Aufgaben, steht zu seinen Mitarbeitern und übergibt ihnen Verantwortung.«

»Ja«, sagte der junge Chirurg, »er macht Menschen groß, statt sie kleinzuhalten.«

Claudia und Samantha hatten sich locker mit ihren zwei Verehrern für den Abend verabredet und fragten sich jetzt, ob es wirklich so clever gewesen war, eine Ferienwohnung mit nur einem Schlafzimmer zu buchen. Wären nicht zwei Schlafräume besser gewesen? Ursprünglich waren sie davon ausgegangen, es sei klug, die preiswerteste Variante zu wählen, und außerdem könnten sie so gut aufeinander aufpassen. Immerhin waren sie in einer gefährlichen Mission unterwegs. Doch jetzt kamen Claudia Zweifel, ob sie sich nicht auch behindern würden …

Claudia bemerkte erst jetzt, dass sie von ihrem Frederick eine Nachricht bekommen hatte. Während sie mit Samantha barfuß an der Wasserkante entlangschlenderte und den Sand zwischen den Zehen spürte, spielte sie seine Sprachnachricht ab. Samantha ging hüpfend neben ihr her und lauschte neugierig.

Der Nordwestwind machte es ihnen fast unmöglich, den Text genau abzuhören, aber sie verstanden genug.

»Hast du den beiden gesagt, dass er mein Ex ist, und sie sollen ihn …«, fragte Claudia mit gespielter Empörung.

Samantha wehrte ab: »Nein, garantiert nicht. Wie kommst du denn da drauf? Die haben einfach selber gesehen, wie der uns nachgeschlichen ist.«

»Dieser Patrick trägt eine Waffe«, sagte Claudia unvermittelt.

Samantha nickte: »Ja, hab ich auch gesehen. Vielleicht ist er Bodyguard oder so was.« Dann lachte sie hellauf: »Oder er ist auch gekommen, weil er sich die Belohnung holen will. Zehn Millionen sind eine Menge Gründe …«

Claudia hob ihre Arme, so dass der Wind ihre Achselhöhlen kühlte. Fast sah es aus, als hätte sie vor, zu fliegen. »Nein«, rief sie, »das glaube ich nicht! Überleg mal, wie die reagiert haben. Die sehen, dass einer hinter uns her ist und uns belästigt, und dann gehen sie raus, um ihm Angst zu machen …«

»Ja und?«

»Ich kenne nur einen, der dafür bekannt ist, so etwas zu machen.«

Samantha erschrak: »Du meinst Sommerfeldt? Du meinst, wir haben mit ihm zusammen gegessen?«

»Ja, genau das meine ich. Patrick hat sich wie Sommerfeldt

verhalten. Er ist muskulös. Er beschützt Frauen. Und dass er nicht alleine handelt, sondern Komplizen hat, das haben doch viele vermutet.«

Samantha versuchte, ihre Schwester zu beruhigen: »Ja, ich gebe es zu, ich habe es den beiden gesteckt. Dein Frederick ist mir tierisch auf den Keks gegangen. Sag bloß, du hast ihn nicht mal bemerkt?«

»Doch, natürlich. Aber ich habe versucht, ihn zu ignorieren. Ich wollte ihm zeigen, dass er keine Macht mehr über mich hat.«

Samantha lachte: »Jetzt hat er Sommerfeldt gegen sich aufgebracht! Das ist ja köstlich! Wer hat schon gern den Beschützer der Witwen und Waisen, den Helden aller alleinerziehenden Mütter gegen sich?«

»Wenn er es ist, dann sollte er diesen Abend nicht überleben ...«

Samantha wurde es ganz anders. Das Ganze war plötzlich so real. Claudia wirkte auf eine absurde Art entschlossen.

»Aber«, wandte Samantha ein, »Sommerfeldt ist doch älter, oder nicht?«

»Er hat sich bestimmt umoperieren lassen. Kennst du irgendjemanden, der sich älter machen lassen würde? Körperlich könnte er es jedenfalls sein. Und vom Verhalten her auch.«

Claudia bückte sich, hob einen flachen Stein auf und versuchte, ihn über die Wellen tanzen zu lassen. Er hüpfte einmal auf, sprang ein paar Meter und versank dann.

»Wir könnten die beiden heute Abend zum Essen einladen.«

»Zu uns in die Ferienwohnung?«

»Na klar. Ich habe genug K.-o.-Tropfen dabei, um einen Elefanten flachzulegen.«

»Du hast das echt mitgebracht?«

Claudia fragte jetzt ernsthaft nach: »Ja, warum sind wir denn hierhergekommen? Willst du das jetzt nicht durchziehen? Ich habe sogar Arsen dabei.«

Samantha hielt sich die Hände wie einen Hut über den Kopf, tanzte hin und her und versuchte, alles lachend zu überspielen: »Arsen und Spitzenhäubchen«, lachte sie. »Ich habe die Komödie zigmal gesehen.« Plötzlich fragte sie: »Wie bist du denn an Arsen gekommen? Hast du irgendwas mit einem Apotheker? So was kann man doch nicht einfach frei kaufen.«

»Es ist ja kein Arsen. Das habe ich nur so gesagt. Es ist Rattengift. Frederick hat es besorgt, weil wir echte Probleme mit Ratten und Mäusen hatten.«

»K.-o.-Tropfen und Rattengift …«, sagte Samantha kopfschüttelnd. »Ich glaub es nicht!«

Claudia sah aufs Meer und atmete tief durch. Der Wind streichelte ihre Haut.

Sie spielte noch einmal das Gespräch ab, das ihr Mann ihr geschickt hatte.

Sie wiederholte mit ihren Worten: »Sie drohen ihm nicht einfach, ihn zu verkloppen, wie normale Männer es tun würden. Sie reden davon, ihn im Sand zu vergraben und dass sie heute einen besonders friedlichen Tag haben. Deswegen bekommt er überhaupt nur die Chance, die Insel zu verlassen. Das hört sich verdammt nach Dr. Sommerfeldt an.«

»Hm«, sagte Samantha, »kann schon sein. Aber ich finde, dieser Glatzkopf Ingo mit dem QR-Code am Hals könnte es genauso gut sein. Der wirkt auf mich noch viel eher wie Sommerfeldt. Der hat so etwas Brutales. Und Sommerfeldt mit Schusswaffe? Das passt doch irgendwie nicht.«

Claudia schloss die Augen. Die Sonne pritzelte auf ihrer Haut. »Sie müssen sowieso beide sterben. Zehn Millionen, sage ich nur. Zehn Millionen!«

»Mein Gott, was habe ich nur für eine Schwester«, wunderte Samantha sich gespielt empört.

Claudia drehte sich um und öffnete die Augen: »Das hat die Ehe aus mir gemacht.«

Dr. Bernhard Sommerfeldt hatte seine Schuhe oben auf dem Deich stehen lassen. Er lief auf eine Möwengruppe zu und flatterte mit den Armen, als wolle er jeden Moment abheben. Die Möwen flogen auf, dabei hatte er gar nicht vor, sie zu vertreiben. Lieber wäre er eine von ihnen gewesen. Völlig frei. Ohne Moral. Nur dem eigenen Fresstrieb folgend.

Für die Natur, dachte er, ist der Tod kein großes Ding, sondern eine Notwendigkeit. Nichts würde ohne den Tod wirklich funktionieren. Bloß wir Menschen machen ein Riesentheater deswegen.

Solche Gedanken kamen ihm immer, wenn er plante, jemanden ins Jenseits zu befördern. Es fühlte sich so an, als würden seine Messer rufen: *Benutz uns!*

Er ging barfuß ins Watt, hatte aber immer noch seinen lockeren Sommeranzug an. Der Wind ließ seine Leinenjacke flattern. Der feuchte Boden zwischen seinen Zehen erdete ihn.

Wenn er stillstand, sank er tiefer ein. Kleine weiße Krebse krabbelten auf ihn zu, als sei er leichte Beute.

Er blickte rüber nach Norderney. Es war zu gefährlich, jetzt durchs Watt hinzulaufen. Trotzdem spürte er den Impuls, vielleicht gerade, weil es jetzt gefährlich war. Wenn es brenzlig wurde, wenn es Spitz auf Knopf stand, es um alles oder nichts ging, um Leben oder Tod, dann erst spürte er sich wirklich.

Fraukes Nachricht ging ihm nicht aus dem Kopf. Organisierten sie auf Norderney wirklich eine Lesung mit Christian Ahlers, um ihn dorthin zu locken? Waren die Ninjas gekommen, um ihn auszuknipsen? Wollte man ein für alle Mal einen Schlussstrich ziehen?

Warum, fragte er sich, hat Rupert mich nicht gewarnt? Weiß er nichts von der Aktion? Das würde bedeuten, dass er verdächtigt wird, mit mir in Kontakt zu stehen. Dann ist er wirklich gefährdet. Oder weiß er genau Bescheid und sagt mir nichts, weil er immer noch verknallt in Frauke ist und sie gern zurückhaben möchte?

Er musste jede Möglichkeit in Betracht ziehen, aber er wollte es nicht. Es widerstrebte ihm. Er schätzte Ann Kathrin Klaasen, Weller und Rupert als faire Gegner, ja Partner im Spiel des Lebens. Ihm gefiel der Gedanke nicht, dass sie möglicherweise von den Ninjas wussten.

Ann Kathrin Klaasen stand noch für so etwas wie den Rechtsstaat. Sie wollte einen fairen Prozess, einen Ausgleich zwischen Täter und Opfer. Hatte man sie eingeweiht? Wollte auch sie seinen Tod? War sie damit einverstanden, dass die Ninjas kurzen Prozess machten?

Je weiter er auf den Priel zulief, je tiefer er ins Watt einsank, umso deutlicher wurde ihm, dass übergeordnete Behörden Ann Kathrin und ihrer Truppe den Fall Sommerfeldt aus der Hand genommen hatten.

Haben die Ninjas, fragte er sich, diesen Sommerfeldt-Imitator Markus Baumann auf dem Gewissen? Haben sie in ihrem Eifer den Falschen ausgeknipst und müssen jetzt schnell Fakten schaffen, um den Fehler vergessen zu machen? War Baumann nicht mehr als ein Kollateralschaden?

Ich sollte rüberfahren und ihnen auf Norderney eine Lektion erteilen …

Er beugte sich vor, grub die Hände tief in den Meeresboden und rieb sich dann das Gesicht damit ein. Es war mehr als eine Tarnfarbe für einen geplanten Angriff. Es ging um das Gefühl, eins zu sein mit der Naturgewalt des Meeres.

Wen soll ich mir holen, um ihnen zu zeigen, dass man mich besser nicht reizt? Christian Ahlers? Das ist doch eigentlich ein netter Kerl, der wird nur von ihnen benutzt.

Sommerfeldt vermutete, dass Ahlers keine Ahnung hatte, wozu sein Auftritt missbraucht werden sollte.

Es reizte ihn sehr, ihnen eine Lektion zu erteilen. Aber er wusste noch nicht wie. Sonst war es einfacher für ihn gewesen. Er hatte einen klaren Gegner, den holte er sich und konfrontierte ihn mit seinen Taten. Wer sollte das jetzt sein? Ann Kathrins neue Chefin? Eisenmann persönlich?

Wer sind die Drahtzieher, fragte er sich. So glitschig, wie der Boden hier war, so wenig Halt bot gerade die Wirklichkeit.

Austern klebten vor ihm in einer ganzen Kolonie zusammen. Es waren Sylter Royal, die eigentlich in der Blidselbucht vor List auf Sylt gezüchtet wurden, aber immer wieder entkamen welche ins Wattenmeer.

Er rollte sein nasses Hosenbein an der linken Wade hoch und zog den Dolch aus der Scheide. Er hob eine besonders schöne auf, setzte die Klinge am Schloss der Auster an und trennte mit Wackelbewegungen die Oberschale von der Unterseite. Der Muskel der Muschel lag frei. Er durchtrennte ihn. Mit dem Muskel an ihrer Unterseite hielt sie sich noch fest. Er schob das Messer darunter und hob die Auster an. Dann schlürfte er sie aus ihrem perlmuttfarbenen Bett.

Ihr wolltet mich provozieren, dachte er und blickte wieder nach Norderney. Es ist euch gelungen. Er nahm sich eine zweite Muschel und klopfte den Schlamm von der Schale.

Noch hatte er keinen Plan, aber eine geradezu irrwitzige Lust am Dabeisein durchflutete ihn.

Er aß auch die zweite Muschel im Stehen. So, dachte er, schmecken sie am besten: wenn die rohe Auster noch diese mineralische, salzige Note hat. Diesen leichten Hauch von Seetang, direkt aus dem Meer, ohne Zitrone, Pfeffer oder Champagner. Manche Gourmets quälten die Austern mit Worcestersauce oder Tabasco. Für so etwas hatte er überhaupt kein Verständnis. Diese Kretins sollten doch Burger essen, aber keine lebenden Meerestiere. Sie hatten den Sinn überhaupt nicht begriffen.

Er leckte die Klinge ab und führte das saubere Messer wieder in die Halterung zurück. Er rollte das Hosenbein darüber und entschuldigte sich bei dem Messer, bevor es unter dem feuchten Stoff verschwand.

»Ich weiß, du bist nicht dazu da, Austern zu knacken. Vielleicht kann ich dich bald schon wieder deiner eigentlichen Bestimmung zuführen.«

Christian Ahlers las sich ein und wurde immer mehr zu Sommerfeldt. Ihm gefiel dieses Mäandern zwischen Genie und Wahnsinn, zwischen Gut und Böse, zwischen glasklarem Verstand und völliger Verrücktheit. Es war ein Spiel zwischen Himmel und Hölle. Es gab Stellen im Roman, da hätte er Sommerfeldt am liebsten umarmt, mit ihm ein Bier getrunken und den Abend verbracht. Und dann wieder, wenn er einem Delinquenten eine zweite Chance gab und von ihm forderte: *Beim nächsten Treffen kannst du Kafkas »Verwandlung« auswendig, denn der Alkohol wird dich nicht retten, sondern nur die Literatur,* dann bekam er auch ein bisschen Angst vor ihm.

Welch eine Rolle!

Es wird sehr intensiv werden, dachte er. Ich sollte mir noch ein bisschen Musik dazu holen. Eine Auflockerung. Bill Ramsey und sein *Ohne Krimi geht die Mimi nie ins Bett* hätte ihm gefallen, doch Bill Ramsey war leider 2021 verstorben. Aber Bettina Göschl mit ihren Krimiliedern lebte noch. Er suchte gleich zwei ihrer Songs auf Spotify, *Ostfriesenblut* und *Ostfriesenblues.* Von den Liedern inspiriert, ging er auf ihre Homepage. Er hatte sie auf einer Party nach einem Filmdreh in Norden kennengelernt. Sie summte die Titelmelodie der Ostfriesenkrimis. Er staunte, wie viele Kinder- und Bilderbücher sie veröffentlicht hatte.

Er rief sie an und versuchte, sie für den Abend zu gewinnen.

Sie schien geradezu auf den Anruf gewartet zu haben. Sie kannte die Sommerfeldt-Bücher nicht nur, sondern, wie sie geradezu geständnishaft zugab, hatte er ihr einmal – als ihre Hausärztin im Urlaub war – einen Wirbel eingerenkt.

»Von den vielen Tourneen, dem Kofferschleppen und immer die Gitarre auf dem Rücken«, lachte sie, »da leidet manchmal die Wirbelsäule.«

Christian Ahlers schlug vor, sie solle mit ihrem Summen die Veranstaltung eröffnen: »Dann fühlen sich die Leute gleich wie zu Hause im Fernsehsessel und machen es sich gemütlich. Dann beginne ich, vielleicht mit einer Lesung aus *Totenstille im Watt*, und wie er überhaupt zu dem Namen kam.« Er erklärte, als wisse Bettina Göschl das nicht: »Als er aus Bamberg floh, ist im Zug eine Frau kollabiert. Es wurde ein Arzt gesucht. Er griff ein, und nach seinem Namen gefragt, sagte er den ersten schönen Namen, der ihm einfiel. Kannst du nicht«, fragte Christian, »*Mackie Messer* singen? Dieser alte Brecht-Song aus der Dreigroschenoper passt doch nun wirklich zu Sommerfeldt, oder?«

Sie fragte nicht nach einem Honorar. Er bot ihr von sich aus an, ihr die Hälfte von seinem abzugeben, falls der Veranstalter nicht bereit wäre, etwas draufzulegen, was er sich aber bei deren Großzügigkeit kaum vorstellen konnte.

Erfreut, durch Bettina Göschl Unterstützung zu erhalten, kontaktierte er gleich Dr. Mechthild Döse. Die schien zunächst gar nicht erfreut darüber zu sein, dass er, wie sie es nannte, *an der Veranstaltung herumdokterte.*

»Wieso, haben Sie etwas gegen Frau Göschl?«, fragte er.

Sie verneinte: »Natürlich nicht, es ist schon in Ordnung, und natürlich übernehmen wir das Honorar für Frau Göschl. Die Veranstaltung muss sich ja nicht durch Eintrittsgelder refinanzieren, sondern wird von unserem Verein …«

»Ach«, unterbrach Ahlers sie, »ich weiß Ihre Großzügigkeit wirklich zu schätzen. Wir brauchen dann zwei Mikrophone, also ich ein Sprechmikrophon, sie ein Gesangsmikrophon, und natürlich muss sie ihre Gitarre anschließen können.«

Während er noch mit Dr. Döse telefonierte, erreichte ihn eine WhatsApp von Bettina Göschl: *Ich habe mit meinem Bassisten gesprochen. Heinz Edzards kommt auch mit.*«

»Ja … äh … ich sehe gerade, wir haben jetzt auch noch einen Bassisten.«

Mechthild Döse willigte ein: »Okay …« Sie klang allerdings sehr verhalten und fügte hinzu: »Aber dann ist Schluss. Jetzt nicht noch ein Shanty-Chor oder so!«

Christian Ahlers hakte nach: »Ein paar Freunde von mir würden gerne kommen. Gibt es eine Gästeliste, auf die ich ihre Namen setzen kann?«

Frau Dr. Döse wurde streng: »Nein, da muss ich Sie enttäuschen. Die Veranstaltung ist restlos ausverkauft!«

Johann Baptist Reichhart lag schwer atmend auf dem Bett und betrachtete den nackten Körper seiner Desiree, wie Kunstliebhaber ein Gemälde bewundern, das sie nur von Postkarten kannten und das nun in voller Pracht, gut ausgeleuchtet, vor ihnen im Museum hängt.

Bewegte sie sich schamlos oder einfach nur natürlich? Gab sie sich keine Mühe, für ihn zu posen, oder versteckte sie es nur sehr geschickt?

Ihren Bauch, ihre Speckrollen, die sie *Rettungsringe* nannte, ihre schweren Brüste, trug sie mit unbeschwerter Leichtigkeit zur Schau. Im Vergleich zu ihr sahen Fotomodelle verkrampft aus.

Sie war ganz sie selbst und zündete sich auf dem Weg zum Bad eine Mentholzigarette an. Sie blies den Qualm durch die Nasenlöcher aus.

Er hatte die Hände hinterm Kopf verschränkt und sah ihr zu. Aus seiner Perspektive ging sie durch selbstgemachte Wolken. Andere brauchten dafür auf der Bühne eine Nebelmaschine. Sie nur eine Zigarette. Und die Bühne war überall da, wo sie den Fuß hinsetzte.

Sie zeigte ihm ihren Rücken. Selbst ihre Cellulite am Hintern und an den Oberschenkeln hatte etwas, fand er. So eine verruchte Ausstrahlung von genussvollem Leben ...

Sie spürte seine Blicke und klatschte sich, ohne sich dabei zu ihm umzudrehen, auf die rechte Arschbacke. »Ich weiß, du magst Orangen. Vitamin C soll ja gesund sein.«

Er verstand ihre Anspielung auf Orangenhaut nicht und fragte: »Orangen? Das sind eher, sehr, sehr große Melonen!«

Sie verschwand im Bad.

Mein ganzes Leben lang, dachte er, habe ich anderen Menschen gegenüber versucht, den Spießer zu spielen und völlig unauffällig zu sein. Ein Langweiler. Niemand sollte herausfinden, womit ich mein Geld verdiene. Dass ich der Henker bin, durften höchstens meine Auftraggeber erfahren. Aber jetzt ist mir plötzlich wichtig, als der ernst genommen zu werden, der ich bin. Das hat auch etwas mit der bewundernswerten Art zu tun, mit der sie ihre Pfunde bewegt. So will ich auch sein: einfach zu mir stehen. Wenn schon nicht der ganzen Welt gegenüber, dann doch wenigstens für sie. Ja! Bei dem Menschen, den ich liebe, möchte ich sein, wer ich bin.

Er gestand sich ein, sie zu lieben. Und eigentlich hatte er sich niemals verlieben wollen! Das machte so abhängig von der Meinung eines anderen. Deshalb war für ihn Liebe auch immer ein bisschen Knast. Aber Unabhängigkeit hieß eben auch Einsamkeit und vor allen Dingen: Wohin mit den Gefühlen?

Ich muss jetzt Desiree davon überzeugen, dass ich wirklich der Henker bin. Nicht, weil ich vor ihr als gnadenloser Killer dastehen will, nein, das ist es nicht. Ich will nur kein Angeber für sie sein. Sie sieht in mir im Grunde einen üblen Aufschneider. Das ist doch peinlich! Als hätte ich es nötig, mich größer zu machen, als ich bin. Dabei bin ich doch wirklich ein Killer. Einige halten mich für ein blutrünstiges Monster. Ich bin nicht so gut wie mein Vorbild und Namensgeber, aber ich habe mich inzwischen zu einer eigenständigen Henkerpersönlichkeit entwickelt. So wie die Zeiten sich verändert haben, so mussten die Berufe sich verändern. Klempner sind heute *Anlagenmechaniker für Sanitär-, Heizungs- und Klimatechnik.* Hausmeister nennen sich *Facility Manager.* Aus Automechanikern wurden *Kfz-Mechatroniker.*

Das sind keine Schrauber mehr, sondern Spezialisten mit modernem Berufsbild. Und ich bin kein staatlich lizenzierter Henker mit Pensionsanspruch mehr, sondern Freiberufler.

Freelancer. Vom Henker zum Hitman. Ich verdiene mehr, aber dafür lebe ich auch gefährlicher. Die unmoralische Gesellschaft kann sich mir gegenüber moralisch überlegen fühlen. Lässt ein Präsident in fremden Ländern durch Drohnen töten, ist das ein gelungener Schlag gegen den internationalen Terrorismus. Ja, herzlichen Dank! Ich bin wenigstens ehrlich. Ich mache es für Geld.

Zehn Millionen.

Dieser Baumann war nur ein Imitator. Jetzt hat er dafür die Quittung bekommen. Ich brauche den richtigen Sommerfeldt. Vielleicht erwische ich ihn auf Norderney.

Johann Baptist fragte sich, ob es richtig wäre, Desiree einfach mitzunehmen. Sie teilhaben zu lassen. Aber er, der besonders stolz darauf war, so skrupellos zu sein, hatte jetzt diesen Mist, der Männer so schwach machte: Skrupel.

Wurde er zum Weichei?

Er fragte sich, ob sie sich danach von ihm abwenden würde. Brauchte sie dieses Bild von ihm als harmlosem Handelsvertreter? Als Lügenbaron, der es liebte, so zu tun, als hätte er eine dunkle Seite? Brauchte sie dieses Bild, um ihn lieben zu können? Wusste sie längst die Wahrheit und belog sich selbst, um bei ihm bleiben zu können? Hatte sie Angst, wenn sie die ganze Wahrheit akzeptieren müsste, selbst Angst vor ihm zu bekommen?

Andere, bürgerliche Paare konnten sich, wenn es nicht mehr gut lief, scheiden lassen. Sie stritten dann um Geld, vielleicht um ein Haus, um das Sorgerecht für die Kinder oder um Rentenpunkte. Anwälte regelten das, wenn sie es nicht allein hinkriegten. Manchmal schwärzte ein rachsüchtiger Partner den anderen beim Finanzamt an. Ja, und das war dann aber auch das Ende der Feindseligkeiten.

Aber wenn sie weiß, wer ich wirklich bin, dann kann sie dafür sorgen, dass ich lebenslänglich bekomme. Das weiß sie. Tut sie deshalb so, als würde sie mich für einen Hochstapler halten? Lügt sie zum Selbstschutz?

Er war sich so unsicher, und er hasste es, unsicher zu sein ...

Am liebsten wollte er als Profikiller von ihr geliebt werden. Sie konnte bald stolz auf ihn sein, weil er für Sommerfeldt zehn Millionen kassieren würde und sie sich nicht mehr um Kleinkram kümmern mussten. Gemeinsam könnten sie das süße Leben genießen. Ewigen Urlaub an den schönsten Stränden der Welt. Solange sie sich liebten, wäre doch alles gut. Ja, und wenn nicht mehr, dann müsste sie halt sterben. Das Risiko, verraten zu werden, konnte er nicht eingehen.

Sie kam ohne Zigarette aus dem Bad. Sie lachte ihn an. »Weißt du«, fragte sie, »worauf ich Lust habe?«

Er glaubte, es ginge um Sex, und war sich gar nicht so sicher, ob er jetzt noch einmal so schnell dazu in der Lage war.

Stattdessen sagte sie: »Auf Pflaumenkuchen. Ich könnte ein ganzes Blech Pflaumenkuchen essen. Am liebsten heiß und dann mit Sahne und Vanilleeis.«

Erleichtert rief er: »Pflaumenkuchen! Okay. Ich bin dabei!«

»Ich zeige dir, wie meine Großmutter den Teig gemacht hat. Da flippst du aus!«

Sie küsste ihre Fingerspitzen.

»Falls Sommerfeldt zur Lesung seiner Werke nach Norderney kommt, werde ich dort den Grundstein für eine goldene Zukunft legen. Geld wird für uns dann nie wieder eine Rolle spielen.«

Er breitete im Bett liegend die Arme aus, als erwarte er, die nackte Desiree könne sich auf ihn werfen. Aber sie holte sich nur eine neue Mentholzigarette, setzte sich auf den Bettrand und sprach lächelnd in die Flamme des Feuerzeugs: »So nennst du das also, wenn du jemanden töten willst?«

Er tat, als hätte er den Spott in ihrer Stimme nicht herausgehört. Sie inhalierte tief und blies den Qualm so heftig durch die Nasenlöcher aus, dass sie in eine Wolke gehüllt dasaß.

Er blieb ganz in seiner Kraft: »Der Jäger sagt auch nicht, ich töte ein Reh oder ein Wildschwein. Er sorgt lieber für den Sonntagsbraten der Familie. Genauso mache ich es auch.«

Sie tat, als würde sie es mit Humor nehmen. »Na ja, meinetwegen. Und wenn nicht, dann machen wir wenigstens einen schönen Ausflug nach Norderney, hören uns die Lesung an und gehen nett essen, zum Beispiel bei *da Sergio* oder, wenn du es lieber Spanisch hast, bei *Pesto Pesto España - Norderney.«*

»Tapas?«, fragte er und fügte schulterzuckend hinzu: »Warum nicht. Aber darum geht es nicht, du Liebe.«

Sie sah ihn an und kniff ihn in die rechte Wange. »Ich weiß, Süßer, ich weiß. Du willst Sommerfeldt töten. Aber du hast keine Ahnung, wo er sich aufhält.« Sie versuchte, ihn zu trösten: »Aber zum Glück hast du ja einen guten Beruf, der uns ernährt, und wenn nicht, kann ich jederzeit wieder ... «

»Nein«, zischte er scharf, »das kannst du nicht! Ich bin mein Leben lang zu Prostituierten gegangen. Ich habe dir da wirklich nichts vorzuwerfen. Aber ich halte es nicht aus, wenn du mit anderen zusammen bist. Ich will dich ganz für mich!«

»Ich weiß«, sagte sie und versuchte dabei, ein Grinsen zu unterdrücken. »Deshalb hast du ja auch meinen Stammkunden Felix Einholz getötet.«

»Ja«, bestätigte er, »ob du es glaubst oder nicht, das habe ich getan. Und ich werde auch jeden anderen umlegen, der diesen göttlichen Körper mit seinen Wichsgriffeln anfasst!«

Sie erhob sich. »So, und jetzt mache ich uns erst mal Pflaumenkuchen. Hilfst du mit?«

»Klar«, sagte er und erhob sich aus dem Bett.

Es war warm. Hier stand die Luft. Sie hatte vor, nackt zu kochen und vermutlich auch, nackt zu essen. Er war dabei.

Er sah auf die Uhr. Egal wie das hier laufen würde, die letzte Fähre nach Norderney wollte er dennoch nicht verpassen.

Patrick hatte seine Haare gegelt und es geschafft, ihnen ein leichtes Leuchten zu geben, als sei er versehentlich in Sternenstaub gefallen. Es war nur ein Hauch. Eine Irritation. Je nachdem wie das Licht fiel, reichte es aus, um bestimmte Frauen ein zweites Mal hinschauen zu lassen.

Ingo wollte dahinter nicht zurückstehen. Er kannte Patricks Geheimwaffe. Ein bisschen davon hatte er sich auf der Glatze einmassiert und auch ein paar Tropfen in den Nacken gerieben, über sein Tattoo, das aussah wie ein QR-Code.

Manche glaubten, es sei ein geheimes Zeichen, das ihm Zugang zu Räumen und Clubs verschaffte, die sonst gegen die Öffentlichkeit abgeschirmt waren. In Wirklichkeit war es die mobile Visitenkarte seiner Lieblingspizzeria in Oldenburg. Wer den Code ausprobierte, landete auf der Speisekarte. Drei Frauen, mit denen er im Bett gewesen war, hatten es versucht.

Für ihn wurde es zum *Running Gag*. Keine von ihnen hatte ihn gefragt, wofür der QR-Code denn stehe, sondern sie nutzten die Situation aus, wenn er, ermattet vom Geschlechtsverkehr, im Bett ein kurzes Nickerchen hielt. Sie konnten einfach nicht widerstehen. Er nahm an, dass es heute bei Samantha und Claudia nicht anders laufen würde. Er schloss sogar mit

Patrick auf dem Weg zu den beiden eine Wette ab. Der Einsatz war nicht groß – wer zahlt beim nächsten Mal die Burger im *Surf Café*?

Patrick frotzelte: »So manch eine steigt nur mit dir in die Kiste, weil sie rauskriegen will, was das für ein QR-Code ist und ob der überhaupt funktioniert.«

»Ich hab solche Tricks nicht nötig, um Frauen rumzukriegen«, verteidigte Ingo sich.

Patrick grinste: »Klar. Du als Rockstar machst das mit deinem Ruhm, deiner Bildung, deinem Charisma und deinem Rock 'n' Roll!«

Damit traf er Ingo, denn jeder wusste, dass der es mal als Leadsänger in einer Band versucht hatte. Aber zunächst bekamen sie keine Auftritte, und dann verkrachten sie sich noch vor dem ersten Gig, der eigentlich sogar bezahlt werden sollte. Wenige Tage vorher trennten sie sich. Ein halbes Jahr später spielte die Formation dann auf Festivals, nur ohne ihn. Dafür aber mit einer langbeinigen Sängerin.

Auf den Spott seiner Kumpels musste er nicht lange warten. Ob er seine weibliche Seite entdeckt hätte, lachten sie und baten ihn um ein Autogramm. Sie legten ihm ein Foto von dieser Kim hin, das er signieren sollte.

»Was so 'n paar geile Fummel doch aus einem Mann alles machen können …«

Beide hofften am heutigen Abend auf ein heißes Abenteuer. Sie trugen ihre Waffen trotzdem. Sie waren stolz darauf, zu den Ninjas zu gehören.

»Ein Ninja«, so hatte ihr Chef Eisenmann bei der Rekrutierung behauptet, »ist immer bewaffnet. Immer bereit und immer im Einsatz.«

Als Ninja hatten sie gelernt, sich unsichtbar zu machen, mit der Masse zu bewegen und zu einem Teil von ihr zu werden. Sie durften nicht alle gleich aussehen. Sie mussten eigenständige Typen werden, von denen jeder Beobachter gleich glaubte, sie einschätzen und in eine Schublade stecken zu können. Nichts war doch wahrhaftiger als ein Klischee.

Ingo machte ganz auf harter Junge Marke Türsteher oder Rausschmeißer. Bei Festivals spielte er den Bad Boy, war der Albtraum jeder Security. Niemand, so glaubte er, hielt ihn für einen Polizisten. Schon gar nicht für einen, der zu einer Spezialeinheit gehörte, die es offiziell gar nicht gab.

Patrick dagegen machte gern auf Surf- und Kitetrainer. Früher hatte er mal die Tennislehrernummer drauf, aber Tennis war irgendwie out, obwohl er noch ganz gut spielte. Wenn er gefragt wurde, woher er das Geld für seinen Lebensunterhalt nahm, gab er sich gern wortkarg, deutete aber an, dass er als Investor tätig sei. Eine Fernsehshow bei Vox und RTLplus hatte daraus ja einen Beruf gemacht. Als Investor galt man plötzlich als jemand, der über geheimes Wissen verfügte und eine Menge Kohle besaß. Surf- und Kitelehrer dagegen lebten meist auf Studentenniveau. Das war aber so gar nicht sein Ding. Er mochte gute Hotels.

Sie standen jetzt vor der Ferienwohnung.

»Wenn wir uns morgen Abend diesen Sommerfeldt greifen …«, überlegte Patrick, »wer kassiert dann eigentlich die zehn Millionen?«

Ingo war gedanklich schon dabei, diese Claudia in verschiedenen Stellungen zu vögeln. Er hatte jetzt keine Lust, über den Job zu reden. Er wollte das Leben genießen. Gelangweilt fragte er nach: »Du meinst, wenn wir ihn ausknipsen?«

»Ja. Wer kassiert dann? Eisenmann?«

Ingo räusperte sich und nahm eine korrekte Haltung an. Er

betonte fast militärisch korrekt: »Wir sind Polizisten. Diese Prämie ist nur für Gangster.«

Das passte Patrick gar nicht. »Aha, wären wir Kriminelle und legen ihn um, hätten wir ausgesorgt ... Aber weil wir Bullen sind, müssen wir einen Bericht schreiben, uns rechtfertigen und bekommen nur klammheimlich ein *Gut gemacht, Jungs.* – Das war's dann.«

»Hm. Glaub schon. Wo kämen wir hin, wenn Gangster und Clanchefs Mordaufträge an die Polizei geben könnten? Wir sind deren Gegenspieler!«

Patrick fuhr sich durch die gegelten Haare. Er sah nachdenklich aus. »Dann wäre es also viel klüger, wir würden kündigen und Sommerfeldt nicht als Polizisten erledigen, sondern als Kriminelle?«

Ingo schlug nach einer Mücke, die in sein Tattoo stechen wollte. Es musste eine Mückenart geben, die QR-Codes als eine Art Landeplatz ansahen oder als Hinweis darauf, wo es etwas besonders Gutes zu essen gab. Er war schon dreimal ins Tattoo gestochen worden.

»Aber wenn wir kündigen und ihn nicht erwischen, oder er kommt gar nicht – was dann?« Ingo beantwortete seine Frage selbst: »Dann sind wir den festen Job und das regelmäßige Einkommen los!«

Patrick kämpfte ebenfalls mit einer lästigen Mücke. Sie mochte sein Ohrläppchen. »Ich wette«, maulte er, »Eisenmann kassiert.«

»Du meinst, der greift die Kohle ab?«

»Ich würde es an seiner Stelle tun.«

Ingo überlegte: »Meinst du, so richtig offiziell? Das glaube ich nicht.«

»Das glaub ich für dich mit«, tönte Patrick. Wenn er so sicher war, verunsicherte er damit Ingo jedes Mal. Er wusste das genau. Sie arbeiteten schon lange zusammen.

»Muss man das eigentlich versteuern?«, fragte Ingo.

Patrick machte eine wegwerfende Geste: »Ja, und was soll er dann da steuerlich angeben, Mensch?« Patrick tippte sich gegen die Stirn. »Etwa Einnahmen aus Auftragsmord? Du kannst vielleicht Fragen stellen ... Versteuern! Wer macht denn so etwas? Das ist was für schwer arbeitende Bürger, aber doch nicht für ... «

»Leute wie uns?«, beendete Ingo erstaunt fragend Patricks Satz.

Der grinste: »Steuern zahlen ist nichts für Kriminelle.«

Ingo schüttelte den kahlen Kopf und zuckte mit den Schultern: »Das hab ich auch kapiert. Aber wir sind keine Kriminellen. Wir sind immerhin die Guten ... Oder?«

Claudia war schnell zum Edeka-Markt gelaufen, um einzukaufen. Die Jungs sahen aus, als ob sie gern scharf essen würden. Sie wollte Shakshuka machen, mit ordentlich Chili, jeder Menge Zwiebeln und viel Knoblauch. Damit ließ sich jeder Giftgeschmack übertünchen.

Sie wollte diesen orientalischen Gemüseeintopf mit Eiern, Erbsen, vielen Tomaten, Cayennepfeffer, Kreuzkümmel und, falls möglich, mit frischer Petersilie zubereiten. Zum ersten Mal hatte sie Shakshuka im Hamburger Hotel *Gastwerk* gegessen. Das Hotel war im Backsteingemäuer eines ehemaligen Gaswerks errichtet worden. Dort im Restaurant *Mangold* war sogar eine halbe Avocado mit dabei gewesen, die in der Mitte des Tellers schwamm und die sie zunächst für eine Birne gehalten hatte.

Sie hatte dieses Essen später mehrfach nachgekocht. Ihr Mann Frederick mochte es überhaupt nicht. Er war mehr so der Grill- und Fleischtyp. Je heftiger er dieses Essen ablehnte, umso besser schmeckte es ihr. Es war auch nichts für Kinder, aber genau richtig für einen Mädelsabend mit gut gekühltem Weißwein. Es war schnell und unkompliziert zuzubereiten. Wenn es irgendwelche Zutaten nicht gab, würde sie sie halt durch etwas anderes ersetzen.

Bei Edeka bekam sie alles. Sogar frische Petersilie. Sie kaufte auch drei Baguettestangen und Knoblauchbutter.

Samantha machte keinerlei Anstalten, irgendwie mitzuhelfen. Stattdessen schminkte sie sich die ganze Zeit und probierte immer wieder neue Unterwäsche aus.

»Sollen wir die zwei vor dem Essen noch vernaschen?«, fragte Samantha.

Claudia reagierte mehr empört als verwundert: »Du meinst, wir gehen erst mit ihnen ins Bett, und dann legen wir sie um?«

Samantha drehte sich zu ihr um, stellte sich aufreizend in Positur und lachte: »Na ja, es sind doch schon zwei ganz heiße Typen, oder nicht? Dir täte es auch mal ganz gut, Claudia. Vielleicht hilft dir das, deinen Frederick zu vergessen.«

»Du hörst dich an wie so eine schwarze Witwe, die ihren Sexualpartner tötet.«

»Schwarze Witwe, das gefällt mir«, lachte Samantha. »Aber die verspeisen ihre Männer doch. Das habe ich keineswegs vor. Wir wollen ja keine Kannibalinnen werden. Da gefällt mir dein Shakshuka wesentlich besser.«

Der Duft von Knoblauch, Zwiebeln und Kreuzkümmel hatte sich in der Ferienwohnung bereits kräftig ausgebreitet. Samantha stichelte: »Wenn wir uns heute noch einen Typen aufreißen wollen, müssen wir die zwei schon nehmen, denn so, wie wir nach Knoblauch riechen werden, nimmt uns sonst keiner mehr ... «

Erst jetzt dachte Claudia diesen Gedanken zu Ende: »Ja, verflucht, wir können doch nicht mit ihnen essen ... «

Da hatte Samantha sofort eine Lösung: »Nun, wir machen es mit einer wunderschönen Geschichte. Ich werde den beiden erzählen, dass ich dieses Gericht zum ersten Mal in Israel gegessen habe, oder nein, besser noch, ich werde sagen, in Afrika. Und dort gäbe es grundsätzlich zwei Varianten, die eine, die dem Manne Kraft verleiht, und die andere, die die Lust der Frau beflügelt. Männer fahren auf solchen Quatsch ab, glaub mir.«

»In unser Essen legst du dann zwei halbe Avocados und sie kriegen es ohne. Männer stehen sowieso nicht so auf Avocado.«

Manchmal bewunderte Claudia ihre Schwester. Dies war so ein Moment. Ihre Geschichte würde hundertprozentig funktionieren.

Sie waren noch längst nicht fertig, da klingelte es schon.

Claudia schob die tiefgefrorenen Baguettestangen in den Backofen.

Samantha schlüpfte in ihr Kleid und sah noch einmal in den Spiegel.

»Ich brauche noch ein paar Minuten«, rief Claudia, »und nimm um Himmels willen nur was aus der Schüssel mit der Avocado.«

Samantha huschte zu ihrer Schwester in die Küche. »Füll hier alles auf. Komm mit den vollen Tellern. Erst kriegen die Männer ihr Essen, dann die Frauen. In dem Fall nutzt uns das sehr. Erst die Gäste, dann wir.«

Claudia wischte sich mit einem Küchentuch Schweiß von der Stirn. Sie hatte jetzt Tomatenreste im Gesicht.

»Wie lange« fragte Samantha leise, »braucht es, bis das Zeug wirkt?«

»Keine Ahnung. Ich mache das hier schließlich zum ersten Mal«, empörte Claudia sich.

Es klingelte erneut.

Frederick hielt es nicht aus. Er hatte die zwei Typen beobachtet, als sie vor der Tür standen. Er wurde die Bilder im Kopf nicht los. Er stellte sich vor, wie sie es mit seiner Claudia trieben.

Er wusste nicht, welcher der beiden Hengste zu Claudia gehörte und welcher zu Samantha, aber das war auch egal. Es tat einfach weh. Er fühlte sich ihnen unterlegen.

Er ging vor der Ferienwohnung auf und ab und lauschte in den Wind. Selbstquälerisch, wie er war, hoffte und befürchtete er, gleich lustvolles Gestöhne aus dem offenen Fenster zu hören. Aber da waren nur Möwenschreie um ihn herum.

Warum mache ich das, fragte er sich. Was stimmt nicht mit mir? Warum tue ich mir das an?

Ein Tourist hatte seine Teleskopwanderstöcke bei den Fahrradständern vergessen. Er nahm sie an sich und machte die Schutzgummis ab. Jetzt lagen die Spitzen frei. Er war bewaffnet.

Wenn die zwei herauskommen und mich verprügeln wollen, werde ich dann damit rennen oder kämpfen, fragte er sich. Er stellte sich vor, so eine Stahlspitze in den Fuß des Glatzkopfs zu rammen.

Da würde Claudia aber gucken! Das traute sie ihm bestimmt nicht zu. Sie hatte ihn oft unterschätzt. Sehr oft.

Samantha hatte gleich die Führung übernommen, und um Kontrolle ausüben zu können, hatte sie darauf bestanden, alle Handys müssten während des Essens, des Gesprächs und *bei all dem, was sonst noch so kommen mag,* ausgeschaltet sein.

»Man guckt bei einem Date in die Augen der Frau, aber nicht auf sein Handy«, hatte sie klargestellt.

Claudia hielt ihre offene Hand hin und sagte: »Waffenstillstand.«

Ingo zögerte einen Moment. Bei dem Wort *Waffenstillstand* hätte er fast seine Knarre gezogen, aber dann verstand er. Patrick legte sein Handy sofort in ihre Hand.

Ingo schaltete seins sogar vorher aus. Das war während eines Einsatzes verboten, aber er bog es sich so hin, dass ihr Einsatz ja noch nicht begonnen hatte.

Claudia legte beide Handys in die Obstschale und ihres dazu. »Sollen sie es sich doch dort gemeinsam gemütlich machen«, lachte sie.

Sie einigten sich auf Musik. Claudia servierte schon unterschiedliche Portionen Shakshuka und sprach über die aphrodisierende Wirkung und warum Männer und Frauen etwas völlig Unterschiedliches essen müssten. »Denn«, so lachte sie, »Männer und Frauen sind schließlich verschieden. Das wollen wir bei aller Gleichmacherei doch mal festhalten.«

Damit waren Ingo und Patrick sehr einverstanden. Sie versprachen sich noch viel von dem Abend.

Samantha machte ein paar Tanzschritte durch die Wohnung und drehte sich mehrfach um die eigene Achse. Patrick wollte sofort mitmachen, auch wenn die Musik so gar nicht seins war. Er hörte gern Bluegrass, mochte Banjos, Mandolinen und dazu einen Kontrabass. Aber die beiden jungen Frauen sahen nicht gerade so aus, als hätten sie viel für Countrymusik übrig.

Ingo gab vor, Claudia in der Küche helfen zu wollen. Sie bückte sich, um die Baguettes aus dem Backofen zu holen. Er kniete sich zu ihr und versuchte, sie zu küssen.

Er knabberte an ihrer Oberlippe herum. Sie ließ es zu. Sie war erstaunt, wie gut er küssen konnte. Sie fühlte sich an ihre Teenie-Zeit erinnert. Damals gab es so eine kurze Phase gegen Ende ihrer Pubertät, da war Knutschen ihre Lieblingsbeschäftigung gewesen.

Ingo war ein richtiger Zungenakrobat. Vor dem Backofen knieend leckten sie aneinander herum. Samantha warf aus dem Wohnzimmer einen Blick in die Küche. Claudia schob Ingo von sich und japste nach Luft. »Mensch, du gehst aber ran …« Sie zeigte auf den Backofen: »Die Baguettes brennen uns an.«

Sie öffnete die Backofentür und griff mit bloßen Händen hinein, was sie normalerweise nicht tat. Sie warf die Baguettes hoch: »O Gott, sind die heiß!«

Er schnappte sie auf: »Genau wie du!« Er pustete auf seine Finger und legte die Baguettes auf die Arbeitsplatte. Er wollte Claudia gleich noch einmal küssen, doch sie bat ihn: »Nicht so schnell … Lass uns erst essen. Das steigert die Lust.«

Im Wohnzimmer zurück, flüsterte Ingo in Patricks Ohr: »Mein Gott, sind das scharfe Weiber!

Es gab ein unverfängliches Codewort, das Eisenmann seinen Ninjas schickte, wenn er sie sofort an dem vereinbarten Treffpunkt sehen wollte. Es lautete: *Pizza Calzone.*

Er residierte im Hotel MeerBlickD21. Der merkwürdige Name ließ sich leicht erklären. Das Haus lag am Damenpfad 21.

Eisenmann bewohnte ein Apartment, selbstverständlich mit

freiem Blick auf die Nordsee. Die Spielbank war nicht weit, aber er unterdrückte den Impuls, dort sein Glück herauszufordern. Er wollte das hier ganz korrekt abschließen und damit seine Ninjas wieder offiziell ins Spiel bringen.

Es war schrecklich, wie einige wild gewordene Staatssekretäre und Möchtegern-Machtpolitiker mit seiner Truppe umgegangen waren. Es gab durchaus Leute im Polizei- und Justizapparat, die ihn und seine Ninjas für verzichtbar, ja für eine unrechtmäßig operierende Einheit hielten.

Offiziell hatte es die Ninjas nie gegeben. Trotzdem war die Organisation aufgelöst, ja für illegal erklärt worden. Nun brauchte man ihn wieder. Es war ein einziges Hin und her, ein *Hü und Hott,* wie er es nannte.

Seine Leute standen weiterhin zu ihm. Er hatte sie ausgesucht, ausgebildet, und er setzte sie ein. Der Fall Sommerfeldt würde die Wende bringen und seine Ninjas endlich unverzichtbar machen.

Seine Leute mussten es immer wie Unfälle aussehen lassen oder wie interne Auseinandersetzungen zwischen kriminellen Gruppen. Darin waren sie gut. So entzogen sie sich zwar der Verantwortung und allen juristischen Konsequenzen, aber dadurch entstand auch in den Köpfen der politisch Verantwortlichen der Gedanke, man brauche das Einsatzteam gar nicht. In der öffentlichen Wahrnehmung hatten sie ja noch nie etwas Großes geleistet. In Wirklichkeit hatten sie Gangsterbosse getötet, Terroristen in die Luft gesprengt und Geiselnehmer ausgeknipst, bevor sie überhaupt eine Geisel in ihre Gewalt bringen konnten. Sie killten Agenten schon vor dem Verrat.

Eisenmann wurde nach den Ereignissen in Russland und der Ukraine hinter vorgehaltener Hand der *Prigoschin aus dem*

Sauerland genannt. Seine Ninjas verglich man mit den Wagner-Söldnern, die auf Moskau zumarschiert waren.

Er mochte das nicht. Ihm missfiel die Anspielung auf seine Kindheit in Olpe. Das größte Abenteuer war damals eine Fahrt zur Biggetalsperre gewesen, wo er seine erste Freundin kennengelernt hatte, in die er, wenn er ganz ehrlich mit sich war - was selten geschah - noch immer verliebt war. Seine Ninjas waren keine Söldner, und er unterhielt keine Privatarmee. Er sorgte lediglich im Auftrag des Staatsschutzes dafür, dass die nicht ganz legale Drecksarbeit erledigt wurde.

Seine Leute waren ehrbare Bürger, meist beim BKA beschäftigt und bestens als Scharfschützen oder Nahkämpfer ausgebildet. Ihre eigentliche Aufgabe war die Gefahrenabwehr. Manchmal begleiteten sie hohe Regierungsbeamte bei Auslandseinsätzen, wenn es brenzlig wurde. Zum Beispiel in Krisengebiete wie Mali oder Afghanistan, wenn es schwer war, den Personenschutz optimal zu gestalten.

Er wollte jetzt mit Patrick und Ingo reden. Sie sollten die Poststraße sichern, falls es Sommerfeldt gelingen würde, aus der Buchhandlung Thalia zu fliehen. Die anderen Trupps waren in der Kampstraße, der Jann-Berghaus-Straße und der Langestraße positioniert. Alle hatten die Freigabe für einen finalen Todesschuss. Der Kandidat sollte auf keinen Fall überleben. Ein verletzter Gefangener konnte rasch zum Problem werden. Dieser Sommerfeldt hatte viele Fans. Blumensträuße im Krankenhaus für den angeschossenen Serienkiller machten sich nicht gut.

Es gab auch Presseleute, die aus seiner Sicht nicht sehr zuverlässig waren. Von Rebecca Kresse und Holger Bloem aus Norden über Oliver Schwambach aus Saarbrücken bis hin zu Lars Haider vom *Hamburger Abendblatt*. Ein ganz unsicherer Kandidat war für ihn Kester Schlenz vom *STERN*. Der hatte sich mehrfach ironisch über den *beliebtesten Serienkiller aller Zeiten* geäußert und dabei mit beißendem Spott für die Ermittlungsbehörden nicht gegeizt.

Eisenmann hatte eine Liste von Journalisten vor sich liegen, denen er misstraute. Sie würden im Zweifelsfall für Sommerfeldt berichten, fürchtete er. Keiner dieser für ihn unsicheren Schreiberlinge durfte auch nur in Sommerfeldts Nähe gelassen werden, sollte der die Polizeiaktion überleben.

Er fügte noch Lasse Deppe von der *Nordwestzeitung* hinzu.

Wenn Eisenmanns Informationen richtig waren, befand sich zurzeit keine dieser Personen auf Norderney. Er hoffte, dass es auch so bleiben würde. Er war bereit, seine Ninjas als robuste Eingreiftruppe zu verkaufen. Es durfte nicht der Eindruck entstehen, Sommerfeldt sei vorsätzlich getötet worden, sondern es musste so aussehen, als sei er auf der Flucht – am besten in Notwehr – erschossen worden. Um diese Erzählung aufzubauen, brauchte er Ruhe, zuverlässige Zeugen und Schutz vor zu vielen Fragen von kritischen Journalisten.

Er wunderte sich, warum Ingo und Patrick nicht reagierten. Es waren Top-Leute. Schon dreimal hatten sie eine äußerst heikle Mission erfolgreich beendet. Ein islamischer Terrorist, der einen Anschlag auf die Bundesbahn plante, war in Berlin überfahren worden. Ganz eindeutig ein Unfall. Eine Agentin, die mit mehreren Politikern ins Bett gestiegen und zu einem Sicherheitsrisiko für den Europäischen Schutzschirm geworden war, ertrank beim Schwimmen in der Ostsee. Ein Clan-Chef, der in Deutschland sehr gute Anwälte und eine wirklich effektive Verteidigung hatte, kam bei einem Türkeiurlaub ums Leben. Ein Raubüberfall in Antalya.

Es machte ihn etwas nervös, dass sich die beiden nicht zurückmeldeten und nicht zu ihrem Treffpunkt erschienen.

Ingo biss noch genüsslich ins knusprige Knoblauchbaguette, da krümmte Patrick sich schon vor Magenschmerzen. Ingo wollte sich den schönen Abend nicht verderben lassen und lästerte: »So scharf ist dieses Shakshuka nun auch wieder nicht. Also, ich finde, das lädt erst so richtig Tinte in den Füller.«

Patrick hatte dicke Schweißtropfen auf der Stirn. Seine Augäpfel traten hervor. Es sah aus, als könnten sie gleich herausfallen und über den Tisch kullern.

Er griff sich ein Glas Wasser und schlürfte gierig. »Da ... da ist irgendwas drin ...«, stöhnte er, »dagegen bin ich allergisch.«

Samantha erschrak jetzt über die eigene Tat. Am liebsten hätte sie es wieder rückgängig gemacht. Sie überlegte, ob sie einen Arzt rufen sollte.

Patrick stand auf, stützte sich auf den Tisch und versuchte, ein paar Schritte zu gehen. Er wirkte orientierungslos. Er torkelte.

Ingo sah zu seinem Kumpel und fürchtete schon, irgendeine Allergie könne ihnen jetzt den schönen Liebesabend kaputtmachen, da merkte er schlagartig, dass es ihm selbst auch nicht mehr so gut ging. Eine Übelkeit, wie er sie lange nicht erlebt hatte, erfasste seinen Körper. Er begann zu zittern und spürte seine Füße nicht mehr.

»Jetzt mal ehrlich«, fragte Claudia, »wer von euch beiden ist Sommerfeldt?«

Mit einem irren Blick brach Patrick zusammen.

»Habt ihr uns«, schimpfte Ingo fassungslos, »was ins Essen gemischt?«

Er wollte zu Patrick, dabei stieß er seinen Teller um. Die scharfe orientalische Gemüsepfanne ergoss sich über den Tisch.

Er kümmerte sich dann doch nicht um Patrick, sondern stolperte zur Toilette und hielt sich den Finger in den Mund. Dabei fragte er sich, warum er deswegen extra zur Toilette ging. Wollte er die Ferienwohnung der beiden schonen? Gab es einen Rest von guter Erziehung, der ihn jetzt zu dieser blödsinnigen Aktion brachte?

Aber den Finger in den Hals zu stecken, das war genau richtig. Er erbrach sich mit einem heftigen Strahl.

Hinter ihm erschien Claudia im Badezimmer. Er drehte sich zu ihr um und wischte sich den Mund ab. »Habt ihr uns vergiftet?«

Sie schüttelte den Kopf und behauptete: »Wir haben doch alle vier dasselbe gegessen ...«

»Nein, eben nicht! Ich denke, es gibt zwei verschiedene Sorten. O mein Gott, was bist du für dein erbärmliches Luder ...« Er stürzte sich auf sie.

Sie floh aus dem Badezimmer und schloss die Tür ab.

Er randalierte.

Frederick hörte die Schreie, aber es war kein Lustgestöhne, sondern da oben wurde gekämpft. Falls sein Verstand ihm keinen Streich spielte, hatte er den Satz: *Ich bring euch um* gehört. War die Situation dort oben in der Ferienwohnung außer Kontrolle geraten? Benahmen sich die beiden Schläger jetzt genauso mies, wie sie aussahen? Brauchten die Frauen seine Hilfe?

Er war bereit, den Helden zu spielen.

Mit den Teleskopwanderstöcken lief er zur Tür und klopfte. Drinnen war ganz eindeutig Kampflärm zu hören. Er warf sich gegen die Tür. Sie sprang auf.

Er sah Patrick mit Schaum vor dem Mund am Boden liegen. Samantha hielt ein Küchenmesser mit beiden Händen und stand vor Claudia, die sich hinter ihrem Rücken verkroch wie ein verängstigtes Kind.

Der Glatzkopf mit dem QR-Code griff die beiden Frauen an.

Claudia schrie: »O mein Gott, o mein Gott!«

Samantha fauchte: »Fass meine Schwester nicht an, du Miststück!«

Frederick reimte sich eine Geschichte zur Situation zusammen. Wahrscheinlich hatten sie Drogen genommen, und das Ganze war völlig aus dem Ruder gelaufen.

Er schlug mit dem Wanderstock auf Ingos Rücken ein. Der wirbelte herum. Den einen Wanderstock riss er Frederick aus der Hand, aber der hatte zwei.

Mit dem nächsten Schlag traf Frederick Ingos Glatze. Ingo versuchte, ihm auch den zweiten Stock aus der Hand zu reißen. Die beiden kämpften um den Wanderstab. Die Spitze zeigte auf Ingos Brust.

Claudia kroch hinter Samantha hervor, griff sich den heruntergefallenen Wanderstock und benutzte ihn wie einen Speer, den sie mehrfach in Ingos Richtung stieß. Zweimal erwischte sie ihn mit der Spitze zwischen den Rippen.

Dann gelang es Ingo, ihr das Ding abzunehmen. Er ging damit auf Frederick los, aber das Gift wirkte schon in seinem Körper. Seine Reaktionsfähigkeit litt. Er war nicht mehr präzise und auch nicht mehr schnell genug. Frederick rammte die Spitze des Wanderstocks in Ingos Brust. Ingo brach zusammen.

Was habe ich getan, fragte Frederick sich. Er sah sein ganzes Leben den Bach runtergehen. Er würde nicht nur diese Frau verlieren, sondern auch noch seine Freiheit, seine Arbeit, ja seine ganze Identität geriet hier gerade ins Wanken. Er wusste irgendwie gar nicht mehr, wer er war. Es kam ihm vor, als würde sein Körper agieren, aber sein Geist war ausgeschaltet.

Samantha übernahm die Führung: »Raus, raus, raus! Wir müssen hier raus!«, rief sie.

Völlig wahllos packte sie ein paar Klamotten zusammen.

Claudia gab ihr recht: »Ja, weg! Nix wie weg!«

»Was ist hier eigentlich los?«, fragte Frederick.

Die beiden antworteten nicht, sondern packten ihre Sachen zusammen.

Frederick ahnte, dass ihr Leben ab jetzt einen anderen Verlauf nehmen würde.

»Was hattet ihr eigentlich vor?«, fragte er. »Wolltet ihr ... «

»Wir erklären dir das alles später. Lass uns jetzt abhauen«, bat Claudia.

Es kam ihm so vor, als hätte er gerade sich selbst verloren, aber vermutlich seine Frau wiedergewonnen.

Eisenmann konnte seine Ninjas jederzeit über ihre Handys orten. Ingo und Patrick befanden sich keine drei Gehminuten von ihm entfernt. Offensichtlich beide gemeinsam in einem Raum.

Er wartete nicht länger. Er schickte auch keine Leute hin. Er zog sich eine wasserabweisende Slimfit-Steppweste mit Stehkragen über. Das ärmellose Teil sollte ihn nicht gegen Regen schützen, sondern gegen den Wind. Wenn er am Rücken zu sehr auskühlte, bekam er Probleme mit der Muskulatur, und er fand nichts peinlicher als einen Mann mit Rückenschmerzen, der ein Einsatzteam leitete. Da war Kommissar Rupert ihm ein abschreckendes Beispiel. Der hatte zwar keine Leitungsfunktionen, aber griff sich bei jeder Sitzung und jedem Gespräch in den Rücken, weil sein Iliosakralgelenk ihm Probleme bereitete.

Eisenmann wollte keinerlei Schwäche zeigen. So etwas war ihm zuwider.

Seine ersten Schritte machte er noch voller Wut. Er war bereit, sie zusammenzuscheißen. Auf ein Codewort hatten seine Leute zu reagieren. Sofort!

Sie waren hier in einem wahrlich heiklen Einsatz. Es gab keine Entschuldigung für das ignorante Verhalten. Er war nicht bereit, in seiner Truppe irgendeinen Schlendrian zu tolerieren. Es war eine Ehre, bei den Ninjas mit dabei zu sein. Wenn sie es nicht mehr so empfanden, würde er sich sofort von ihnen trennen. Es hab eine Menge heißsporniger junger Kollegen, die sich einen Namen machen wollten. Geheimbünde hatten Hochkonjunktur. Sie machten aus Menschen etwas Besonderes. Wer dazugehörte, musste auch nicht damit angeben, sondern ihn umgab rasch der Nimbus, ein Auserwählter zu sein.

Er ging mit schnellen Schritten, betrachtete dabei aber nicht die Schönheit der Landschaft, sondern sah auf das Display seines Handys. Die zwei bewegten sich nicht. Schliefen sie etwa?

Ein Ninja trennte sich weder von seinen Kommunikationsgeräten noch von seiner Waffe. War immer erreichbar und …

Der Gedanke, die zwei könnten in Problemen stecken, beflügelte seine Schritte. Die letzten zweihundert Meter rannte er, und das war nun gar nicht seine Art. Er wollte doch immer cool bleiben, die Dinge in der Hand haben. Aber auch wenn Polizeidirektorin Elisabeth Schwarz das anders sah, die Welt war kein Schachspiel. Man konnte alles noch so genau planen und vorausberechnen, dann kam plötzlich der menschliche Faktor hinzu, und was auf dem Schlachtfeld galt, bewies seine

Richtigkeit auch hier: Nach der Eröffnung der Feindseligkeiten herrschte Chaos.

Die Tür war offen. Das Schloss hing beschädigt heraus. Er musste es nicht untersuchen, um zu wissen, dass jemand die Tür gewaltsam geöffnet hatte.

Es roch gut. Er bekam sofort Hunger. Knoblauch, Zwiebeln, Kreuzkümmel. Darauf stand er auch.

Er fand die beiden im Wohnzimmer. Zunächst glaubte er, Ingo sei mit einem Pfeil erschossen oder mit einem Degen durchstoßen worden, doch dann erkannte er, dass es sich um einen Wanderstock handelte.

Patrick lag zusammengekrampft in Embryonalhaltung am Boden.

Weil er es gelernt hatte und es zur Routine gehörte, überprüfte er mit einem kurzen Druck auf ihre Halsschlagadern die Lebensfunktionen. Eigentlich war das nicht nötig. Er wusste, dass sie tot waren. Er tat es nur, um es eben gemacht zu haben.

Mit gezogener Waffe durchsuchte er die Räume, obwohl ihm klar war, dass sich hier außer den Toten und ihm niemand befand. Aber er brauchte die Sekunden auch, um nachzudenken. Was war jetzt richtig?

Er rief keinen Rettungswagen – warum auch? Er verlangte auch nicht nach der Spurensicherung. Er kontaktierte zunächst Dr. Döse. Sie hob sofort ab.

Er ging zwischen den Leichen hin und her und atmete schwer. »Er ist da. Es hat bereits begonnen! Ingo und Patrick sind seine ersten Opfer.«

Frau Dr. Döse kreischte außer sich: »Er hat zwei Ihrer Männer umgebracht?«

»Ja.«

Sie fing sich sofort wieder: »Bingo«, sagte sie, »dann haben wir ihn jetzt.«

»Bingo? Einen Scheiß haben wir! Zwei meiner besten Leute sind tot. Und das werden nicht die Letzten sein, die er sich holt! Wir haben ihn gereizt, und er ist stinksauer.«

»Gut. Das ist sehr gut! Er ist also schon auf der Insel, und er wird sie nicht lebend verlassen.«

Er ging durch die Räume. Im Schlafzimmer öffnete er die Schränke. Es gehörte nicht viel dazu, zu erkennen, dass hier Menschen fluchtartig die Wohnung verlassen hatten.

Im Badezimmer fand er zwei Zahnbürsten und die typischen Frauenartikel.

»Ich bezweifle, dass Sommerfeldt hier gewohnt hat. Er hat Komplizinnen. Vermutlich zwei Frauen. Sie haben unsere Männer hierhin gelockt und dann erledigt. Wir müssen«, stöhnte Eisenmann, »die Morde verdeckt halten.«

»Warum?«

Er ärgerte sich, dass er es ihr erklären musste: »Ein Doppelmord während der Ferienzeit auf Norderney. Das lockt die ganze Pressemeute hierher, und einige von denen sind sehr Sommerfeldt-affin. Ich kann hier jetzt keine Journalisten gebrauchen.«

»Die vierte Macht im Staat«, spottete Mechthild Döse.

»Bis zum Abschluss unserer Aktion bleibt das hier unter uns«, verlangte er. »Ich schicke ein paar Fotos. Mehr nicht. Erst wenn wir Sommerfeldt erledigt haben, werden wir die Leichen hier offiziell finden.«

Frau Dr. Döse flötete ein paar fröhliche Töne: »Im Grunde spielt er uns damit doch in die Hände.«

»Ach ja?«, fragte Eisenmann. »Wie denn?«

»Jemand, der zwei Polizisten getötet hat, mit dem empfinden

die Menschen wenig Mitleid. Und es macht die Tatsache, dass er nicht lebend gefangen werden konnte, wesentlich glaubhafter.«

»Stimmt«, sagte Eisenmann voller Respekt, »ich möchte Sie nicht zum Feind haben, Frau Dr. Döse.«

»Wir haben Filmaufnahmen sämtlicher Gäste, die mit der Fähre oder dem Flieger gekommen sind. Auf einer davon muss er sein. Ich werde ein Team dransetzen, um alles auszuwerten. Warnen Sie den Rest Ihrer Leute, Herr Eisenmann.«

»Glauben Sie etwa«, fragte er, »er kennt ihre Namen? Er weiß, wer die Ninjas sind?«

»Offensichtlich. Wie sonst soll er sich die zwei geholt haben?«

Eisenmann wurde schlecht. Die Ninjas, die Unsichtbaren, waren erkannt? War Sommerfeldt an eine Namensliste gekommen? Holte er sich gerade schon das nächste Team?

Frau Dr. Döse klickte das Gespräch weg. Er hätte noch ein paar Fragen gehabt, behielt sie aber jetzt für sich. Stattdessen machte er Fotos von der Wohnung und den Toten. In der Obstschale fand er ihre Handys.

Was, verflucht, war hier passiert?

Er berührte ein halbes Baguette. Es war noch warm. Er roch daran. Auch die orientalische Gemüsepfanne sah sehr gut aus, duftete phantastisch und war ebenfalls noch warm.

Er bekam Hunger. Andere mussten in Krisensituationen eine rauchen, brauchten einen Schnaps oder ein Beruhigungsmedikament. Er sehnte sich dann nach Kalorien. Einem Leberwurstbrot, einem zünftigen Eintopf oder Bratkartoffeln. Manchmal, in Stresssituationen, schraubte er sich zwei Portionen Spaghetti nacheinander rein. Erst Bolognese, dann Carbonara oder, wenn im Angebot, Pasta mit frischen Trüffeln. Man sah es ihm nicht an. Er hatte eine sportliche Statur.

Frauke sah Sommerfeldt zu, wie er den Rollstuhl inspizierte. »Der Stuntcar von James Bond – der ikonische Aston Martin – wurde bei Christie's für mehr als drei Millionen versteigert. Meinst du, dein Rollstuhl wird auch dort landen?«, stichelte sie.

»Ja«, lachte er, »das Ding könnte einen guten Preis erzielen. Aber noch brauche ich die Karre.«

Aus den Armlehnen konnte er Pfefferspray abschießen und damit in Sekunden einen Raum unbenutzbar machen oder einen Gegner kampfunfähig.

Aus den medizinischen Fußstützen ließen sich durch Druck mit der Hacke fünf Zentimeter lange Pfeile abschießen, die harmlos aussahen, aber ein Nervengift enthielten, das zu Lähmungen und Atemnot führte.

Er hatte lange geübt und wollte nun seiner Frauke zeigen, wie geschickt er inzwischen damit war, die Pfeile mit dem Fuß abzufeuern, dabei im Rollstuhl sitzen zu bleiben und trotzdem sein Ziel genau zu treffen. Er demonstrierte es ihr.

Sie hatte dafür die Scheibe aufgehängt, an der er sonst das Messerwerfen übte.

»Schießt du jetzt hier mit den Giftpfeilen herum?«, fragte sie.

Er lächelte milde. »Nein, das sind Übungspfeile. Ich lade erst danach die scharfen für den Einsatz.«

Er setzte sich in den Rollstuhl und stellte die Füße auf die Stützen. Es sah für sie nicht aus, als ob er zielen würde. Es wirkte, als ob er gar nichts täte, wie ein Mann, der ermattet im Rollstuhl sitzt und darauf hofft, von seiner Betreuerin ins Heim zurückgebracht zu werden. So eine Miene setzte er auf. Doch dann war da dieses surrende Geräusch, und es machte *Plopp*.

Drei Pfeile zischten heraus. Zwei trafen den inneren roten Ring, also ins Zentrum. Der dritte verfehlte es knapp.

Sie pfiff anerkennend. »Wie schnell fährt dein Rennwagen denn?«, fragte sie und verzog dabei die Lippen.

Er antwortete nicht auf ihre Frage, sondern behauptete: »Ich kann uns auch einnebeln. Ich habe unter dem Stuhl zwei Düsen, die ...«

Sie hob abwehrend die Hände. »Bitte demonstriere mir das jetzt nicht.«

»Keine Sorge.«

»Eigentlich«, sagte sie, »hatte ich gehofft, dich davon abhalten zu können.«

Er staunte sie an: »Du hast geglaubt, ich würde mir das entgehen lassen?«

»Du könntest dabei sterben, Bernhard.«

»Wir müssen alle sterben.«

»Ja, aber noch nicht unbedingt morgen«, erwiderte sie mit einem leichten Anflug von Zorn. »Eigentlich sind das hier gerade unsere Flitterwochen!«

Er erhob sich aus dem Rollstuhl und nahm ihre Hand: »Ich weiß, Frauke, aber ...«

»Papperlapapp, aber! Das ist doch alles Wahnsinn! Willst du ernsthaft mit deinem James-Bond-Rollstuhl auf Norderney ...«

»Wenn überhaupt, dann ist das ein Sommerfeldt-Rollstuhl. Ein Kampfschlitten!«

Sie schüttelte den Kopf: »Du kommst mir vor wie ein kleiner Junge, der ein neues Spielzeug ausprobiert.«

»Ach komm«, versprach er, »das wird ein Riesenspaß! Stell dir das doch mal vor. Sie erwarten einen gefährlichen, durchtrainierten Serienkiller. Und wer erscheint dann?«

Sie beantwortete seine Frage wie auswendig gelernt: »Ein verschrobener Professor im Rollstuhl.«

»Und seine kratzbürstige Krankenschwester«, ergänzte er.

»Du willst die Nummer also wirklich durchziehen ...« Sie tat, als hätte sie immer noch Zweifel. Die hatte sie aber schon längst nicht mehr.

Er berührte mit seinen Fingerkuppen ihren Unterarm. »Spürst du nicht jetzt schon dieses Kribbeln auf der Haut? Sind das nicht die absolut existenziellen Momente, wenn es um alles oder nichts geht? Um Sein oder Nichtsein?«

»Ich brauche das nicht dauernd. Ich bin nicht so ein Adrenalinjunkie wie du.«

»Ach, hör doch auf. Du hast ewig so gelebt.«

»Gefahr ist deine Droge«, sagte sie. »Du solltest einen Entzug machen. Hier in der *Klinik hinterm Deich* haben es schon einige geschafft, von Alkohol und Heroin loszukommen, bevor das Zeug sie zerstören konnte.«

Als könne er ihr nicht länger zuhören, trat er raus auf den Balkon. Er hielt das Gesicht in den Wind und machte Kniebeugen.

Sie kam zu ihm raus, umarmte ihn von hinten und hinderte ihn an weiteren Sportübungen. Sie drückte ihr Gesicht gegen seinen Rücken und hauchte in seinen Nacken: »Ich weiß. Du musst es tun. Du kannst gar nicht anders.«

»Ja«, stöhnte er, »und ich werde Spaß dabei haben und mich lebendig fühlen.«

»Du läufst bewusst in eine Falle«, erklärte sie ihm.

»Ich laufe nicht in eine Falle. Ich lasse mich hineinschieben. Von dir. Meiner wunderbaren Krankenschwester und Betreuerin.«

Sie löste sich von ihm und ging zurück ins Zimmer. Da, wo eigentlich ein bequemes Kissen den Rücken polstern sollte, befand sich jetzt ein Fächer mit vier Wurfmessern. Sie betrachtete die Konstruktion.

Er war ins Zimmer gekommen, ohne ein Geräusch zu machen. Jetzt stand er hinter ihr und sagte: »Ich kann die Messer ziehen, indem ich einfach nach hinten greife.«

Sie ging ein paar Schritte zurück, bis zur Wand, um die größtmögliche Entfernung von ihm zu haben. Sie betrachtete ihn, als sei dies ein Laborversuch und er das Versuchskaninchen. Und zwar eins, das sich freiwillig gemeldet hatte.

»Für dich ist das alles ein Spiel, oder? Dieses ganze Leben, das ist alles eine Riesenkomödie?«

»Ja«, sagte er, »in den besten Momenten ist das so für mich, Kirschblüte. Und in den dunklen ist diese Welt eine einzige Tragödie. Aber ich versuche immer wieder, sie in eine Komödie zu verwandeln. Das, was mich jetzt antreibt, ist der optimistische Kern in mir. Das hatte ich schon als kleiner Junge: dieses Gefühl, ich darf mich nicht unterkriegen lassen. Ich muss der Welt trotzen und ihr ins Gesicht lachen, sonst bin ich verloren.«

Sie löste sich von der Wand und sprang ihn an. Er geriet ins Wanken und wäre fast rückwärts über seinen Rollstuhl gestolpert. Sie küsste ihn, bis er kaum noch Luft bekam. »Lieb mich«, sagte sie, »jetzt, hier.«

Er fühlte sich ein wenig überrumpelt: »Wir haben Zeit«, versprach er. »Wir können morgen mit der ersten Fähre rüberfahren und dann ...«

»Lieb mich jetzt«, bat sie. »Es gibt Dinge, die sollte man nicht aufschieben.«

Claudia und Samantha hatten ihr Gepäck bei einer verlassenen Sandburg abgestellt, auf deren Turm eine zerzauste Möwenfeder im Wind zitterte. Schwertmuscheln zierten die Zugbrücke. Die Ausläufer einiger Wellen versuchten, an der Burgmauer zu lecken, kamen aber nicht ganz dran. Gelbweiße Gischtflocken blieben vor der Sandburg liegen wie heruntergefallene Wolken.

Sie liefen schwer atmend an der Wasserkante entlang. Claudia bestand darauf, die Insel sofort zu verlassen, doch Samantha war dagegen: »Wir müssen noch mal in die Wohnung zurück. Wir haben ja viel zu viel liegen lassen. Die können sofort Rückschlüsse auf uns ziehen.«

Claudia blieb stehen, drehte sich zu ihrer Schwester um und schrie sie gegen den Wind an: »Bist du völlig verrückt? Was hast du vor? Glaubst du ernsthaft, ich gehe noch mal in diese Wohnung zurück? Willst du hier den Tatortreiniger spielen oder was?«

»Ich mach's«, schlug Frederick vor.

Beide staunten ihn an. »Du?«

»Ja, wenn ihr es nicht hinkriegt, mache ich es. Und das Wort Tatortreiniger ist gar nicht verkehrt. Es muss richtig sauber gemacht werden. Da darf keine DNA mehr von euch sein. Die Teller gehören in die Spülmaschine, das Essen muss weggekippt werden ...«

»Aber«, protestierte Claudia und zeigte ihre Hände wie Krallen vor, »da liegen zwei Leichen in der Wohnung.«

»Ja«, gab Samantha zu, »und genau deshalb müssen wir all das tun. Ich will nämlich nicht den Rest meines Lebens im Knast verbringen, sondern die Kohle kassieren und ...«

»Ihr kriegt Geld für die Morde?«, hakte Frederick nach.

Claudia presste die Lippen zusammen, nickte aber.

Er griff in den Sand und wollte ihn zu einer Art Schneeball formen, wie er es als Junge gern getan und ihn dann gegen die Hauswand geworfen hatte, um den Frust loszuwerden. Aber es wurde kein Schneeball, denn es war kein Winter, sondern Sommer, und es war Sand statt Schnee. Der Wind kam von vorn und fegte ihm die ganze Ladung ins Gesicht. Er bedauerte seine hilflose Geste und stand jetzt ziemlich belämmert da.

Er hatte so sehr gehofft, die Frauen hätten sich einfach mit zwei Typen verabredet, und die ganze Geschichte sei dann eskaliert. Er begann zu ahnen, dass ein Plan dahintersteckte. Ein völlig bescheuerter Plan.

»Aber die Polizei wird euch sowieso kriegen. Ich meine, ihr habt die Ferienwohnung doch gebucht ...«

Samantha trumpfte auf: »Ja, als Familie Stobbe aus Gelsenkirchen oder Bochum, das weiß ich nicht mal mehr so genau.«

»Unter falschem Namen?«, hakte er nach.

Samantha tippte sich gegen die Stirn. »Na klar. Schließlich hatten wir geplant, hier etwas nicht ganz Legales durchzuführen ... Wir sind doch nicht bescheuert.«

Was sind das für Frauen, dachte er sich. Mit wem habe ich da die ganze Zeit zusammengelebt? Wieso habe ich davon nie was mitgekriegt? Die sind doch nicht erst in den letzten paar Wochen so geworden.

»Und wo wolltet ihr dann danach schlafen? Habt ihr etwa noch eine zweite Wohnung?«

»Nein«, gestand Claudia. »Darüber haben wir nicht nachgedacht. Wir wollten entweder sofort von der Insel verschwinden oder ... einfach noch eine Weile hierbleiben und Urlaub machen. Wir haben die Wohnung für die ganze Woche gebucht.«

»Urlaub machen?«, fragte er. »Mit zwei Leichen im Zimmer?«

»Ach«, wehrte sich Samantha, »wir wussten doch nicht, dass wir so bald schon eine Leiche in der Wohnung hätten. Am Anfang haben wir doch gedacht, wir könnten Sommerfeldt irgendwo aufgabeln und ...« Sie sprach nicht weiter. Es schien ihr sinnlos, zu argumentieren.

Claudia sprach weinerlich: »Es tut mir leid. Wir hätten das alles nicht machen sollen. Es ist uns über den Kopf gewachsen. Es war eine blöde Idee. Ich sah plötzlich dieses Ding vor mir, dass wir schnell reich werden könnten und endlich ein unabhängiges, freies Leben führen und ...«

»Und als Nächstes legt ihr mich um, oder was? Weil ich jetzt euer Mitwisser bin?«

»Quatsch! Wir kommst du denn da drauf?«

»Stimmt«, sagte er, »ihr seid längst nicht so kaltblütig, wie ihr dachtet. Also, Girls, ich werde jetzt in die Wohnung zurückgehen und da gründlich sauber machen. Heute Nacht pennen wir in einem der Strandkörbe. Das ist überhaupt kein Problem. In die Wohnung müsst ihr nicht zurück, obwohl das eigentlich das Sicherste wäre ... Die zwei werden ja wohl nicht von ihren Ehefrauen vermisst. Und morgen verlassen wir die Insel dann und fahren zurück nach Hause.«

»Warum machst du das?«, fragte Claudia, und sie hoffte auf die Antwort: *Weil ich dich liebe.* Doch stattdessen sagte er: »Weil ihr mir dann etwas schuldig seid. Ihr alle beide.« Er zeigte mit dem Finger zuerst auf Samantha, dann auf Claudia.

Er ließ sie am Strand zurück und ging in Richtung Ferienwohnung.

»Er ist ein Held«, sagte Claudia wenig überzeugt. Sie hatte ihren Mann noch nie so gesehen. Doch Samantha sah das anders und warnte ihre Schwester: »Der glaubt, dass er uns beide jetzt in der Hand hat. Der denkt, dass wir ab sofort seine willigen Sklavinnen sind. Du warst das ja schon immer, aber ich habe keine Lust dazu.« Sie zeigte mit Daumen und Zeigefinger eine Streichholzlänge an: »Wir sind so kurz davon entfernt, frei zu sein. So kurz. Da ist nur noch dieser Kretin von deinem Ex dazwischen. Lass ihn die Drecksarbeit da oben in der Bude machen. Und dann …«

Claudia erschauderte. Gleichzeitig wusste sie, dass man, wenn man erst einmal über diese Schwelle gegangen war, die Hemmungen, die wohl jeder Mensch hatte und die einen daran hinderten, andere umzubringen, leichter ablegte.

Johann Baptist Reichhart hatte für sich und Desiree eine lichtdurchflutete Wohnung für vier Personen im *Haus Nordseeblick* in der Kaiserstraße ergattern können. Die Lage im achten Stock war perfekt. Vom Balkon aus hatten sie einen herrlichen Blick aufs Wattenmeer. Sie konnten Juist sehen.

Für sein Gefühl war es im Schlafzimmer zu hell, aber sonst schien alles in Ordnung.

Desiree hatte die Reste vom Pflaumenkuchen in Bioplastikdosen verpackt, die er fälschlicherweise Tupperdosen nannte, doch sie klärte ihn auf, das sei kompostierbar und aus nachwachsenden Rohstoffen.

Er lachte. Für ihn war Bioplastik eine einzige Lüge. Ein Widerspruch in sich. Er behauptete: »Darin sind genauso viele Pestizide, und es kommen chemische Dünger zum Einsatz, wie in dem anderen Zeug auch. Das Wort Bioplastik hört sich toll an, vielleicht sogar ein bisschen witzig, aber einem Realitätscheck hält das Zeug garantiert nicht stand.«

Sie guckte ein bisschen beleidigt. Sofort nahm er seine Einwände wieder zurück. Natürlich sei es prima, wie viele Gedanken sie sich um die Umwelt mache. Er wolle sich nur nicht reinlegen lassen.

Um die Stimmung zu verbessern, lud er sie auf ein großes Eis ein. Frauen, dachte er, können verdammt empfindlich sein. Sie ist jetzt mitgekommen, damit ich ihr beweisen kann, dass ich wirklich Johann Baptist Reichhart, der Henker, bin. Sie will dabei sein, wenn ich Sommerfeldt ausknipse. Das scheint ihr moralisch überhaupt keine Schwierigkeiten zu bereiten. Aber wir streiten uns um Umweltfragen.

Sie schlenderten zwischen den Strandkörben her. Obwohl es windig war, schwitzte sie sehr. Die Promenade war ihr lieber als der Strand.

Sie wählten das Eiscafé mit den augenscheinlich tollsten Bechern. Er registrierte, dass sie jedes Mal, wenn langbeinige junge Frauen mit kurzen Strandkleidern an ihnen vorbeiliefen, genau darauf achtete, wohin er guckte. Er bemühte sich, nicht hinzusehen, und versuchte, schöne Frauen zu ignorieren. Sie sollte sich als seine Einzige fühlen, und genau das war sie ja auch.

Er staunte nicht schlecht, als er Willi Klempmann mit seiner Silvia sah. Es war ihm unangenehm. Er wollte von Klempmann nicht entdeckt werden. Immerhin war er in seinem Auftrag hier, auch wenn Klempmann nicht wusste, dass er vorhatte, ihn morgen auf Norderney zu erfüllen.

»Lass uns«, sagte er zu Desiree, »lieber in unser schönes Apartment gehen und von da aufs Meer gucken. Mir ist es hier einfach zu voll. Ich bin lieber mit dir alleine. Mir sind gerade zu viele Touristen auf der Insel.«

Desiree lachte: »Wir sind doch auch Touristen.«

Er schüttelte den Kopf: »Nein, ich bin beruflich hier.«

»Ach ja«, lachte sie, »na klar.«

Sie glaubt es immer noch nicht, dachte er.

Willi Klempmann hatte den Henker längst gesehen und ahnte, warum er sich auf der Insel aufhielt. Auf keinen Fall wollte er vor Ort sein, wenn die Aktion lief. Immer dann, wenn in seinem Auftrag ein Mord geschah, befand er sich gern so weit wie möglich davon entfernt, und zwar mit einem guten Alibi.

Er deutete Silvia an, dass er Kreislaufprobleme habe und gern wieder auf die Yacht zurückwollte. Sie respektierte seinen Wunsch sofort.

Vielleicht wäre es doch besser, Christian Ahlers und Bettina Göschl mal auf die Yacht einzuladen und das Programm dort im kleinen Kreis privat zu genießen.

Annika ging drei, vier Meter vor den beiden spazieren, Christine ein paar Meter hinter ihnen. Klempmann war gut bewacht, doch es sah überhaupt nicht so aus. Für flüchtige Blicke entstand nicht der Eindruck, dass Klempmann und die beiden Frauen etwas miteinander zu tun hatten. Er war ganz auf seine Silvia konzentriert. Es wirkte, als würden sie nur zufällig alle in die gleiche Richtung gehen. Jemand, der länger zusah und sich Gedanken machte, hielt die beiden vermutlich für seine Töchter, die einerseits Papa noch in den Urlaub begleiteten, andererseits aber auf Distanz zu ihm Wert legten.

Silvia ging zu Christine und sagte: »Er möchte zurück. Ihm ist es hier zu rummelig, glaube ich. Vielleicht hat er was Falsches gegessen.«

Christine atmete erleichtert aus: »Ich fühle mich auch nicht gut hier. Das Sicherheitsrisiko ist sehr hoch.«

Silvia lächelte: »Ja, aber ich glaube, darum geht es ihm nicht. Er ist nicht gerade ein ängstlicher Typ.«

»Ja, da haben Sie wirklich recht …«

Frau Dr. Döse konnte vor Zorn kaum an sich halten. Es war genau das eingetreten, was sie befürchtet hatte. Sie hatte ein Zimmer im *Hotel Reichshof* in Norden gebucht und wollte heute einen Wellnesstag mit Sauna und Massagen einlegen. Eigentlich hatte sie sich vorgenommen, so etwas zweimal im Monat zu machen, um länger fit und leistungsfähig zu bleiben. Aber immer wieder kam etwas dazwischen. Irgendetwas plusterte sich auf und machte sich so groß, dass sie es entweder nicht genießen konnte, weil in ihr selbst die Gefühle Achterbahn fuhren, oder sie musste den Termin gleich komplett absagen, weil woanders nach ihrer Anwesenheit verlangt wurde. Es war, als würde jemand ihren Kalender lesen und geheime Mitteilungen an alle schicken, die Schwierigkeiten machen konnten: *Jetzt Sperrfeuer, bevor sie sich tatsächlich mal entspannt!*

Sie musste sich Luft verschaffen. Zuerst öffnete sie in ihrem Hotelzimmer das Fenster und blickte nach draußen in einen provozierend strahlend blauen Himmel. Dann wählte sie auf ihrem Handy die Nummer von Elisabeth Schwarz.

Es verschaffte ihr eine gewisse Genugtuung, dass Frau Schwarz direkt nach dem ersten Klingelton ranging. Wenn man wichtig genug ist, dachte sie, traut sich keiner, einen lange warten zu lassen.

Sie keifte sofort los: »Das ist der GAU! Und genau das hatte ich befürchtet!«

»Wovon, bitte, reden Sie, Frau Dr. Döse?«

»Von Ihren gottverdammten, verräterischen ostfriesischen Bauerntölpeln!«

Frau Schwarz erwischte sich dabei, die Ostfriesen zu verteidigen und ärgerte sich über sich selbst. Sie hörte sich sagen: »Bauern haben wir hier gar nicht viele. Wenn, dann eher Fischer. Die meisten leben vom Tourismus oder arbeiten bei VW.«

»Ja«, zischte Frau Dr. Döse, »wie auch immer … Das interessiert jetzt wirklich niemanden! Sommerfeldt ist gewarnt worden und geht gegen die Kollegen vor. Wir haben bereits zwei Opfer zu beklagen!«

Frau Schwarz hielt die Luft an. Sie brauchte einen Moment, bis sie die ersten Worte herausbrachte: »Wollen Sie etwa behaupten …«

»Ja, das will ich! Wenn Sie es nicht waren, Frau Schwarz, dann hat die Kollegin Klaasen – und ich möchte das Wort *Kollegin* deutlich in Anführungsstrichen aussprechen – einen der schlimmsten Verbrecher unseres Landes mit Informationen versorgt. Das wird ein Nachspiel haben, Frau Schwarz!«

»W … w … was erwarten Sie von mir?«

»Die sofortige Verhaftung von Ann Kathrin Klaasen! Ich werde sie und all ihre Komplizen vor Gericht stellen.«

Elisabeth Schwarz schluckte. Es fiel ihr schwer, es zuzugeben, doch sie rückte damit raus: »Ich fürchte, ich finde hier niemanden, der bereit wäre, Frau Klaasen festzunehmen.«

»Ja«, konterte Mechthild Döse, »das dachte ich mir. Und mit dieser Aussage wissen wir alles über den Zustand der Inspektion in Norden, Aurich und Wittmund. Sie haben die Lage dort nicht im Griff. Dieses Rattenloch muss ausgeräuchert werden …«

Elisabeth Schwarz stöhnte. So musste sich ein Kapitän auf dem sinkenden Schiff fühlen. Doch Ostfriesland war nicht die Titanic.

Wenn dieses Gespräch vorbei ist, dachte sie, werden mir zig schlagfertige Antworten einfallen. Dann werde ich wissen, was ich hätte sagen sollen. Aber jetzt, verdammt, mein Kopf ist leer, als hätte ich einen Blackout …

Sie hoffte, nicht zu stottern. Als müsse sie sich vergewissern, wer sie selber war, sagte sie: »Sie reden mit mir. Ich bin die leitenden Polizeidirektorin Elisabeth Schwarz und in dieser Funktion verantwortlich für einundzwanzig Dienststellen und vierhundertzweiundzwanzig Mitarbeiter …« So verunsichert, wie sie war, versuchte sie jetzt sogar, zu gendern. Aber das ging schief. Sie korrigierte sich selbst: »MitarbeiterInnen.«

»Schlimm genug. Besorgen Sie uns einen Haftbefehl! Aber von dem Rest lassen Sie und Ihre Leute ab sofort die Finger. Das ist etwas für das BKA und die Innere.« Frau Döses Stimme wurde noch schärfer: »Und, Frau Schwarz?«

»Ja?«, konterte die Polizeidirektorin. »Einen Haftbefehl? Das wird nicht leicht. Den stellt uns hier in Ostfriesland kein Richter aus.«

»Mein Gott, das wird ja immer schlimmer! Was für ein Klüngel! Dann tun Sie sich bitte den Gefallen und machen Sie jetzt nichts. Wenn Sie Ann Kathrin Klaasen warnen, hat das harte dienstrechtliche Konsequenzen für Sie.«

»Zu mehr als einer Befragung können wir die Kollegin Klaasen nicht einladen.«

»Zu einer Befragung einladen?«, empörte sich Frau Dr. Döse. »Das wird ja immer schöner!«

»Ja, die Vorwürfe reichen nicht mal für eine vorläufige Verhaftung. Bitte ersparen Sie uns den Ärger, Frau Döse. Wir sind hier in Ostfriesland.«

»Ja, das erwähnten Sie bereits«, bellte Mechthild Döse.

Elisabeth Schwarz hob die Hände, als wolle sie sich vor einem

Publikum verteidigen und einen Schwur leisten, doch es war niemand im Raum. Sie war ganz allein im Zimmer, und sie hätte sich am liebsten in einen der verschließbaren Aktenschränke verkrochen. Stattdessen ließ sie sich schwer in ihren Bürosessel fallen. Er quietschte. Es hörte sich an, als käme das Geräusch von einer Katze.

Frau Schwarz war zum Heulen zumute, und sie wusste nicht, was sie denken sollte. Sie wollte so gern alles richtig machen, aber diese Möglichkeit gab es nicht mehr.

War Ann Kathrin Klaasen eine Verräterin? Arbeitete sie die ganze Zeit mit einer Frau zusammen, die einen Serienmörder deckte? Oder war dies hier die Stunde, in der sie sich als Chefin mit breiten Schultern schützend vor ihre Mitarbeiterin stellen musste?

Wenn das hier vorbei ist, dachte sie, wird nichts mehr so sein wie vorher.

Sie hatte alles versucht, um den Laden hier in den Griff zu kriegen. Jetzt fühlte sie ihr tiefes Versagen.

Sie sah zum Schachbrett rüber, das in ihrem Zimmer mit aufgebauten Figuren auf eine Partie wartete. Wenn das Leben doch so einfach wäre wie das Schachspiel, dachte sie. Wenn man wüsste, was eine Figur kann und darf und was nicht. Und wenn sich jeder Spieler an die Vorgaben halten würde – ach, wie einfach wäre das Leben …

Sie hatte zwei Ehen überstanden, die schrecklich geendet, aber großartig begonnen hatten. Hier war es von Anfang an schwierig gewesen. Aber was sollte sie machen? Zum Schachprofi reichte es nicht mehr.

Eisenmann hielt sich noch in der Ferienwohnung auf. Er versuchte, sich ein genaues Bild zu machen. Was war hier geschehen?

Vier Menschen hatten gegessen. Zwei davon waren seine Mitarbeiter gewesen, Ingo und Patrick. Bei den beiden anderen handelte es sich um junge Frauen, möglicherweise mit ausländischem Hintergrund. Er fragte sich selbst, wie er darauf kam. So ein orientalisches Essen konnten schließlich auch deutsche Frauen zubereiten. Hatten sie die beiden Polizisten hierhin gelockt, zu Sommerfeldt in die Falle?

Als er Schritte hörte, versteckte er sich im Schlafzimmer. Er zog seine Waffe und blieb ganz ruhig, mit dem Rücken an der Wand, neben der Tür stehen. Da war jemand zurückgekommen, um die Wohnung zu reinigen. Die Geräusche waren ganz eindeutig. Geschirr wurde in die Spülmaschine geräumt, die Toilette abgezogen.

Ganz vorsichtig öffnete er die Tür einen Spalt und schielte ins Wohnzimmer. Er sah den Mann von hinten. Er wischte den Tisch mit einem feuchten Lappen ab.

Wollte Sommerfeldt seine Spuren beseitigen? Oder ging es ihm nur darum, seine Mitarbeiterinnen zu schützen, denn die waren vermutlich noch nicht polizeibekannt.

Eisenmann fühlte sich großartig. Noch bevor das Spektakel bei Thalia losging, konnte er sich diesen Sommerfeldt schnappen.

Hier gab es keine Zeugen, und die beiden toten Kollegen gaben ihm jedes Recht, von der Waffe Gebrauch zu machen. Es würden keine dummen Fragen gestellt werden. Damit konnte er öffentlich auftrumpfen. Damit waren seine Ninjas rehabilitiert. Sie hatten zwei Märtyrer. Und ihm, dem Chef, war es gelungen, die Situation zu klären.

Er nahm die Glock in beide Hände, riss die Tür auf, sprang breitbeinig ins Wohnzimmer und schrie: »Hände hoch!«

Der Mann ließ den Putzlappen fallen und hob tatsächlich die Hände.

Komm, dachte Eisenmann, versuch irgendeinen Trick! Versuch, eine Waffe zu ziehen! Das macht es noch viel schöner.

Eisenmann zielte auf den Kopf.

Der Mann drehte sich langsam um: »Bitte nicht schießen«, sagte er.

Eisenmann richtete die Waffe auf seine Stirn. Er wollte ihm zwischen die Augen schießen. So jämmerlich hatte er sich Sommerfeldt tatsächlich nicht vorgestellt. Wo war die Kämpfernatur, wo der Killer in ihm?

»Das war's, Sommerfeldt«, sagte Eisenmann. »Die Party ist vorüber.«

»Ich bin nicht Sommerfeldt. Mein Name ist Frederick Krosch.«

»Klar«, lachte Eisenmann, »und ich bin der Weihnachtsmann.«

Eisenmann feuerte. Die Wucht des Einschlags warf Frederick Krosch auf den feuchten Tisch. Er war sofort tot.

Eisenmann hätte einen Veitstanz aufführen können vor lauter Freude. So fühlen sich Sieger, dachte er. Die Nuss war nicht einfach geknackt worden, nein! Er hatte das Ding lange vor der Zeit gelöst. Und er hatte allen gezeigt, wo der Hammer hing. Er war der Chef! Er, Eisenmann!

Claudia und Samantha hatten sich in den Schutz eines Strandkorbs zurückgezogen. Sie saßen eng aneinandergeklammert und warteten auf Frederick.

»Warum kommt er nicht? Wo bleibt der so lange?«, meckerte Claudia.

Samantha wies sie zurecht: »Nun sei mal nicht so streng mit deinem Mann. Der meint es gut. Der macht gerade die Drecksarbeit für uns.«

»Und wenn er die Polizei ruft?«

Erschrocken empörte sich Samantha: »Mein Gott, bist du misstrauisch ihm gegenüber!«

»Er hat jeden Grund, sauer auf mich zu sein.«

»Auf uns.«

»Ich hätte ihm das nie zugetraut, wie er auf Ingo losgegangen ist. Das war richtig heldenhaft.«

Eine Möwe landete auf ihrem Strandkorb, als würde er ihr gehören.

Die beiden schwiegen, als hätten sie Angst, von der Möwe belauscht zu werden. Samantha wedelte mit der Hand, um die Möwe zu vertreiben, doch die ließ sich davon nicht beeindrucken.

»Die Viecher werden auch immer frecher.«

»Geh«, bat Claudia. »Wir haben nichts.«

Die Möwe flog in Richtung Wellen.

»Die hat dich genau verstanden«, lästerte Samantha. »Wenn einer nichts mehr hat, dann gehen die Raubtiere.«

»Ja«, sagte Claudia, »und wir haben jetzt eine ganze Menge.«

»Bald«, ergänzte Samantha. »Bald. Wir müssen jetzt nur die Kohle einfordern und sie uns abholen.«

»Das könnte ja Frederick für uns erledigen.«

»Bist du verrückt? Den sehen wir nie wieder, wenn er das Geld hat.«

»Wer denkt denn jetzt hier schlecht von ihm, du oder ich?«, fragte Claudia.

»Das hat mit schlecht doch nichts zu tun. Der Verführung kann niemand widerstehen. Aber ich fürchte, der will nicht einfach nur das Geld. Der will noch viel mehr.«

»Was denn?«

»Uns beide. Wenn der da sauber macht, noch ein paar schöne Fotos knipst und ein paar Beweise sichert, dann kann der von uns alles verlangen, was er will.«

Claudia guckte groß.

»Ist dir nie aufgefallen, wie er mich anschaut?«, fragte Samantha. »Der hätte zu gerne uns beide.«

»Ach, du spinnst doch!«

»Du wirst es sehen ...«

»Er wird auch immer Angst vor uns haben. Er hat gesehen, wozu wir fähig sind. Der schaut uns jetzt mit anderen Augen an.«

Ein dunkelblauer BMW bog in den Distelkamp ein und hielt vor der Nummer 13.

Im Garten wendete Peter Grendel gerade die Bratwürstchen.

Ann Kathrin schnitt mit seiner Frau Rita Broccoli, Möhren, Zwiebeln, Paprika und Auberginen. Sie wollten Gemüsepäckchen in Alufolie auf den Grill legen.

Ann hatte den Termin mit den Nachbarn auf Wellers Rat hin nicht abgesagt. Sie brauchte jetzt ihre Freunde, um auf andere Gedanken zu kommen.

Weller telefonierte mit seiner Tochter, die Liebeskummer hatte. Er zog sich für das Gespräch unter den Kirschbaum zurück. Von dort aus konnte er alle sehen, aber sie bekamen nicht unbedingt mit, was er seiner Tochter zu sagen hatte.

Es klingelte vorn an der Haustür. Weller gab seinem Freund Peter ein Zeichen. Das wäre aber gar nicht nötig gewesen. Peter ging rasch quer durchs Haus zum Eingang.

»Kommt Rupert noch?«, fragte Rita. Ann Kathrin zuckte mit den Schultern und zerhackte scharfe Küchenzwiebeln. Ihre Augen tränten.

Vor der Tür stand ein Pärchen. Er war Anfang fünfzig, mit verlebtem Gesicht. Sie sah gut zehn Jahre jünger aus als er, war aber zwei Jahre älter. Sie trug ein fliederfarbenes, knielanges Kostüm.

Peter verstand sofort, dass er Polizisten vor sich hatte. »Na, Kollegen von Ann? Euch kenne ich ja noch gar nicht.«

»Sind Sie Herr Weller?«, fragte die Frau und strich sich Haare aus der Stirn.

Peter grinste: »Nee, ich bin der Nachbar.«

»Wir wollen Frau Klaasen sprechen«, erklärte sie. Sie war nervös. Eigentlich müsste sie sich vorstellen und klar den Grund ihres Kommens benennen. Weil sie es nicht tat, blickte ihr Kollege sie kritisch an.

»Na, dann kommt mal rein, bevor uns die Würstchen anbrennen.«

Sie folgten Peter durchs Haus auf die Terrasse. Sie sahen die vielen Bücher, und der Beamte folgerte aus den vielen Bilderbüchern, dass die zwei noch kleine Kinder, wenn nicht gar schon Enkelkinder hatten.

Peter widmete sich auf der Terrasse sofort wieder dem Grill.

»Frau Klaasen?«, fragte die Frau in dem zu engen Kostüm und hielt Ann Kathrin einen Zettel hin.

Ann Kathrin wischte sich eine Träne weg.

»Mein Name ist Linde, das ist mein Kollege Hecht.«

Ann Kathrin ignorierte das Papier. Sie zerhackte lieber weiter Zwiebeln.

»Soll das ein Haftbefehl sein?«, fragte Rita Grendel. »Sie gucken so grimmig.«

Peter Grendel lachte hellauf: »Haftbefehl! Der war gut, Rita.«

»Wir sind von der Inneren und haben den Auftrag, Sie zu einem Gespräch mitzunehmen …«

Peter stand plötzlich zwischen den beiden und Ann Kathrin. Er hielt die Grillzange wie eine Waffe in der Hand und stupste Herrn Hecht an: »Ihr wollt Ann verhaften? Und da kommt ihr ohne ein mobiles Einsatzkommando? Mutig, mutig! Na, mal im Ernst – wollt ihr 'ne Wurst?«

Rita zeigte auf das Gemüse: »Wir haben auch was für Vegetarier. Oder seid ihr Veganer?«

Weller beendete schweren Herzens das Gespräch und kam aus dem Garten auf die Terrasse. Er hatte mitgekriegt, was hier lief, und konnte es kaum glauben.

Er riss Frau Linde das Papier aus der Hand und schaute sich den Zettel an.

»Ja, das ist eine Legitimation von der Inneren. Ihr sollt also Ann mitnehmen? Soll ich euch mal sagen, was ich davon halte?« Weller warf das Papier auf die glühende Holzkohle. Es fing sofort Feuer.

Ann deutete Weller mit einem kurzen Blick an, er solle sich mäßigen. Sie wusste, wie sehr er ausflippen konnte, wenn er in Wut geriet.

»Das war ein amtliches Dokument«, tadelte Hecht ihn. »Sie als Polizist sollten eigentlich wissen …«

Weller zeigte auf Hecht und fragte Frau Linde: »Was ist denn das für eine Luftpumpe?«

»Ich bin ein paar Dienstgrade höher als Sie, Herr Weller«, stellte Hecht klar.

Weller fauchte: »Halt einfach die Fresse!«

Hecht trat einen Schritt zurück. Er hatte Angst, Weller könne ihm eine reinhauen.

Peter Grendel hielt ihm eine schön kross gebratene Grillwurst hin: »Sie haben Glück, dass Frank heute gut gelaunt ist«, grinste er.

Ann putzte sich die Hände ab. Sie wirkte sehr gefasst. »Von der Inneren? Was wird mir vorgeworfen?«

»Das würden wir Ihnen gerne unter vier Augen mitteilen«, sagte Frau Linde und strich über ihr Kostüm, als hätte sie Sorge, sich hier zu beschmutzen.

Ann deutete auf die Runde: »Ich habe vor meinen Freunden keine Geheimnisse.«

Frau Linde feuerte ihre Antwort scharf ab: »Aber es gibt Dienstgeheimnisse.«

Weller wurde sarkastisch: »Und weil sie in Ostfriesland keinen gefunden haben, der sich für die Drecksarbeit hergibt, Ann was ans Zeug zu flicken, haben sie euch direkt aus dem Modekatalog bestellt?«

Rita versuchte, die Situation mit einem Scherz zu entkrampfen. Sie zeigte auf die Videoüberwachungsanlage, die rund ums Haus installiert war: »Ach so, jetzt verstehe ich! Ihr seid von *Vorsicht, Kamera*! Das soll ja wohl ein Witz sein! Ich wäre fast drauf reingefallen ... Aber wie echte Polizisten seht ihr nicht aus, mehr so wie Schauspieler, die echte Polizisten mimen.«

»Och«, sagte Peter, »ich hab die gleich erkannt. Ich meine, wer kommt denn in Kostüm und Anzug zu einem Grillabend?«

Frau Linde wich ihm aus. Sie befürchtete wohl, er könne sie mit dem Grillwürstchen berühren, das ihm immer noch niemand abgenommen hatte.

Peter biss jetzt selbst rein. »Hmm, da entgeht euch was, Leute. Also, die wären jetzt so weit.«

»Mir ist der Appetit vergangen«, zischte Weller.

Ann Kathrin sah aus, als wolle sie mit den beiden gehen, doch Rita hielt sie auf: »Iss lieber noch was, Mädchen. Wer weiß, wann du das nächste Mal was bekommst und ob die überhaupt was Vernünftiges haben.«

»Wo wollen Sie mich hinbringen?«, fragte Ann. »Zu uns, in die gekachelten Räume? Ist das eine vorläufige Festnahme?«

»Vorläufige Festnahme«, spottete Rita, »aber nicht an unserem Grillabend!«

Weller tippte sich demonstrativ gegen die Stirn: »Ich will«, sagte er, »eure Ausweise sehen. Hier kann ja jeder reinkommen und behaupten ...«

»Wir haben Ihnen unsere Legitimation gerade eben gezeigt. Sie haben sie verbrannt!«

Es sah aus wie ein Versehen, aber später erzählten sich alle, es sei Absicht gewesen. Peter Grendel drückte wohl etwas zu fest auf eine Senftube, und ein Spritzer landete auf Hechts linker Wange.

Frank Weller tippte auf seinem Handy herum: »Ich rufe Wolfgang an.«

Rita reichte Hecht eine rote Serviette und sagte: »Sie haben da was.« Sie zeigte auf seine Wange. Dann übersetzte sie Wellers Satz, weil der Name Wolfgang den beiden BKAlern nichts sagte: »Das ist ihr Anwalt. Wolfgang Weßling. Und wenn der mit euch beiden fertig ist, wisst ihr, wie es sich anfühlt, unrecht zu haben.«

»Ja, soll ich das jetzt hier alles alleine essen oder was?«, fragte Peter und hob die Würstchen vom Grill. Zwei waren schon angekokelt.

Den Triumph wollte Eisenmann sich nicht durch eine Pressekonferenz nehmen lassen, bei der irgendwelche ostfriesischen Sesselpupser versuchten, die Lorbeeren für sich einzuheimsen. Immerhin war Sommerfeldt ja von ihm gestellt und erledigt worden. Auf Norderney.

Eisenmann rief bei der *dpa* an. Er sonnte sich in seinem zu erwartenden Ruhm, noch bevor die Sonne des Erfolgs wirklich für ihn aufgegangen war.

Am Telefon sprach er mit einer jungen Frau. Aus ihrer Stimme glaubte er eine gewisse Bewunderung für den Serienkiller Dr. Bernhard Sommerfeldt herauszuhören. Er stellte sich die Journalistin mit Zahnspange vor. Sie lispelte auf eine charmant-süße Art, die ihn ganz nervös machte.

Er drehte mehr auf als nötig. Er wusste, dass weniger manchmal mehr war, aber er tat genau das Gegenteil. Je kritischer sie nachfragte, umso mehr blies er sich auf und ärgerte sich gleichzeitig über sein eigenes Verhalten.

»Ich dachte, bevor irgendwelche Lokaljournalisten hier auftauchen und Mist verzapfen, rufe ich besser bei der *Deutschen Presseagentur* an. Ihr seid doch ein seriöses Haus. Dann müssen Sie nicht die offizielle Pressekonferenz abwarten, sondern haben die Informationen als Erste.« Er holte tief Luft und fuhr fort: »Der weltweit gesuchte Serienkiller Dr. Bernhard Sommerfeldt wurde heute auf Norderney von mir gestellt. Es kam zu einem Kampf, bei dem zwei Beamte getötet wurden und er selbst ebenfalls.«

»Gab es eine Schießerei?«

Eisenmann belehrte die junge Frau: »Sommerfeldt schießt nicht. Er lehnt jeden Lärm ab. Meist tötet er mit einem Messer oder anderen spitzen Gegenständen, auf jeden Fall so lautlos wie möglich.«

Die lispelnde Journalistin hatte offenbar keine Ahnung. Er wollte sie schon fragen, ob sie eine Praktikantin sei, da leitete sie ihn an jemanden weiter, der wohl kompetenter war.

Eisenmann verstand den hingenuschelten Namen nicht und hatte auch keine Lust, nachzuhaken oder die ganze Geschichte noch einmal von vorn zu erzählen.

Er bereute schon, überhaupt angerufen zu haben. Mit Presseleuten hatte er immer nur Probleme gehabt. Kein Wunder, wenn man eine Truppe leitete, die es eigentlich gar nicht gab, aber trotzdem gute Berichte haben wollte.

»Sommerfeldt ist tot«, tönte er.

»Und ich spreche mit wem? Lässt sich das verifizieren? Was glauben Sie, wie viele Leute hier anrufen und uns irgendwelchen Mist erzählen?«

Eisenmann stöhnte. So hatte er sich seinen Triumph nicht vorgestellt. Er wollte ja nicht gleich zum Popstar werden, aber immerhin hatte er mit einem Schuss dieses Land, die Polizei und Justizbehörden vor großen Problemen bewahrt – dachte er.

Frauke sah ihrem Bernhard zu, der noch am Nebelwerfer bastelte. Sie suchte eigentlich nach dem Wetterbericht für den nächsten Tag, las aber dann in der *NWZ* online die neuesten Nachrichten. Sie stockte.

»Du bist gerade auf Norderney getötet worden«, stellte sie fest.

»Oh – hatte ich Schmerzen oder war es ein schneller Tod?«

»Ich glaube, du wurdest erschossen.«

Er hielt sich die Hände an die Ohren und verzog das Gesicht: »Autsch, das ist ja gar nicht gut fürs Trommelfell.«

»Ja, sie hätten in deinem Fall wirklich ein bisschen sensibler sein können. Aber ich glaube nicht, dass sie einen Schalldämpfer benutzt haben«, spottete Frauke. »Du weißt ja, wie rücksichtslos die Welt geworden ist.«

Er widmete sich wieder dem Rollstuhl.

Frauke fragte: »Willst du trotzdem morgen früh nach Norderney?«

»Klar«, freute er sich. »Mit meiner Betreuerin. Ich denke, die Lesung von Ahlers wird jetzt so eine Art Nachruf auf mich.«

»Ja, aber ich glaube kaum, dass Bettina Göschl Totenlieder singt.«

Sommerfeldt kniete vor dem Rollstuhl und schraubte daran herum. Jetzt stand er auf und breitete die Arme aus: »Ist es nicht wundervoll, wie wir leben?«

Sie antwortete nicht, sah ihn nur an, um ihm Raum für Erklärungen zu geben.

Er tänzelte um den Rollstuhl herum. Es sah aus wie eine genaue Choreographie, doch mit Leichtigkeit ausgeführt. Ein Kampf gegen imaginäre Gegner, die keine Chance zu haben schienen. Er attackierte mit Handkantenschlägen und Fußtritten, als würde er Küsse und Geschenke verteilen. Dann blieb er stehen, führte die Hände zum Körper zurück, atmete aus und sagte: »Ich bin schon so viele Tode gestorben und lebe doch immer noch.«

»Ja«, lächelte sie, »wenn man oft genug gestorben ist, fürchtet man den Tod nicht mehr ... Das kann auch gefährlich werden ... «

»Sie glauben, mich zu kennen, dabei kennen sie nicht einmal sich selbst.«

Sie konterte: »Unterschätze deine Gegner nicht. Das sind Profis.«

»Ja«, gab er ihr recht, »aber sie tun es nicht mit Leidenschaft, nicht aus vollem Herzen. Sie wollen Karriere machen, vor irgendwem gut dastehen oder …«

»Willst du das nicht?«

Er wurde nachdenklich, wirbelte herum, als würde er einen Gegner hinter sich vermuten, führte einen Highkick aus und wandte sich ihr wieder zu: »Ich will, was alle wollen.«

»Was denn?«

»Geliebt werden.«

»Von der ganzen Welt?«

»Nein. Von dir.«

Johann Baptist Reichhart hatte einen Erkundungsgang über die Insel gemacht. Den Strandkorb mit der lesenden Sommerfeldt-Puppe im Schaufenster bei Thalia empfand er als Provokation, fragte sich aber gleichzeitig, ob er auch eines Tages in Schaufenstern solche Huldigungen erfahren würde. Der Gedanke schmeichelte ihm.

Auf dem Rückweg zum Hotel holte er Vanilleeis und Sahne, weil das seiner Meinung nach gut zu Desirees selbstgemachtem Pflaumenkuchen passte. Er beeilte sich. Trotzdem begann das Eis bereits zu schmelzen.

Desiree hatte das Apartment, das ihm eigentlich sehr gut gefiel, mit wenigen Mitteln in ihrem Sinne umgestaltet. Ein paar bunte Tücher und ein paar Kerzen, mehr brauchte sie nicht, um aus jedem Raum eine Liebeslaube zu machen. Orchideen gab es hier leider nicht.

Alles bekam sofort eine leicht verruchte, aber durchaus auch spirituelle Atmosphäre. Ein bisschen erinnerte ihn das Apartment jetzt an einen Puff. Er sagte das nicht, denn er spürte, dass sie sich - zumindest in Anwesenheit eines Mannes - in solch bordellartigen Ausstattungen sicher, ja zu Hause fühlte.

Er fragte sich, ob sie das für ihn oder für sich machte. Glaubt sie, ich steh darauf?

Bei blauem Himmel, Sonnenschein und gut zweiunddreißig Grad die Fenster zu verhängen und Kerzen anzuzünden, fand er schon gewagt. Aber er respektierte sie und was sie tat.

Er wischte sich Schweiß vom Gesicht und frohlockte: »Vanilleeis und Sahne für den besten Pflaumenkuchen des Universums und die tollste Frau auf Erden.«

Schon fläzten sie sich aufs Sofa und schlemmten. Genussvolles Essen war ein wesentlicher Bestandteil ihrer Beziehung. Mindestens so wichtig wie Sex. Vermutlich wichtiger.

Sie legten die Füße dabei auf den Tisch. Mit der Fernbedienung schaltete sie den Fernseher ein. Sie wollte in die Mediathek, um einen Spielfilm auszusuchen. Am liebsten eine Komödie. Doch sie sah auf n-tv das Nachrichtenlaufband und stoppte den Suchvorgang.

Reichhart guckte gar nicht hin, sondern war mit seinem Teller beschäftigt. Er bemühte sich, bei jedem Bissen gleich viel Eis, Kuchen und Sahne in einen Mund zu baggern. Immer gehörte eine halbe Pflaume mit dazu und etwas von dem äußerst gelungenen Boden. Es kam bei jeder Gabel auf das ausgewogene Verhältnis der unterschiedlichen Speisen an. Der Geschmack des Vanilleeises durfte den Pflaumenkuchen nicht überdecken. Die Sahne sollte alles schlunzig machen und für ein cremiges Gefühl im Mund sorgen.

Sie frotzelte: »Dann hast du also Sommerfeldt beim Eisholen erledigt? Sozusagen im Vorbeigehen?«

Er verstand zunächst ihren Scherz nicht und war noch ganz

auf sein Essen konzentriert. Doch der Name Sommerfeldt ließ ihn aufhorchen. Er blickte zum Bildschirm. Ein Foto des berühmten falschen Arztes war zu sehen. Der Mann auf dem Bild war keine dreißig, aber er war eindeutig Sommerfeldt.

Johann Baptist Reichhart federte vom Sofa hoch. Weil er eine ungestüme Handbewegung machte, als müsse er einen Gegner wegstoßen, flog der Pflaumenkuchen samt Eis und Sahne vom Teller quer durchs Zimmer und klatschte gegen das Fenster zum Balkon, das Desiree mit einem roten Seidentuch, das von goldenen Glitzerfäden durchzogen wurde, verhängt hatte.

»Das darf doch nicht wahr sein«, brüllte er. »Nein, verflucht nochmal nein! Erst leg ich den Falschen um und dann das!«

Sie glaubte immer noch nicht, dass er der war, der er behauptete zu sein. Sie fragte deshalb gespielt naiv: »Ach, warst du das gar nicht?«

Zum ersten Mal, seit sie sich kannten, reagierte er für sie erschreckend gekränkt: »Nein, das war ich nicht! Jemand anders will die Millionen einsacken!«

Er warf den Teller auf den Tisch. Das Porzellan zerbrach. Er schlug mit der linken Faust in seine rechte. Es klatschte. Ein Gegner wäre so vermutlich k. o. gegangen.

»Das lasse ich mir nicht gefallen! Das war mein Gig!«

Sie wusste, dass Künstler, wenn sie auftraten, manchmal von einem Gig sprachen. Sie konnte sich die Anspielung nicht verkneifen: »Ach, sagt man unter euch Profikillern Gig, wenn man jemanden ins Jenseits befördert?«

Er blies heftig aus. Manchen Frauen hätte das Angst gemacht, aber sie war den Umgang mit aufgeregten Männern gewohnt. Sie zeigte auf das Seidentuch, an dem das Eis heruntertropfte, und auf den Kuchen am Boden: »Glaub ja nicht, dass ich jetzt

Putzzeug hole und die Sauerei aufwische. Aber weißt du, ich sehe dir sehr gern dabei zu. Ich finde Männer mit Putzlappen erotisch.«

Er schnaufte. »Ja, wie stehe ich denn jetzt da?«

Sie verschränkte die Arme vor der Brust und versuchte, ihn zu besänftigen. »Ja, man hat's nicht leicht als Profikiller. Wenn du umschulen willst, könnte ich dir eine Karriere als Handelsvertreter empfehlen.«

Er funkelte sie zornig an. »Verspotte mich nicht! Das ist kein Scherz! Hier geht gerade unsere Zukunft den Bach runter!«

Sie versuchte, ihn zu beruhigen: »Mach dir keine Sorgen, wenn es bei dir nicht mehr so gut läuft. Wir haben den Bauernhof in Twixlum, und ich kann jederzeit in meinen alten Beruf zurück. Ich muss ja nicht mehr Vollzeit arbeiten. Ich habe ein paar Adressen von Stammkunden. Wenn ich die anrufe, dann ... «

Für einen Moment befürchtete sie, er könne ihr ins Gesicht schlagen. Er holte schon aus. Er zitterte vor Zorn.

»Ja, komm«, provozierte sie ihn und reckte ihm das Gesicht entgegen. »Einmal, ein einziges Mal, und es ist vorbei. Für immer. Ich verlasse dich sofort. Noch jetzt. Mich schlägt nie wieder ein Kerl. Nie wieder!«

Sie waren schon wieder auf der Yacht, als die Nachricht sie erreichte. Der hohe Wellengang schaukelte das Schiff hin und her. Klempmann mochte das. Ihm war zum Feiern zumute. Endlich hatte er wieder freie Bahn!

Weil er es sonst niemandem sagen konnte, hielt er sich an der Reling fest und vertraute es der Nordsee an: »Du warst der

Pickel an meinem Arsch, Sommerfeldt. Und jetzt hab ich dich endlich rausoperieren lassen.«

Klempmann hätte sich schlapplachen können, doch er durfte sich nichts anmerken lassen. Schließlich fand seine Silvia, dass dieser Sommerfeldt doch im Grunde ein feiner Kerl sei. Sie glaubte, dass ihr Mann mit ihm einen Deal laufen habe, mit dem viele wohltätige Organisationen im Land unterstützt werden sollten.

Als sie von Sommerfeldts Tod erfuhr, wirkte sie richtig schockiert.

Willi Klempmann dagegen amüsierte sich.

Er hatte zehn Millionen auf Sommerfeldts Kopf ausgesetzt, und dieses Geld würde er nun sparen, denn die Polizei hatte die Drecksarbeit für ihn erledigt. Diesmal glaubte er auch an Sommerfeldts Tod, schließlich war das, wovon in allen Medien berichtet wurde, ein Polizeieinsatz gewesen, bei dem Sommerfeldt sein Leben gelassen hatte. Drei gegen einen. Immerhin, zwei hatte Sommerfeldt geschafft, bevor ihn die Kugel erwischte.

Willi Klempmann, der Gangsterkönig, war in letzter Zeit oft mit der Nachricht überrascht worden, Sommerfeldt sei tot. Es hatte sich jedes Mal um eine Lüge oder um einen Irrtum gehandelt. Er war sehr misstrauisch geworden, doch er, der Gangsterboss, glaubte der Polizei mehr als allen anderen. Die würden so eine Meldung doch nicht rausgeben, wenn sie nicht ganz sicher waren, den Richtigen erwischt zu haben.

Klempmann hatte Oberwasser. In der Szene würde man ihm das zuschreiben. Jeder wusste, dass er zehn Millionen geboten hatte, und nun war auch klar, dass er jeden überall erwischen konnte. Wahrscheinlich würden die Clanchefs in Berlin, Düsseldorf, Essen, Hamburg und Frankfurt nun davon ausgehen, dass seine Verbindungen in die Polizei hinein sehr weitreichend waren. Sein alter Leitspruch: *Wenn du jemanden nicht besiegen kannst, dann kauf ihn* war jetzt auf wundersame Art karikiert worden. Er hatte es nicht mal nötig gehabt, die Polizisten zu kaufen.

Sie erledigten die Arbeit für ihn umsonst.

Er rieb sich die Hände. Die Dinge liefen gut für ihn. Er hatte Lust auf eine Zigarre. Eine kubanische natürlich. Am besten eine Cohiba.

Er durfte sie sich nicht anzünden. Silvia wäre ausgerastet. Aber er konnte zumindest auf einer herumkauen und sie zwischen den Lippen hin- und herschieben. Er ließ sie zwischen den Findern rollen und hörte das Knistern des Tabakblattes.

Was ist nur aus uns geworden, dachte er ein bisschen wehmütig. Ob sich Al Capone auch von einer Frau das Rauchen hätte verbieten lassen?

Er war schon froh, dass er kein Yoga machen musste. Am Ende pinkeln wir nicht mal mehr im Stehen, dachte er.

Doch dann wischte er diese für ihn niederschmetternden Gedanken weg. Er wollte den Tag genießen. Herrje! Konnte man sich nicht mal richtig freuen?

Er suchte Feuer. Sie hatten ihm sogar die Streichhölzer abgenommen.

Es war im Moment leichter für ihn, an eine Pumpgun zu kommen als an ein Feuerzeug.

Er bat Christine, die in seiner Nähe stand, um Feuer. Sie guckte ihn tadelnd an und sagte: »Na, ich weiß nicht, ob ich das darf.«

»Doch, verdammt! Du darfst. Ich bin hier der Boss!«

Sie verschwand kurz in die Kajüte, und als sie zurückkam, gab sie ihm ein Päckchen extra lange Streichhölzer.

Der erste Zug war eine Offenbarung. Der zweite katapultierte ihn in den Nikotinhimmel. Er drehte die Zigarre um, sah die Glut an und blies hinein. Doch noch bevor er den dritten Zug genießen konnte, hörte er Silvias scharfe Stimme: »Das darf doch nicht wahr sein! Willst du dich umbringen?!«

Silvia hätte ihre Freundin Susanne Kaminski gern auf Norderney getroffen. Sie wusste, dass Susanne mit einigen Frauen vom Sommerfeldt-Fanclub zum literarisch-musikalischen Krimiabend mit Christian Ahlers und Bettina Göschl anreisen wollte.

Aus dem Treffen würde jetzt nichts werden. Ihre große Liebe, genannt George, war halt ein Einsiedlerkrebs. Lange würde sie es auf der Yacht nicht aushalten. Sie brauchte, im Gegensatz zu ihm, den Landgang. Die Freiheit, Menschen zu treffen und mit ihnen zu reden. Für sie war das Lebenselixier: Lesungen. Theater. Partys. Konzerte. Austausch mit Freundinnen.

Vielleicht machte sie all diese wohltätigen Dinge nur deshalb: um unter Menschen zu sein, etwas darzustellen.

Sie schrieb eine Kurznachricht an Susanne, löschte sie dann aber wieder und schickte ihr stattdessen lieber eine WhatsApp-Sprachnachricht. In letzter Zeit liebte sie solche Sprachnachrichten an ihre Freundinnen. Es war für die Empfängerin anders, als einfach nur ein paar Buchstaben zu lesen. Die Stimme hatte einfach eine zusätzliche Dimension. Und um Spaß, Freude, Trauer oder Ironie anzudeuten, waren keine Emojis nötig. Was waren eine leicht veränderte Tonlage, ein sanftes Räuspern oder ein ironischer Zungenschlag gegen diese Piktogramme? Was ein Lachen gegen ein Smiley? Was ein liebes Wort gegen ein rundes Grinsegesicht mit drei Herzen?

Sie sprach Susanne aufs Handy, wie gern sie sie bei der Lesung gesehen hätte und sie möge ihr doch wenigstens ein paar Fotos schicken und vielleicht sogar eine Tonprobe. Besonders gern hätte sie Bettina Göschls Lied *Du bist die Hand in meinem Rücken* mit ihrem George gehört und dabei Händchen gehalten.

»Wenn sie auf unserer Yacht auftritt, muss sie es auf jeden Fall für uns singen.«

Susanne antwortete schnell. Sie bedauerte ebenfalls, dass das Treffen ausfiel, fragte aber gleich: »Soll ich die beiden fragen, ob sie Zeit und Lust haben, auf die Yacht zu kommen?«

»Sicher, gern, du Gute. Natürlich sind dein Mann Martin und du dann auch eingeladen, und wir holen den Abend nach.«

Susanne schickte ihrer Freundin ein Foto von sich mit der Sommerfeldt-Maske aus Pappe. Durch den Schlitz zwischen den Lippen streckte sie die Zunge raus. Damit brachte sie Silvia zum Lachen.

Kurz danach schickte Susanne noch eine neue Sprachnachricht: »Einige vom Fanclub wollen zur Beerdigung, falls überhaupt bekanntgegeben wird, wo die ist … Ich fürchte, die halten alles geheim. Sie haben bestimmt Angst, sein Grab könnte zur Wallfahrtsstätte werden.«

Ann Kathrin staunte nicht schlecht. Sie wurde nach Aurich in die Polizeiinspektion gebracht. Dort warteten Frau Dr. Döse, Polizeidirektorin Elisabeth Schwarz und Kurt Kleinhaupt.

Die Luft im Besprechungsraum schien zu vibrieren.

Das aufdringliche Rasierwasser, das Kleinhaupt benutzt hatte, nahm Ann Kathrin fast den Atem. Er versprach sich eine männliche Note davon. Der Duft sollte Frauen paarungswillig machen und Männer unwiderstehlich. In der Werbung sagte der Vater zum Sohn: »Ohne dieses Wässerchen auf meiner Haut würde es dich gar nicht geben, Kleiner.«

Ann Kathrin hustete. Sie bat Frau Schwarz: »Können wir mal lüften? Hier stinkt es nach Puff, Diesel und Männerumkleide.«

Frau Schwarz kam Ann Kathrins Wunsch sofort nach, und noch während sie das erste Fenster öffnete, ahnte sie, dass Ann Kathrin damit die Gesprächs- und Handlungsführung übernommen hatte. Normalerweise sagte eine verhaftete Person den Ermittlern nicht, was sie zu tun hatten.

Polizeidirektorin Schwarz hatte befürchtet, die BKAler Döse und Kleinhaupt würden versuchen, sie an die Wand zu drücken. Sie war darauf vorbereitet, mit den beiden um die Dominanz zu ringen. Doch nun kämpfte Ann Kathrin mit ihren Mitteln der Gesprächsführung, und Frau Schwarz musste sich leider eingestehen, dass Ann Kathrin recht hatte. Die Luft war durch Kleinhaupts Rasierwasser unerträglich. Aber niemand hatte gewagt, es ihm zu sagen. Ann Kathrin ersparte ihm die Peinlichkeit nicht, und selbst Frau Dr. Döse sog die frische Luft erleichtert ein.

Diese kleine Szene war typisch, dachte Elisabeth Schwarz. Sie erklärte Ann Kathrin Klaasens Erfolge und gleichzeitig, warum sie innerhalb der Hierarchie so schlecht angesehen war: Sie benannte rücksichtslos die Probleme und schlug Lösungen vor, auch wenn sie sich damit unbeliebt machte.

Linde und Hecht blieben neben Ann Kathrin stehen, als müssten sie sie bewachen.

Ann wies die Kollegen zurecht: »Sie haben versäumt, mich zu kontrollieren, ob ich Waffen trage.«

Das saß.

Hecht guckte Linde an. Die senkte den Blick.

»Ich dachte, weil sie doch eine Polizistin ist …«, stammelte Hecht.

»Ja«, grinste Ann, »ich könnte jetzt eine Pistole ziehen und hier ein Massaker veranstalten.«

»Wenn Ihnen so ein Fehler bei Dr. Bernhard Sommerfeldt passiert, schlitzt er Sie auf«, prophezeite die Chefin der ostfriesischen Kriminalpolizei. Mit der scharfen Aussage hoffte Frau Schwarz, sich wieder ins Gespräch gebracht zu haben.

Dr. Döse konterte: »Der ist zum Glück tot.« Sie überlegte einen Moment und ergänzte: »*Zum Glück* streichen wir aus dem Protokoll.«

»Ach, führt hier jemand Protokoll?«, fragte Ann Kathrin.

»Frau Klaasen«, zischte Dr. Döse vorwurfsvoll, »durch Ihr unverantwortliches illoyales Verhalten haben Sie den Tod von zwei Kollegen auf dem Gewissen. Ich kannte beide persönlich. Ingo und Peter.« Ihr fielen die Nachnamen nicht ein, und Kleinhaupt korrigierte: »Patrick. Ingo und Patrick.«

Ann Kathrin empörte sich: »Durch mein Verhalten? Ich habe Gemüse geputzt!«

Frau Dr. Döse wippte auf ihren knatschenden Ledersohlen auf und ab: »Sie haben die geheime Aktion verraten. Sommerfeldt wusste Bescheid und hat zwei Einsatzkräfte ausgeschaltet, bevor der – von uns allen hochgeschätzte – Kollege Eisenmann dem Spuk ein Ende bereiten konnte.«

Ann Kathrin fixierte Mechthild Döse. Die hielt dem Blick nicht stand, sondern wandte sich ab und betrachtete die Kaffeemaschine, als könnte die gleich die Lösung ausspucken.

»Die einen«, konterte Ann, »suchen nach Motiven, Zusammenhängen, Mustern und Lösungen. Die anderen nach einem Schuldigen.«

»Also, das ist doch …«, regte Dr. Döse sich auf.

Hecht und Linde vergewisserten sich mit Blicken auf Kleinhaupt, ob sie jetzt den Raum verlassen könnten. Er nickte großzügig.

Sie blieben im Flur und nahmen vor der Tür Aufstellung. Sie würden Frau Klaasen nicht entkommen lassen.

Die Nachricht schockierte Rupert. Sie versetzte ihm einen Stich - nein, nicht ins Herz, sondern komischerweise in die Seite, als hätte ihn unterhalb der Rippen ein Pfeil getroffen.

Sommerfeldt war tot?

Hatte der Trottel sich in seiner grenzenlosen Selbstüberschätzung nach Norderney begeben und dort Polizisten attackiert?

Es fiel Rupert schwer zu glauben, dass der Doktor so dumm sein sollte. Warum würde er irgendwelche Polizisten töten? Oder hatten die Jungs richtig Dreck am Stecken?

Erstens wollte Rupert Gewissheit, und zweitens hoffte er, den Toten bald sehen zu können. Andererseits brauchte Frauke jetzt bestimmt seinen Trost. Im Frauentrösten war er ziemlich gut, fand er.

Es musste irgendwann ein solches Ende mit Sommerfeldt nehmen, dachte er. Einer wie der wurde in freier Wildbahn nicht alt. Um das zu wissen, brauchte man keine Statistiken. Solche Typen suchten die Gefahr und kamen am Ende darin um.

Ruperts Frau Beate hatte gemutmaßt, Sommerfeldt sei von einer gewissen Todessehnsucht getrieben, doch das empfand Rupert überhaupt nicht so. Im Gegenteil. In Sommerfeldts Nähe spürte er immer dessen irre Lebensgier.

Die ganze Geschichte fand Rupert irritierend.

Er fuhr in die Inspektion nach Aurich. Sobald Sommerfeldt

nach Oldenburg ins Institut für Rechtsmedizin gebracht worden wäre, würde er ihn dort besuchen, um sich von ihm zu verabschieden. Sie waren vor dem Gesetz Gegner, bei Frauen Konkurrenten, aber doch irgendwie auch Freunde. Er verdankte diesem falschen Doktor eine Menge. Ein Teil seines Ruhms in Ostfriesland beruhte auf Sommerfeldts Taten, das war ihm wohl bewusst.

Er schaffte es nicht, Frauke einfach anzurufen. Er brauchte erst Gewissheit.

Als er von Norden nach Aurich fuhr, rief Weller ihn an. Rupert lenkte den Wagen gerade auf die Große Mühlenwallstraße. Fast hätte Rupert einen Auffahrunfall gebaut, denn Weller informierte ihn darüber, dass zwei BKA-Lümmel Ann Kathrin verhaftet hätten.

Ja, obwohl es sich um einen Mann und eine Frau handelte, wie er danach verriet, nannte er sie Lümmel. Vermutlich würde Ann Kathrin gerade in die JVA Oldenburg gebracht.

»Alter, du verarschst mich doch«, rief Rupert, »und beinahe wäre ich drauf reingefallen!«

»Das ist deren Ernst, Rupert. Die glauben, Ann Kathrin sei Sommerfeldts U-Boot bei uns.«

Rupert empörte sich darüber: »Aber wenn überhaupt, dann bin ich das doch!«

Er verschluckte sich am eigenen Speichel und hustete.

»Häh? Was?«, tönte Weller.

»Ich meine, da könnten sie uns alle verdächtigen. Das ist doch eine ganz alte Leier!« Rupert sprach mit einer Stimme, als wäre er völlig verblödet. Das fiel ihm nicht schwer. »Die Ostfriesen decken Sommerfeldt ... Sie haben ihm zur Flucht verholfen ... Er ist ihr größter Joker im Kampf gegen das organisierte Verbrechen ... Bla. Bla. Bla. Das kann ich schon rückwärts furzen.«

»Ich hätte Lust, die Klamotten hinzuschmeißen und in Norddeich eine Fischbude zu eröffnen«, schimpfte Weller.

Bei der Gelegenheit fiel Rupert auf, dass er einen Mordshunger hatte. Er schnalzte mit der Zunge, als würde er das Fischbrötchen schon vor sich auf der Theke liegen sehen.

»Emder Matjes. Krabbenbrötchen! Selbst eingelegte Bratheringe …«, schwärmte Rupert.

»Klar. Mit weichen Brötchen und frischen Zwiebelringen.«

Rupert erkundigte sich, als wolle er wirklich gerade einkaufen: »Gibt's auch Backfisch? Ich mag ja Backfisch mit Knoblauchremoulade, ordentlich Dill und Petersilie und …« Rupert schluckte. »Ich muss Schluss machen. Ich bin im Fischteichweg und nehme mir gleich mal unsere Chefin zur Brust. So geht's ja nun nicht!«

Weller mahnte noch: »Sei vorsichtig.« Im Hintergrund hörte Rupert Peter Grendels Stimme: »Wenn Rupert noch ein paar Würstchen will, soll er gerne vorbeikommen.«

»Na«, kommentierte Rita, »den lass mal lieber Fisch essen …«

Rupert drückte das Gespräch weg und parkte im Innenhof der Inspektion ein.

Ann Kathrin fragte: »Warten wir hier auf meinen Anwalt oder …«

Elisabeth Schwarz, die gehörigen Respekt vor Wolfgang Weßling hatte, formulierte es diplomatisch: »Frau Klaasen, das ist eine äußerst pikante Situation. Sollten Sie vielleicht ohne sich etwas dabei gedacht zu haben, die Information weitergegeben haben, so dass Sommerfeldt Bescheid wusste und dann …«

Frau Dr. Döse spottete: »Ohne sich etwas dabei gedacht zu haben …«

Die Polizeidirektorin fuhr fort: »Dann wäre das nicht nur dienstlich, sondern auch strafrechtlich von Belang … bis hin zur Mittäterschaft …«

Kurt Kleinhaupt ließ die Bilder vom Tatort ausdrucken, die Eisenmann ihm geschickt hatte. Digitalisierung hin oder her, er wollte so etwas auf Papier. Das ließ sich anfassen, zerknüllen und wegwerfen.

Die ersten Din-A4-großen Farbfotos fielen aus dem Drucker in den dafür vorgesehenen Korb, der allerdings so dämlich angebracht war, dass bei offenem Fenster und Nordwestwind die Blätter hochsegelten und auf Frau Schwarz' Schachbrett landeten. Einige Figuren kippten um.

Sie schloss das Fenster wieder.

Ann Kathrin griff sich an die Nase und suchte den größtmöglichen Abstand zu Kurt Kleinhaupt.

Vor der Tür gab es Lärm: »Mach Platz, du Affe! Ich arbeite hier, und du stehst rum wie ein Vorstadtlude!«

Rupert platzte herein. Er sah Ann Kathrin und wirkte erleichtert. Aber dann drehte er voll auf. Er machte Wischbewegungen vor seinem Gesicht und pflaumte Kurt Kleinhaupt an, weil ihm das bei Männern immer leichter fiel als bei Frauen. Bei Männern konnte Rupert sein volles Aggressionspotenzial entfalten. Ihm fiel erst jetzt auf, dass er diese Eigenschaft mit Sommerfeldt teilte.

Wenn Rupert richtig wütend wurde, verfiel er manchmal in den Sprachduktus seiner Mutter, die ein Kind des Ruhrgebiets gewesen war. Aus Dortmund.

»Sach ma, habt ihr ein am Appel oder wat? Welcher Vollpfosten ist denn auf die Idee gekommen, die beste Kommissarin unseres Landes verhaften zu lassen?!« Er korrigierte sich: »Na, sagen wir, die berühmteste.«

Kleinhaupt brüllte Rupert an: »Trotz ihrer Störmanöver konnten wir Ihren ach so geschätzten Dr. Bernhard Sommerfeldt erwischen. Leider mussten zwei Kollegen die Indiskretion aus diesem Haus mit dem Leben bezahlen. Das wird ein Nachspiel haben. Und was wollen Sie hier überhaupt?«

Rupert wendete sich an die Frauen: »Was ich hier will, fragt der Klapsmann! Das habe ich eurem Kofferträger da draußen auch schon gesagt: Ich arbeite hier!«

Elisabeth Schwarz mischte sich ein: »Und damit das auch so bleibt, sollten Sie uns jetzt besser alleine lassen ... Herr Kollege.« Fast hätte sie *Nummer 9* zu ihm gesagt, weil sie ihn mal in neun Zügen beim Schach geschlagen hatte, aber sie schluckte es runter.

Rupert hob zwei Blätter auf, die aus dem Kopierer geflattert waren, und beäugte sie mit einer Mischung aus Misstrauen und Unverständnis. Er knallte die Tatortfotos auf den Tisch und zeigte auf die Leichen: »Und wer soll das sein?«

Frau Dr. Döse tippte auf ein Bild und sagte: »Der gesuchte Serienkiller Dr. Bernhard Sommerfeldt.« Sie nahm das nächste Bild zur Hand und erklärte: »Unsere Kollegen Peter ... äh, ich meine, Patrick ...«

Weiter kam sie nicht, denn Rupert lachte fast erleichtert auf: »Das ist nicht Dr. Sommerfeldt.«

Die Verblüffung bei allen war groß, aber für Rupert selbst war die eigene Aussage ein Schock. Was bin ich nur für ein Trottel, fragte er sich. Warum sag ich so was? In welche Lage manövriere ich mich da gerade? Ich kann doch schlecht sagen, dass ich weiß, wie Sommerfeldt jetzt aussieht, weil ich bei seiner Hochzeit Trauzeuge war ...

»D ... das soll Sommerfeldt sein?«, fragte Rupert jetzt gespielt verwundert. »Den habe ich ganz anders in Erinnerung.«

Ann Kathrin merkte, dass etwas nicht stimmte. Sie wertete Ruperts nachgeschobenen Satz als Notlüge. Die anderen bekamen solche Feinheiten nicht mit.

Frau Dr. Döse belehrte Rupert: »Er hat sich operieren lassen. Wir haben das schon lange vermutet. So, und nun lassen Sie uns endlich allein. Rauben Sie uns nicht die Zeit und die Nerven!«

Ann Kathrin nahm Ruperts Faden auf: »Steht zweifelsfrei fest, dass es sich bei dem Toten um Dr. Bernhard Sommerfeldt handelt? Wurden bei der Bestimmung die Standards eingehalten? Gebissüberprüfung? DNA? Wir werden ja wohl kaum Leute haben, die ihn identifizieren können, oder?«

Die Situation kippte sofort. Polizeidirektorin Schwarz bestimmte: »Das wird selbstverständlich sofort in der Gerichtsmedizin Oldenburg überprüft werden. Auf Norderney fehlen uns da einfach die Möglichkeiten.«

Ann Kathrin guckte Frau Schwarz nur an. Sie wussten beide, dass sie Unsinn redete. Es war längst ein Team vor Ort, sowohl die Spurensicherung als auch eine Gerichtsmedizinerin. Vermutlich Professorin Dr. Marion Hildegard.

»Es besteht«, behauptete Ann Kathrin mit Blick auf Rupert, »ein berechtigter Zweifel daran, dass der unbekannte Tote auf Norderney Bernhard Sommerfeldt ist.«

Frau Dr. Döse wurde böse: »Was bilden Sie sich ein? Wollen Sie etwa unterstellen, Kollege Eisenmann hätte irgendeinen Passanten erschossen und würde jetzt behaupten ...«

»Ich will gar nichts unterstellen«, erwiderte Ann Kathrin. »Aber ich bestehe darauf, dass die Ermittlungsstandards eingehalten werden. Bevor nicht eindeutig festgestellt wurde, wer der Tote ist, können doch solche Meldungen nicht herausgegeben werden ...«

Polizeidirektorin Schwarz stöhnte. Der Ärger mit Ann Kathrin

Klaasen war, dass sie immer den Finger genau in die Wunde legte.

Sie dachte, der Tiefpunkt des Tages sei erreicht. Was eigentlich ein Triumph hätte werden sollen – das Ausschalten von Dr. Bernhard Sommerfeldt –, geriet zur Niederlage. Aber jetzt wurde noch einer draufgesetzt.

Wieder waren im Flur Stimmen zu hören. Ein Lächeln huschte über Ann Kathrins Gesicht. »Das ist Wolfgang«, sagte sie.

Rupert war mit einem Schritt bei der Tür und öffnete sie. Wolfgang Weßling trat ein. Er fuhr sich kurz durch die silbergrauen Haare, nickte zur Begrüßung einmal in die Runde und stellte sich vor: »Mein Name ist Wolfgang Weßling. Ich vertrete Frau Klaasen. Ist sie heute als Zeugin oder als Beschuldigte geladen?«

In die Ratlosigkeit fuhr er fort: »Ist das hier eine Beschuldigtenvernehmung? Die ist dann jetzt beendet. Frau Klaasen wird keinerlei Angaben machen. Einen Haftbefehl haben Sie ja offensichtlich nicht, also gehen wir jetzt!«

»Mann, macht ihr blöde Gesichter«, grinste Rupert.

Ann Kathrin verließ mit Weßling den Raum. Im Türrahmen sagte sie: »Bring mich nach Hause, Wolfgang. Hast du Hunger? Wir grillen gerade ...«

Wolfgang schloss die Tür hinter sich. Rupert breitete die Arme aus und spottete: »Das war's jetzt? Mehr habt ihr nicht zu bieten?« Dann klatschte er ihnen höhnisch Beifall. Er lief an Kleinhaupt vorbei und stieß ihn dabei versehentlich an.

Rupert öffnete die Tür und rief durch den Flur: »Hab ich da gehört, es gibt bei euch 'ne Grillparty?«

Er rannte hinter den beiden her. Auf dem Flur wäre er fast ausgerutscht. Als er bei ihnen ankam, hörte er gerade noch, wie Wolfgang Weßling zu Ann Kathrin sagte: »Ich dachte mir, dass sie keinen Haftbefehl haben. Das war unser Glück. Bis der aufgehoben würde, könnte das Tage dauern. Aber welcher Richter würde sich denn in Ostfriesland bereit erklären, einen Haftbefehl gegen dich auszustellen? Wahrscheinlich hätten sie nicht mal einen Staatsanwalt gefunden, der ihn beantragt.«

»Immerhin«, sagte Ann, »hätten sie mich mit einer vorläufigen Festnahme achtundvierzig Stunden lang festhalten können. Ich hatte schon Angst, ich lande in den gekachelten Räumen.«

Im Hof der Polizeiinspektion stand Wolfgangs schwarzes Audi A 5 Cabrio, bei dem wunderbaren Wetter mit offenem Verdeck. Als die beiden wegfuhren, guckte nicht nur Rupert neidisch hinter ihnen her. So ein Auto hätte er auch gern gefahren, allerdings mit einer anderen Frau auf dem Beifahrersitz. Ganz bestimmt nicht mit Ann Kathrin Klaasen.

»Na«, fragte Frauke, »fühlst du dich wohl in deinem Rollstuhl?«

Sommerfeldt legte die leichte dunkelblaue Decke über seine Knie und räkelte sich im Stuhl hin und her. Er suchte noch die richtige Sitzhaltung.

»Die Wurfmesser kratzen am Rücken«, maulte er.

Frauke frotzelte: »Hat dein James-Bond-Rollstuhl eigentlich auch einen Schleudersitz?«

Er guckte, als hätte sie ihn damit auf eine gute Idee gebracht.

Sie wurde sachlich: »Ich wollte uns eigentlich den Insel-Express buchen. Der braucht nur fünfundzwanzig Minuten von Norddeich nach Norderney. Aber die haben keinen barrierefreien Zugang. Dafür können wir aber umsonst mit der regulären Fähre fahren. Du brauchst nur deinen Schwerbehindertenausweis, und ich reise als Begleitperson auch kostenfrei.«

»Na klasse«, grummelte Sommerfeldt, der viele Sorgen hatte – finanzielle gehörten allerdings nicht dazu.

»Du hast doch einen Schwerbehindertenausweis, oder?«, fragte sie kritisch nach.

»Ich habe ein Dutzend Identitäten mit allen dazugehörigen Ausweisen. Angelschein, Führerschein, Golfplatzreife, Waffenschein, Kreditkarten und natürlich auch zwei Schwerbehindertenausweise …«

Sie lächelte: »Hätte mich auch gewundert.«

Er grinste: »Neuerdings habe ich sogar eine Polizeimarke und einen Dienstausweis auf den Namen …« Er fiel ihm nicht gleich ein. »Na ja, ist ja auch egal, der war so günstig, da konnte ich einfach nicht widerstehen.«

Erst jetzt hakte sie nach: »Waffenschein? Was willst du mit einem Waffenschein?«

Er lächelte: »Keine Angst, Kirschblüte, ich werde nicht zum Knallschützen. Der war einfach im Identitätspaket mit dabei.«

Sie spottete: »Identitätspaket!«

Die *Klinik hinterm Deich* besaß mehrere für den Rollstuhltransport geeignete Fahrzeuge. Sommerfeldt konnte auf Schienen hineinfahren. Er hatte Spaß dabei wie ein kleiner Junge mit einer elektrischen Eisenbahn oder seinem ersten Rennauto.

Das Licht am Deich faszinierte Sommerfeldt. Er stand gern morgens ganz früh auf, um den Sonnenaufgang zu erleben. Es war dann immer, als würde er Kraft für den ganzen Tag tanken. Sich aufladen mit einer magischen Energie, die aus der Tiefe der Nordsee kam. Jeder Sonnenaufgang und jeder Sonnenuntergang war hier anders. Das liebte er besonders: Zwei gleiche Momente gab es nicht.

Das Licht im Osten flirrte, als seien brennende Wolken ins

Meer gefallen, die jetzt versuchten, sich wieder daraus zu erheben.

Sommerfeldt lauschte dem Gesang von Buchfinken. Er konnte sie noch nicht sehen, aber sie waren ganz nah, vermutlich auf dem Dach. Er legte den Zeigefinger auf die Lippen. Er wollte jetzt nicht sprechen, sondern den Vögeln zuhören, als hätten sie eine Botschaft für ihn. Dann rauschte ein ganzer Schwarm mit farbenprächtigem Gefieder über sie hinweg in Richtung Deich.

Frauke ließ den Wagen noch nicht an. Sie wollte ihm den Genuss gönnen. Er war ein Ohrmensch, der gern zuhörte. Den Wellen, den Insekten, den Vögeln. Den Menschen nicht so gern.

Sie wartete einen Moment, dann startete sie und fuhr los. »Dass du tot bist, stört dich gar nicht, oder was?«, lästerte sie.

»Im Gegenteil. Ich finde das eine großartige Idee. So könnten wir - falls das mal nötig wird - erneut abtauchen. Diese Todesmeldung können wir wirklich für uns nutzen, weißt du.«

»Und wie?«

»Na, wir sollten unseren Abgang richtig organisieren, wenn wir mal auffliegen. Es gibt dafür Spezialisten, die so etwas vorbereiten und durchziehen. Ein Schiffsunglück, eine Autoexplosion - es gibt da interessante Möglichkeiten. Ist nicht ganz preiswert, aber man gönnt sich ja sonst nichts.«

»Aber die Nachricht von deinem Tod tickert gerade durch sämtliche Nachrichtensendungen.«

Es schien ihn zu amüsieren. »Ja, Kirschblüte, aber das wird nicht lange anhalten, dann merken sie, dass das nur Wunschdenken war.«

Sie bremste vorsichtig ab. Ein Hase hoppelte über die Straße.

»Oder ist das eine Finte, und sie wollen, dass du dich sicher fühlst und einen Fehler machst? Sie tun nur so, als ob sie glauben würden, du seist tot …«

Er deutete nach Osten: »Sieh nur! Welch ein Sonnenaufgang!«

»Lenk nicht ab«, ermahnte sie ihn.

Er blickte ruhig gen Osten und atmete ganz bewusst durch die Nase ein und durch den Mund wieder aus. Dabei hielt er zwischen Ein- und Ausatmen immer inne, als wolle er genau festhalten, was es jetzt mit ihm machte, ganz voll, ja aufgebläht, oder ganz leer zu sein.

Sie suchte bereits einen Parkplatz, fand eine großzügige Lücke zwischen zwei BMWs und öffnete ihm die Tür. Er fuhr selbständig mit seinem Rollstuhl heraus. An dem gab es eine Halterung, die für einen Becher oder eine Trinkflasche angebracht war. Er hatte darin aber etwas anderes deponiert, womit er jetzt spielte.

Frauke vermutete irgendeine neuartige Waffe. »Ist das ein Flammenwerfer?«, fragte sie und sah sich um, ob auch keine Touristen zuhörten. Aber außer einer Möwe, die auf ihrem Autodach landete, war niemand da.

Er betrachtete den Apparat, als hätte er vergessen, dass es so etwas überhaupt gab, wirkte aber zugleich stolz wie ein kleiner Junge, der ein neues Spielzeug hatte.

»Das ist ein Handyblocker. In der Szene *Jammer* genannt. Habe ich in Lingen in der JVA kennengelernt. So ein Knasturlaub kann ganz schön lehrreich sein.«

»In der JVA?«

»Ja. Sie verhindern damit, dass Gefangene unkontrolliert Kontakte nach draußen haben oder den ganzen Tag Pornos gucken.«

Er gefiel sich in der Rolle des Erklärenden. Er dozierte, als würde er vor Studenten sprechen: »Handys sind im Knast sowieso verboten, werden aber natürlich immer reingeschmuggelt.«

Sie tat ihm den Gefallen, zu fragen: »Und mit dem Ding kannst du Handys stören?«

»Nicht einfach nur stören. Ich kann sie ganz ausfallen lassen. Kein WLAN mehr, kein GPS - nichts geht mehr. In Frankreich setzen sie das in Theatern, Kinos und Schulen ein, um Vorstellungen und den Unterricht störungsfrei halten zu können.« Er zeigte stolz seinen Handyblocker vor: »Das Teil kann sogar Drohnen lahmlegen. Alles im Umkreis von hundert bis hundertfünfzig Metern, je nachdem ...«

Sie nahm das unscheinbare Gerät in die Hand und betrachtete es. »Das ist also, was früher für James Bond die Nebelmaschine war, mit der er sich für seine Gegner unsichtbar machen konnte?«

»Die habe ich natürlich auch«, sagte Sommerfeldt stolz.

Frauke wuschelte durch seine Haare. »Du bist ein Kindskopf, Herr Doktor!«

Frauke gab auf dem Weg zur Fähre die Krankenschwester beziehungsweise die Betreuerin. Sie gefiel sich in der Rolle. Sie redete für ihn. Sie zeigte die Dokumente vor, er ließ den Kopf hängen, als sei er eingeschlafen, oder er schaute hoch und gab sich Mühe, dabei verblödet zu gucken. Manchmal zog er sogar Grimassen.

Frauke fand das übertrieben. Sie bückte sich zu ihm und flüsterte: »Hör auf mit dem peinlichen Schmierentheater!« Laut sagte sie dann: »Hast du wirklich deine Blutdrucktabletten runtergeschluckt?«

Sie schob ihn so, dass er aufs Meer gucken konnte. Sie selbst beobachtete die Menschen. Sie glaubte nicht daran, dass die Kripo ihn wirklich für tot hielt. So etwas ließ sich doch leicht feststellen. Sie hatten seine DNA, seine Fingerabdrücke und Röntgenaufnahmen von seinem Gebiss. Aber sie wusste nicht, ob da jemand nach innen in den Apparat hinein bluffte, um gut dazustehen, oder nach außen, um Sommerfeldt leichtsinnig zu machen. Auch eine dritte Variante war denkbar: Wollte jemand die Belohnung kassieren, die angeblich auf seinen Kopf ausgesetzt worden war?

Sie glaubte, einen Blick dafür zu haben, ob sich Polizisten an Bord aufhielten. Sie entdeckte keinen. Auf dieser Frisia-Fähre von Norddeich nach Norderney befanden sich um 6.15 Uhr viele Handwerker und Servicekräfte, die zwar auf der Insel arbeiteten, aber auf dem Festland wohnten, weil Wohnraum auf Norderney für die meisten Normalverdiener kaum erschwinglich war. Auch eine Buchhändlerin war an Bord.

Frauke legte Bernhard die Manschette für eine Blutdruckmessung an. Das fand ein Tourist interessanter als den morgendlichen Himmel. Seine Frau zog ihn weg: »Alfred! Also wirklich …«

Er empörte sich: »Ja, das ist doch eine ganz veraltete Methode! Guck mal, wie die das macht.« Er hielt sein linkes Handgelenk hoch in die Luft und zeigte auf seine Uhr. »So geht das heute. Das hat mir mein Schwiegersohn zu Weihnachten geschenkt. Eine Uhr. Die misst Blutdruck, Sauerstoffgehalt, mit EKG-Funktionen und …«

»Alfred, jetzt ist gut!«

Möwen hatten es auf einen Elektriker abgesehen, der noch recht verpennt an der Reling stand und sein Käsebrötchen aß. Er hatte Ränder unter den Augen und wohl eine alkoholreiche

Nacht hinter sich. Er bestaunte die langen Beine einer alleinerziehenden Mutter, die mit ihrem dreijährigen Sohn auf dem Arm die Treppe zum Oberdeck hochtippelte, während der Wind mit ihrem Kleid spielte.

Manchmal wirkte es auf Frauke, als würden Möwen mit solchen Frauen zusammenarbeiten oder, wenn nicht mit ihnen, dann mit dem Wind. Jedenfalls pickte die Möwe das Brötchen aus der Hand des abgelenkten Elektrikers. Er erschrak. Ihr scharfer Schnabel verletzte seinen Zeigefinger. Die Möwe verlor im Gegenzug zwei Federn. Eine fiel ins Meer, die andere auf den Boden direkt vor Sommerfeldts Rollstuhl.

Der Elektriker lutschte fluchend an seinem blutigen Finger. Wieder gab Alfred etwas zum Besten: »Möwen füttern verboten! Steht doch überall!«

Alfred fand sich witzig. Seine Frau nicht. Sie zog ihn weg, denn so, wie der Elektriker aussah, war er kurz davor, Alfred eine reinzuhauen.

»Hundertsiebenunddreißig zu einundachtzig«, sagte Frauke laut. »Also alles im grünen Bereich.«

In Wirklichkeit hatte sie hundertfünfzehn zu sechzig gemessen und einen Ruhepuls von einundfünfzig.

Jeder andere wäre in so einer Situation aufgeregt, dachte sie. Er nicht.

Sie raunte ihm zu: »Du bist wirklich ein abgebrühter Hund. Kennst du keine Nervosität?«

Er spielte den Dummen, verzog die Lippen und fragte: »Häh?«

Der Himmel über Norderney leuchtete jetzt unnatürlich pink.

Wenn ein Maler so etwas auf die Leinwand pinseln würde, wäre das himmelschreiender Kitsch, dachte Frauke.

Eine junge Frau aus dem Ruhrgebiet, die einen Rucksack auf

dem Rücken trug, als hätte sie vor, den Mount Everest im Himalaya zu besteigen, machte Fotos und bearbeitete sie dann mit einer App, damit es wieder echt aussah.

Ihre Freundin schaffte es, mit einem besonderen Programm den Sonnenaufgang über Norderney im Stil von van Gogh malen zu lassen.

Sommerfeldt reckte interessiert seinen Kopf, um sich das anzuschauen. Frauke stellte sich zwischen ihn und die zwei Gymnasiastinnen. Sie wollte vermeiden, dass er Diskussionen über künstliche Intelligenz, Malerei oder Literatur begann. Genauso sah er jetzt nämlich aus. Gerade noch hatte er verblödet gespielt, und jetzt war er bereit, den Schwenk zum Intellektuellen zu machen. Sie fand das zu auffällig. Das alles war viel zu aufgesetzt. Manchmal benahm er sich, als wolle er auffliegen.

Am liebsten hätte sie die ganze Aktion abgebrochen. Sie machte überhaupt nur ihm zuliebe mit und überlegte jetzt, ob es nicht besser wäre, sie ihm zuliebe zu beenden, bevor ein Unglück geschah.

Die langhaarige Gymnasiastin, auf deren T-Shirt stand *This is my last clean shirt,* zeigte der mit dem Rucksack ihr Bild. »Guck mal, wie von van Gogh. Was würde der Meister wohl dazu sagen, wenn er das sehen könnte?«

Sommerfeldt raunte: »Der hätte dir ein Ohr abgeschnitten, und weißt du, womit? Mit Recht!«

»Was? Was hat der gesagt?«, fragte die mit dem letzten sauberen T-Shirt Frauke, als könne Sommerfeldt die Frage nicht begreifen und unmöglich selbst antworten.

Frauke streichelte Sommerfeldts rechte Wange und tätschelte sein Gesicht: »Der Professor hat manchmal lichte Momente, aber dann versinkt er wieder in Dunkelheit oder wird zum Kind.«

»Das hätte nicht einmal Andy Warhol als Bild akzeptiert!«, griente ihr Patient.

Frauke erklärte: »Er war mal Professor für Kunstgeschichte und hat sogar selbst ein paar ganz interessante Werke geschaffen. Aber seit seinem Unfall …« Sie zuckte resignierend mit den Schultern, als sei damit alles gesagt.

Aus einem SUV mit getönten Scheiben stieg jetzt eine große Gefahr: Herr Meinerzhagen, der gleich zwei Immobilien von ihr kaufen wollte. Er wirkte nervös, ja aufgebracht.

Er darf mich auf keinen Fall sehen, dachte Frauke. In Gedanken spielte sie alle Möglichkeiten durch.

A: Es war Zufall.

B: Er hatte den korrupten Bullen nur gespielt, der Schwarzgeld besaß und Immobilien kaufen wollte, um an sie heranzukommen, weil das BKA inzwischen wusste, dass sie und Bernhard ein Paar waren.

C: Er war wirklich schon pensioniert und wollte sich die Belohnung holen, die angeblich auf Sommerfeldt ausgesetzt worden war.

Sie kniete sich vor Bernhards Rollstuhl und tat, als müsse sie seine Schuhe zubinden.

Er fragte zwar leise, aber auch voller Vorfreude: »Soll ich ihm einen Pfeil in die Brust schießen?«

»Nein! Bitte, Bernhard, eskaliere jetzt nicht!«

Die jungen Frauen merkten, dass Frauke sich vor dem SUV-Fahrer versteckte. Die, die glaubte, mit ihrem Handy bessere Kunstwerke anfertigen zu können als van Gogh mit Pinsel und Staffelei, beugte sich zu ihr: »Haben Sie Angst vor dem?«

»Das ist mein Ex«, wisperte Frauke.

Beide hielten sofort zu ihr und stellten sich so hin, dass Meinerzhagen sie kaum noch sehen konnte.

Irgendein Spaßvogel spielte jetzt die Titelmelodie vom Untergang der Titanic und rief: »Ich bin der König der Welt!«

Die mit dem T-Shirt stieg drauf ein: »Ja, Leonardo! Lass mich deine Kate sein!«

Eine dunkle männliche Stimme tönte: »Eisberg in Sicht!«

Der SUV-Fahrer verschwand in die Herrentoilette.

»Wo ist er?«, fragte Frauke ihre neuen Beschützerinnen.

»Auf dem Klo«, antworteten beide gleichzeitig.

Sommerfeldt kombinierte: »Er telefoniert!«

Das reichte. Frauke zog ein Wurfmesser hinter seinem Rücken aus dem Sitz und ließ es in ihrem Ärmel verschwinden. Sommerfeldt betätigte den Handyblocker.

»Könnt ihr einen Moment hier bei ihm bleiben?«, fragte Frauke die Touristinnen.

»Klar.«

Sie folgte ihrem angeblichen Ex zur Männertoilette. Die jungen Frauen staunten.

»Was hat die vor?«, flüsterte die mit dem Mount-Everest-Rucksack.

Sommerfeldt lächelte: »Sie passt auf, dass er sich nach dem Pinkeln die Hände wäscht. Macht sie bei mir auch immer. Saubere Hände sind nämlich wichtig.«

Rund um sie herum hatten plötzlich alle Leute Probleme mit ihren Handys. Die mit dem T-Shirt, das gar nicht so sauber war wie die Aufschrift weismachen wollte, fluchte: »Mist! Hoffentlich ist mein iPhone nicht nass geworden!«

Meinerzhagen stand am Pissoir und sprach lauter, als er vorgehabt hatte, in sein Handy: »Könnt ihr mich hören? Verdammt, der Empfang ist hier total miserabel. Leute, er sitzt im Rollstuhl! Sie spielt die Pflegerin. Das ist eine ganz abgezockte Nummer hier ... Hallo? Hört ihr mich?«

Das Wurfmesser war auf diese Entfernung eine ideale Waffe.

Er riss die Augen auf und starrte Frauke an. Sein Handy fiel ins Becken. Er griff mit beiden Händen zum Messer, machte ein paar Schritte, zerrte an dem Messer herum. Dann brach er zusammen.

Frauke packte ihn bei den Schultern, zog ihn in eine Toilettenkabine und setzte ihn auf die Kloschüssel. Sie verriegelte die Toilette von innen und kletterte dann oben über die Tür zurück in den Waschraum.

Sie nahm sein Handy an sich. Während sie sich die Hände wusch, betrat ein anderer Mann den Raum. Er staunte Frauke an.

Sie blickte ihm ins Gesicht und sagte: »Ich weiß, das sieht jetzt komisch für Sie aus. Aber ich empfinde mich nicht als Frau. Ich habe seit vielen Jahren das Gefühl, im falschen Körper zu stecken. Eigentlich bin ich ein Mann. Ein Mann im Körper einer Frau. Es war unheimlich befreiend für mich, hier zur Toilette zu gehen. Ich habe so was noch nie gemacht. Ich hoffe, Sie erzählen das jetzt nicht draußen herum oder denken schlecht von mir.«

Der gute Mann war seit einem Jahr Rentner und freute sich auf den Norderney-Urlaub. Er hatte schon eine Menge erlebt, aber das hier verunsicherte ihn sehr. Obwohl er dringend zur Toilette musste, drehte er sich einfach um und verließ den Raum wieder. Es war ihm peinlich, ihn überhaupt betreten zu haben.

Frauke ging zurück zu ihrem Patienten im Rollstuhl und den beiden Gymnasiastinnen.

»Was haben Sie gemacht?«, fragte die mit dem T-Shirt.

Frauke lächelte: »Dem habe ich eine Lektion erteilt. Ich bin diesen Stalker leid. Ständig hängt er mir an den Hacken. Er muss sich damit abfinden, dass wir getrennte Leute sind.«

Die mit dem Rucksack lobte sie: »Bravo. Sie sind ein Vorbild für mich!«

Eisenmann war das eigene Leben immer vorgekommen wie eine Achterbahnfahrt mit Looping. Manchmal ging es steil bergauf, dann, auf dem Höhepunkt, sauste er wieder, scheinbar haltlos, bergab. Manchmal machte es ihn schwindlig, wenn er kopfüber schwerelos im Looping klebte. Er hatte immer alles überstanden, und am Ende war er – wenn auch mit flauem Gefühl im Magen und ein bisschen wacklig auf den Beinen – ausgestiegen, um ein Bier zu trinken, eine Bratwurst zu essen und danach ein bisschen Popcorn. Egal wie wild die Fahrt gewesen war, danach ließ er es sich schmecken. Ein Schnaps war auch immer drin. Für den Magen.

Doch diesmal befürchtete er, nichts Essbares herunterzubekommen. Im Gegenteil. Sein Magen drückte etwas Saures durch die Speiseröhre hoch. Es füllte schon seinen Mund. Er spuckte nicht aus. Er schluckte den halb verdauten Brei wieder runter.

Er war nicht mit der Achterbahn gefahren. So etwas gab es auf Norderney nicht. Aber er hatte gerade erfahren, dass es sich bei dem von ihm erschossenen Mann mit hundertprozentiger Sicherheit nicht um den Serienkiller Dr. Bernhard Sommerfeldt handeln konnte. Weder die Blutgruppe noch die Fingerabdrücke oder das Gebiss stimmten überein. DNA und Blutgruppe ließen sich nicht verändern. Alles andere war denkbar. Fingerkuppen konnte man wegätzen, Kiefer operieren.

Ihm war übel, als hätte er eine tote Ratte ungebraten verspeist.

Er saß in seinem Hotelzimmer auf Norderney am Computer

und sprach mit Frau Dr. Döse. Neben ihr sah er die Polizeidirektorin Elisabeth Schwarz mit versteinertem Gesicht. Sie schien nicht einmal zu atmen.

»Das bedeutet für uns, er läuft noch frei herum. Bleiben Sie, wo Sie sind, und bringen Sie die Sache zu Ende!«, verlangte Dr. Döse. Mit keinem Wort erwähnte sie den von ihm getöteten Fremden. Für sie schien das Gespräch beendet. Elisabeth Schwarz räusperte sich. Sie strich sich übers Gesicht, als müsse sie einen unsichtbaren Schleier lüften.

Er ging nicht davon aus, dass sie ihm etwas zu sagen hatte, aber er hörte ihr trotzdem zu. Irgendwann würde er Fürsprecher brauchen und Rückendeckung. Schwarz galt als einflussreiche Frau.

Sie sprach, als hätte sie eine schlimme Halsentzündung: »Wir werden bei der veröffentlichten Geschichte bleiben. Die Welt soll glauben, dass er tot ist. Das wird ihn leichtsinnig stimmen. Aber sobald Sie ihn zur Strecke gebracht haben, müssen wir ... « Sie hustete.

Frau Dr. Döse nutzte die Chance und fuhr fort: »... müssen wir uns auf ein Narrativ einigen. Sie haben einen seiner Komplizen erschossen, das ist ja wohl klar ... «

Eisenmann sprach schneller als sonst üblich. Er hatte das Gefühl, seine Zeit sei knapp: »Natürlich habe ich das! Er kam in die Wohnung, in der zwei tote Kollegen lagen. Er hat versucht, Spuren zu verwischen und die Wohnung zu reinigen.«

Frau Dr. Döse nickte. Sie fühlte sich bestätigt. »Es war immer klar, dass er Helfer hat. Quartiermacher. Tatortreiniger. Financiers.«

Die Sichtweise gefiel Eisenmann. Er fühlte sich schon wesentlich besser. »Wir werden«, versprach er, »die ganze Brut ausrotten. Noch heute Abend.« Er machte eine kurze Pause und ergänzte: »Falls wir nicht erneut von Ann Kathrin Klaasen und ihrer treulosen Bande von Kretins verraten werden.«

Frau Dr. Döse drehte sich zu Elisabeth Schwarz um und zischte: »So sehe ich das auch.« Sie guckte wieder geradeaus in die Kamera. »Leider ist es uns nicht gelungen, sie bis zur entscheidenden Aktion aus dem Verkehr zu ziehen.«

»Wie«, fragte Eisenmann fassungslos, »diese Klaasen ist frei?« Er stöhnte genervt. »Ich hatte gehofft, Sie verschaffen mir Beinfreiheit!«

Frau Schwarz verteidigte sich: »Den Schuh ziehe ich mir nicht an. Meine Leute hatten damit nichts zu tun.«

Frau Dr. Döse verschluckte sich. Mit so einem direkten Angriff hatte sie nicht gerechnet. Doch Elisabeth Schwarz setzte noch eins drauf: »Die Verhaftung war handwerklich schlecht gemacht.« Sie spottete: »Es war nicht mal eine richtige Verhaftung!« Sie zählte es an den Fingern auf: »Es gab keinen Haftbefehl! Mehr als eine Beschuldigtenbefragung war gar nicht drin. Es reichte nicht mal für eine vorläufige Verhaftung aus. Das wäre meinen Leuten – die Sie als treulose Bande von Kretins bezeichnet haben – nie passiert!«

Eisenmann konterte: »Die ganze Wahrheit ist doch, Sie hätten niemals jemanden gefunden, um sie zu verhaften. Tun Sie doch nicht so, als hätten Sie in Norden noch die Befehlsgewalt. Die lassen Sie so lange Chefin sein, wie Sie sich willfährig verhalten. In Ostfriesland ist der Polizeiapparat mindestens so verrottet wie ein Hühnerstall, nachdem der Fuchs da war.«

Ann Kathrin und Weller hatten kein Auge zugetan. Ann lief durch das Haus im Distelkamp, als sei sie auf der Suche nach etwas. Sie hatte aber nichts verloren, außer vielleicht den Glauben an die Sinnhaftigkeit ihres Tuns. Sie hatte ihr Leben lang versucht, auf der richtigen Seite zu stehen, aber plötzlich wusste sie nicht mehr so genau, welche Seite die richtige war.

Sie ging in den Garten und lief barfuß durchs Gras. Normalerweise erdete sie das. Jetzt kitzelte es nur unter den Füßen.

Frank kam zu ihr heraus. Er trank schon den zweiten Becher Kaffee.

Sie diskutierten, was zu tun war. Die Situation stellte sich für Ann Kathrin verwirrend dar. »Es ist«, sagte sie, »so undurchsichtig, weil sie uns bewusst mit falschen Informationen füttern. Wir sollen die Wahrheit nicht erkennen. Sie brauchen uns als Schuldige für ihre Verbrechen.«

»Wer? Unsere eigenen Leute?«

Ann schüttelte den Kopf. »Das sind nicht unsere Leute, Frank. Das sind Spezialkräfte, die sich weit von uns und jeder Rechtsstaatlichkeit entfernt haben. Sie glauben, dass sie alles dürfen, und sind sogar noch stolz, wenn sie das Recht beugen. Die denken, die Gesellschaft müsste ihnen dankbar sein, weil sie uns beschützen. In Wirklichkeit erheben sie sich über uns. Ob wir von Verbrechern regiert werden oder von Leuten, die glauben, sich nicht an die Gesetze halten zu müssen, macht am Ende für uns keinen Unterschied.«

»Niemand«, behauptete Weller, »steht über dem Gesetz. Keine Regierung, kein V-Mann und erst recht kein Polizist.«

»Lass uns«, schlug Ann vor, »zum Deich fahren. Ich brauche den Blick aufs Meer, um Klarheit zu bekommen.«

Weller war sofort einverstanden. Er blies in den Kaffeebecher und kratzte sich die Kopfhaut. Seine Haare standen ungekämmt in alle Richtungen ab. Dies war kein Morgen, um sich zu frisieren.

»Der Wind«, freute er sich, »pustet uns das Gehirn frei.«

Ann nickte: »Hoffentlich.«

Sie nahmen die Räder.

Rupert hatte zwei Probleme. Erstens seine Rückenschmerzen und zweitens seine Krawatte. Er überlegte, was besser wäre: Zwei Ibuprofen 800 mit einem Glas Whisky runterzuspülen oder lieber eine Ibuprofen, dafür aber mit zwei Whisky. Natürlich Scotch. Zwölf Jahre alt.

Ja, und dann war da noch die Krawatte. Das Weihnachtsgeschenk seiner Schwiegermutter. Passend zu den Socken. Wenn er die Krawatte sah, ahnte er, wie sehr diese Frau ihn hassen musste. Sie hatte, weil Beate auf einem Reikiseminar war, die Haushaltsführung übernommen. Er war dagegen gewesen, und er wusste auch warum. Jeder Pizzaexpress war besser als der Sondermüll, den sie *gesunde Nahrung* nannte.

Sie hatte aus lauter Boshaftigkeit seine Krawatten in die Waschmaschine gesteckt. Den Schleudergang hatten sie nicht überlebt. Einige, die sie besonders klasse fand, hatte sie vorher aussortiert und bei der Altkleidersammlung abgegeben. Seitdem entdeckte er in Norden immer wieder Jogger, die seine Krawatten als Stirnband benutzten.

Rupert bestieg sein Rad. Zu Ann Kathrin und Weller war es nicht weit. Auf dem Fahrrad – falls er es auf den Sattel schaffte – ginge es seinem Rücken besser als im Auto, auf dem Bürostuhl oder im Fernsehsessel, hoffte er.

Beate behauptete, Bewegung täte ihm gut. Dabei war doch der ganze Ärger nur durch eine falsche Bewegung entstanden.

Es war so gar nicht seine Zeit. Morgenstund hatte für ihn keineswegs Gold im Mund. Vor Mittag war er selten vernehmungsfähig.

Vor Grendels Ferienwohnung im Distelkamp 1 saßen zwei Kinder im Gras und malten die Wolken am Himmel auf großen Zeichenblöcken nach. Ihre Buntstifte lagen um sie herum verteilt. Sie sahen Gesichter in den Wolken und verpassten ihnen Bärte, Augen, Münder und sogar Brillen.

»Guck mal, der Herr Kelter, unser Mathelehrer!«, quietschte der kleine rothaarige Junge.

»Und da, wie der doofe Onkel Dieter mit sooo einem Bauch«, freute seine Schwester sich.

»Aber dahinter kommt der Papa mit seiner Riesennase!«

»Das ist ein Rüssel, keine Nase. Das ist nicht unser Papa, sondern ein Elefant.«

Ruperts Rücken ging es gleich besser. Kinderlachen und Kinderphantasien wirkten manchmal besser als Whisky oder Ibuprofen. Es tat ihm gut und machte ihn doch traurig. Vielleicht, dachte er, hätten Beate und ich doch Kinder bekommen sollen. Aber jetzt war der Zug abgefahren.

Beate hatte sich durchaus Kinder gewünscht. Seine Schwiegermutter hatte damals zu ihr gesagt: »Besser nicht. Stell dir vor, du bekommst Jungs und die haben die Gene von ihm. Dann werden sie genauso scheiße wie er.«

Sie wusste nicht, dass er es auf der Toilette mitangehört hatte. Aber Rupert war stolz auf seine Beate, denn sie hatte geantwortet: »Du tust ihm Unrecht. Er ist ein sehr besonderer Mann. Ein ganz wunderbarer Kerl ... Ein bisschen aus der Zeit gefallen, aber ... «

»Ja, mit der Meinung stehst du aber sehr alleine da«, spottete die Schwiegermutter. »Er versteckt seine Qualitäten schon sehr geschickt.«

Seitdem passte Rupert genau auf, um es ihr heimzahlen zu können. Wenn sie irgendetwas nicht mochte, so notierte er das als Idee für ein Geburtstagsgeschenk. Sie hasste zum Beispiel weiße Lilien. Sie nannte *sie Friedhofsblumen, die nach Tod riechen.* Den Duft der Königslilien ertrug sie am wenigsten. Seitdem gehörten für Rupert Lilien in jeden Blumenstrauß, und er suchte im Internet nach einem Parfum mit Lilienduft. Damit wollte er sie fertigmachen. Er hatte sogar ein Spray bekommen, das einen berauschenden Duft nach Rosen und Königslilien verbreitete.

Um seine Schwiegermutter zu vertreiben, schenkte Rupert auch seiner Frau ständig Lilien. Weller, der Literaturliebhaber, hatte ihm erzählt, Lilien hätten eine aphrodisierende Wirkung und würden Frauen in ihrer Weiblichkeit bestärken. Dafür hatte Rupert sogar ein paar Zeilen von Friedrich Hebbel auswendig gelernt:

Laß den Jüngling, der dich liebt,
Eine Lilje pflücken,
Eh' dein Herz sich ihm ergibt,
Um ihn zu beglücken.

Rupert und Gedichte! Er kam sich selbst lächerlich dabei vor, aber gegen seine Schwiegermutter war ihm jedes Mittel recht.

Beate brauchte kein Aphrodisiakum. Manchmal kam es ihm so vor, als würde sie – je mehr Mist er baute – umso schärfer auf ihn. Sie mochte den *Bad Boy* in ihm. Als Reikimeisterin hatte sie so viel mit guten, weichen, energetischen Männern zu tun, die feinstofflich ganz im Gleichgewicht mit dem Universum waren. Mit denen wollte er sich gar nicht in Konkurrenz setzen. Als Humphrey-Bogart-Kopie aber war er unschlagbar.

All das ging ihm durch den Kopf, während er zu Ann Kathrins Haus fuhr. Es zerriss ihn fast. Er wollte Sommerfeldt warnen. Er glaubte nicht an seinen Tod. Er hielt das alles für eine üble Falle. Gleichzeitig war es aber auch denkbar, dass der alte Gangster schon vor seinem Schöpfer stand.

Käme er eigentlich in den Himmel oder in die Hölle? Traf er da all die Leute, denen er Eintrittskarten ins Jenseits verkauft hatte?

War es klug, Frauke zu kontaktieren? Wie würde er vor ihr dastehen, wenn er kam, um Sommerfeldt zu warnen? Oder ging es schon darum, sie zu trösten?

Rupert bekam Beate gegenüber ein schlechtes Gewissen. So kannte er sich gar nicht. Aber Frauke wäre, würde zwischen ihnen erneut etwas laufen, mehr für ihn als eine Affäre. Darauf freute er sich einerseits, aber er hatte auch Angst davor. Sie war so gar kein One-Night-Stand. Das verunsicherte ihn.

Als er bei Weller und Ann Kathrin klingelte, öffnete niemand. Er ging durch den Garten hinters Haus. Die Sauna war leer. Auf der Terrasse niemand. Der Grill war kalt.

Bin ich wirklich hier, um mir Ann Kathrin Klaasens Rat zu holen? In Liebesdingen? Oder geht es um ihre Einschätzung der Lage als Kriminalistin? Und wieso interessiert mich Wellers Meinung eigentlich nicht?

Auf der Terrasse stand noch ein halbvoller Kasten helles, naturtrübes und dunkles Ostfriesenbräu. Rupert bückte sich nach einer Bügelflasche Schwarzbier. Da durchzuckte ihn ein Blitz. Als hätte ihn eine Kugel getroffen, und die auf den Fliesen zerplatzende Bierflasche machte das passende Geräusch dazu.

Er musste sich am Tisch festhalten, so weh tat es.

Nein, heute würde aus der Verbrecherjagd sicherlich nichts mehr werden. Er brauchte Beates heilende Hände.

Vor lauter Schmerz rutschte er an der Wand runter und saß zwischen den Splittern und der Bierlache mit ausgestreckten Beinen neben dem Bierkasten, der ihm Halt gab.

Vielleicht hätte ich doch besser frühstücken sollen, dachte er.

Ibuprofen und Whisky auf nüchternen Magen trübten sein Bewusstsein. Er angelte sein Handy aus der silbergrauen Anzugjacke und rief zu Hause an. Beates Anrufbeantworter sprang an. Er stöhnte: »Ich brauche deine Künste, Beate. Du hast mich doch immer wieder hingekriegt ... Mein Rücken ... Es fühlt sich an, als würde ich in der Mitte durchbrechen ...«

Manchmal, wenn er den Anrufbeantworter besprach, hörte Beate mit und hob dann doch ab. Sie ließ sich auch bei Patienten gern ein paar Sekunden Zeit, um hineinzuspüren, ob ihr gerade danach war oder nicht.

Doch Beate weilte immer noch auf ihrem Reikiseminar. Dafür hob ihre Mutter ab.

»Glaub ja nicht, dass du von mir ein paar Streicheleinheiten bekommst oder dass ich dich massiere«, keifte sie. »Aber ich kenne einen sehr guten Knochenbrecher. Mit dem bin ich zusammen zur Schule gegangen. Der ist eigentlich Gastwirt und Pferdeheiler. Also, er behandelt hauptsächlich Tiere, aber Menschen kann der auch ganz gut. Billig ist er nicht. Ich könnte bei ihm aber ein gutes Wort für dich einlegen, damit du einen Termin bekommst.«

Rupert stöhnte: »Ich brauche keinen Knochenbrecher, sondern einen Orthopäden oder Chiropraktiker.«

Sie lachte hämisch: »Du Memme! Auf einen Termin beim Orthopäden wartest du bis Weihnachten. So was macht bei uns in Ostfriesland ein Knochenbrecher.«

Rupert versuchte, aufzustehen. Er kam nicht hoch. »Das ist ein Notfall«, jammerte er.

Edeltrauds Stimme wurde vorwurfsvoll und hart: »Wenn ihr Männer die Kinder kriegen müsstet, würde die Menschheit aussterben!«

Die Bierlache breitete sich aus. Ruperts Hosenboden wurde feucht.

Wenn ich wenigstens ein Helles genommen hätte, dachte er. Aber es gab so Tage, da hatte er einfach schlechte Karten.

Können Menschen in wenigen Stunden verwildern? Reicht eine Nacht aus, um aus der Schlangenhaut der Zivilisation zu schlüpfen, fragte sich Samantha.

Sie hatten zwei Strandkörbe zusammengestellt und darin aneinandergekauert übernachtet. Sie waren verschwitzt und gleichzeitig durchgefroren. Die Feuchtigkeit der Nacht war in ihre Kleidung gekrochen.

Claudia war immer wieder wach geworden, hatte sich gefragt, wo Frederick blieb, und war dann wieder fast wie ohnmächtig eingenickt. Ihr Kopf fiel manchmal einfach nach vorn, dann baumelte er im Schlaf hin und her.

Samantha konnte dabei kaum zugucken. Sie baute aus einem zusammengeknubbelten Kapuzenpullover eine Art Kopfkissen für ihre Schwester.

Der Gedanke, einen historischen Roman zu schreiben, erschien Samantha nicht mehr erstrebenswert, sondern lächerlich. Sie wollte auch nicht mehr an die Uni zurück, um etwas zu lernen. Die Idee, Scheine zu machen, erschien ihr irreal. Sie konnte sich auch nicht mehr vorstellen, in der Schule zu unterrichten oder an Notenkonferenzen teilzunehmen. Sie fand sogar die Vorstellung kurios, jetzt irgendwo fürs Frühstück einzukaufen. Es schien ihr viel naheliegender, Essbares zu stehlen oder zu jagen.

Sie fragte sich, was mit ihr los war. Ging es Claudia auch so? Waren sie durch die Morde an Ingo und Patrick zu anderen Menschen geworden? Konnte man, wenn man einmal diese Grenze überschritten hatte, jemals wieder dahinter zurück? War es möglich, von der Kriegerin wieder zur Hausfrau zu werden? Zur braven Steuerzahlerin? Oder zur Gehaltsempfängerin?

Sie kam sich raubtierhaft vor, so als würde sie ab jetzt nur noch rohes Fleisch essen, und das ganz bestimmt nicht mit Messer und Gabel.

Lag es an den Morden, oder war es diese Nacht an der Wasserkante, ungeschützt am Meer? Das Rauschen der Nordsee hatte etwas Hypnotisches. Es lüftete ein lange unter Verboten, Religion, Erziehung und Moral verschüttetes Geheimnis. Die Wellen flüsterten es wie ein ständig wiederholtes Mantra, wenn sie am Strand brachen: *Ein Teil von dir ist unbezähmbar und wild.*

Dieser Persönlichkeitsanteil war gerade in ihr dominant geworden.

Ja, sie wollte am Strand leben! Sich im Meer waschen. Von dem ernähren, was sie finden oder stehlen konnte. Die Möwen sollten ihr Vorbild sein. Es schien ihr völlig okay, verblüfften Kindern Pommes oder Eis zu klauen. Fischbrötchen waren einen Mundraub wert.

Sie wühlte sich aus der Umarmung ihrer Schwester vorsichtig heraus, zog sich aus und lief in die Wellen. Die Nordsee gab sich friedlich, erfrischend, angenehm und beflügelte noch das Wachstum des Raubtiers in ihr.

Ja, sie wollte ein selbstbestimmtes Leben führen. Ab jetzt nach ihren eigenen Regeln.

Sie schwamm in Richtung Horizont.

Hinter ihr wurde Claudia im Strandkorb wach. Sie brauchte einen Moment, um sich zu orientieren. Im Traum hatte sie mit Frederick auf Mallorca am Pool gelegen. Er glotzte Bikinischönheiten auf den Po, während sie so tat, als sei der Roman, den sie gerade las, spannend, dabei versuchte hier nur ein Autor, seine Bildung und Intelligenz vorzuführen. Sie hatte keine Lust, sich die Welt von ihm erklären zu lassen, genauso wenig von ihm wie von Frederick.

Sie hechtete hoch. Der zerknitterte Pulli, der als Kopfkissen gedient hatte, fiel in den Sand.

Ihr wurde bewusst, dass sie zwei Menschen getötet hatten und Frederick immer noch nicht zurück war. Sie befanden sich vollständig in seiner Hand. Das war viel enger als jede Ehe. Ab jetzt beherrschte er sie und ihre Schwester mit seinem Wissen. In dem Fall war Wissen wirklich Macht.

Sie schüttelte sich. Was ein Befreiungsakt werden sollte, hatte sie erst recht zur Gefangenen gemacht. Sie fühlte sich ganz anders als Samantha. Sie hätte am liebsten alles rückgängig gemacht. Sie wollte wieder die sein, die sie einst gewesen war: angepasst und unauffällig. Sie wollte ihr langweiliges Leben zurück. Es schien ihr plötzlich gar nicht mehr so mies gewesen zu sein. Statt eines Ausbruchs mit Doppelmord hätte vielleicht auch eine neue Küche gereicht oder ein schöner Urlaub.

Kam Frederick nicht zurück, weil er ahnte, dass die zwei durchaus mit dem Gedanken spielten, auch ihn zu töten?

Mitwisser lebten gefährlich. Das wusste jeder Krimileser oder -gucker.

Susanne Kaminski frühstückte mit dem Sommerfeldt-Fanclub im *Café ten Cate*. Sie hatte auf Norderney alles vorbereitet. Die Plätze waren reserviert. Sie erfüllte ihr Ehrenamt mit großer Freude und nahm es sehr ernst.

Vierzig Personen waren angereist. Siebenunddreißig Frauen und drei Männer. Natürlich wollte jeder gern auf Sommerfeldts altem Stammplatz im Café sitzen.

Jörg und Monika Tapper erzählten von ihren Begegnungen mit dem Doktor. Sie standen dabei in der Mitte des Cafés wie auf einer Bühne. Da rührte niemand einen Tee um. Da biss niemand in sein knuspriges Brötchen. Alle lauschten gebannt.

Nachdem Jörg Tapper erwähnt hatte, dass Sommerfeldt nicht nur bei ihm im Café Kuchen gegessen, sondern auch regelmäßig Schwarzbrot gekauft habe, waren die letzten Päckchen rasch ausverkauft.

Monika schilderte den Serienkiller, den hier niemand so nannte, als netten, ja höflichen Menschen. Zurückhaltend sei er gewesen. Nachdenklich. Belesen. Sie zeigte auf seinen Stammplatz: »Da saß er oft, meist mit ein, zwei Büchern, die er sich vorher im LeseZeichen nebenan gekauft hatte. Er las sich mal in einem fest, dann plötzlich legte er es weg, notierte etwas und las in einem anderen Buch weiter. Ich habe ihn mal gefragt, ob er nicht durcheinanderkäme, weil er mehrere Romane gleichzeitig las. Er lachte und fragte mich zurück: *Hängt nicht irgendwie immer alles miteinander zusammen?*«

»Ein wahrer Satz!«, rief Susanne. Sie hatte nicht nur die ausgedruckten Sommerfeldt-Masken aus Pappe mitgebracht, sondern auch noch schwarze Trauerschleifen, die sich problemlos an der Kleidung befestigen ließen.

Sie hatten als Gruppe die Dreizehn-Uhr-Fähre gebucht. Einige waren bereits seit gestern hier. Wer ein Zimmer im Smutje ergattern konnte, hatte dort übernachtet, denn das Hotel und das Restaurant kamen in Sommerfeldts Aufzeichnungen vor. Dort hatte er, als er schon wusste, dass er als falscher Arzt aufgeflogen war, noch einmal gegessen, bevor er untergetaucht war. Damals stand er schon ziemlich unter Fahndungsdruck, wollte sich aber die Lebensart und die Freude am guten Essen nicht nehmen lassen.

Susanne Kaminski unterschied zwei Gruppen von Frauen. Es gab die, die den Serienkiller liebten und ihm schon ins Gefängnis Briefe geschrieben hatten. Sie phantasierten sich in eine für sie gefahrlose Beziehungswelt, denn ihr Geliebter saß ja im Knast. Die meisten aber mochten ihn als Autor. Für sie waren seine Bücher Gesellschaftsromane, ja eine Gesellschaftskritik aus einer sehr ungewöhnlichen Perspektive.

Einige wünschten sich klammheimlich einen Sommerfeldt in ihrem Leben, der ein paar Figuren, die ihnen Schwierigkeiten bereiteten, mal gehörig auf die Finger klopfte. Ein Schwerkrimineller, ein Mörder, der weder Frauen noch Kindern etwas zuleide tat, sondern sich als ihr Beschützer fühlte, war vielleicht wahnsinnig, aber eben auch bei vielen beliebt.

Da die Zimmer auf Norderney zur Hauptsaison knapp waren, hatte Susanne mehrere Ferienwohnungen angemietet. Fans hielten eben zusammen und teilten sich notfalls auch Räume.

Jörg schlachtete einen Seehund. Er nannte das *Seehund-Schlachten-für-Vegetarier*. Seine waren aus Marzipan.

Er teilte auf einem Teller drei Seehunde in kleine Probierstücke und ging damit von Tisch zu Tisch. »Das hatten Sommerfeldt und unser ehemaliger Kripochef gemeinsam«, lachte er. »Sie liebten beide unsere Marzipanseehunde.«

Susanne sah ihn betroffen an. Er hatte von Sommerfeldt und Ubbo Heide in der Vergangenheitsform gesprochen, wobei

Ubbo sich aber auf jeden Fall guter Gesundheit erfreute, denn seine Frau Carola schob ihn gerade mit dem Rollstuhl ins Café. Er wurde sofort erkannt, musste viele Hände schütteln und Autogramme geben. Jörg und Monika Tapper behandelten ihn und seine Frau wie alte Freunde.

Eine große, schlanke Frau um die fünfzig, die von den anderen Gudrun genannt wurde, putzte sich die Nase und weinte.

Jörg wollte nett sein und ein bisschen Optimismus verbreiten: »Vielleicht lebt der Doktor ja noch. So leicht ist der nicht totzukriegen.«

»Aber Herr Tapper«, tadelte Gudrun ihn, »es ist in allen Nachrichtensendungen.«

»Das kommentiere ich jetzt nicht«, sagte Ubbo Heide, der von vielen fragend angesehen wurde.

»Eine bessere Möglichkeit, zu verschwinden und sich irgendwo ein gutes Leben zu machen, gibt es nicht«, behauptete Jörg.

Monika gab ihrem Mann recht: »Also, ich traue dem Doktor alles zu …«

Im Café schlug der Gedanke hohe Wellen. Plötzlich redeten alle durcheinander. Einige waren sofort bereit, ihn zu verstecken oder ihm zur Flucht zu verhelfen. Es machte ihnen gar nichts aus, solche Gedanken im Beisein des ehemaligen Kripochefs, der Sommerfeldt gejagt hatte, zu äußern.

Er staunte. So beliebt wie Sommerfeldt wäre er auch gern mal gewesen.

Susanne Kaminski hob die Arme und bat um Ruhe. Sie zwinkerte komplizenhaft: »Diesen schwarzen Trauerflor werden wir alle tragen. Unser Doktor Sommerfeldt ist auf jeden Fall entkommen, so oder so.«

»Er wollte immer verhindern, dass sie ihn lebendig schnappen«, bestätigte Gudrun.

»Ich kann ihn mir«, fuhr Susanne fort, »in der Freiheit vorstellen. Und auch als Asche in der Nordsee. Aber nicht im Gefängnis.«

Viele Köpfe nickten.

Zwei der drei Männer waren echte Fans. Sie sammelten alles, was über Sommerfeldt veröffentlicht worden war, und konnten zentrale Sätze seiner Trilogie wörtlich zitieren. Der Dritte war ein *mitgebrachter* Mann. Er tat, als hätte seine Frau ihn zum Fan gemacht. Seit seiner Schulzeit hatte er freiwillig kein Buch mehr gelesen, aber seine Theresa sei eine richtige Leseratte, süchtig nach dicken Romanen, am liebsten Serien. Sie habe ihn infiziert. In Wirklichkeit aber war er krank vor Eifersucht und hasste diesen Sommerfeldt. Er war froh, dass es ihn endlich erwischt hatte. Der würde kein neues Buch mehr schreiben.

Das sagte er natürlich nicht, aber einige sahen es ihm an. Auch seine Frau. Seine Eifersucht machte sie stolz. Ihr Mann war eifersüchtig auf einen flüchtigen Serienkiller! Das war doch etwas ganz anderes, als eifersüchtig auf einen Arbeitskollegen, Nachbarn oder Fitnesstrainer zu sein.

Hatte ihr Mann wirklich Angst, sie könne mit so einem durchbrennen? War das nicht romantisch?

Er war an ihrem Hochzeitstag mit ihr nach Norddeich gefahren, um Sommerfeldts Wirkungsstätte zu sehen, und auf der Rückreise nach Köln hatten sie in Gelsenkirchen Halt gemacht und den Weißen Riesen besichtigt, das Hochhaus, in dem Sommerfeldt sich eine Weile versteckt gehalten hatte. Sogar die Buchhandlung Junius in Gelsenkirchen hatte er mit ihr besucht, weil Sommerfeldt dort von Ann Kathrin Klaasen verhaftet worden war. Die Inhaberin Sabine Piechaczek berichtete so lebhaft davon, als sei es erst gestern gewesen, und sie erinnerte sich an viele kleine Details.

Sie tranken mit ihr gemeinsam Kaffee und ließen sich von ihr noch zwei neue Kriminalromane empfehlen, die er selbstverständlich für seine *Leseratte* kaufte. Sie baten Sabine Piechaczek sogar um ein Autogramm. Schließlich hatte sie Sommerfeldt persönlich kennengelernt.

Diese Geschichte erzählte Theresa gerade zum vierten Mal. Damit kam sie immer wieder gut an. So ein Geschenk zum Geburtstag oder Hochzeitstag wünschten sich viele.

Bei der Überfahrt hatten sie Glück. Sie sahen mehrere Seehunde, denen es wohl Freude machte, sich ein Wettschwimmen mit der Frisia zu liefern. Auf der großen Fähre fanden gut fünfzig, sechzig Autos Platz und weit mehr als tausend Passagiere.

Der Sommerfeldt-Fanclub genoss die Überfahrt ganz oben auf dem Außendeck. Durch die Trauerflore hielt man sie für eine Beerdigungsgesellschaft, aber dafür wirkten sie erstaunlich fröhlich.

Sie wollten erst einen Ausflug zur *Weißen Düne* machen und dort etwas essen, danach versprachen sie sich einen spannenden Abend mit Christian Ahlers und Bettina Göschl.

Susanne mit ihrem Organisationstalent hatte alles bestens eingestielt, darauf verließ man sich. Die Gruppe ahnte nicht, dass sie den echten Dr. Bernhard Sommerfeldt schon bald treffen würde.

Bettina Göschl, Christian Ahlers und Heinz Edzards saßen bei einem Kaffee unter Deck zusammen und besprachen das Abendprogramm.

»Müssen wir«, fragte Bettina gerade, »berücksichtigen, dass er gerade erschossen wurde?«

Heinz Edzards gab zu bedenken: »Wir können nicht so tun, als wäre nichts passiert.«

»Ja, aber gerade in dem Fall ist es immer sofort eine Wertung oder gar ein Urteil«, sagte Ahlers.

Bettina überprüfte während des Gesprächs ihre Gitarre. Eine Saite war gerissen. Sie zog eine neue auf. Sie sprach, als ob sie mit dem Instrument reden würde: »Stimmt. Normalerweise würde man immer sein Bedauern oder seine Trauer ausdrücken ... In seinem Fall gerät man gleich in den Verdacht, ein Unterstützer zu sein.«

Edzards spottete: »Über Verstorbene soll man ja bekanntlich nicht schlecht reden ... «

»Aber«, sagte Bettina, »sein Tod ist auch wirklich ein Verlust.« Sie fügte rasch hinzu: »... Für die Literatur. Viele hatten ja ein weiteres Werk von ihm erwartet.«

»Ja, und was machen beziehungsweise was sagen wir jetzt?«, wollte Christian Ahlers wissen.

Bettina und Heinz verstanden seine Not nur zu gut. Machte man eine Veranstaltung *zu Ehren von* oder *in Erinnerung an* oder setzte man sich damit gewaltig in die Nesseln?

»Wir haben es«, seufzte Bettina, »einfach mit einer sehr umstrittenen Person zu tun ... da kann man es nicht allen recht machen.«

Ann Kathrin und Weller fuhren zum Distelkamp zurück. Sie wurden das Gefühl nicht los, nichts richtig machen zu können. Es war eine verdammte Zwickmühle. Einerseits wollte Ann sich am liebsten unter der Bettdecke verkriechen und im Schein der Taschenlampe in Bilderbüchern blättern, andererseits verspürte sie eine irre Lust, dabei zu sein und nach Norderney zu fahren.

Auf ihrer Terrasse roch es nach verschüttetem Bier. Weller fegte die Scherben zusammen. »Ich glaube«, sinnierte er, »wir hatten Besuch. Möwen waren das jedenfalls nicht.«

Er sah an ihrer Körperhaltung, dass sie einen Entschluss gefasst hatte. Er kannte das. Sie stand dann plötzlich anders da, atmete auch tiefer, so als habe ihr eine ungelöste Frage die Luft genommen.

Sie bog ihren Rücken nach hinten durch. Er wusste: Was immer jetzt von ihr kam, dagegen konnte er nur schwer anargumentieren.

»Ich will«, sagte sie, »nach Norderney. Wir können nicht tatenlos zusehen. Die Todesstrafe ist bei uns abgeschafft, und niemand darf sich anmaßen, sie zu vollstrecken. Zumal hier nicht einmal ein ordentliches Gerichtsverfahren stattgefunden hat.«

»Heißt für uns?«, fragte Weller vorsichtig nach.

Sie argumentierte sachlich, war jetzt ganz Kommissarin, ging vollständig auf in ihrer professionellen Rolle: »Wenn Sommerfeldt tatsächlich so dumm ist, zu dieser Lesung zu fahren, dann werden wir ihn vor Ort festnehmen, so dass er vor ein ordentliches Gericht gestellt werden kann.«

Im Grunde gefiel Weller ihre Idee. Er stellte sich nur die Durchführung sehr schwierig vor. »Und was ist mit Eisenmann und seiner Ninja-Truppe?«

»Wir werden nicht zulassen, dass sie einen Mord begehen. Notfalls schützen wir selbstverständlich Dr. Bernhard Sommerfeldt.«

»Vor unseren eigenen Leuten?«

Ann Kathrin nickte und sah ihrem Mann fest in die Augen: »Natürlich.«

Weller ballte kampfbereit die Fäuste und hob sie hoch, als müsse er sich vor einem imaginären Gegner decken. Er machte ein paar tänzelnde Schritte, wich unsichtbaren Schlägen aus und rief dann: »Ja, das ist meine Frau! So liebe ich sie!«

In dem Moment spielte Wellers Handy *Piraten Ahoi!*. Er hatte es sofort am Ohr. Seine Stimme klang abweisend: »Moin.«

Weller konnte auf eine Art *Moin* sagen, die mehr nach *Hau ab* als nach *Herzlich willkommen* klang. Marion Wolters flötete mit übertriebener Freundlichkeit: »Ja, ich hab dich auch lieb, Frankieboy. Ich glaube, ihr beiden Turteltäubchen solltet schnell nach Norddeich. Auf der Frisia hat ein Matrose eine Leiche gefunden. Sieht auf den ersten Blick nach unserem Freund Sommerfeldt aus. Zumindest wurde ein Messer benutzt.«

Ann Kathrin hatte mitgehört, da Wellers Handy immer so laut gestellt war, als wäre er schwerhörig.

»Wir fahren sofort los. Und sie soll Rupert informieren. Wir brauchen Verstärkung. Auf einer Fähre ist immer viel los, da wird die Spurensicherung richtig Arbeit haben. Fordere das ganz große Besteck an!«

»Heißt das«, fragte Weller seine Frau, »die Frisia darf den Hafen nicht mehr verlassen?«

»Die Fähre ist jetzt ein Tatort«, stellte Ann Kathrin klar.

Weller grummelte: »Zum Glück haben die mehrere Fähren, sonst würde heute auf Norderney und in Norddeich das Chaos ausbrechen. Die einen wollen von der Insel, die anderen drauf. Wir reden hier von ein paar Tausend Leuten …«

»Genau das wollte er vielleicht.«

»Du meinst, das Ganze könnte ein Ablenkungsmanöver sein?«

Sie zuckte mit den Schultern und zog ihre regenfeste Windjacke an.

Weller staunte. Bei dem Wetter war das wirklich nicht nötig.

Marion Wolters mischte sich noch einmal ein: »Ich weiß nicht, ob Rupert kommt. Er hat Probleme mit der Prostata …«, sie genoss die Pause, »oder dem Rücken, das habe ich nicht so genau verstanden.«

»Du kannst ganz schön gehässig sein«, konterte Weller und drückte das Gespräch weg.

Im Hinausgehen sagte Ann Kathrin: »Frank? Wir werden uns den Tatort anschauen. Aber dann überlassen wir das den Kollegen.«

»Bitte?«

»Ich will auf Norderney dabei sein und mich von niemandem daran hindern lassen. Der Mann auf der Fähre ist tot. Vielleicht können wir verhindern, dass bei Thalia die nächste Leiche liegt …«

Frauke und Sommerfeldt stärkten sich in der *Weißen Düne*. Sie aß einen Ziegenkäse vom Biohof in Walnusskrokant mit Pflücksalat, Kürbis-Apfel-Chutney und dazu das Hausbrot. Er Oma-Mariannes-Matjessalat mit Roter Bete, Apfel und Pellkartoffeln. Zum Nachtisch gönnte er sich Mandelkuchen mit Sahne, sie nahm einen Eiskaffee mit doppelt Vanilleeis.

Sommerfeldt betrachtete die knallig bunten Werke von Enke Cäcilie Jansson an den Wänden. Porträts von Karl Lagerfeld, Willy Brandt und John Lennon. Die Bilder wirkten gespachtelt, hatten etwas Kraftvoll-Lebendiges.

»Da wirst du auch bald hängen«, sagte Frauke leise. »Als Monster oder als Held, das steht noch nicht fest. Vielleicht als Verfasser von Schundliteratur oder von …«

Er deutete ihr an, sie sei zu laut. Sie schwieg sofort. Es war ihr peinlich. Sie hatte nicht vor, ihn hier zu verraten. Aber sie gefiel sich in der Rolle der Pflegerin. Sie konnte ihn schlecht durch den Sand zum Strand rollen. Sie nahm jetzt die Gegend ganz anders wahr als sonst. Was konnte man barrierefrei erreichen und was nicht? Norderney war vielerorts auf Rollstuhlfahrer gut vorbereitet.

Sie wollte ihm gerade vorschlagen, zur Promenade zurückzufahren, da es dort für Rollstuhlfahrer sehr bequem war, als Susanne Kaminski mit dem Fanclub die *Weiße Düne* betrat. Zwei Frauen hatten sich spaßeshalber schon ihre Sommerfeldt-Pappmasken aufgesetzt, um sich gegenseitig zu erschrecken.

Sommerfeldt sah das und musste laut lachen. Auch Frauke guckte amüsiert. »Das gibt's doch nicht!«

Susanne sprach ihn an. Sie bückte sich, um mit ihm auf Augenhöhe zu sein: »Wir kommen zu dem literarisch-musikalischen Krimiabend bei Thalia. Wir sind ein paar verrückte Sommerfeldt-Fans«, erklärte sie ihm.

Er hörte sich sagen: »Ich auch.«

Frauke wunderte sich. Spielte er mal wieder mit dem Feuer?

»Kennen Sie seine Bücher?«, fragte Susanne Kaminski.

»Natürlich. Wir kommen heute Abend auch gern.«

Susanne sah Frauke an. Die bestätigte es.

»Na, das ist ja klasse«, rief Susanne. »Guckt mal, Mädels! Die gehören zu uns!«

Susanne wandte sich an Frauke: »Bei uns sind zwei krank geworden.« Sie machte eine Geste, als würde sie einen Schnaps trinken. Frauke verstand. Es war wohl mehr ein schlimmer Kater als eine Krankheit, aber ein Kater konnte einen schließlich genauso ausknocken wie eine Grippe.

»Also, es ist alles ausverkauft, aber wenn ihr zwei Hübschen noch Karten braucht, dann könnte ich euch die beiden Karten …«

Sommerfeldt zeigte auf Theresa, die eine Pappmaske trug, auf der er noch jung und hübsch aussah. »Kann ich auch so ein Ding haben?«, fragte er.

Susanne öffnete ihre blaue Jutetasche mit der Aufschrift *Sommerfeldt-Fanclub* und griff hinein. Sie bot Frauke auch eine an. Frauke nahm die Maske und hörte staunend Susanne zu, die es wie eine Regierungserklärung verkündete: »Wir duzen uns hier alle. Das ist im Fanclub so.«

Sommerfeldt und Frauke nickten anerkennend.

Er setzte sich die Maske auf und sagte laut: »Mein Name ist Sommerfeldt. Dr. Bernhard Sommerfeldt.«

Er erntete Heiterkeit.

»Du passt zu uns«, behauptete eine Männerstimme.

Frauke dachte: Mein Gott, was für eine Situation. Er lässt sich operieren, um nicht mehr wie Sommerfeldt auszusehen, dann setzt er sich eine Maske seines jugendlichen Ichs auf und kommt mit seinem Fanclub zurück, obwohl er offiziell tot ist. Die Welt ist eine anarchistische Collage …

Desiree war immer noch sauer auf Johann Baptist Reichhart und er auf sie. Es nervte ihn, dass sie es besser ertrug als er. Sie ließ ihn zappeln. Wie man Männer an der Leine führte, hatte sie in den Jahren als Prostituierte gelernt. So hatte sie aus Gelegenheitsfreiern Stammkunden gemacht, die mit Blümchen und Pralinen vor der Tür standen und um ihre Aufmerksamkeit bettelten wie ein Schoßhündchen um Streicheleinheiten.

War er wirklich so weit, dass er ihr einerseits beweisen musste, dass er kein Frauenschläger war, andererseits aber ein Profikiller?

Wie demütigend war das denn? Sie bestrafte ihn mit Liebesentzug und zeigte ihm deutlich, dass sie ihn nicht brauchte.

Sie sonnte sich jetzt. Natürlich nackt. Sie ölte ihren Körper ein.

Sie glänzt wie ein gut vorbereitetes Grillhähnchen, bevor es auf den Drehspieß kommt, dachte er.

Er bot ihr an, ihren Rücken einzuölen. Sie lehnte trotzig ab.

Er beteuerte: »Du tust, als hätte ich dich geschlagen. Das habe ich aber nicht!«

Sie antwortete, ohne ihn eines Blickes zu würdigen: »Ich weiß. Aber du hättest es gern getan.«

»Du bestrafst mich für etwas, das ich nicht getan habe«, protestierte er.

Sie legte sich Gurkenscheiben auf die Augen und spottete mit kindlich verstellter Stimme: »Frau Lehrerin! Frau Lehrerin! Darf man für etwas bestraft werden, das man nicht gemacht hat? – Nein, Fritzchen, natürlich nicht. – Ach, dann ist ja gut. Ich hab nämlich meine Hausaufgaben nicht gemacht.«

»Ja, hahaha, sehr lustig. Warum bist du auf einmal so kratzig zu mir? Ich meine, sollen wir das alles abbrechen? Ist das dein Ernst? War es das jetzt mit uns?«

Sie hob die Gurkenscheiben ab, schob sie sich in den Mund, aß sie demonstrativ genüsslich auf und wendete sich ihm zu: »Ach, so läuft das bei dir, ja? Das kleinste Problem taucht auf, und du verziehst dich? Ja, das kenne ich. So waren sie alle. Meine Liebhaber und erst recht meine Freier. Deshalb gehen sie alle so gerne zu Huren, weißt du? Weil das so schön unkompliziert ist und man sich nicht mit Ansprüchen konfrontiert sieht. Solange man die Euros mitbringt …«

Er stöhnte. Er verspürte Lust, ihr die Stahlschlinge um den Hals zu legen und die Garotte zuzuziehen. Wie würde sie zappeln und wimmern und flehen ... Dann täte ihr bestimmt alles leid, aber dann wäre es auch zu spät. Hatte sie nicht kapiert, dass zwischen ihnen das Versprechen *Bis dass der Tod euch scheidet* wirklich galt? Mehr als in jeder vor Gott und dem Standesbeamten geschlossenen Ehe.

Wenn du mit mir Schluss machst, machst du zunächst mal mit dir und deinem eigenen Leben Schluss, Baby. Ich werde das Ende dieser Liebesbeziehung garantiert überleben. Du aber nicht.

Er redete nicht mit ihr. Er wirkte verstockt, ja versteinert. Sein Selbstgespräch drang nicht zu ihr durch. Wäre sie in der Lage gewesen, Gedanken zu lesen, hätte sie vermutlich schreiend das Weite gesucht. Doch so etwas konnte sie nicht.

Sie glaubte zu ahnen, was er dachte, und reagierte, da er nichts sagte, auf ihre eigenen Vermutungen: »Du musst für mich nicht den starken Mann spielen, Herrgott! Ich brauche keinen Haudegen. Ich will einen ganz normalen Mann – falls es so etwas überhaupt gibt.« Sie erläuterte: »Einen, der arbeiten geht, gern und gut isst und trinkt, der mich annimmt, wie ich bin, und einen, der kein Eis holen geht und dann behauptet, er hätte einen Mord begangen, nur um mich zu beeindrucken. Als Teenie wäre ich vielleicht darauf reingefallen. Aber ich bin, verdammt nochmal, inzwischen eine erwachsene Frau! Schau mich an!«

Er reckte sich, um seine Muskeln zu spüren. Er spannte sie kurz an. Er fühlte sich wie ein kleiner Junge, der von seiner Tante oder Oma zusammengefaltet wurde. Er hasste diese kleinmachende Energie.

Du stehst sooo kurz davor, zu sterben, drohte er ihr innerlich. Doch er sagte: »Mach's mir bitte nicht so schwer. Ich war noch nie in meinem Leben in der Situation, nachweisen zu müssen, dass ich ein Profikiller bin. Es ging immer genau ums Gegenteil. Ich habe mir nicht umsonst eine gefakte Biographie zusammengebastelt. Es ist das Prinzip meines Jobs, ihn geheim zu halten.«

»Ja, wie bei einem Agenten«, lachte sie. Es hielt sie nicht länger auf dem Liegestuhl. Sie erhob sich und baute sich vor ihm auf, als hätte sie vor, ihn niederzuwalzen. »Du willst unbedingt, dass ich Angst vor dir habe, was?«, fauchte sie und stieß ihn gegen die Brust.

Er ging einen Schritt rückwärts. Er hoffte, das sei es jetzt gewesen, aber die Luft war bei ihr noch lange nicht raus. Sie bekannte: »Eine Weile ist dir das sogar gelungen. Ich habe den ganzen Mist geglaubt und hatte Schiss, eines Tages würde ich dein nächstes Opfer werden. Damit muss jetzt endgültig Schluss sein!«

Sie ballte die Faust und schlug einen rechten Haken in die Luft. Hätte er näher gestanden, wäre sein Kinn getroffen worden.

Er versuchte, zu lächeln. Es fiel ihm nicht leicht. Er hatte nicht mehr viele Alternativen. Entweder, er tötete vor ihren Augen, und sie bekam dadurch wieder Respekt vor ihm, oder er machte sie hier auf der Stelle kalt.

Er konnte es wie einen Lustmord aussehen lassen. Ein Spanner beobachtete eine nackte Frau, stieg ein, um sie zu fotografieren oder gar zu vergewaltigen, es entstand ein Kampf und … Der Rest war eine alltägliche Geschichte.

Soll ich sie mitnehmen an den Strand, mir wahllos einen Menschen aussuchen oder sie aussuchen lassen? Aber wen? Er beging nur Morde für Geld. Nie einfach so. Er war kein Lustmörder. Er war der Henker! Er erledigte seinen Job ganz professionell. Mehr nicht.

Er wurde wütend auf sie. Noch nie hatte ihn jemand so weit gebracht, dass er bereit war, sinnlos zu töten. Das Risiko, erwischt zu werden, war auf einer von Touristen gefluteten Insel tagsüber recht groß. Trotzdem war er entschlossen, ihr sofort zu zeigen, wer er war. Von ihr wollte er Anerkennung, ja Lob, Es kam ihm vor, als sei er süchtig danach.

Nur eine Angst blieb: Würde sie sich, nachdem sie Zeugin eines Mordes geworden war, von ihm trennen, weil sie, die Hure, plötzlich die Moral dieser bigotten Gesellschaft übernommen hatte?

Nein, ein sinnloser Mord, ein wahllos ausgewähltes Opfer, machten ihn zum Psychopathen, und genau die Rolle wollte er nicht spielen.

Er fragte: »Gibt es jemanden in deinem Leben, dem du den Tod wünschst?«

Sie glotzte ihn blöde an: »Was?«

Er wiederholte seinen Satz.

Sie zeigte auf ihn und stieß mit dem Finger wie mit einem Messer in seine Richtung: »Soll das jetzt die Nummer werden: Ich nenn dir einen, auf den ich stinksauer bin, und du legst ihn dann um?«

Er nickte zu früh. Sie hatte ihre Vermutung noch nicht beendet. Jetzt folgte der Satz: »Damit ich dich für einen ganz tollen, skrupellosen Hecht halte?« Sie klopfte sich gegen den Kopf. »Das ist doch gaga, ist das doch!«

Er hielt es nicht mehr aus. Er, der in dem Ruf stand, kaltblütig zu sein wie eine Maschine und emotionslos seine Mordarbeit zu erledigen, wurde von Gefühlen überflutet. Er sah sich wie von außen, als würde er unter der Decke schweben und die Szene beobachten. Er stürzte sich auf sie, schlug ihr ins Gesicht und packte sie mit beiden Händen an der Gurgel, um sie zu würgen.

Ihre Augen traten groß hervor. Ungläubig glubschte sie ihn an. Sie versuchte, erst mit ihrem linken Knie, dann mit dem rechten, seine Weichteile zu treffen.

Er schlug ihr beim zweiten Versuch das andere Bein weg. Sie stürzte.

Er sprang auf ihren weichen Körper und wollte erneut ihren Hals packen. Sie knallte ihm ihren linken Ellbogen ins Gesicht und floh auf allen Vieren.

Er rutschte von ihrem öligen Körper ab und wurde daran erinnert, wie er als kleiner Junge auf dem Schulhof auf einer Schlitterbahn ausgerutscht und gestürzt war und zum Gelächter aller anderen ein paar Meter über den gefrorenen Boden geglitten war. Als er versuchte, aufzustehen, stürzte er ein zweites Mal.

Wohin er bei Desiree auch griff, er rutschte ab.

Warum, fragte er sich, benutze ich mein Werkzeug nicht? Warum nicht die Stahlschlinge, warum nicht das Messer? Warum kämpfe ich hier mit ihr, als seien wir zu Sumoringern mutiert?

Noch hätten sie stoppen können. Noch gab es eine Möglichkeit, alles zu beenden. Doch dann machte sie den entscheidenden Fehler. Sie kreischte und rief um Hilfe.

Fenster und Türen waren offen. Er konnte das nicht zulassen.

Er wollte ihr den Mund zuhalten, doch sie biss in seinen Mittelfinger. Er ließ sie los, nahm Abstand von ihr, hob die Arme, als würde er sich ergeben, und versuchte, sie zu beruhigen: »Ist ja gut, ist ja gut. Tut mir leid. Ich wollte das nicht. Du hast mich einfach so total wütend gemacht. So kenne ich mich gar nicht. Ich bin sonst ganz anders.«

Blut tropfte von seinem Mittelfinger. Sie wischte sich die Lippen ab und stand auf. Sie ließ ihn dabei nicht aus den Augen.

Sie suchte nach einem Gegenstand, mit dem sie sich verteidigen konnte. Sie entschied sich für einen Stuhl.

»Es tut mir leid! Ich …«

»Ich weiß«, fuhr sie ihn an, »du bist eigentlich ganz anders! Du kennst dich gar nicht so. Das sagen sie alle hinterher. Hau ab! Ich will dich nie wiedersehen!«

Ihre Worte trafen ihn hart. Er blickte kurz auf seine Hand und suchte nach Verbandszeug. »Du hast mir verdammt weh getan!«

»Der Schmerz hört auf, wenn du kapierst, was er dir sagen will«, zischte sie und machte eine Schnappbewegung mit ihren Zähnen, als hätte sie vor, noch einmal zuzubeißen. Sie hielt dabei allerdings ein paar Meter Abstand zu ihm, die vier Stuhlbeine zu ihm ausgerichtet, als sei er ein Raubtier und sie versuche, es zu bändigen.

Plötzlich veränderte er seine Haltung. Es war für sie, als würde irgendetwas von ihm Besitz ergreifen. Ein Dämon, ein Geist, ein anderer Mensch.

Ihr wurde ganz anders. Sie wusste, dass sie es jetzt mit einer Persönlichkeit zu tun hatte, die keine Gnade kannte. Sie versuchte, zur offenen Balkontür zu stürmen oder zumindest das Fenster zu erreichen.

Er griff ihr von hinten in die Haare, riss sie zurück und warf sie in den Sessel. Seine rechte Faust traf ihre linke Schläfe.

Die Möbel im Raum schienen sich aufzulösen und zu zerfließen. Dann wurde um Desiree herum alles dunkel.

Für Dr. Bernhard Sommerfeldt war es ein großartiger Tag. Er genoss jede Sekunde. Er gab weiter den Professor für Kunstgeschichte, der bis zu seinem Unfall selbst gemalt hatte, aber davon ausging, dass es Bessere gab als ihn.

Er spielte nur nicht mehr den leicht geistig Beeinträchtigten. Im Gegenteil. Er sprühte vor Witz und Scharfsinn.

Zunächst kam es Frauke so vor, als würde er unerkannt mit seinen Fans flirten. Doch dann begriff sie: Es war etwas anderes. Er versuchte, zu verstehen, was sie in Sommerfeldt sahen. In gewisser Weise war er ja doch zur Kunstfigur geworden.

Sie wünschten alle, dass er sich guter Gesundheit erfreute und weiterhin den Bösewichten dieser Welt das Leben schwermachte. Einige erzählten von Männern in ihrem Umfeld, denen sie eine Begegnung mit dem Doktor gegönnt hätten. Chefs, Politiker und einige Ex-Ehemänner waren darunter.

Das Gerücht ging um, Sommerfeldt habe sich auf eine autofreie ostfriesische Insel zurückgezogen und schreibe unter Pseudonym Kriminalromane.

Frauke als Betreuerin ging nebenher und passte auf ihren Patienten auf. Abwechselnd wurde Sommerfeldts *Bond-Mobil* von verschiedenen Fans geschoben. Sie wussten natürlich nicht, dass der Meister selbst drinsaß. Sie wollten einfach nett sein und sich mit ihm unterhalten. Er konnte zwar gut selbst damit fahren, aber so war es irgendwie angenehmer. Geselliger. Zwischen so vielen Sommerfeldt-Fans fühlte er sich sicher.

Frauke beobachtete kritisch die Umgebung. Nachdem sie Meinerzhagen auf der Frisia ins Jenseits befördert hatte, war sie voller Adrenalin, bereit, ihr Leben und ihre Freiheit zu verteidigen.

Sie flanierten über die Strandpromenade, und Frauke bemerkte, dass sich einige Ninjas noch auf der Insel aufhielten. Sie waren nervös, und je näher der literarisch-musikalische Krimiabend rückte, umso angespannter waren ihre Körperhaltung und Gesichtszüge. Die Ninjas fieberten dem Kampf entgegen. Sie wussten, dass sie es mit jemandem zu tun hatten, der sich nicht einfach so festnehmen oder exekutieren ließ. Zwei von ihnen hatten bereits die Mission auf Norderney nicht überlebt, dabei hatte der eigentliche, entscheidende Akt noch gar nicht begonnen.

Frauke folgerte daraus, dass sie genau wussten, dass Sommerfeldt noch lebte. Vielleicht gab es gar keinen dritten Toten, und alles war nur eine Finte.

Das Schlimme mit euch notorischen Lügnern und Schwindlern ist, dass ihr selbst keinem mehr trauen könnt, dachte sie. Nicht einmal euch selber.

Für sie war der Aufenthalt hier brandgefährlich. Am liebsten hätte sie Norderney rasch wieder verlassen, doch ihr Bernhard amüsierte sich prächtig.

Eine Ruth mit roten Haaren erzählte gerade, sie habe ihrem Schwager zu Weihnachten die Sommerfeldt-Trilogie geschenkt. Seitdem sei er tatsächlich ein besserer Mensch geworden.

»Ja«, freute sich der angebliche Professor im Rollstuhl, »Literatur bildet und sensibilisiert den ganzen Menschen. Literatur formt unseren Charakter. Ich wäre ohne meine Lektüre auch ein anderer. Am Ende sind wir, was wir gelesen haben.«

Ruth grinste: »Dann ist meine Schwester ein Diätkochbuch.«

Schon gut eine Stunde vor Beginn der Veranstaltung sammelte sich die Gruppe vor der Buchhandlung. Sie setzten bereits ihre Masken auf.

Drinnen arbeiteten Bettina Göschl und Heinz Edzards an der Tonprobe. Bettinas Stimme sollte vorn sein, weil sie in ihren Liedern Geschichten erzählte, und die sollte jeder gut verstehen. Sie trug den Song *Sieben Leben hat die Katze* vor.

Christian Ahlers gefiel der Song sehr. Das passte für ihn gut zu diesem denkwürdigen Abend.

Aus dem gegenüberliegenden Haus wurde die Buchhandlung und jeder, der rein und raus ging, gefilmt. Zwei Scharfschützen waren bereits in Position. Innen gab es drei versteckte Kameras.

Frau Dr. Döse und Kurt Kleinhaupt befanden sich im *Headquarter,* wie sie die Räume in der Polizeiinspektion Aurich nannten, die sie für sich in Beschlag genommen hatten. Sie wollten zwar alles genau verfolgen, konnten über ihre Handys direkte Anweisungen an die Kräfte vor Ort erteilen, aber sie wollten nicht dabei sein. Falls die Sache aus dem Ruder lief und es noch mehr Fehler oder gar unschuldige Tote zu beklagen gab, war es leichter, sich aus der Verantwortung zu stehlen, wenn man ein paar Kilometer Luftlinie vom Geschehen entfernt alles beobachtet hatte.

Vor Ort mussten Entscheidungen unter Umständen in Bruchteilen von Sekunden gefällt werden. Entscheidungen über Leben und Tod, die später Karrieren befeuern oder zunichte machen konnten.

»Das darf doch nicht wahr sein! Was ist denn das für eine Bande Wahnsinniger?«, stöhnte Frau Dr. Döse.

Kleinhaupt fragte: »Was sind das für Masken?«

Die Frage war so dämlich, dass Frau Dr. Döse sich am liebsten geweigert hätte, sie zu beantworten. Aber die Frage bestätigte mal wieder aufs Sinnfälligste, warum sie diese Aktion leitete und nicht Kleinhaupt.

»Das soll Sommerfeldt sein.«

»Ja. Witzig. Und was soll das?«, hakte er verständnislos nach.

»Das sind seine Fans.«

Kleinhaupt walkte sich das müde Gesicht durch. »Seine Fans … Was ist nur aus diesem Land geworden? Ein Serienkiller hat Fans, und wir, was haben wir?«

»Dienstvorschriften und Vorgesetzte«, konterte sie. »Aber auch einen Pensionsanspruch.«

Kleinhaupt hatte eine Idee: »Er könnte dabei sein. Vielleicht ist er eine dieser Frauen … Das wäre eine geschickte Verkleidung – maskiert in Weiberklamotten.«

Sie verzog, fast angewidert von so viel Blödheit, den Mund. Außerdem gefiel ihr das Wort *Weiberklamotten* nicht. »Dann fallen schon mal alle mit Stöckelschuhen weg. Er muss ja schnell rennen können. Außerdem glaube ich nicht, dass der sich so zum Affen macht. Der hat einen Ruf zu verlieren. Genauso gut könnte er der im Rollstuhl sein.«

»So ein Quatsch!«

»Außerdem können wir die schlecht alle mitnehmen. Mit welcher Begründung denn auch?«

Kurt Kleinhaupt tippte gegen den Bildschirm: »Ganz einfach: Wegen Verstoßes gegen das Vermummungsgesetz.«

Sie winkte ab: »Das nimmt seit Corona kein Mensch mehr ernst. Erst müssen alle eine Maske tragen, und dann darf es keiner mehr?«

Er blieb bei seiner Aussage: »Das ist hier kein Umzug im Kölner Karneval. Man kann nicht einfach so mit Masken durch die Innenstadt laufen.«

Sie hielt dagegen: »Doch. Kann man.«

Kleinhaupt versuchte, sich irgendwie gegen Frau Dr. Döse zu behaupten. Er fühlte sich ihr schon allein unterlegen, weil er keinen akademischen Titel hatte. Manchmal sah sie ihn an, als würde sie ihn intellektuell gar nicht akzeptieren, weil er sich nicht auf ihrem Niveau bewegte. Jetzt trumpfte er auf: »Ich habe diese Susanne Kaminski überprüfen lassen.«

Frau Dr. Döse sah ihn an. Sie wusste also nicht genau Bescheid. Endlich hatte er ihr etwas voraus. Wie ein Lehrer seine Schülerin über eine historische Figur informiert, klärte er sie demonstrativ auf: »Das ist die Leiterin des Sommerfeldt-Fanclubs. Ihr wird eine Nähe zum organisierten Verbrechen nachgesagt.« Er hob abwehrend die Hände. »Sie ist eine vollkommen unbescholtene Person. Es liegt nichts gegen sie vor. Aber es kursieren Gerüchte, dass sie eine Freundin von Klempmanns Geliebter, Silvia Schubert, ist.«

Frau Dr. Döse verzog die Lippen. »Gerüchte?« Sie rollte mit den Augen.

Um seine These zu untermauern, zeigte er ihr ein Foto auf seinem Handy, das Susanne Kaminski neben Silvia Schubert im Liegestuhl vor dem Restaurant *Ria's Beach* auf Borkum zeigte.

Sie gönnte ihm den Triumph nicht und stichelte: »Das kann eine zufällige Begegnung gewesen sein. Zwei Frauen sitzen nebeneinander und schauen aufs Meer. Herrje, das beweist gar nichts! Wollen Sie mir damit etwa weismachen, dass Klempmann und Sommerfeldt zusammenarbeiten? Das ist doch lächerlich! Die sind schärfste Konkurrenten. Angeblich hat Klempmann zehn Millionen auf Sommerfeldts Kopf ausgesetzt.«

Kleinhaupt kratzte sich am Kinn, strich sich dann mit dem kleinen Finger über die Lippen und orakelte geheimnisvoll: »Wer sagt uns denn, dass diese Kaminski kein doppeltes Spiel spielt?«

Jetzt hatte er sie tatsächlich erstaunt. »Sie meinen, es ist denkbar, dass die diesen ganzen Fanclub nur gegründet hat, um an ihn heranzukommen?«

Kleinhaupts Lippen zuckten. Er stand irgendwie unter Strom.

Er hatte das Gefühl, seine Haare würden abstehen. Dr. Döse brachte ihn ständig dazu, sich beweisen zu müssen.

»Denkbar ist alles. Spielt hier nicht jeder ein doppeltes Spiel?«, fragte er.

Sie fixierte ihn mit einem Röntgenblick. »Sie etwa auch?«

Desiree wurde wach, weil Johann Baptist ihr ein Parfümfläschchen unter die Nase hielt und in die rechte Wange kniff.

Er hatte den Raum abgedunkelt.

Sie versuchte, ihre Arme zu bewegen, doch sie waren an die Stuhllehne gefesselt. Ihr Herz raste, als hätte es vor, aus der Brust zu springen.

Wie oft hatten sie das in Emden im Bordell durchgespielt!? *Ein Freier dreht durch und will dir ans Leben ...* Sie hatten Schutzmechanismen. Codewörter. Mir so manch renitentem Gast waren sie gemeinsam fertiggeworden und hatten ihm Hausverbot erteilt. Aber hier war sie ganz auf sich allein gestellt.

Sie war nicht mehr nackt. Was hatte das zu bedeuten? Er hatte sie mit einem Bademantel bekleidet und ihr - warum auch immer - zusätzlich ein großes Handtuch über die Schultern gelegt. Vor ihr auf dem Tisch hatte er seinen zusammenklappbaren Computer aufgebaut. Auf dem Bildschirm war ein Zeitungsartikel zu sehen. Das Foto eines bekannten Managers. Die Überschrift: *Tod in den Bergen.*

»Schau es dir an! Ich habe es wie einen Unfall aussehen lassen. Er musste den Vorstandsposten auf diese Weise räumen. Er wusste wohl zu viel über den Laden und seine Konkurrenten im Vorstand. Die trauernde Witwe hat zum Trost eine Million bekommen.«

Er switchte weiter. Ein Foto von einer Beerdigung. Desiree erkannte einige Politiker. Es sah aus wie eine Versammlung von Talkshow-Gästen.

Sie hätte nicht gleich die Namen sagen können, aber es waren doch bekannte Gesichter aus Zeitung und Fernsehen. Die B-Promis der politischen Gesellschaft.

Er fuhr stolz fort: »Das war mein erster Hunderttausender. Weißt du, billige Meuchelmörder, die einen Gastwirt zusammenschlagen oder umlegen, der nicht zahlen will, die gibt es wie Sand am Meer. Kleinkriminelle. Junkies. Schwachköpfe. Pfuscher. Ich arbeite in einer ganz anderen Liga. Präzise Wunscherfüllung für jeden Auftraggeber. Sie dürfen alles bestimmen. Ort. Zeit. Todesart …«

Ein neues Foto erschien auf dem Bildschirm. »Erinnerst du dich an den? Ist schon fünf Jahre her. Hoher NATO-General. Der hat eine Menge gefährliches Wissen mit ins Grab genommen. Ja …«, er lachte höhnisch, »die Militärs! Ausgestattet mit Panzern, Haubitzen, Drohnen und Jagdbombern, brauchten sie dann doch so einen Typen wie mich, um den da auszuschalten. Erst dachte ich, der wüsste zu viel und würde zum Verräter, aber weit gefehlt. Der war einem Rüstungsdeal im Weg. Er hatte herausgefunden, dass dieser Scheiß-Panzer …« Er zeigte auf ihn und dann auf einen Bericht aus dem *STERN*: »Also, dieser Panzer war leichter und wendiger als die alten Modelle, aber die Wände waren aus viel zu dünnem Blech. Das hätte die Soldaten das Leben gekostet. Der General fand das heraus und hat es laut beklagt. Er meinte, die Splitter einer Granate, die neben dem Panzer explodierte, würden die Panzerwand durchdringen wie Löschpapier und die Mannschaft zerfetzen. Das hat er nicht überlebt. Der Deal war 2,4 Milliarden wert.

Ich habe für ihn aber leider nur die inzwischen für mich üblichen Hunderttausend bekommen. Ich bin ja in solchen Fragen viel zu billig. Ich finde, ich sollte Prozente bekommen von dem, was die sparen. Aber inzwischen ist das als mein Tarif anerkannt. Hier, den kennst du auch oder?« Er zeigte ihr sein nächstes Opfer.

Sie fragte: »Was soll das? Was willst du mir mit dieser Show beweisen?«

»Ich offenbare mich dir. Das wollen Frauen doch angeblich von Männern so gern, dass sie Gefühle zeigen und zu sich und ihren Handlungen stehen und den Frauen reinen Wein einschenken oder nicht? Genau das tue ich gerade! Ich zeige dir, wer ich wirklich bin.«

»Warum lieferst du dich mir so aus? Willst du dafür Lob von mir und Anerkennung?«

Er zögerte mit der Antwort und tippte stattdessen etwas ein. Jetzt wechselten die Zeitungsberichte rasch.

»Ja. Lob und Anerkennung. Wenn du es so nennen möchtest, meinetwegen ... Ich will vor dir nicht als Lügner und Aufschneider dastehen. Ich glaube, darum geht es mir.«

»Du bist irre«, sagte sie, und es klang nach einer glasklaren Analyse. »Du brauchst einen Arzt. Aber nicht Dr. Sommerfeldt, sondern einen Nervenarzt. Einen Psychiater.«

Er nahm Abstand, um sie im Licht des Bildschirms anzusehen. Er hatte nicht zum ersten Mal einen gefesselten Menschen vor sich sitzen. Manchmal sollte er Geheimnisse aus ihnen herauspressen, bevor er sie umbrachte, oder der Auftraggeber wollte sie gern leiden sehen. Aber immer flehten sie, weinten, boten ihm Geld oder ihr Wissen an. Jeder versuchte, ihn milde zu stimmen. Selbst die größten Gangsterbosse, Manager oder Politiker, Leute, die gewohnt waren, dass man tat, was sie sagten, wurden weinerliche kleine Kinder, die ihre Medizin nicht schlucken wollten. Erst kam die Weigerung, zu glauben, dass es wirklich ihnen geschah, dann sofort die Unterwerfung. Einige zählten ihre guten Taten auf, als sei das Urteil nicht längst über sie gefällt worden.

Besonders amüsierte es ihn, wenn sie, um etwas zu finden, das sie ihrer Meinung nach sympathisch machten, weit in ihre Kindheit zurückmussten. Ins letzte Jahrtausend. Die Familienväter führten regelmäßig ihre Kinder für sich an, als würde die Tatsache, dass sie mal an einer Zeugung beteiligt gewesen waren, sie bereits fürs Leben prädestinieren.

Aber Desiree wurde, anders als alle anderen, einfach frech. Sie provozierte ihn. Sie beschimpfte ihn.

»Deine Art, um Liebe und Anerkennung zu betteln, Johann Baptist, ist jämmerlich und größenwahnsinnig zugleich! Ja, Johann Baptist Reichhart! Du wirst nie so sein wie dein dämliches Vorbild, dieser Scheiß-Nazihenker!«

Er atmete tief. »Johann Baptist Reichhart hat nicht nur für die Nazis gearbeitet, sondern nach dem Krieg für die Amerikaner. Kein Soldat der Alliierten hat mehr Nazis getötet als er!«

Sie spie beim Sprechen Speichel aus: »Ja! Ganz toll!«

Er rang mit sich, aber dann presste er heraus, was er eigentlich lieber für sich behalten hätte, um sich nicht noch verletzlicher zu machen: »Ich bin nicht größenwahnsinnig!«, schrie er. »Ich bin wirklich der Beste!«

»Na, da wird deine Mama aber stolz auf dich sein …«, tönte sie.

Er kämpfte mit sich. Sie sah es ihm an. Einerseits hätte er sie gern getötet, aber nicht, ohne ihr vorher so richtig weh zu tun. Sie sollte diese Worte bereuen. Andererseits war er kurz davor, vor ihr auf die Knie zu sinken und sie um Verzeihung anzuflehen. Er wusste nicht, was er tun sollte. Seine Finger rangen miteinander. Die Knorpelschicht in den Gelenken knackte. Es hörte sich schaurig und schmerzhaft an, aber er schien es nicht zu bemerken.

Erzähl ihm einfach etwas über dich, dachte sie. Etwas, das er noch nicht kennt: »Ich hatte mal eine Fingergelenkarthrose. Überbelastung durch zu viele Handjobs, meinte der Doc. Außerdem stimmte wohl etwas nicht mit meinen Hormonen. Hat sauweh getan. Konnte kaum noch eine Kaffeetasse festhalten ... Handbäder und Schmerztabletten haben mir jedenfalls nicht mehr geholfen. Erst gab es Gelenkinjektionen. Das macht keinen Spaß, sag ich dir, wenn dir jemand etwas in die Finger spritzt. Und am Ende bin ich doch um einen handchirurgischen Eingriff nicht herumgekommen. Mein Mittelfinger wurde versteift. Hast du bestimmt längst bemerkt. Sieht manchmal aus, als würde ich jemandem den Stinkefinger zeigen ...«

Sie hatte die Hoffnung, ihn mit ihrer Geschichte zu ködern.

Seine Gesichtszüge veränderten sich. Er sah weinerlich aus, fast bemitleidenswert. Ihr Redeschwall schien ihn weich zu machen und von der bösen, dunklen Seite auf die des Zweifelns zu ziehen. Doch sie irrte sich. Etwas in ihm bäumte sich auf. Er brüllte sie an: »Halt's Maul, du blöde Schlampe!«

Er floh fast aus dem Raum, als hätte er Angst, sie sonst umzubringen. Angst vor sich selbst.

Sie hörte seine Schritte im Flur, doch dann kam er plötzlich zurück. Seine Bewegungen waren hektisch, sein Gesicht versteinert. Er stopfte ihr einen Lappen aus der Spüle in den Mund und befestigte ihn mit dem Handtuch, das er vorher über ihre Schultern gelegt hatte. Er verknotete es hinter ihrem Kopf.

Ihr Mund stand offen. Sie atmete durch die Nase. Sie schnaufte und würgte.

Er verließ sie wortlos.

Jetzt begriff sie, warum er ihr das Handtuch um die Schultern gelegt hatte. Er wollte jederzeit darauf vorbereitet sein, ihre Schreie zu ersticken.

Auf dem Computerbildschirm wiederholten sich immer wieder die Fotos und Zeitungsberichte über die Menschen, die er angeblich getötet hatte. Inzwischen zweifelte sie nicht mehr daran.

Irgendwann ging das Gerät in den Energiesparmodus über, und der Bildschirm wurde dunkel. Jetzt war da nur noch ein kleines rotes Licht.

Ann Kathrin und Weller betraten die Herrentoilette auf der Frisia III, ohne die vielen Fragen zu beantworten, die ihnen von aufgebrachten Touristen gestellt wurden. Sie hatten sich auf einen Urlaub gefreut, und nun das ...

Ann und Weller bahnten sich einen Weg durch die Menschentrauben. Weller ging voran und kam Ann Kathrin vor wie ein Schneepflug, der die Straße für den nachfolgenden Verkehr freimachte. Höflich, aber konsequent, ohne sich aufhalten zu lassen, schritt er voran.

Es gab eine Durchsage. Die Menschen wurden aufgefordert, die Arbeit der Polizei nicht zu behindern.

Warum ihre Hausärztin Anika Scholle gerufen worden war, erschloss sich Ann Kathrin nicht, aber sie freute sich, sie zu sehen. Seit die Ubbo-Emmius-Klinik in Norden gegen der Willen der Bevölkerung vom Krankenhaus zum Gesundheitszentrum umgebaut worden war, lief hier so einiges durcheinander. Immerhin, die Psychiatrie hatte einen guten Ruf, weit über Ostfriesland hinaus.

Anika sagte: »Hier kann ich nicht mehr viel tun …«

Ann Kathrin erkannte den Toten sofort. »Was macht denn der Meinerzhagen hier?«

»Urlaub?«, fragte Weller zurück und beantwortete seine Frage gleich selbst: »Wie die meisten …«

Ann schüttelte den Kopf und zupfte an ihren blauen Gummihandschuhen herum, die irgendwie nicht richtig saßen, als seien sie eine Nummer zu klein. Ihre Hände schwitzten darin unverhältnismäßig.

»Ich glaube nicht an solche Zufälle. Er ist ausgerechnet heute auf der Fähre und wird mit einem Wurfmesser getötet?«

»Ich will nicht sagen, dass ich's ihm gönne«, sinnierte Weller, »aber er war ein schräger Vogel. Als Zielfahnder auf der ganzen Welt unterwegs, nur leider …« Er stoppte seine Rede und untersuchte Blutspritzer. Er erkannte sofort, dass der Mann keineswegs in der Toilettenkabine getötet worden war, sondern in der Nähe des Waschbeckens.

Ann ergänzte Wellers Worte: »Er wurde vom Dienst suspendiert, weil er die Hand aufgehalten hat …«

Dr. Anika Scholle stellte fest: »Ja, ihr braucht mich ja dann wohl nicht mehr, Ann, oder?«

Ann Kathrin antwortete nicht. Anika Scholle fuhr fort: »Es handelt sich jedenfalls nicht um eine natürliche Todesursache.«

Weller nickte ihr dankbar zu: »Ist augenscheinlich, dass er nicht an einer Sommergrippe gestorben ist, sondern ein Messer in der Brust hat.«

»Wir sollten«, sagte Ann zu Anika, »mal wieder zusammen frühstücken.«

Frau Dr. Scholle war einverstanden. »Im *Dock* oder bei *ten Cate*?«

Bevor Ann Kathrin antworten konnte, drängte jemand an den zwei Matrosen, die den Raum bewachten, vorbei in den Raum.

»Ich muss aber dringend! Soll ich mir etwa in die Hose machen? Wer weiß, wie lange wir hier noch festgehalten werden«, schimpfte der Mann.

Weller schob ihn zurück. Der Tourist reckte sich und sah hinter Weller auf die beiden Frauen und die Leiche. Darum war es ihm vermutlich gegangen. Er wollte mal richtig Zeuge einer Ermittlung werden.

»Heute dürfen Sie ausnahmsweise mal die Damentoilette benutzen«, beruhigte Weller den Mann, der mit deutlichem Ruhrgebietsakzent sprach. »Und wenn wir alle Personalien aufgenommen haben, dann dürfen die Passagiere selbstverständlich das Schiff verlassen. Vorher nicht.«

Der aufgebrachte Mann wurde angesichts der Leiche und Wellers Körperstatur ruhig. »Ja. Das sieht ja jeder ein, dass Sie die Personalien brauchen.«

Hinter ihm stand ein zweiter Gast, der völlig anderer Meinung war. »Das verstößt gegen den Datenschutz! Es geht nämlich niemanden etwas an, wo und wann ich mit wem Urlaub mache!«

Er stritt sich mit Rupert, der Mühe hatte, sich gerade zu halten. Rupert ließ ihn aber nicht durch. »Ach«, riet Rupert, »Sie sind also nicht mit Ihrer Ehefrau hier, sondern mit Ihrer Geliebten?«

»Ja, woher wissen Sie das, Sie impertinente Person, Sie? Das muss ich mir von Ihnen nicht gefallen lassen!«

Rupert gab ihm recht: »Nein, müssen Sie nicht. Sie können sich gern bei meiner Chefin über mich beschweren. Die ist gerade auf der Toilette und guckt sich eine Leiche an. Das heißt, eigentlich hat sie seit Stunden Dienstschluss. Ich übrigens auch. Deshalb sind wir hier alle so gut gelaunt. Wir schieben gern Überstunden.«

Der Gast wurde ruhiger. Rupert griff sich in den Rücken und stöhnte leise. »So. Und mit wem haben Sie das Doppelzimmer auf Norderney gebucht? Sie ist doch hoffentlich schon volljährig, oder?«

»Natürlich! Was denken Sie denn von mir? Aber«, er wurde leise, »Sibylle ist verheiratet.«

Rupert lachte: »Der Klassiker! Vögelurlaub auf den ostfriesischen Inseln.« Er fügte süffisant lächelnd hinzu: »Weil man hier die Vögel so gut beobachten kann. Ostfriesland ist ein Vögelparadies, müssen Sie wissen. Ach, Entschuldigung, ich meinte, ein Vogelparadies. Das verstehen einige Leute falsch. Wir haben sogar mal Werbung damit gemacht.«

Dr. Anika Scholle drängte sich an Rupert vorbei. »Ich muss wieder in die Praxis. Da warten Menschen auf mich, denen ich noch helfen kann.« Sie sah seine Haltung und stellte fest: »Iliosakralgelenk?!«

Er nickte gequält. »Ja. Der Arschhaken klemmt.«

Sommerfeldt summte Bettina Göschls *Sieben Leben hat die Katze* mit. Es kam ihm fast so vor, als würde sie nur für ihn singen, als sei in dem Lied eine Botschaft an ihn versteckt.

Du jagst ihn, da denkt er sich: Zug um Zug, so jagt er dich
Pass auf – Katze, pass auf!

Besonders Bettinas gesungene Warnung *Pass auf, Katze, pass auf!* bezog er auf sich. Zum Glück wiederholte Bettina ein paar Zeilen, während der Ton korrekt eingestellt wurde.

Du gibst wirklich immer alles. Und du gibst mit ganzer Kraft.

Manchmal gleich noch mal von vorn. Auch das hast du schon geschafft

Vor dem offenen Tor zur Hölle? Egal - auch da hast du's riskiert.

Zwei für Frauke deutlich als Ninjas zu erkennende Männer gesellten sich zu der Gruppe und taten, als würden sie dazugehören, was ihnen aber nicht gelang. Der Stöpsel im Ohr verriet sie. Einer von ihnen, der mit der Arschlochfrisur, versuchte, eine Frau aus der Gruppe zu beflirten. Es war Sabine, die gut dreißig Jahre älter war als er, was er durch die Sommerfeldt-Maske aber nicht erkennen konnte und als Vegetarierin, die regelmäßig Sport trieb, hatte sie mit ihren sechzig Kilo einen mädchenhaften Körperbau.

Sie fand seine lässige Art sympathisch. Sie mochte seine Stimme und war bereit, über den schrecklichen Haarschnitt hinwegzusehen.

Einem Flirt oder einem kleinen Abenteuer stand sie durchaus aufgeschlossen gegenüber. Als ihr Gerd - Gott hab ihn selig - vor fünf Jahren verstorben war, entdeckte sie in seinem Handy Liebes-SMS, Fotos und Hinweise auf mehrere Affären. Sie selbst war ihm die ganze Ehezeit über eine treue Frau geblieben, was sie jetzt, im Nachhinein, durchaus bereute.

Johann Baptist Reichhart näherte sich der Buchhandlung. Er trug einen weißen Leinenanzug und ein weißes Oberhemd. Zwei Knöpfe standen offen, so dass der Ansatz seines Brusthaares zu sehen war. Dazu ein goldenes Halskettchen. Als Mischung aus Lebemann und Esoteriker hoffte er, einen unschuldigen Eindruck zu vermitteln. Auf festes Schuhwerk legte er allerdings Wert. Seine braunen Lederschuhe waren blank gewienert.

In einem weiten Anzug ließen sich Waffen gut verstecken. Er wollte bereit sein und notfalls auch schnell ein Magazin wechseln können. Da dafür aber normalerweise keine Zeit blieb, trug er zwei Schusswaffen bei sich, ein Messer und natürlich die Garotte.

Auch er glaubte sofort, Polizisten auszumachen. Er vermutete sogar unter den maskierten Fans ein paar Beamte.

Das ist, dachte er, das höchste an Finte, das diese intellektuellen Blindgänger draufhaben. Zugegeben, recht originell. Sie setzen sich die Maske des Serienkillers auf, den sie jagen, und mischen sich unter seinen Fanclub. Falls sie diesen Club nicht sogar selbst gegründet haben ...

War das nicht eine naheliegende Idee? War diese Susanne Kaminski vielleicht eine Spezialagentin des BKA? So eine Undercover-Maus?

Glaubten sie beim BKA, dass Sommerfeldt eitel genug war, Kontakt zum Club zu suchen? Oder war er vielleicht in Not? Hoffte er, dass die Clubmitglieder ihm Unterschlupf gewährten? Brauchte er sogar finanzielle Unterstützung?

Den letzten Gedanken verwarf er. Sommerfeldt hatte vermutlich eine Menge Probleme, aber es war kaum denkbar, dass finanzielle dazugehörten. Obwohl - ein Leben im Untergrund konnte ganz schön teuer sein.

Johann Baptist Reichhart fragte sich, ob es sinnvoll sein könnte, diese Fangruppe nicht nur im Internet zu verfolgen, sondern ihr sogar beizutreten.

Er stand jetzt bei ihnen in der Schlange vor der Buchhandlung.

Welche Frau diese Susanne war, bekam er mit, obwohl sie eine Maske trug. Er musste nur zuhören. Ihr Name wurde oft gerufen.

»Susanne, guck mal!«

»Susanne, wo ist eigentlich der Heinz? Macht der bei uns nicht mehr mit?«

Sie zeigte auf die Schaufensterscheibe, hinter der gerade die Tonprobe beendet wurde: »Der ist schon drin. Der spielt Bass.«

Reichhart sprach Susanne Kaminski an. Sie stand keinen Meter von Dr. Bernhard Sommerfeldt entfernt. Er konnte den beiden mühelos zuhören.

»Sind bei Ihnen nur Frauen im Fanclub, oder könnte ich da auch noch mitmachen?«, fragte Johann Baptist.

Susanne antwortete: »Wir freuen uns über jedes männliche Mitglied. Wir sind keineswegs ein reiner Frauenclub.«

»Gibt es denn irgendwelche Aufnahmekriterien? Muss ich einen Antrag ausfüllen? Mitgliederbeiträge zahlen?«

Susanne schob die Maske höher, so dass sie leichter sprechen konnte. Es sah jetzt aus, als würde Sommerfeldt zum Himmel gucken. Sie trug die Maske wie einen Hut.

»So etwas gibt es bei uns alles nicht. Wir sind ein loser Zusammenschluss aus reinem Interesse. Aber Regeln gibt es schon.«

»Regeln? Was für Regeln?«

»Keiner versucht, Versicherungen oder Kredite zu verkaufen, und keine Frau wird angegraben … Wer nur eine neue Freundin sucht, ist bei uns falsch.«

»Sehe ich so aus?«

»Man hat schon Pferde kotzen sehen.«

»Also, das unterschreibe ich gerne. Sonst gibt es keine Bedingungen?«

»Bei uns unterschreibt keiner was«, konterte Susanne. »Aber man fliegt schnell raus, wenn man sich nicht an die Regeln hält. Kennen Sie denn die Sommerfeldt-Romane?«

»Selbstverständlich. Für mich sind es übrigens keine Romane, für mich ist es so etwas wie ein Tagebuch, das er geführt hat. Hätte die Polizei diese Werke damals nicht beschlagnahmt, wären sie doch niemals erschienen.«

Susanne reichte ihm die Hand. »Sie kennen sich aus. Okay. Ich heiße Susanne. Und du?«

Er schluckte. »Man nennt mich Joe.«

»Okay, Joe. Auf einen schönen Abend.«

»Kann ich auch so eine Maske haben?«, fragte er.

Susanne gab ihm eine. Er setzte sie sofort auf.

Gudrun lachte hinter ihm: »Steht dir gut, Joe.«

»Duzen sich hier alle?«, fragte Johann Baptist.

»Ja«, sagte Susanne, »das ist im Fanclub so.«

Gudrun kicherte: »Glaubst du, im Fanclub eines Serienkillers wird man mit *Gnädige Frau* und *Gnädiger Herr* angeredet?«

Sie erntete Gelächter.

Mechthild Döse zoomte das Bild näher heran. »Das ist er«, sagte sie. »Der Typ da in dem weißen Anzug.«

Kurt Kleinhaupt kroch fast in den Computerbildschirm. »Der? Wieso der?«

»Er hat seine Statur. Er ist körperlich topfit. Und die rechte Jackentasche ist bestimmt nicht so ausgebeult, weil er darin immer eine Tüte Bonbons hat, die er selbst lutscht oder an Kinder verteilt. Auf der linken Seite steht das Revers ab. Er trägt ein Schulterholster. Haben Sie nicht gesehen, wie sich seine Jacke verhalten hat, als er die Arme hochgehoben hat, um sich die Maske aufzusetzen?«, tadelte sie Kleinhaupt.

Er spulte das Bild zurück und tatsächlich, als Johann Baptist den linken Arm hob, war zu sehen, dass etwas Längliches seine Jacke über seiner Brust anhob.

»Das ist nicht irgendein Revolver, das ist eine Waffe mit Überlänge oder mit Schalldämpfer«, folgerte Dr. Döse.

Innerlich schrumpfte Kleinhaupt in ihrer Nähe immer mehr zusammen. Er versuchte, aus seinem Mauseloch herauszukommen, indem er ihr recht gab: »Sie haben ein gutes Auge und einen klaren, analytischen Verstand.«

Sie erwiderte: »Was man von Ihnen nicht gerade behaupten kann.«

Er schluckte. Manchmal, dachte er, hätte ich Lust, dieses Weib zu erwürgen. Aber ihm fehlten Killerinstinkte. Er suchte sein Heil eher in der Unterwerfung: »Ich hoffe, noch viel von Ihnen zu lernen.«

Sie funkte ihre Leute an: »Alles bereit machen für den Zugriff! Die Zielperson sieht nicht mehr aus wie der Sommerfeldt, den wir kennen. Er ist bewaffnet. Wir müssen versuchen, ihn zu isolieren. Er steht jetzt schräg hinter dem Rollstuhlfahrer und ... «

Kurt Kleinhaupt verschluckte sich fast am eigenen Speichel. Doch er musste diesen Einwand jetzt bringen: »Wenn wir jetzt zuschlagen, dann können zig Unschuldige ... «

Sie giftete ihn an: »Natürlich wird es keine Schießerei auf offener Straße geben! Wir sind doch nicht verrückt! Unsere Leute wissen genau, was sie zu tun haben, wenn ... «

Sie bekam eine Nachfrage der örtlichen Einsatzleitung. Gleichzeitig erkundigte sich ein Scharfschütze.

»Da predigt man jahrelang, dass es eine Funkdisziplin gibt, eine Reihenfolge, eine klare Befehlskette, und kaum wird es ernst, quasseln alle durcheinander!«

»Ist unsere Zielperson die große Frau hinter Susanne Kaminski? Oder die, die den Rollstuhl schiebt?«

»Keine von beiden«, schimpfte Frau Dr. Döse. »Es ist der Mann zwischen ihnen!«

Sommerfeldt bemerkte, dass die Ninjas, selbst der, der gerade so fleißig flirtete, sich ans linke Ohr griffen und jeweils die Hand darauf drückten. Sie hatten Angst, dass jemand in ihrer Nähe mithören könnte, dass sie Funkkontakt hatten.

Frauke stupste ihn an. Sie hatte es ebenfalls bemerkt. Mit dieser Geste hatten sich alle Ninjas, die sich in der Nähe des Fanclubs befanden, geoutet. Sie liefen alle herum, als hätten sie Ohrenschmerzen.

Sommerfeldt grinste. »Die kleinen Fehler sind doch immer die schönsten und die dümmsten, findest du nicht?«

Die Tür zur Buchhandlung wurde jetzt geöffnet. Eine freundliche Buchhändlerin rief: »Darf ich Sie hereinbitten und mit einem Glas Sekt begrüßen? Für Antialkoholiker haben wir selbstverständlich auch Mineralwasser oder Orangensaft. Ich habe schon gehört, dass niemand von Ihnen möchte, dass ich die Eintrittskarte einreiße. Sie wollen sie sich als Andenken verwahren oder in Ihre Alben kleben. Bettina Göschl, Heinz Edzards und Christian Ahlers sind gerne bereit, Ihnen später die Eintrittskarten zu signieren.«

Frauke bückte sich und flüsterte in Sommerfeldts Ohr: »Willst du wirklich daran teilnehmen? Jetzt wäre eine günstige Gelegenheit ... Wir lassen sie alle rein und verziehen uns dann wieder.«

»Um Himmels willen«, antwortete er, »jetzt wird's doch erst richtig spannend. Und ich werde auch dafür sorgen, dass die Lesung nicht von irgendwelchen Handys gestört wird.«

Er führte die Hand zum Handyblocker, tat so, als wolle er etwas aus seiner mitgebrachten Wasserflasche trinken, und unterbrach augenblicklich jede digitale Kommunikation.

Der flirtende Ninja war so verwirrt, dass er am Eingang den Sekt mit den Worten ablehnte: »Nein danke, ich bin im Dienst.«

Es fiel Sommerfeldt schwer, nicht in brüllendes Gelächter auszubrechen.

Während die Gäste ihre Plätze suchten, führte der Journalist Holger Bloem noch ein Interview mit Christian Ahlers. Er hatte bereits der Tonprobe gelauscht. Er wollte die Atmosphäre *einatmen*, wie er es nannte. Er hatte viel über Sommerfeldt geschrieben und galt auch international als *der* Sommerfeldt-Kenner.

Christian Ahlers beugte sich zu ihm vor und flüsterte: »Darf ich Sie gleich vorstellen, Herr Bloem? Sie sind immerhin eine lebende Figur, die Sommerfeldt noch richtig erlebt hat.«

»Richtig erlebt hat«, gab Holger amüsiert zurück, »ist gut. Er hat mich gefangen genommen und im Kofferraum meines eigenen Autos kreuz und quer durch Deutschland gefahren, weil er wollte, dass vernünftig über ihn berichtet würde.«

Christian Ahlers stimmte ihm zu: »Ich weiß. Ich will sogar etwas davon vorlesen, das ist ja eine sehr schöne Stelle, in der er sich outet und man viel über ihn erfährt. Es wäre doch schön für die Leute, wenn Sie ...«

Noch hatte Holger nicht ja gesagt, aber das erübrigte sich auch, denn Susanne Kaminski und Gudrun winkten ihm zu: »Hallo, Holger!«

»Ach, man kennt Sie hier sowieso ...«

»Klar«, grinste Holger, »gerade in seinem Fanclub bin ich bekannt wie ein bunter Hund, so sagt man ja wohl.«

Heinz Edzards spielte noch zwei Bassläufe. Er war nervöser als sonst bei Auftritten mit Bettina. Sie waren große Hallen mit vielen hundert Menschen gewöhnt. Das hier war ja eher ein kleiner Auftritt, aber dafür auf eine andere Weise spektakulär.

Auch Bettina Göschl spürte, dass dies ein ganz besonderer Abend werden würde, mit keinem anderen literarisch-musikalischen Krimiabend vergleichbar.

Weller war empört. Ein Hubschrauber konnte ihnen nicht zur Verfügung gestellt werden.

»Ja«, fragte er, »sollen wir nach Norderney schwimmen?«

Kopfschüttelnd maulte Rupert: »Wie, kein Hubschrauber? Unter Ubbo Heide wäre so etwas nicht passiert. Als der noch unser Chef war, hätten wir uns sogar die Farbe vom Hubschrauber aussuchen können.« Er liebte solche Übertreibungen, besonders wenn er nicht mehr weiterwusste und sein Rücken schmerzte. Dann erinnerte er sich gern an *die guten alten Zeiten,* in denen er noch körperlich fit war, Rückenschmerzen etwas für alte Leute waren und er sich als Kripomann der Bande der Guten zugehörig fühlte, die alles durften, weil sie für eine gerechte Sache stritten. Später, viel später dann, lernte er, dass auch sie sich an Gesetze halten mussten, ihre Mittel beschränkt waren, manchmal beschränkter als sie selbst, und auch er selbst war nicht so unkaputtbar, wie er gern gewesen wäre.

Immerhin war Ann Kathrin in der Lage, ein Wassertaxi zu organisieren. Die Frisia stellte eine neue Fähre bereit, um die kontrollierten Passagiere an ihr Urlaubsziel bringen zu können. Einsatzkräfte aus Oldenburg und Wilhelmshaven waren zur Unterstützung gekommen. Eine Hundertschaft Bereitschaftspolizisten bevölkerte gerade den Hafen in Norddeich. Das alles machte wenig Sinn, sah aber sehr danach aus, dass die Polizei die Sache ernst nahm und sich kümmerte. Für das Sicherheitsgefühl der Touristen gar keine schlechte Idee.

Ann Kathrin sinnierte: »Er ist auf Norderney. Und er ist sehr, sehr böse. Vielleicht hat er uns die Leiche nur deshalb auf die Fähre gelegt, damit genau das hier passiert.«

»Was?«, fragte Rupert.

Sie deutete auf die vielen Uniformierten: »Er weiß, dass unsere Leute ihn umbringen wollen. Und je mehr unbeteiligte Polizisten da sind, umso schwerer wird es ihnen fallen.«

Weller kratzte sich am Kopf. Er war ohnehin schon strubbelig und sah aus, als sei er nach einer durchzechten Nacht gerade aus dem Bett gefallen. »Deiner Logik zufolge, Ann, setzt also der Serienkiller die Polizei ein, damit ihm keiner etwas tut?«

Ihr Wassertaxi näherte sich der Insel.

»Die Veranstaltung hat schon begonnen«, sagte Ann Kathrin nervös. »Hoffentlich kommen wir nicht zu spät!«

Rupert hatte ganz andere Sorgen. Einerseits wollte er seinen Freund Sommerfeldt warnen, andererseits durfte niemand jemals erfahren, dass sie sich kannten. Er musste also, sollte Sommerfeldt dort sein, so tun, als würde er ihn nicht erkennen.

Rupert wusste nicht, wie er es machen sollte. Diese quälenden Gedanken taten seinem Rücken gar nicht gut. Die Muskulatur verkrampfte sich immer mehr. Dazu das Geruckel auf dem Motorboot. Es glitt ja längst nicht so sanft durch die Wellen wie die große Frisia-Fähre.

Er hatte den Code *mDsA,* was bedeutete*: muss Dich sprechen, Alter,* schon zweimal an Sommerfeldt geschickt, aber keine Antwort erhalten.

Traut er mir nicht mehr, dachte Rupert. Glaubt er, dass ich Teil des Komplotts gegen ihn bin? Bin ich das vielleicht sogar schon?

Am liebsten hätte Rupert sich jetzt bei seiner Beate eine Reikibehandlung geholt. Dabei kam er immer so schön runter, fühlte sich richtig und aufgehoben in einer Energie von Wohlwollen, ja Liebe.

Weller sah, dass es Rupert schlechtging. Er legte einen Arm um ihn und sagte: »Alter, das könnte heute in die Geschichte eingehen.«

»In die Geschichte eingehen? Ich fühle mich eher reif für ein Wellnesswochenende«, stöhnte Rupert.

Weller sah zum Himmel und träumte seinen Heldentraum: »Vielleicht verhaften wir heute nicht nur Sommerfeldt, sondern auch Eisenmann, den Drecksack!«

»Eisenmann verhaften? Träum weiter«, griente Rupert. »Wir müssen froh sein, wenn der uns nicht verhaften lässt. Oder gleich umlegt. Das ist ja wohl eher so seine Art.«

Ann Kathrin führte die beiden zurück zur Realität: »Mir reicht es, wenn ich Eisenmann verhören kann. Noch wissen wir nicht, wen er auf Norderney erschossen hat. Ich finde, er sollte uns Rede und Antwort stehen.« Ann Kathrin wurde zornig: »Und wenn sie im restlichen Land tun und lassen, was sie wollen – hier nicht! Hier ist Ostfriesland.«

»Man könnte jetzt auch mit einem Weizenbier in der Strandbar *Watt'n'Blick* in Norddeich sitzen und auf den Sonnenuntergang warten«, stöhnte Rupert.

»Ja«, tröstete Weller ihn, »morgen wieder, Kumpel.«

Bettina Göschl eröffnete den Abend mit ihrem Summen und sang dann den Song *Ostfriesenblut.* Sie konnte sich die Bemerkung nicht verkneifen, dass sie bei einigen Auftritten während der Coronazeit bereits vor maskiertem Publikum gespielt habe. Jetzt sei es aber wesentlich angenehmer, weil Sommerfeldt auf dem Bild so milde lächle.

Sie trugen alle konsequent ihre Masken. Einige fächerten sich Luft zu, weil es ihnen wohl darunter recht warm wurde. Nur Susanne Kaminski trug das Sommerfeldt-Gesicht weiterhin wie einen Hut.

Auch Frauke fühlte sich unter der Maske recht wohl. »Jetzt weiß ich endlich, wie man sich als Sommerfeldt fühlt«, flüsterte sie ihm zu.

Wie oft, dachte sie, habe ich in meinem Leben Angst gehabt, dass mich ein Typ erkennt, dessen Miet-Ehefrau ich mal gewesen bin. Immer bin ich mit der Angst rumgelaufen, entdeckt und verraten zu werden. Da ist so eine Maske schon was Tolles. Sie macht frei.

Vielleicht begann sie erst jetzt so recht zu begreifen, was im Kölner Karneval eigentlich passierte.

Während sie solchen Gedanken nachhing, plante sie gleichzeitig, wie sie für sich und Bernhard den Fluchtweg am besten freischießen konnte. Zwei Ninjas in der Nähe der Tür hatte sie bereits mit Sicherheit ausgemacht. Ein dritter stand ganz hinten an die Wand gelehnt.

Sie konnte ihre Waffe ziehen und mit einer Drehbewegung von rechts nach links jedem eine Kugel verpassen. Das Ganze würde keine Sekunde dauern. Es musste eine einzige fließende Bewegung sein.

Sie hatte so etwas vor langer Zeit geübt. Das Problem dabei war der Rückschlag der Waffe. Um sie jedes Mal neu auszurichten, war die Zeit zu knapp.

Sie hatte genau die richtige Pistole dafür. Die angeblich leichteste Pistole der Welt: Die GSch-18, die beim russischen Militär die Makarow ersetzt hatte. Sie sah nicht schön aus, ließ sich aber unter der Kleidung tragen, war zwar kantig, aber lag gut in der Hand. Ziele in dreißig, vierzig Metern Entfernung ließen sich damit präzise treffen.

Die GSch-18 hatte achtzehn Schuss im Magazin. Sie durchschlug mühelos Panzerplatten, und einen Körper-Panzerschutz durchdrang sie mit ihrer Feuerkraft problemlos. Es war also nicht nötig, genau zu treffen. Es reichte, auf den Körper zu zielen.

Bei der letzten Übung hatte sie auf vier Puppen geschossen, die in einem Halbkreis um sie herum aufgestellt worden waren. Mit einer einzigen fließenden Bewegung hatte sie die Puppen umgepustet, um dann die gleiche Bewegung rückwärts noch einmal zu machen, um auf die Puppen zu feuern, die wieder hochgefedert waren. Genauso würde sie es auch jetzt machen.

Wenn ich einen nicht richtig erwische, dachte sie, verpasse ich ihm bei der Rückwärtsbewegung die zweite Kugel.

Sie hielt nach einer vierten Person Ausschau. Vielleicht weil sie bei der Übung auf vier und nicht auf drei Puppen gefeuert hatte. Dann entdeckte sie Eisenmann. Er kam aus dem Büro oder von der Toilette, das konnte sie nicht so genau ausmachen.

War der etwa schon die ganze Zeit hier gewesen? Schon während der Tonprobe?

Er hielt sich immer noch eine Hand ans Ohr, so als sei ihm Bettinas Musik zu laut.

Die anderen Gäste empfanden ihn als störend, denn er arbeitete sich durch die Reihen zum Ausgang vor.

Eisenmann lief zunächst hektisch vor der Buchhandlung auf und ab. Von innen konnte man ihn dabei durch das große Schaufenster sehen. Er, der seine Leute ausgebildet hatte, sich unauffällig zu bewegen, ja, der das zum obersten Prinzip der konspirativen Arbeit erklärt hatte, benahm sich jetzt wie der letzte Anfänger.

Er ärgerte sich über sich selbst. Es kam ihm vor, als würde er sein eigenes Lebenswerk beschädigen. Das hier heute konnte die Krönung werden oder auch sein endgültiger Abstieg.

Er brüllte in sein Handy, als ob der Empfang dadurch besser werden würde: »Sie benutzen einen Handyblocker, verdammt nochmal!«

Frau Dr. Döse und Kurt Kleinhaupt konnten ihn zwar sehen, die Bildqualität war wacklig, doch das Audiosystem war völlig zusammengebrochen.

Solche handelsüblichen Handyblocker reichen aus, um einen Klassenraum zu isolieren, vielleicht auch eine Buchhandlung, aber hier auf der Straße müsste es doch eigentlich wieder gehen, dachte Eisenmann. Vor Wut hätte er sein Handy fast gegen die Fensterscheibe der Buchhandlung geworfen. Er hinderte sich selbst nur mit großer Anstrengung daran. Gern hätte er seine Knarre gezogen und den wilden Mann gespielt, wäre in die Buchhandlung gelaufen und hätte gerufen: *Wer von Ihnen ist Sommerfeldt? Aufstehen, sonst erschieße ich alle paar Minuten jemand anderen!*

So edel, wie Sommerfeldt sich gern gab, würde er es doch nicht zulassen, dass jemand für ihn starb. Er würde sich erheben und dann selber ins Gras beißen.

Er wusste, dass er all das nicht machen konnte. Er arbeitete immer noch für diesen Pleitestaat, und auch wenn für ihn kaum Regeln galten, so gab es doch Grenzen. Ein solches Verhalten konnten seine Dienstherren nicht mehr decken.

Eisenmann rannte los, um aus dem Einflussbereich des Handyblockers herauszukommen.

Eigentlich, dachte er dabei grimmig, sollte Sommerfeldt rennen und nicht ich.

Kurz vor dem Drogeriemarkt Rossmann in der Poststraße hatte er wieder Empfang. Bevor er Frau Dr. Döse sein Leid klagen konnte, kanzelte sie ihn schon ab wie ein herrischer Meister seinen unerfahrenen Auszubildenden: »Was ist das denn für ein erbärmliches Affentheater? Das ist ja nicht zum Aushalten!«

Er holte tief Luft, um sie nicht aufs übelste zu beschimpfen. Ihm fielen da einige sexistische Beleidigungen ein. Genau zu so etwas wollte er sich nicht herablassen. Er wusste, dass es für sie zum Trumpf werden würde, den sie, skrupellos, wie sie war, jederzeit gegen ihn ausspielen könnte. Jedes Wort, das sie hier sagten, wurde mitgeschnitten. Das alles würde irgendwann ein Nachspiel haben, und mit jedem Satz, den man jetzt sagte, mischte man die Karten zu seinen Gunsten neu oder verlor die Partie.

»Wir haben es hier«, sagte er so sachlich wie möglich und versuchte, das Beben in seiner Stimme zu unterdrücken, »mit vierzig bis fünfzig vermummten Personen zu tun, die schamlos einen Serienkiller feiern. Wir sollten die ganze Gesellschaft hoppnehmen, alle Personalien feststellen, und in dem Zusammenhang wird er uns ins Netz gehen. Ich habe genügend Einsatzkräfte vor Ort, um ... «

Sie blaffte ihn an: »Stellen Sie sich nicht so dämlich an! Es befinden sich in der Buchhandlung knapp ein Dutzend Männer. Dabei können Sie Bettina Göschls Bassisten und den Schauspieler abziehen. Sommerfeldt hat sich vielleicht sein Gesicht operieren lassen, aber ich glaube nicht an eine Geschlechtsumwandlung! Die Hälfte dieser Männer gehört zu Ihnen. Die andere Hälfte kassieren Sie ein.«

Er atmete auf. Das gefiel ihm. »Ich habe«, sagte er, »fünf Männer in der Buchhandlung und vier draußen vor der Tür. Dazu zwei Scharfschützen. Wenn er drin ist, sitzt er in der Mausefalle.«

Kurt Kleinhaupt brachte sich ein: »Er ist drin. Warten Sie ab, bis die Veranstaltung vorbei ist. Kontrollieren Sie dann am Ausgang. Wir versuchen, Kollateralschäden zu vermeiden. Wir haben sogar eine Geisel vorbereitet«, sagte er. Es tat ihm sofort leid, denn er wollte so wenig Menschen wie möglich informieren.

Auch Dr. Döse gefiel sein Satz nicht. Sie bremste ihn sofort: »Er wird sich seine Geiseln selbst aussuchen. Da ist er bestimmt wählerisch.« Sie holte tief Luft: »Es ist vermutlich der in dem weißen Anzug. Wir haben sein Bild gerade durch alle unsere Datenbanken gejagt.« Sie machte eine kurze Pause, als könne sie es selbst nicht glauben. »Null Ergebnis. Das sieht so aus, als würde dieser Mann gar nicht existieren.«

»Aber warum dann der ganze Aufwand? Ich könnte mich einfach an ihn dranhängen und …«

Sie seufzte. So viel Inkompetenz machte sie sauer. »Wir haben einen Tipp bekommen. Aber das war nicht mal nötig. Diese ganze Veranstaltung war uns suspekt, und deswegen haben wir die Gäste kontrolliert. Dabei ist er aufgeflogen, hat einen Fluchtversuch gemacht und, Herrgott, sind Sie begriffsstutzig!«

Eisenmann war nicht daran gewohnt, dass man so mit ihm redete, und die letzte Frau, die ihn so fertiggemacht hatte, war seine Mutter gewesen. Er verehrte sie, doch sie hielt ihn für einen Lumpen. Wahrscheinlich hatte sie ihm nie verziehen, dass die Schwangerschaft ihre Figur versaut hatte, zumindest hatte er als kleiner Junge ein Gespräch belauscht, in dem die Mutter das ihrer Freundin genau so erzählt hatte.

Es waren nicht die Bratkartoffeln, nicht der Rotwein und auch nicht die Sahnetorte. Nein – er war es gewesen!

So hatte er die Welt kennengelernt. Man brauchte einen Schuldigen, um dann ganz frei und unbeschwert sein Ding zu machen. Die Konsequenzen schrieb man einem anderen zu. Er hatte es zum Lebensprinzip erhoben.

Er hätte sich am liebsten an diesen Typen drangehängt und ihn abgeknallt. Aber die Welt war halt komplizierter und Täuschung ihr wichtigstes Geschäft. Außerdem, und das ärgerte ihn am meisten, konnte er den finalen Schuss nicht abgeben. Wie würde das bei der Presse ankommen? Erst tötete er einen, den er versehentlich für Sommerfeldt gehalten hatte, und danach den echten. Nein, er würde wie ein Killer dastehen. In der Szene wäre das für seinen Ruf natürlich großartig, aber es gab Journalisten, die würden ihn dafür fertigmachen. Diesen Möchtegern-Sommerfeldt-Kenner Bloem schätzte er so ein. Es nervte ihn sowieso, dass der Typ bei der Veranstaltung dabei war. Auch dieser Feingeist und Sommerfeldt-Versteher von der *Saarbrücker Zeitung*, Oliver Schwambach, und all diese Typen, die Sommerfeldt zu einem Künstler hochstilisiert hatten … Lars Haider vom *Hamburger Abendblatt*, Lasse Deppe von der *Nordwest-Zeitung* … Jürgen Overkott von der *WAZ* …

Er hätte die Liste jetzt endlos weiterstricken können. Aus seiner Sicht waren das gefährliche Typen, die skrupellos nach der Wahrheit suchten. Für sie brauchte er eine glaubwürdige Geschichte. Ein auf der Flucht erschossener Sommerfeldt war in Ordnung, aber diesen Job durfte er leider nicht erledigen.

Um zu zeigen, dass er vorhatte, alles richtig zu machen, gab er den Befehl jetzt raus, so dass sie mithören konnte. Er schaltete sein Handy um und gab klare Anweisungen: »Wir machen jetzt nichts. Erst wenn die Veranstaltung vorbei ist, kontrollieren wir sämtliche Gäste. Bevor wir den Typen mit dem weißen Anzug …«

Frau Dr. Döse hörte ihm zu und schaltete sich genervt ein: »Nur weil wir miteinander reden können, verstehen Ihre Leute Sie immer noch nicht! Die befinden sich weiterhin im Einflussbereich des Handyblockers.«

»Scheiße«, entfuhr es ihm. Im Kontakt mit ihr reihten sich seine Blamagen nahtlos aneinander. Innerlich nahm sie inzwischen den Platz seiner Mutter ein, obwohl er nie so weit kommen würde, Mechthild Döse zu verehren. Im Gegenteil. Sein Hass auf sie wuchs. Er fühlte sich von ihr benutzt, und er ahnte, dass sie nur darauf lauerte, ihn fertigzumachen. Hinterher würde sie sich noch damit brüsten, ihn fertiggemacht und aus dem Dienst gedrängt zu haben.

Am Ende, dachte er, steht die als Reinemachfrau da, die den Apparat von Subjekten wie mir und meinen Ninjas gesäubert hat.

Zähneknirschend sagte er: »Leute, die sich die Finger nicht schmutzig machen wollen, brauchen immer jemanden, der die Drecksarbeit erledigt. Immer.«

Christian Ahlers legte *Totenstille im Watt* zur Seite und griff zum zweiten Band der Trilogie. Er schlug *Totentanz am Strand* auf und trug als Ich-Erzähler mit so einer überzeugenden Inbrunst vor, dass einige Ninjas bereits glaubten, er sei Sommerfeldt persönlich und verarsche gerade alle, indem er so tat, als sei er ein Schauspieler.

War das der eigentliche Trick? Legte Sommerfeldt gerade alle rein? Würden sie hinterher als die letzten Idioten dastehen, die sich von dem Serienkiller seine Biographie hatten vorlesen lassen, während seine Fans ihm Beifall klatschten? War ihr Eintrittsticket später der Beweis dafür, dass sie den Kriminellen auch noch finanziell unterstützt hatten? Galt das schon als Beihilfe?

Für viele der Fans und die meisten Ninjas wurde Christian Ahlers zu Sommerfeldt.

»Es ist alles in der Gegenwart erzählt und aus der Ich-Perspektive. Dadurch wird es plötzlich so real, als würde er über etwas berichten, das er jetzt gerade tut«, flüsterte Gudrun ihrer Nachbarin zu.

Christian Ahlers schien über dem Text zu schweben. Er hielt das Buch nicht in der Hand, sondern gestaltete die Worte auch mit den Händen. »Tido Lüpkes sieht mich an, als hätte er immer schon gewusst, dass der Teufel ihn eines Tages holen würde. Für ihn ist der Satan eine real existierende Macht. Das Leben findet statt im Krieg zwischen Gott und Teufel. Er glaubt sich dabei auf der richtigen Seite.

Er erkennt nicht, dass ich eine Maske aus billigem Plastik trage. Für ihn erfüllt sich hier etwas, und er sagt ruhig, fast sachlich: ›Weiche von mir, Satan.‹

Ich klappe die Klinge aus dem Messergriff. Das Geräusch lässt ihn kurz nach unten sehen. Dann beginnt er, laut zu beten. Es ist altlateinisch, glaube ich. Aber obwohl ich das große Latinum habe, verstehe ich ihn nicht. Es hört sich an wie ein Exorzismus.

Versucht der echt, einen Mann mit einem Messer durch lateinische Gebete zu besiegen?

›Du mobbst meine Frau nicht länger, du Arsch!‹«

Das Publikum atmete sogar mit Christian Ahlers. Einem weiblichen Sommerfeldt-Fan ganz in Susannes Nähe entfuhr der Schrei: »Mach ihn fertig!«

Fast hätte der Ninja neben der Bühne das als Aufforderung an ihn verstanden, sich jetzt auf Sommerfeldt zu stürzen, denn auch er wurde ganz von der Geschichte gefangengenommen.

Alle waren mitgerissen und lauschten fasziniert. Nur Johann Baptist Reichhart hatte Mühe, sich auf die Worte zu konzentrieren. Seine Gedanken schweiften ab. Was Ahlers da vorlas, wurde für ihn zu Klinkel-Klankel, einem Geräusch im Hintergrund, mehr nicht.

Er dachte über sich und Desiree nach. Sollte er zurückgehen und sie töten? Endlich Schluss machen und die Insel verlassen? Das hier brachte doch sowieso nichts. Sommerfeldt ist nicht blöd genug, hierherzukommen, dachte er, und es ist idiotisch von mir, in diesem Laden rumzusitzen, wo ich nur den nächsten falschen Sommerfeldt aufgabeln und kaltmachen kann. Ich werde noch zur lächerlichen Figur. Das Wort *Copykiller* bekommt dann eine ganz neue Bedeutung. Ich muss erst Klarheit in meinem eigenen Leben schaffen, bevor ich mich anderen Aufgaben widme. Entweder, ich falle vor ihr auf die Knie, bitte sie um Verzeihung und ergebe mich ihr vollständig, oder ich schneide ihr den Hals durch. Dazwischen gibt es nichts. Schwarz oder weiß. Hell oder dunkel. Arm oder Reich. Krank oder gesund. Ebbe oder Flut. Alles andere ist nur Wischiwaschi. Am Ende wird alles Plus oder Minus.

Er musste eine Entscheidung fällen. Noch heute. Am besten jetzt.

Es hielt ihn nicht länger auf dem Stuhl. Eine Frau neben ihm griff plötzlich nach seiner Hand. Er zuckte zusammen. Nein, das war kein Annäherungsversuch. Sie war einfach so aufgeregt, wurde so mitgenommen von dem Vortrag, dass sie seine Hand ergriff, als sei er ihr Lover, der neben ihr im Kino sitzt.

Er sah sie an. Der Mund in ihrer Sommerfeldt-Maske mit dem kleinen Schlitz zum Atmen war schon ganz nass von ihrem feuchten Lachen. Durch die Augenschlitze sah er zwei kluge Augen. Sie sahen aber nicht ihn an, sondern ganz fasziniert Christian Ahlers.

Ich muss hier raus, dachte er. Ich verplempere hier meine Zeit. Wer weiß, was Desiree inzwischen anfängt. Jede Minute, die sie in dieser unbequemen Haltung verbringt, wird sie wütender machen. Sie ist nicht der Mensch, der devot wird oder nachgibt, wenn man ihm hart zusetzt. Im Gegenteil. Das hatte sie ja wohl mehrfach bewiesen.

Er stand auf und versuchte, durch die Reihe nach draußen zu kommen. Da der Raum dicht besetzt war, ging das nicht ohne Störungen ab. Hier musste eine Dame ihre Beine einziehen, da ein Stuhl verrückt werden.

Heinz Edzards warf einen zornigen Blick in Baptists Richtung. Der ließ sich nicht beirren und erreichte schließlich die Tür.

Die Ninjas wechselten hektische Blicke und griffen wieder an ihre Ohren. Eigentlich waren sie selbständiges Arbeiten gewöhnt. Sie operierten in Zweierteams, die klare Aufträge hatten. Sie wussten, dass, sollte etwas schiefgehen oder sie gefasst werden, sie von oben gedeckt werden würden. Nicht offiziell, dafür aber umso effektiver.

Doch diesmal war alles anders. Das Gefühl, Eisenmann sei nicht mehr der Chef, sondern irgendjemand anders regiere die Truppe, hatte sich breitgemacht. Sie wollten nirgendwo anecken und es sich mit keinem verderben. Das hier war eine ganz wichtige Aktion. Niemand wollte der Blödmann sein, der diese Nummer am Ende vergeigt hatte. Die Kräfte, die daran gewöhnt waren, selbständig zuzuschlagen, handelten nur noch auf Befehl. Ein Kopfnicken von Eisenmann hätte genügt. Ein Wort wie *Go!* über ihre Kopfhörer. Aber nichts davon war zu haben. Niemand wollte jetzt den ersten Schritt tun. Die Befehlskette war nicht unterbrochen, nein. Sie war zerfetzt.

Mit einem Fauchen öffnete sich die Tür, und Johann Baptist Reichhart war draußen. Er hatte keine Geisel genommen, obwohl in der Nähe des Eingangs auf dem letzten Stuhl in der Reihe eine blonde Schönheit genau darauf wartete.

Er lief nur ein paar Schritte und stand direkt vor Eisenmann.

Die beiden Männer blickten sich an, und jeder wusste vom anderen, dass es um Leben und Tod ging.

Eisenmann hatte noch zwei weitere Teams draußen. Er versuchte, Reichhart in Richtung *Gran Café Veneziano* abzudrängen. An der Ecke Jann-Berghaus-Straße warteten zwei hochmotivierte Jungs. Für die Scharfschützen bot sich keine gute Situation. Niemand von ihnen wäre bereit gewesen, ohne das offizielle *Go!* die Waffe abzufeuern. Sie waren wie ferngesteuerte Werkzeuge. Ein Schuss ohne offizielle Freigabe konnte später als fahrlässige Tötung ausgelegt werden – mit viel Glück. Ein guter Anwalt der Gegenseite könnte daraus auch einen Mord machen.

Wenn ich ihn erwische, dachte Eisenmann, muss ich ihn lebend kriegen. Das entlastet mich auch in der anderen Sache. Dann stehe ich nicht als schießwütiger Bulle da. Ja, genau. Das ist es. Ich bringe ihn lebend aufs Festland. Da kann er sich dann in seiner Zelle aufhängen oder die Pulsadern aufschneiden. Ist völlig egal. Das werden wir schon arrangieren. Aber ich bin fein raus.

Nur sah sein Gegenüber leider überhaupt nicht so aus, als sei er bereit, sich gefangen nehmen zu lassen.

Eisenmann war durchtrainiert und traute sich als Kampfsportler so einiges zu.

Johann Baptist Reichhart wusste nicht, was Eisenmann von ihm wollte. Er wäre nicht auf die Idee gekommen, dass er gerade mit Sommerfeldt verwechselt wurde. Er glaubte eher daran, dass seine Identität inzwischen aufgeflogen war.

Hatte Desiree ihn verraten? Wusste die Kripo inzwischen, wer der Henker war? Jagten sie ihn wegen vierundzwanzig Auftragsmorden, die er in den letzten Jahren begangen hatte? Oder waren es Konkurrenten, die ihn ausschalten wollten, weil der Kampf um Klempmanns Gunst und die zehn Millionen inzwischen auf Leben und Tod ausgetragen wurde?

Es waren noch eine Menge Touristen unterwegs. Johann Baptist hoffte, im Gewühl untertauchen zu können.

Wenn ich das Feuer eröffne, dachte er, kann ich nicht einfach mit dem Touristenstrom weiterlaufen. Dann bin ich einsam. Ein Schuss macht einsam.

Wie ein Gottesgebot kam ihm dieser Satz plötzlich vor. Ein Lehrsatz aus dem Himmel.

Eisenmann ging mit langen Schritten auf ihn zu. Johann Baptist stieß eine Touristin, die einen Becher in der Hand hielt und an einem Strohhalm nuckelte, in Eisenmanns Richtung und rannte los.

Eisenmann zog seine Waffe und richtete sie auf Johann Baptists Rücken. Einige Touristen kreischten, und eine Gruppe in seiner Nähe stob auseinander. Eine Frau ging hinter einem Blumenkübel in Deckung. Ein Vater warf sich über sein Kind, um Kugeln mit dem Körper abzufangen, sofern welche fliegen sollten.

Ein paar Jugendliche hielten das Ganze wohl für einen Witz oder ein inszeniertes Theaterstück zur Unterhaltung der Touristen. Sie hoben ihre Handys und fühlten sich schon wie die Steven Spielbergs des Dokumentarfilms auf Norderney.

Der Lauf einer Waffe drückte sich gegen Eisenmanns Stirn, und Rupert brüllte ihm von hinten ins Ohr: »Jetzt wollen wir aber keine alten Fehler wiederholen, Eisenmännchen, nicht wahr?«

»Waffe runter!«, rief Ann Kathrin Klaasen. »Sie schießen auf einen fliehenden Menschen!«

»Das ist Sommerfeldt!«, keifte Eisenmann.

»Ja«, lachte Rupert, »und ich bin Elvis. Weißt du, alle haben gedacht, ich sei dick geworden und an Verfettung gestorben. In Wirklichkeit habe ich für meine ganze Kohle ein Lebenselixier gekauft, das hält mich forever young, kapierst du? Es ging mir lange nicht so gut!«

Weller rannte hinter dem Flüchtenden her. Als er an Rupert und Eisenmann vorbeistürmte, rief er: »Mit dem werdet ihr alleine fertig, oder?«

Ann Kathrin war schon bei den beiden und nahm Eisenmann die Waffe ab.

»Sie entwaffnen einen Polizisten, Frau Klaasen, und lassen erneut einen Serienkiller laufen! Das wird das Ende Ihrer Karriere sein!«, prophezeite Eisenmann.

Eine blonde Steuerfachgehilfin aus Schwerte hatte Eisenmann voll im Bild. Sie bat: »Können Sie den letzten Satz noch mal wiederholen? Den hab ich nicht richtig verstanden.«

Zu seiner eigenen Verblüffung tat Eisenmann es wirklich: »Sie lassen erneut einen Serienkiller laufen! Das wird das Ende Ihrer Karriere sein!«

»Ja«, orakelte Rupert, »ich sehe auch das Ende einer Karriere vor mir. Kann mir allerdings gut vorstellen, dass heute die Karriere von einem beendet wird, dessen Name mit *Eisen* anfängt und mit *mann* aufhört.«

»Können Sie das bitte noch mal sagen? Sie nuscheln, und es ist so ein Gewusele hier auf der Straße.«

Die Frau passte zwar durchaus in Ruperts Beuteschema, aber er wollte sich jetzt nicht ablenken lassen und schnauzte sie an: »Hauen Sie ab! Sie stören einen Polizeieinsatz!«

Sie freute sich über seine Worte, drehte sich zu ihrem Freund um und rief: »Das ist total toll! Wie echt!«

An der Straßenecke wurde Reichhart von zwei Ninjas angegriffen. Als Ann Kathrin bei ihnen ankam, kniete der eine junge Mann schon auf dem Boden, hielt sich mit beiden Händen die Weichteile fest und japste nach Luft. Der zweite verlor gerade einen Eckzahn.

»Hilfe! Hilfe! Ich werde überfallen!«, rief Johann Baptist und verpasste dem knienden Ninja einen Kinnhaken.

Ann Kathrin hielt ihren Polizeiausweis hoch und rief: »Mein Name ist Ann Kathrin Klaasen, Kripo Aurich. Bitte zeigen Sie mir Ihre Hände. Können Sie sich ausweisen?«

Damit rettete sie die Vorderzähne des Ninjas, denn Reichhart setzte gerade zu einem rechten Haken auf die Oberlippe seines Gegners an. Er stoppte, zeigte mit dem Finger auf ihn, als könne er ihm so befehlen, einfach stehen zu bleiben, und zeigte Ann Kathrin Klaasen seinen Ausweis.

»Mein Name ist Rainer Hollmann. Ich habe hier eine Ferienwohnung.«

Mist, dachte er, wenn sie die Wohnung überprüfen, finden sie dort die gefesselte Desiree ... Falls das Luder sich nicht längst befreit und die Bullen gerufen hat.

Ann Kathrin fotografierte den Ausweis, hatte schon ihr Handy am Ohr und telefonierte mit Marion Wolters. Die gab gleich die Daten durch: »Ja, Rainer Hollmann, wohnhaft in Köln Nippes, geboren 12. 1. 1975 in Leipzig. Freier Handelsvertreter. Sogenannter Rack Jobber. Unbescholtener Staatsbürger, es liegt nichts gegen ihn vor.«

Ann Kathrin gab ihm den Ausweis zurück. Sie war kurzatmig. »Was bitteschön«, fragte sie, »ist denn ein Rack Jobber?«

Er wischte sich den Anzug ab, als sei er schmutzig geworden, und steckte seinen Ausweis wieder ein. »Ich miete Regale in Kaufhäusern. Sogenannte Shop-in-shop-Geschäfte. Daran bin ich dann prozentual beteiligt.«

»Und mit was für Waren handeln Sie?«

Er lachte: »Na, mit allem, was in ein Regal passt. Bücher. Zahnpasta ... Es gibt ein paar Bio-Bauernhöfe, die über mich ihre eingeweckten Sachen verkaufen. Rinderrouladen zum Beispiel, vom feinsten Bio-Rind. Ein Gedicht, sage ich Ihnen!« Er küsste seine Fingerspitzen.

»Entschuldigen Sie«, sagte Ann Kathrin, »wir haben Sie verwechselt. Das war hier keineswegs ein Überfall. Die Kollegen glaubten, Sie seien ...« Sie winkte ab. »Ach, das wollen Sie gar nicht wissen.«

»Was immer passiert ist, Frau Kommissarin, ich habe ein Alibi. Ich saß die ganze Zeit bei einem literarisch-musikalischen Krimiabend. Christian Ahlers liest Texte von Dr. Bernhard Sommerfeldt.«

»Ja«, gestand Ann, »ich weiß.«

»Kann ich jetzt gehen?«

Ann nickte ihm zu. »Selbstverständlich.«

Der Ninja zeigte Ann Kathrin seinen ausgehauenen Zahn, der zwischen seinen blutigen Fingern lag. Der andere versuchte, wieder auf die Beine zu kommen, was ihm nicht gelang.

»Wie, der darf jetzt einfach so gehen? Zeigen wir den nicht an? Zumindest wegen Widerstands gegen die Staatsgewalt?«, fragte der, der befürchtete, seine Zeugungsfähigkeit gerade verloren zu haben.

Ann klärte ihn auf: »Man kann der Staatsgewalt nur Widerstand leisten, wenn die sich als solche zu erkennen gibt. Erstens habt ihr das nicht getan, sondern euch benommen wie Ganoven, und zweitens könnt ihr froh sein, wenn der euch nicht anzeigt.«

»Der uns?«, fragte der Ninja, der gerade einen Eckzahn verloren hatte, aber seine Schneidezähne behalten durfte. Er erkannte seine Stimme kaum wieder. Es pfiff so merkwürdig. Früher hatte er nie gelispelt.

»Eine ordentliche Verhaftung sieht anders aus«, wies Ann Kathrin ihn zurecht.

Als Eisenmann gemeinsam mit Rupert bei ihnen ankam, schimpfte Eisenmann: »Ihr lasst ihn laufen? Ihr lasst ihn tatsächlich laufen? Was seid ihr für blutige Laien!«

Rupert zeigte Ann Kathrin Eisenmanns Waffe. »Die habe ich unserem Eisenmännchen vorsichtshalber abgenommen, damit er nicht sich oder andere damit unglücklich macht. Wäre ja nicht das erste Mal.«

Eisenmann giftete Rupert an: »Eines Tages wirst du das bereuen. Glaub mir. Wenn ich mit dir fertig bin, dann bist du so klein.« Er zeigte mit Daumen und Zeigefinger zwei, höchstens drei Zentimeter an.

Rupert erkundigte sich: »Also so klein wie dein Pimmel?«

Mit einem Blick brachte Ann Kathrin Rupert dazu, sich zu mäßigen. Solche Sprüche mochte sie überhaupt nicht.

»Wenn die Herrschaften nichts dagegen haben«, sagte Eisenmann süffisant, »werde ich jetzt mein Handy auf Laut schalten.«

Er tat es.

»Oh, guck mal«, stichelte Rupert, »das kann er schon ganz alleine.«

Dr. Mechthild Döse keifte außer sich: »Sie haben ihn laufen lassen! Sind Sie wahnsinnig?«

»Wen? Den Rack-Jobber?«, fragte Ann Kathrin.

»Das ist Dr. Bernhard Sommerfeldt!«

»Ja, das hättet ihr wohl gerne«, lachte Rupert.

Ann Kathrin hakte nach: »Ich darf also davon ausgehen, dass Sie die ganze Aktion beobachtet haben? War das vorbereitet? Sind hier Kameras?«

»Selbstverständlich! Aber Ihr Sommerfeldt hat mit einem Handyblocker unsere Kommunikation gestört.«

»Das ist nicht mein Sommerfeldt«, stellte Ann Kathrin klar. »Und der Mann, der gerade geflohen ist, hat nichts mit Sommerfeldt zu tun.«

»Haben Sie nicht gesehen, wie der mit den Männern fertiggeworden ist? Das war ein ausgebildeter Kämpfer.«

»Jo«, gab Rupert ihr recht und schränkte dann ein: »Oder eure Jungs haben's halt nicht drauf. So kann man das auch sehen.«

»Das sind die Besten der Besten!«

»Wir sind hier, um Sommerfeldt zu schnappen«, sagte der mit dem fehlenden Zahn und spuckte Blut aus. Dabei traf er Ruperts Schuhe.

»Ach«, staunte Rupert, »ihr seid da, um Sommerfeldt zu fangen? Wie läuft's denn so, Jungs?« Dann wischte er seine Schuhspitze am Hosenbein seines Gegenübers ab.

Frau Dr. Döse konnte es kaum ertragen. Sie versuchte, die Oberhand zu bekommen, und schaffte es mit einer klaren Feststellung: »Sie haben ihn nicht nach Waffen durchsucht, Frau Klaasen. Sie haben ihn nur nach seinem Ausweis gefragt. Er trägt ein Schulterholster, da bin ich mir sicher, und er ist unser Mann.«

Rupert lachte: »Nee, isser nicht.«

»Woher wissen Sie denn so genau, wie Sommerfeldt aussieht?«, fragte Frau Dr. Döse spitz.

Rupert erschrak. War er zu weit gegangen? Er versuchte, seinen Kopf mit einer guten Erklärung aus der Schlinge zu ziehen: »Im Gegensatz zu Ihnen, Frau Dr. Döse, bin ich mehrfach mit Sommerfeldt aneinandergeraten. Frau Klaasen übrigens auch. Er ist einen halben Kopf größer als dieser Handelsvertreter. Und selbst wenn er sich hat umoperieren lassen, Sie glauben doch nicht, dass der sich zehn Zentimeter aus den Beinen hat herausnehmen lassen! Der Typ, der Ihre Spezialisten hier verdroschen hat, ist ein Zwerg gegen Sommerfeldt. Und O-Beine hat er auch noch.«

Rupert war erleichtert. Seinem Freund war nichts passiert, deshalb war er so gut drauf und konnte über all das hier nur grinsen.

Wellers Handy spielte *Piraten Ahoi!*. Schon hatte er es am Ohr: »Ja?«

Es war wie immer viel zu laut gestellt, und alle konnten mithören, als Polizeidirektorin Elisabeth Schwarz sagte: »Herr Weller? Ich habe gehört, dass Sie und Ihre Leute auf Norderney sind. Ich erwarte, dass Sie die Einsatzkräfte dort bei der Verhaftung von Dr. Bernhard Sommerfeldt unterstützen.«

»Machen wir«, sagte Weller, »machen wir. Da können Sie sich ganz auf uns verlassen, Frau Polizeidirektorin.«

Sommerfeldt reihte sich mit seinem Rollstuhl in die Schlange all derer ein, die von den Künstlern ein Autogramm wollten. Frauke war sich nicht so sicher, ob er wirklich so nervös war oder es nur spielte. Aber als Bettina Göschl ihm die Autogrammkarte unterschrieb, wirkte er tatsächlich aufgeregt. Nicht weil die Polizei ihm eine Falle stellen wollte, sondern weil er ein Autogramm bekam.

Er bat Bettina tatsächlich um ein Selfie. Sie kam hinter dem Tisch hervor und hockte sich neben seinen Rollstuhl. Heinz Edzards fotografierte sie mit Sommerfeldts Handy. Ja, er gab ihm tatsächlich das Handy und war stolz auf das Erinnerungsfoto.

»Aber machen Sie kein Selfie von sich, sondern fotografieren Sie uns beide«, rief er.

Heinz bekam von vielen Fans die Fotoapparate oder Handys in die Hand gedrückt.

Susanne kokettierte: »Jetzt hat er eure Kontonummern, Mädels. Darum macht der all die schönen Bilder!«

»Und unsere Telefonnummern«, lachte Gudrun.

Sommerfeldt fühlte sich hier sichtlich wohl. Er wollte die Buchhandlung gar nicht verlassen und hätte am liebsten mit dem Fanclub noch irgendwo ein Bier getrunken. Er mochte diese fröhliche Stimmung. Die meisten trugen zwar einen Trauerflor, doch trotz der kleinen schwarzen Schleife amüsierten sie sich, als würden sie gar nicht wirklich an den Tod glauben.

Vielleicht spürten sie, dass Sommerfeldt noch da war, und zwar sehr lebendig.

Frauke machte sich Sorgen. Er hatte seinen Spaß. Einerseits gönnte sie ihm die Freude, andererseits konnte die Situation jeden Moment kippen.

Sie versuchte, nichts zu übersehen. Es kam ihr so vor, als würde Sommerfeldt darauf hoffen, seinen James-Bond-Rollstuhl doch noch einsetzen zu können. Fürchtete er gar nicht um sein Leben, oder war es ihm egal?

Was bedeutet das eigentlich für uns und unsere Liebe, sinnierte sie. Ich muss ihn damit konfrontieren, dachte sie und beobachtete ihn aus nächster Nähe. Sie sah, wie wohl er sich fühlte und wie unbeschwert er war.

Sie revanchierte sich jetzt, indem sie ein Selfie mit Christian Ahlers machte. Bei ihm standen alle Fanclubfrauen Schlange.

Als sie Sommerfeldt nach draußen schob, war sie froh, dass sie in einem Pulk gehen konnten, denn im Haus gegenüber erkannte sie die Silhouette eines Scharfschützen. Ja, das war eindeutig ein Präzisionsgewehr mit Zielfernrohr auf einem Stativ. Völliger Blödsinn bei der Entfernung, dachte sie.

Er baute gerade seine Gerätschaften ab. Sie tat, als ob sie Fotos vom Himmel machen würde, und zoomte ihn dabei näher heran.

Welch ein Stümper, dachte sie. Lässt der sich so fotografieren! Es gab dafür nur eine Erklärung: Sie glaubten, Sommerfeldt sei gar nicht mehr hier. Die Abwesenheit der Zielperson machte Scharfschützen immer unvorsichtig.

Als Johann Baptist Reichhart die Wohnung im Haus Nordseeblick betrat, war er sehr vorsichtig. Er rechnete mit einem Angriff. All seine Sinne standen auf Empfang.

Hatte sie sich inzwischen befreit? Lauerte sie darauf, ihn zu attackieren? War es ihr gelungen, Hilfe zu organisieren?

Doch was er dann sah, verblüffte ihn. Sie hing im Sessel, immer noch gefesselt, in ihrem Bademantel, aber sie schlief.

Das widersprach all seinen Erfahrungen. Er hatte mehrfach Leute entführt oder Geiseln genommen. In der ersten Nacht schliefen sie praktisch überhaupt nicht, es sei denn, man spritzte sie ruhig.

Draußen war es noch hell, und sie hing im Sessel, das Handtuch zwischen den Lippen, als sei sie beim Fernsehgucken eingenickt.

Er ging näher an sie heran, und plötzlich traf es ihn wie ein Pfeil, der auf ihn abgeschossen worden war.

Hatte sie einen Herzinfarkt bekommen? War sie gestorben? Hatte sie zu wenig Luft bekommen?

Sein eigenes Erschrecken machte ihm klar, wie wenig er ihren

Tod wollte. Trotzdem wusste er, dass es eine Notwendigkeit war, sie umzubringen.

An ihrem Hals pochte eine Ader. Sie lebte. Er war erleichtert.

Er setzte sich vor ihr auf den Tisch und zündete sich eine der Mentholzigaretten an, die sie so sehr liebte. Er blies ihr den Qualm ins Gesicht.

Sie öffnete die Augen, und für einen Moment schien sie vergessen zu haben, dass sie angebunden im Sessel festklebte. Sie versuchte, aufzustehen, was natürlich nicht gelang.

Er zeigte ihr die brennende Zigarette und sagte: »Wenn du versprichst, nicht zu schreien, kannst du ein paar Züge haben.«

Die Wut in ihren Augen mischte sich mit Gier.

Er stand auf und löste vorsichtig hinter ihrem Kopf das Handtuch. Er zog ihr den Spüllappen aus dem Mund. Er war feucht. Sie hustete und spuckte.

Mit spitzen Fingern hielt er ihr die Zigarette hin. »Na? Willst du?«

Sie sagte nichts, sondern stülpte die Lippen vor und versuchte, den Filter der Zigarette zu erreichen. Er ermöglichte ihr einen tiefen Zug. Sie hielt den Rauch so lange wie möglich in der Lunge, dann erst blies sie ihn durch die Nasenlöcher aus.

»Du hast dann immer so etwas Drachenhaftes«, scherzte er.

Sie versuchte sofort, einen zweiten Zug zu ergattern. Großzügig hielt er ihr die Zigarette noch einmal hin. Sie schloss die Augen und genoss den Zug. Nachdem sie den Qualm wieder ausgestoßen hatte, saß sie da, als sei sie aus einer Wolke entstanden.

Sie musterte ihn und sagte: »Was ist denn mit dir los? Hast du dich geprügelt?«

»Du wirst es nicht glauben. Sie haben mich für Sommerfeldt gehalten und wollten mich verhaften.«

»Wer hat dich für Sommerfeldt gehalten?«

»Ich nehme an, es waren Polizisten. Zumindest haben sie sich so dämlich aufgeführt. Wir können nicht mehr lange auf der Insel bleiben.«

»Was hast du vor?«, fragte sie und deutete mit ihren Augen an, er solle ihr die Zigarette noch einmal geben. Er tat es. Dann drückte er sie demonstrativ im Aschenbecher aus. Er sah, dass ihr das leid tat. Ein paar Züge hätte sie gern noch gemacht.

»Im Gegensatz zu dir«, sagte er, »hält die Polizei mich für einen schweren Jungen.«

»Was wird jetzt aus mir?«, fragte sie.

Er ging einmal um sie herum, fasste in ihre Haare, als sei er ihr Friseur und müsste prüfen, ob sie eine besondere Kur benötige.

»Was schlägst du vor?«, fragte er zurück.

Sie überlegte nicht lange: »Ich schlage vor, dass du mich sofort losmachst. Wir ziehen uns schick an und gehen was Feines essen. Ich habe einen Mordshunger.«

Da er nicht sofort antwortete, sondern sie weiter betrachtete und mit ihren Haaren spielte, fuhr sie fort: »Ich könnte Nilpferd in Burgunder essen. Oder Walross mit Senf. Meinetwegen auch ein Wiener Schnitzel. Ich brauche jetzt eine große Portion,«

Sie versucht, mich in eine Normalität zurückzuholen, die ich mir zwar wünsche, aber die es schon lange nicht mehr gibt, dachte er.

»Glaubst du wirklich«, fragte er, »dass wir uns jetzt schick machen und essen gehen?«

»Nein«, gab sie zu, »ich glaube, dass du mich jetzt töten wirst. Und dann fluchtartig die Insel verlässt.«

Für Mitarbeiter der *Klinik hinterm Deich* und für spezielle Gäste, die mal untertauchen mussten, unterhielt Dr. Bernhard Sommerfeldt eine Ferienwohnung auf Norderney mit unverbaubarem Blick auf die Nordsee. Von außen ein hässliches Hochhaus, von innen eine kleine Wohlfühloase.

Sie fuhren mit dem Fahrstuhl hoch, was Frauke nervös machte. Einerseits war es für einen Rollstuhlfahrer logisch, den Fahrstuhl zu benutzen, andererseits waren diese Dinger auch eine Falle.

»Wenn oben ein Killerkommando auf uns wartet, sind wir erledigt«, sagte sie trocken.

Er positionierte sich so, dass er seine Pfeile sofort mit den Füßen abschießen konnte. Sie hielt ihre GSch-18 fest in der Hand, aber hinter ihrem Rücken verborgen. Es war ja auch denkbar, dass ganz friedliche Touristen dort oben standen, um den Fahrstuhl nach unten zu nehmen. Vielleicht gar ihr gehbehinderter Nachbar, der vier, fünf Monate im Sommer auf Norderney verbrachte und einen Rollator brauchte, aber immer noch sehr virtuos Geige spielte.

Sie sah Sommerfeldt grinsen.

»Was ist? Was hast du?«

»Dreh dich mal um«, schlug er vor.

Hinter Frauke befand sich ein großer Spiegel.

»Oh!« Rasch ließ sie die Hand mit der Waffe in ihrer Tragetasche verschwinden. Sie wusste genau, was er jetzt dachte. Früher hätte sie solche Fehler nicht gemacht.

Oben wartete niemand. Sobald sich die Tür hinter ihnen geschlossen hatte, hechtete er aus dem Rollstuhl und öffnete die Tür zum Balkon. Der Nordseewind fuhr fauchend in die Räume und ließ die Tischdecke flattern.

Sommerfeldt hüpfte ein paarmal auf und ab und machte dann Liegestütze, wobei er jeweils zwischen zwei Liegestützen sich so weit nach oben drückte, dass er in die Hände klatschen konnte. Er fand das witzig.

»Willst du mich damit beeindrucken?«, fragte Frauke und trank gierig ein Glas Leitungswasser.

Er erhob sich und ordnete seine Haare. »Ich will ins Meer.«

Sie nahm das nicht ernst. »Soll ich dich jetzt mit dem Rollstuhl an die Wasserkante fahren? Wir kommen damit gar nicht durch den Sand.«

»Vergiss den Rollstuhl.«

»Bitte?!«

»Ja, ich bin doch nicht wirklich krank. Ich kann doch laufen.«

»Krank bist du höchstens im Kopf«, erwiderte sie. Dann holte sie tief Luft und erklärte es ihm wie einem Anfänger: »Wenn du dich draußen ohne Rollstuhl bewegst, gibst du deine Identität preis.«

Er sah das ein, aber es interessierte ihn nicht wirklich. Etwas anderes war wichtiger für ihn. »Ich muss ins Meer, Kirschblüte. Ich muss den Sand unter den Füßen spüren, das Salz auf der Haut, den Wind und ...«

»Bist du völlig verrückt geworden?« Sie zeigte in Richtung Innenstadt. »Die hatten Scharfschützen gegenüber der Buchhandlung positioniert.«

Er lachte: »Und? Hat es ihnen was gebracht? Wir sind hier, und die stehen jetzt doof da.«

Frauke ließ das nicht gelten: »In der Veranstaltung waren mindestens fünf Ninjas.«

Er winkte ab: »Ach, Ninjas! Diese Gurkentruppe wird auch überschätzt. Testosterongesteuerte Luftpumpen in der Adoleszenzkrise.«

»Ich glaub es nicht!«, rief Frauke in Richtung Meer.

Der Nordwestwind kämmte ihre Haare nach hinten. Sie befestigte eine Haarsträhne mit ihrer schwarzen Haarspange. Sie trug vier davon, um ihre Haare zu bändigen.

»Schau dir diesen Sonnenuntergang an! Ist das Leben nicht wunderbar?«, fragte er sie begeistert und wollte sie in den Arm nehmen.

Als hätte sie ihn nicht richtig verstanden, erkundigte sie sich nach seinen Plänen: »Und sobald es dunkel ist, willst du im Meer schwimmen gehen?«

»Ja klar. Nackt. Am liebsten jetzt sofort und mit dir gemeinsam. Lass uns in den Sonnenuntergang hineinschwimmen!«

Sie holte die weißen Bademäntel aus dem Schrank. Im Wäschepaket für Gäste waren auch Latschen und flauschige große Strandtücher. Sie donnerte alles auf den Tisch. »Und du willst jetzt so in den Fahrstuhl? Am besten noch unbewaffnet?«

»Nein, wir ziehen die Bademäntel an und nehmen die Treppe. Das hält fit. Und unbewaffnet bin ich nicht. Ich hab ja dich bei mir.« Er zeigte auf einen unsichtbaren Gegner und rief: »Hände hoch, du Versager, oder ich hole meine Frau!«

Er packte den Bademantel aus.

»Ich könnte dich ohrfeigen«, gestand sie.

»Ach, komm, Kirschblüte! Sei doch nicht so miesepetrig. Tu doch nicht so, als hätten wir keinen Spaß gehabt!«

»Spaß gehabt ... Wer spricht da eigentlich aus dir?«

Während er überlegte, zog er sich aus und schlüpfte in den Bademantel. Sie sah ihm zu.

»Ich glaube, das ist der richtige Dr. Bernhard Sommerfeldt. Der ist nicht verrückt, weißt du. Der hat nur kapiert, dass wir alle sterben müssen. Jeder von uns. Aber bis es so weit ist, ist alles möglich. Da können wir unser Leben gestalten. Und das macht er und holt dabei so viel Spaß für sich raus wie nur eben möglich.«

Sie schüttelte den Kopf.

»Gib's doch zu«, forderte er. »Es war spannend. Es kribbelte auf der Haut. Wir waren in jeder Sekunde wirklich da, haben unsere eigene Existenz gespürt. Das war unterhaltsamer als eine Canasta-Partie.«

Statt ihn zu schlagen, streichelte sie jetzt über sein Gesicht und begann, sich ebenfalls zu entkleiden. Der Bademantel war ihr viel zu groß. Sie standen nebeneinander und betrachteten sich im Spiegel.

»Was bist du nur für ein Spinnkopf …«, sagte sie. Sie griff in seine Haare und zerrte daran. »Manchmal frage ich mich, ob ich dich trotzdem liebe oder gerade deshalb …«

Sie küssten sich. Eine Möwe flatterte auf die Fensterbank und schielte von dort in die Küche. Da sie nichts Essbares fand, verlor sie rasch das Interesse.

Claudia und Samantha hockten zusammengekauert in einem Strandkorb. Zum Schutz vor Blicken und dem Nordwestwind hatten sie einen Sonnenschirm geöffnet und versucht, um sich herum eine hohe Sandmauer zu bauen.

Sie tranken Wein direkt aus der Flasche. Beide waren ziemlich blau, und die Sorge, beim Betreten der Fähre verhaftet zu werden, hielt sie auf Norderney fest. Aber sie trauten sich auch nicht in die Ferienwohnung zurück, um ihre Sachen zu holen.

Die Hoffnung, dass Frederick doch noch wiederkäme, hatten sie aufgegeben. Im Moment war dieser Strandkorb ihr Zuhause. Der an zwei Stellen bereits eingerissene Sonnenschirm, aus dem zwei Metallstäbe in den Himmel ragten, galt als Eingangstür.

Die beiden stahlen in Supermärkten und schnorrten Touristen an. Binnen weniger Stunden waren sie ziemlich heruntergekommen, fühlten sich aber auf eine irre Art frei. Irgendwann würde es eine Lösung geben, und sei es eine Verhaftung durch die Polizei. Das wussten beide.

Claudia entdeckte das Pärchen zuerst. Sie kamen in Bademänteln an den Strand. Sie ließen ihre Sachen in den Sand fallen und liefen nackt ins Meer.

Eine Weile sahen Claudia und Samantha ihnen zu, wie sie immer weiter in die Nordsee hinausschwammen. Die Wellen schienen sie zu fressen. Immer wieder verschwanden ihre Köpfe für kurze Zeit, um später wieder aufzutauchen.

Samantha wühlte sich aus Claudias Umarmung. Sie nahm noch einen Schluck Rotwein und lief dann gebückt zu den Bademänteln, um sie nach Wertgegenständen zu durchsuchen. Sie fand einen Zimmerschlüssel. Sonst nichts.

Dann würde sie eben die dicken Saunatücher und die Bademäntel nehmen. Besser als nichts. In der Nacht konnten sie als Decken und zusätzliche Kleidung dienen. Nachts konnte es verdammt kalt werden am Strand.

Sie lief gebückt zum Strandkorb zurück, als sei sie zum Tier geworden.

Frauke fand es wunderbar. Das Salzwasser trug sie. Sie konnte sich zwischen zwei Wellen auf den Rücken legen und ihre Füße sehen. Die Zehen ragten aus dem Wasser. Sie paddelte nur ein bisschen mit den Händen und atmete ruhig.

Das alles hatte keinen Sinn. Es hatte kein Ziel. Es war einfach nur gut in sich selbst.

Sie hatte das Gefühl, in der Nordsee kein Fremdkörper zu

sein. Etwas, das sonst in ihrem Leben oft übermächtig gewesen war, spielte hier keine Rolle. Die Nordsee nahm sie an, wie sie war. Sie empfand sich als Teil von etwas. Es kribbelte auf der Haut. Sie fühlte sich frei und leicht.

Bernhard tauchte unter ihr her. Als er neben ihr schwamm, klebte in seinen Haaren Gischt, die ihn aussehen ließ, als hätte er sich gerade den Kopf shampooniert.

Auf dem Rücken liegend blickten sie gemeinsam ins Universum. Der Mond und die Sterne schienen gar nicht so weit weg zu sein. Erreichbar durch einen einzigen ausgesprochenen Wunsch.

Für Minuten war Frauke glücklich, eins mit allem und bereit zu sterben, weil es keine Rolle spielte und Leben und Tod eins waren. Sie bedingten sich wie Ebbe und Flut.

Ein fischiges kleines Wesen berührte sie am Po. Vielleicht eine Qualle oder ein Hering. Sie hatte plötzlich den Geschmack von Kieler Sprotten im Mund, die heute meist aus der Nordsee kamen, wie Sommerfeldt behauptet hatte. Er aß sie mit Kopf, Schwanz und Gräten. Sie hätten wohl viel Vitamin B oder D, das wusste sie nicht mehr so genau.

Er hatte zwei Arten, sie zuzubereiten. Sie liebte beide. Entweder, er räucherte sie heiß, und es gab dazu Rühreier, oder er wendete sie in Mehl, würzte sie mit Salz, Pfeffer und Kurkuma und frittierte sie dann. Dazu gab es Salat mit Zwiebeln, Tomaten, Paprika, Oliven und Jalapeños. Egal, wie er sie zubereitete, sie aßen sie immer heiß.

Jetzt, im kalten Wasser, bekam sie Lust darauf.

Er sollte für sie kochen, egal was. Noch heute Abend. Heiß sollte es sein und scharf.

Wenn sie aß, was er am Herd zauberte, war es immer, als würde sie sich ein Stück seiner Liebe einverleiben.

Sie schwammen zurück zum Ufer.

»Ich habe einen Mordshunger!«, rief sie.

»Gut«, freute er sich, »ich auch. Hunger ist Leben!«

Sie schwammen, bis ihre Füße den Sandboden berührten. Den Rest gingen sie zu Fuß. Sie tropften und lachten, und er versprach, auf jeden Fall noch etwas Essbares zu fabrizieren.

Es waren immer genug Vorräte in der Ferienwohnung. Es gab eine gut sortierte Tiefkühltruhe und mehrere Regale mit Konserven. Außerdem einen Weinschrank mit edlen Sorten und mehrere Kisten mit Bier und Säften. Hier konnte man sich mühelos ein, zwei Wochen einigeln, ohne das Haus zu verlassen oder Not zu leiden.

Sie fanden ihre Bademäntel und Handtücher nicht. Zunächst glaubten sie, ein Stück abgetrieben zu sein. Sie suchten im Westen und dann im Osten. Später wurde ihnen klar, dass man sie bestohlen hatte.

Frauke wollte kein großes Ding daraus machen. »Wer Bademäntel klaut, hat es entweder echt nötig, weil er in Not ist, oder er ist auf Droge«, sagte sie.

Sommerfeldt glaubte an einen Streich von Jugendlichen: »Sie wollen sehen, wie wir uns verhalten. Wahrscheinlich lauern sie irgendwo in der Dunkelheit und glotzen sich die Augen wund, weil sie selten so eine schöne Frau gesehen haben wie dich.«

»Und was machen wir jetzt?«

»Gönnen wir ihnen den Spaß. Was sonst?«, schlug er vor.

Sie gingen zurück zum Hochhaus. Sie rannten nicht. Sie verdeckten ihre Körper nicht schamhaft. Im Gegenteil. Sie breiteten die Arme aus wie Flügel und schritten selbstbewusst, ja stolz, vorwärts.

Im Gebäude fragte er: »Fahrstuhl oder Treppe?«

Sie gab zu bedenken: »Wir haben keinen Schlüssel mehr.«

»Ich habe praktisch noch nie einen Schlüssel gebraucht«, behauptete er. »Ich benutze Schlüssel nur, damit nicht auffällt, wer ich wirklich bin. Schlüssel sind was für Spießer.«

Sie nahmen den Fahrstuhl, und diesmal begegnete ihnen der nette Geigenspieler. Entweder war er fast blind, oder er fand es normal, zwei nackte Menschen im Flur zu treffen. Er grüßte freundlich.

Frauke gab Sommerfeldt eine ihrer schwarzen Haarspangen. Sie hatte selbst in ihrer wilden Zeit damit einige Schlösser geöffnet. Vielleicht trug sie sie deshalb immer noch, um sich zu erinnern, wie sie einmal gelebt hatte.

Sie ließ ihm den Vortritt, weil sie wusste, es würde ihn stolz machen. Manchmal spielte er gern den *Bad Boy*. Er schob die Nadel ins Schloss und wollte ganz feinfühlig vorgehen. Er kniete sich hin, um zu lauschen. Das kleinste Geräusch im Schloss verriet ihm viel.

Da riss jemand die Tür auf.

Rupert.

»Moin«, sagte Sommerfeldt von unten.

Rupert taxierte die Nackten. Seine Blicke blieben deutlich länger an Frauke hängen, während er Sommerfeldt nur flüchtig zur Kenntnis nahm.

In Rupert stiegen Bilder der gemeinsamen Zeit mit Frauke auf. Sie hatten viel Spaß miteinander gehabt und so manchen Kampf bestanden.

Mit seinem Körper blockierte Rupert den Eingang. Die Situation und die Erinnerung verstopften sein Gehirn. Er stand einen Moment starr, als hätte er die Kontrolle über seinen Körper verloren oder sei eingeschlafen.

Sommerfeldt stand auf.

Rupert pflaumte ihn an: »Bist du völlig bescheuert?«

»Sollen wir das hier auf dem Flur diskutieren, oder dürfen wir vielleicht reinkommen?«, fragte Sommerfeldt freundlich.

Rupert ging zur Seite und gab den Eingang frei.

Frauke schloss die Tür hinter ihnen und kontrollierte kurz den Raum, ob sich noch mehr Leute in ihrer Ferienwohnung befanden. Sie sah, dass Rupert eine Weile im Sessel am Fenster die Beine hochgelegt haben musste. Seine Schuhe standen dort, und auf der einen Armlehne stand eine halbvolle Flasche Bier, auf der anderen lag sein Handy.

Rupert schnaufte und wiederholte sich: »Bist du völlig bescheuert? Ich versuche die ganze Zeit, dich zu warnen, schicke dir eine Nachricht nach der anderen, aber du reagierst nicht …«

»Ich hatte mein Handy nicht an«, entschuldigte Sommerfeldt sich. »Ich wollte nicht zu orten sein. Außerdem tut eine handyfreie Zeit jedem mal gut. Man muss nicht immer erreichbar sein. Online-Detox!«

Frauke schlüpfte in ein Sommerkleid. Ihr Mann zog seine schwarzen Boxershorts an.

Rupert schimpfte: »Das war eine Mausefalle, und ich dachte nicht, dass du so blöd bist, da reinzulaufen!« Er zeigte auf Frauke: »Und sie dann auch noch mitzunehmen! Das war verantwortungslos, Alter!«

»Mausefalle«, spottete Sommerfeldt. »Ja, die Maus hat sich den Speck geholt und ist wieder verschwunden.« Er lachte demonstrativ.

»Die wollten dich nicht einkassieren, die wollten dich umlegen!«

Sommerfeldt gab ihm recht: »Ich weiß. Dieser Eisenmann mit seinen Ninjas.«

Rupert klopfte gegen Sommerfeldts Kopf: »Hallo? Ist jemand

zu Hause? Du bist echt der dämlichste Serienkiller aller Zeiten, weißt du das?«

Noch bevor Sommerfeldt reagieren konnte, sagte Frauke: »Er hat recht.«

»Ach, ich bin der dämlichste Serienkiller aller Zeiten?«

»Nein. Aber es war wirklich unverantwortlich Du hast einfach nur ganz viel Glück gehabt. Unverschämtes Glück!«

Sommerfeldt stellte fest, dass Frauke und Rupert gerade eine Front gegen ihn bildeten. Das gefiel ihm nicht. Flammte ihre alte Liebesgeschichte wieder auf?

Er versuchte, es in ihren Augen und in ihrer Körperhaltung zu lesen.

Frauke holte sich ein Handtuch und trocknete ihre Haare. Sie fragte Rupert: »Woher wusstest du überhaupt, dass wir hier in der Wohnung sind? Und wie bist du reingekommen?«

Rupert druckste herum und sah Sommerfeldt an. Der beantwortete Fraukes Frage geradezu genüsslich: »Ich hab ihm mal einen Schlüssel für unsere Ferienwohnung gegeben, weil er ein Liebesnest fürs Wochenende mit irgendeiner Inge oder Inka brauchte.«

Seine Aussage gefiel weder Frauke noch Rupert.

War Frauke etwa eifersüchtig, weil Rupert seine Ehefrau betrog?

Sommerfeldt setzte nach: »Ich glaube, er hatte keine sturmfreie Bude, weil seine Beate in ihrem Haus ein Reikiseminar gegeben hat. War es nicht so, Rupi?«

»Ich mach uns mal einen Tee«, schlug Frauke vor, um die Situation zu beruhigen.

Rupert willigte ein: »Am besten mit Rum.«

Nach einer Schweigeminute, in der Frauke in der Küche herumrumorte, fragte Rupert: »Kann ich hier pennen? Die Insel ist voll, und ich habe kein Zimmer. Ann Kathrin und Weller sind mit dem Motorboot zurück, aber ich dachte, ich muss erst mit dir reden.«

Niemand antwortete. Das wertete Rupert als Einverständnis.

Sommerfeldt zeigte auf Ruperts Schuhe beim Sessel und die Bierflasche: »Gemütlich gemacht hast du es dir ja schon. Und jetzt möchtest du zwischen uns schlafen oder lieber auf der Couch?«

Rupert versuchte, abzulenken. Er setzte sich in den Rollstuhl: »Hast du wirklich geglaubt, du könntest die damit reinlegen?«

Rupert schielte, während er sprach, in die offene Küche zu Frauke.

»Wir haben sie damit reingelegt«, korrigierte Sommerfeldt und betonte das *Wir*, was Frauke zur Kenntnis nahm.

Rupert probierte den Rollstuhl aus, wie ein kleiner Junge sein Feuerwehrauto, das er zu Weihnachten bekommen hatte. Er fuhr damit ein bisschen vor und zurück, drehte sich im Kreis, kam mit den Füßen nicht wirklich klar und schoss versehentlich zwei Pfeile ab. Einer traf die Seekarte mit dem Leuchtturmbild von Ole West, der andere eine Zeichnung von Horst-Dieter Gölzenleuchter.

Sommerfeldt mochte diese Tuschezeichnung besonders, weil er wusste, dass Gölzenleuchter sie mit Möwenfedern machte, die er am Strand gefunden hatte.

Rupert freute sich und staunte: »Was ist das denn? Hat das Ding noch mehr solcher …«

Frauke wollte ihn warnen. Sie hob die Arme hoch und winkte, er solle aufhören. Sie rief: »Ja, das Ding hat viele weitere Eigenschaften!«

»Das waren übrigens Giftpfeile«, erklärte Sommerfeldt. »Die reichen aus, um einen Elefanten zu betäuben.«

»Hier sind ja keine Elefanten«, lachte Rupert und sauste mit dem Rollstuhl zweimal um den runden Tisch. »Wie geil ist das denn?«, kreischte er. »Hat der auch Nebelwerfer?«

»Ja«, sagte Sommerfeldt sachlich, »man kann eine Menge Qualm damit machen. Außerdem kann man Handys lahmlegen, und das Waffenarsenal ist viel größer, als du glaubst.«

»Echt? Man kann damit alles einnebeln?«

»Ja, sagte ich doch! Aber pass auf, dass ... «

In dem Moment geschah es auch schon. Rupert hatte zwar den auslösenden Knopf gefunden, war aber nicht in der Lage, das Ganze zu stoppen. Er sprang aus dem Rollstuhl, als hätte er Angst, vom Nebel aufgefressen zu werden. Der Rollstuhl fuhr weiter und krachte gegen ein Sideboard.

Da die Ferienwohnung mit Rauchmeldern ausgestattet war, schrillte jetzt im ganzen Haus der Feueralarm.

»Ja, danke!«, sagte Sommerfeldt. »So habe ich mir ein unauffälliges Versteck vorgestellt.«

Aber weder Frauke noch Rupert verstanden ihn. Dafür war der Feueralarm viel zu laut.

Frauke riss alle Fenster und Türen auf.

Sommerfeldt schielte zu Rupert rüber. Der hustete.

Sommerfeldt fragte Frauke: »Na, wer ist jetzt hier bescheuert? Der oder ich?«

Desiree spürte ihn hinter sich stehen, als sei dort ein offener Kühlschrank. Trotzdem schwitzte sie. Zwischen ihren Speckfalten sammelte sich Wasser. Seit sie die Spritze gesehen hatte, öffneten ihre Poren die Schleusen und ließen alles Wasser aus ihr herauslaufen, als sei es auf der Flucht vor dem drohenden Gift, das Johann Baptist gleich in sie hineinschießen würde.

Er massierte ihren Nacken geradezu liebevoll. Sie konnte ihn im Spiegel sehen. Er hatte die Spritze hinter sein rechtes Ohr geklemmt und erinnerte sie so an ihren alten Kunstlehrer, der oft einen Bleistift mit Radiergummi hinterm Ohr mit sich führte, wie ein sehr nützliches Schmuckstück. Manchmal zückte er den Stift mit schlafwandlerischer Sicherheit und korrigierte dann etwas an der Schülerzeichnung. Er achtete immer auf die richtige Perspektive und fragte gern: »Von wo kommt das Licht? Das musst du wissen! Das will ich sehen.«

Ihr Kunstlehrer hatte oft hinter ihr gestanden. Aber im Gegensatz zu Johann Baptist war er ein guter Mann gewesen. Sanftmütig. Ein Augenmensch. Bei ihm war es wichtiger, wie das Essen auf dem Teller aussah, als wie es schmeckte. Er konnte sich sattsehen. Kein Wunder, dass er so schlank war.

Johann Baptist Reichhart bemühte sich auch, nett rüberzukommen. Er sprach leise, mit einschmeichelnder Stimme. Aber sie nahm die vibrierende Aggression darunter wahr.

Er redete von einem gemeinsamen Leben. Von einer guten Zeit am Meer. Wollte keinen Sonnenuntergang mehr verpassen.

Aber sie ließ sich nicht einlullen. Sie sprach es hart aus: »Du wirst mich mit der Spritze töten.«

Er massierte ihre Schultern, dann wieder den Nacken und sagte nichts, war ganz darauf konzentriert, ihrer Muskulatur Gutes zu tun.

»Werde ich lange leiden? Was ist das für ein Zeug, das du in mich reinspritzt? Hast du damit schon mehrere Menschen umgebracht?«

»Ja«, antwortete er leise. »Es ist ein sehr besonderer Stoff. Ideal, um unzuverlässige Zeugen zu disziplinieren. Oder um

Gegner auszuschalten und keine Mühe mit einem Alibi zu haben.«

»Wie? Was?« Sie verstand nicht.

Sie fand, er redete wirres Zeug.

Die Nadel piekste in ihre linke Schulter.

»Ja«, flüsterte er, »das tut jetzt ein bisschen weh. Es ist leider eine größere Kanüle. Geht nicht anders. Ich spritze dir praktisch kleine Liebeskügelchen unter die Haut.«

Er sprach es aus, als sei es ein sehr originelles Geschenk.

Ihr Körper versteifte sich. Der Schmerz in der Schulter um die Einstichstelle war groß, feurig und breitete sich aus.

Das war's, dachte sie. Eigentlich hatte ich ein schönes, selbstbestimmtes Leben. Nicht immer, aber doch sehr oft.

Lieblingsspeisen huschten durch ihren Kopf. Sie konnte einige sogar gleichzeitig schmecken. Scharfes Souvlaki und süßen Erdbeerkuchen mit Schlagsahne. Da war ein Hauch von Vanille.

»Was für Kügelchen?«, fauchte sie.

Noch nie hatte eine Spritze ihr so weh getan. Sie stöhnte. Hoffentlich hatte der Vollpfosten keine lebenswichtige Ader getroffen.

Der Schmerz fuhr ihr in Brust und Lunge. Es war, als würde sie Beton einatmen. Hatte er die Nadel bis in ihr Herz durchgestochen?

Sie guckte zur Balkontür. Draußen war der Himmel nachtblau. Sie sah Lichter auf Juist, oder sie bildete es sich ein. Sie wollte lieber mit Blick auf Juist sterben als auf die Einbauküche.

Sie glaubte fest daran, dass ihr Tod sicher war. Gab es das, ein Leben nach dem Tod? Wurde man wiedergeboren? Kam sie bald schon irgendwo als Baby erneut auf die Welt? Oder musste sie vor einen Gott treten und sich vor einem himmlischen Gericht für ihre Taten auf Erden rechtfertigen? Hatte man da oben

Verständnis für Huren wie sie? Mochten die Engel genusssüchtige Menschen, oder hatte man nur als Asket eine Chance?

Würde er sie tot und halbnackt in dieser Ferienwohnung in der Kaiserstraße zurücklassen? Kaum denkbar, dass er sie irgendwohin schleppte, um sie zu begraben. Dafür war sie einfach zu schwer. Würde er sie zerteilen und dann Stück für Stück in der Nordsee entsorgen?

Sie wollte sich das nicht vorstellen. Sie musste ihre Phantasie zügeln.

Seine freundliche, sanfte Stimme machte ihr mehr Angst als die eines herumbrüllenden Mannes. Sie hatte mehrfach Typen ausflippen sehen. Choleriker, Besoffene, Zukurzgekommene, Größenwahnsinnige. Aber schreiende Männer, außer sich vor Zorn, beruhigten sich, wenn die Luft erst einmal raus war. Es gab zunächst ein Anschwellen der Wut, einen rasenden Höhepunkt, und dann, später, wurden sie weinerlich und bereuten ihre Taten.

Das war eine Falle für viele Frauen, die leider zu schnell bereit waren, zu vergeben.

Dieser Kerl hier war anders. Die Stimme wollte Wissen und Weltschmerz signalisieren, Wohlwollen transportieren, dahinter aber war der blanke Horror. Wer so sprach, hatte noch einige Trümpfe in der Hand und freute sich darauf, sie nach und nach auszuspielen. Der war nicht außer sich. Der bereute auch später nichts. Er vermittelte den Eindruck, routiniert seine Arbeit zu verrichten, als hätte er sie gelernt und mehrere Prüfungen mit Auszeichnung bestanden. Der wusste, was er tat ... Nie hatte er dem Bild eines Henkers so sehr entsprochen wie jetzt.

Er stand immer noch hinter ihr, streichelte zuerst über die Haare, dann über ihre Wangen. Er spielte mit ihren Ohrläppchen und knetete sie. Sie kannte diese Akupressurpunkte gegen

Müdigkeit, Melancholie und auch als Unterstützung beim Abnehmen.

Im Emder Bordell gab es eine Kollegin, Marlene, die schwor darauf. Manchmal war sie mit Wäscheklammern an den Ohrläppchen herumgelaufen, um bei einer endlosen Nachtschicht zwischen zwei Freiern wieder Kraft zu tanken und fit zu werden.

Desiree erinnerte sich gern an sie. Marlene war Altenpflegerin mit Zusatzausbildungen, die aber irgendwann den Druck nicht mehr ausgehalten hatte und sich nach einer Trennung für einen völlig anderen Beruf entschieden hatte.

»Irgendwann«, hatte Marlene oft gesagt, »mache ich ein eigenes Seniorenheim auf. Irgendwann …«

Das werde ich wohl nicht mehr erleben, dachte Desiree. Für mich ist hier Endstation.

Der Gedanke an Marlene hatte ihr gutgetan. Sie fand wieder in ihre Kraft zurück. Oder lag es an der Ohrläppchenmassage?

Sie fragte frech: »Ist es nicht so, dass zum Tode Verurteilte sich eine Henkersmahlzeit wünschen dürfen? Und auch noch einen anderen Wunsch frei haben?«

Er fühlte sich bei seiner Berufsehre gepackt. Er trat zurück und staunte sie an. Endlich akzeptierte sie ihn als Henker!

Sie verlangte: »Ich will Fleisch. Ein Filetsteak. Zweihundertfünfzig oder dreihundert Gramm. Medium. Pfeffer und Salz. Kein Schnickschnack. Lange Süßkartoffelpommes. Schön kross! Dazu Grauburgunder, gut gekühlt. Zehn bis zwölf Grad. Zum Nachtisch Tiramisu. Wenn's geht mit frischen Erdbeeren als fruchtige Beilage. Oder – nein, warte – vielleicht doch lieber ein Pilzgericht? Ich habe mich früher nie getraut, aber jetzt ist es ja eh egal.«

Er fühlte sich verarscht.

»Nun gut.« Er gestand es ihr zu. Sie glaubte an ihren Tod. Ihre

Gefühle fuhren Achterbahn, und sie versuchte, Zeit herauszuschinden.

»Ich habe nicht vor, dich zu töten«, versprach er.

»Ach, war das also eine Abnehmspritze?«

»Nein, das ist ein Mittel, das der CIA entwickelt hat oder der MI5, das weiß ich nicht mehr so genau. Ich verwende es schon ziemlich lange.«

»Ein Wahrheitsserum?«, riet sie.

»Nein, ich habe ein paar harmlose kleine Perlen unter deine Haut gespritzt. Du kannst damit sehr alt werden. Aber ich kann sie jederzeit mit dem Handy sprengen. Dann verreckst du elendig. Du explodierst nicht, nein, nein. Das nicht ... Es wird nur ein Gift freigesetzt, das deine Muskeln lähmt. Erst kannst du nicht mehr laufen, dann die Arme und Finger nicht mehr bewegen, und am Ende versagen Herz und Lunge. Weißt du, ohne Muskeln läuft eben überhaupt nichts mehr ...«

Sie kreischte: »Das hast du mir gespritzt? Bist du völlig irre? Was willst du?«

Er lächelte: »Nimm es wie ein Eheversprechen. Die brave Ehefrau hat nichts zu befürchten. Sollte ich aber verraten oder verhaftet werden, löse ich den Mechanismus aus. Darauf kannst du dich verlassen.«

Sie begann zu frieren. Sie zitterte. Die Lichter auf Juist erloschen.

Er räumte ein: »So kann man töten. Man kann sich aber auch Sicherheit verschaffen.«

»Sicherheit? Was für Sicherheit?«

»Die Sicherheit, loyale Partner zu haben. Kein Wunder, dass das von Geheimdiensten erfunden wurde. Es hilft eingeschleusten Agenten, nicht überzulaufen und auch kein doppeltes Spiel zu spielen ...«

Wie gemein kann man sein, fragte sie sich. Ihre Empörung half ihr, nicht den Mut zu verlieren.

Er fummelte an ihrem Handy herum.

»Sei froh. Die Kügelchen werden eine freie Frau aus dir machen. Du kannst dich überall frei bewegen. Du musst natürlich dein Handy in der Nähe haben. Einerseits verrät es mir jederzeit deinen Standort, andererseits sorgt es dafür, dass die Kügelchen nicht platzen.«

Sie durchschaute ihn. »Und über mein Handy wirst du auch die Explosion der Kugeln auslösen, stimmt's?«

»Ja, weißt du, das Blöde an dieser App ist, wenn du dich von deinem Handy so weit entfernst, dass die Kügelchen keinen Kontakt mehr haben, platzen sie sowieso. Dein Handy ist ab jetzt also dein Freund. Es sorgt dafür, dass du weiterleben kannst.«

»Und das Ganze ist ein Todesurteil, das du jederzeit vollstrecken kannst, stimmt's?«, fragte sie.

Er nickte: »So habe ich es noch nie gesehen. Aber du hast einen scharfen Verstand. Ja, genau so ist es.«

»Und jetzt? Was wird jetzt?«, wollte sie wissen.

Er löste ihre Fesseln. »Jetzt bist du frei. Ich würde an deiner Stelle erst mal duschen. Du machst einen ziemlich verschwitzten Eindruck, und deine Henkersmahlzeit könnte auch ein ganz normales Abendessen werden. Ich weiß nicht, ob wir um diese Zeit noch was kriegen, aber ich wäre gern bereit, mit dir auszugehen. Mach dich schick!«

Sie bekam den Mund nicht mehr zu und starrte ihn an.

»Lass uns gemeinsam das Leben genießen. Alles ist gut, mein Pummelchen. Ich habe auch nichts gegen ein gutes Filetsteak einzuwenden. Bei dem Tiramisu weiß ich nicht so genau …«

Sie erhob sich. Sie stand wacklig auf den Beinen. Ihr war schwindlig.

Sie wankte tatsächlich, wie er ihr geraten hatte, in Richtung Bad. Sie wollte auch wirklich duschen. Das war doch die Möglichkeit – in einer Kabine allein zu sein. Ein wenig für sich. Sie musste nachdenken, und sie brauchte diese Erfrischung.

Er rief: »Hallo! Hallo! Halt! Nimm dein Handy besser mit. Ich weiß nicht genau, auf welche Entfernung die Kügelchen reagieren. Wir haben ja hier eine schöne große Wohnung. Du solltest es immer bei dir haben. Nimm es besser mit ins Bad.« Er scherzte: »Nur nicht gerade unter die Dusche. Ich weiß nicht, wie die Kügelchen reagieren, wenn es kaputtgeht ...«

Er hielt das für einen großartigen Witz und schlug sich vor Lachen auf die Schenkel.

Sie ließ den klatschnassen Bademantel fallen und legte ihr Handy neben ihre Zahnbürste.

Sie duschte erst heiß und dann kalt.

Als sie sich mit einem hauseigenen Handtuch abrubbelte, öffnete er die Tür, stand lässig an den Türrahmen gelehnt, mit einem Weinglas in der Hand, da und schlug vor: »Wir sollten das feiern. Es ist so etwas wie dein neuer Geburtstag. Ein geschenktes Leben. Wir sollten darauf mit Champagner anstoßen.«

Sie antwortete nicht, sondern trocknete sich weiter ab.

Er fragte: »Sollen wir uns vor unserem Festmahl lieben oder erst nach dem Essen?« Er sah auf seine Uhr: »Vielleicht sollten wir doch erst essen gehen«, fuhr er fort, »bevor hier auch die letzte Küche geschlossen hat. Die haben ja auf Norderney genauso Personalprobleme wie überall.«

Sie blaffte ihn an: »Du willst jetzt ernsthaft mit mir schlafen?«

Die Schulter schmerzte immer noch enorm. Sie kam beim Abtrocknen nicht an alle Körperstellen heran, weil ihr linker Arm seine Kraft noch nicht zurückhatte.

Er sah ihre Schwierigkeiten, stellte sein Weinglas neben ihr

Handy und nahm ihr das Handtuch ab. Zärtlich trocknete er die Stellen ab, die sie nicht erreichen konnte.

»Du willst jetzt wirklich Sex mit mir haben?«, fragte sie.

Er schüttelte den Kopf. »Nein, ich will Liebe mit dir machen. Das ist etwas anderes. Ich will nicht dafür bezahlen wie deine Freier. Aber nicht jetzt. Ich sagte doch, ich habe Angst, dass alle Restaurants schließen.«

Sie drängte sich an ihm vorbei, aus dem Bad heraus ins Wohnzimmer und begann, sich anzukleiden.

Er klatschte ihr auf den Hintern. »Weißt du«, lachte er, »ich liebe dich wirklich!«

»Ja«, sagte sie doppeldeutig, »so bin ich tatsächlich noch nie geliebt worden.«

Nachdem Sommerfeldt die Hausbewohner und die Feuerwehr über den Fehlalarm informiert hatte, schien Rupert sich nicht einmal zu genieren, sondern er grinste immer noch spitzbübisch und wäre am liebsten noch eine Runde mit dem James-Bond-Rollstuhl gefahren.

Frauke stellte klar: »Ich will von dieser Insel runter. Hier ist mir einfach zu viel Polizei.«

Rupert dachte, das ginge jetzt gegen ihn. »Danke«, stieß er bitter aus. Sommerfeldt entschuldigte seine Frau: »Das meint sie nicht so. Sie ist nur genervt von den richtigen Bullen.«

»Ach? Bin ich keiner?«, fragte Rupert lauernd. Er war zwar nicht gerade auf Streit aus, denn er wollte diese Schlafgelegenheit hier nicht verspielen, aber er traute sich durchaus zu, noch in irgendeiner Bar eine Touristin aufzugabeln, die bereit wäre, das Bett mit ihm zu teilen. Allerdings wurde es langsam zu einem Spiel gegen die Zeit. Er brauchte einen Schuppen, der noch offen hatte. *Kings Club Tante Jens* oder die *Haifischbar* hatten mindestens bis zwei Uhr auf, das wusste er von seinem letzten Besuch.

»Du bist ein Kumpel«, tröstete Sommerfeldt ihn. »Ein Trottel, aber ein Freund«, fügte er hinzu.

»Wenn ich dich schon nicht aus Ostfriesland rauskriege, dann will ich wenigstens mit dir nach Borkum. Wir könnten in der Tapasbar *In Undis* einen Tisch reservieren. Ich habe da schon mal sehr gut gegessen«, schwärmte Frauke, um Sommerfeldt zu locken.

»Echt?«, fragte Rupert. »Will er nicht raus aus Ostfriesland?«

»Nein, will er nicht«, antwortete Frauke.

Sommerfeldt hörte interessiert zu.

Rupert bot sich an: »Ich würde gerne mit dir ein paar Wochen in die Karibik fliegen, raus aus dem spießigen Aurich.«

Sommerfeldt beobachtete genau, was für einen Blick Frauke Rupert zuwarf. Es versetzte ihm einen Stich ins Herz. Ja, er spürte es wie eine Klinge in der Brust.

Sommerfeldt erinnerte Frauke daran: »Wir waren gemeinsam in der Tapas-Bar. Du hattest Pimientos de Padrón, gebackenen Ziegenkäse, Datteln in Serranoschinken und …«

»Das weißt du noch?«, wunderte Frauke sich. Schon wurde Rupert für sie uninteressant.

»Klar«, bestätigte Sommerfeldt. »Ich fand es auch köstlich. Wir hatten eine sehr gute Zeit. Gutes Essen und schöne gemeinsame Momente, so etwas vergesse ich nicht …«

Rupert mischte sich ein: »Hast du dich nicht ein bisschen unwohl gefühlt?«

»Warum?«, fragte Sommerfeldt zurück. Er wollte sich diese Erinnerungen mit Frauke nicht kaputt machen lassen.

Rupert lachte: »Direkt gegenüber ist die Polizeiinspektion.«

»Ja«, bestätigte Sommerfeldt, »das war kein schöner Anblick. Die blauweiße Leuchtschrift flackerte. Das *P* und das *O* über der Tür waren wohl intakt. Das *lizei* dunkel.«

»Du hast dich wirklich unwohl gefühlt. Ich erinnere mich«, rief Frauke. »Ich dachte schon, du wirst krank, oder es schmeckt dir nicht.«

Sommerfeldt geriet irgendwie unter Druck. Es war, als müsse er sich verteidigen: »Okay, da hing direkt gegenüber an der Tür ein Fahndungsplakat. Das hat mich sauer gemacht. Ich musste die ganze Zeit draufgucken.«

»Aber du siehst doch inzwischen ganz anders aus …«, kommentierte Frauke.

»Ja, aber ich fand es einfach eine Unverschämtheit.«

»Was?«, wollte Rupert von ihm wissen.

»Die Summe! Zehntausend Euro! Da nimmt einen doch kein Mensch mehr ernst!«

»Ja«, bestätigte Rupert süffisant, »das sind Probleme. Da kann man wirklich schon mal sauer werden.«

Er dachte einen Moment nach und hob dabei die Hand, so als würde er um Ruhe bitten, weil er auf keinen Fall bei dem schwierigen intellektuellen Prozess unterbrochen werden wollte. Außerdem sollten die anderen sich sammeln, um seine Erkenntnisse besser aufnehmen zu können.

Frauke kannte diese Geste von ihm nur zu gut. Früher hatte sie das durchaus ein paarmal beeindruckt, aber inzwischen fand sie es albern. Trotzdem wartete sie seinen Denkprozess geduldig ab.

»Ich könnte ja mit Frauke bei *In Undis* essen gehen … Ich mag Borkum …« Fast hätte er statt Borkum Frauke gesagt, aber das war ihm dann doch im letzten Moment zu dicke. Stattdessen vervollständigte er seinen Vorschlag: »Während du, lieber Bernhard, in Ruhe daran arbeiten kannst, das auf dich ausgesetzte Kopfgeld in die Höhe zu treiben.«

Frauke schüttelte fast unmerklich den Kopf und gab Rupert zu verstehen, er solle Sommerfeldt nicht so provozieren. Aber der ging darauf ein: »Den Justizbehörden bin ich kaum etwas wert. Aber man munkelt, eine private Person habe auf mich zehn Millionen ausgesetzt.«

Rupert prahlte mit seinem Wissen: »Privatperson ist gut! Ein Gangsterboss!«

»Das erklärt die Morde und die Hektik in letzter Zeit«, sagte Frauke. Sie schloss die Balkontür und das Fenster, weil ein heftiger Schauer die Regentropfen ins Zimmer prasseln ließ.

»Zehn Millionen ... Weißt du, was das heißt, Rupi?«, fragte Sommerfeldt.

»Ja, dass du auf dich aufpassen solltest. Da ist jemand sehr wütend auf dich, oder du bist seinen Plänen im Weg.«

»Das meine ich nicht«, lächelte Sommerfeldt.

»Es bedeutet«, erläuterte Frauke, die sowohl Sommerfeldt als auch die Szene des organisierten Verbrechens besser kannte als jeder Kripobeamter, »dass, wer immer den Job erledigt, danach selbst ein toter Mann sein wird. Keiner der großen Bosse oder Clanchefs zahlt zehn Millionen für einen Mord. Die Gefahr, dass so ein gedungener Killer danach auf dicke Hose macht, mit Geld um sich schmeißt und auffliegt, ist doch viel zu groß. Am Ende würde er vielleicht noch seinen Auftraggeber verraten. Nein. Wer immer sich darauf einlässt, unterschreibt sein eigenes Todesurteil. Er wird eine Kugel zwischen die Augen kriegen, aber sicherlich keine zehn Millionen.«

Rupert war beeindruckt und abgeschreckt zugleich. Ihm wurde klar, welche Erfahrungen diese Frau geprägt hatten.

Zu allem Überfluss fügte sie hinzu: »Ich war Miet-Ehefrau einiger großer Bosse. Glaub mir. Die legen Leute wegen ganz anderer Summen um …«

Sommerfeldt gefiel die Richtung des Gesprächs nicht: *»In Undis«*, er buchstabierte den Namen des Restaurants fast, »das ist Latein. Heißt: In den Wellen oder In den Wogen.«

Frauke verstand das als ein Angebot, mit ihr Norderney in Richtung Borkum zu verlassen. Sie schaute Sommerfeldt verliebt an.

Rupert mischte sich ein. Er sah seine Felle davonschwimmen. Mit großer Geste sagte er den Text auf: »*Mediis tranquillus in undis* – Ruhig inmitten der Wogen. So steht es auf dem Inselwappen, und dann sind da noch zwei silberne Wale und der alte Leuchtturm drauf. Weil die Borkumer früher nämlich Walfänger waren.« Er wippte triumphierend auf und ab, schob den Daumen hinter seine Gürtelschnalle und gab an. »Ich habe das Große Latinum.«

»Wahrscheinlich hat er mit seiner Lateinlehrerin gevögelt«, spottete Sommerfeldt.

Damit brachte er Rupert sichtlich in Verlegenheit. »Woher weißt du, dass ich eine Lateinlehrerin hatte?«

Sommerfeldt fühlte sich bestätigt und freute sich: »Ich weiß sogar, dass sie eine wirklich schöne Frau war.«

»Kennst du sie?«

»Nein. Aber es muss ja einen Grund gegeben haben, warum du ihr so aufmerksam zugehört hast. Und wie ich dich kenne …«

Rupert sprach Frauke an: »Warum ist der so gemein zu mir?«

»Der ist nicht gemein, Rupi, der ist nur einfach gnadenlos ehrlich zu Freunden. Ansonsten ist sein Leben nämlich ein einziges Lügenkonstrukt.«

Rupert presste die Lippen fest zusammen und schluckte:

»Dann ist das jetzt eine Auszeichnung, dass der mich so scheiße behandelt?«, fragte er.

»Ja«, bestätigte Frauke, »das würde ich an deiner Stelle genauso sehen.«

Sommerfeldt goss einen edlen Rotwein ein. »Jetzt nehmen wir erst mal einen Schlummertrunk, und morgen …«

Rupert probierte den Wein und verzog angewiderte den Mund. »Zum Glück hast du ja noch was Süffigeres da.«

Er holte sich noch ein Bier und trank es aus der Flasche.

Frauke nippte am Rotwein.

»Und morgen«, fuhr Sommerfeldt fort, »werde ich mir diesen Eisenmann greifen. Ihr könnt ja nach Borkum fahren und Tapas essen …«

Rupert verschluckte sich am Bier und spuckte Schaum aus. »Du willst was?«

Frauke verstand ihren Mann genau: »Er holt sich Eisenmann. Der hat im Fernsehen getönt, er habe Sommerfeldt erschossen. Aber es war wohl der Falsche, und gestern hat er es mit seinen Ninjas noch einmal versucht …«

Sommerfeldt himmelte seine Frauke an. Er liebte es, wenn sie so sprach. Er warf ihr ein Küsschen zu. Er fühlte sich verstanden.

Sommerfeldt erklärte: »Und jetzt ist er dran. Das kann ich ihm nicht durchgehen lassen.«

Rupert zeigte mit dem Hals der Bierflasche auf Sommerfeldt: »Das wirst du nicht tun! Du legst ihn nicht um!«

»Ja, soll ich ihm stattdessen einen Kuchen backen oder ihn ins Theater einladen?«, lachte Sommerfeldt.

»Nein«, konterte Rupert, »ich werde ihn verhaften.«

Damit brachte er Sommerfeldt heftig zum Lachen.

Auch Frauke guckte amüsiert. »Du? Ihn? Mensch, der Typ ist einer von euch, Rupi. Ehrlich, eher lässt der dich kaltstellen …«

Rupert tigerte jetzt durch den Raum. Er konnte einfach nicht mehr still stehen. Er merkte es nicht, doch er verfiel in Ann Kathrin Klaasens Verhörgang, den er so oft gesehen hatte: drei Schritte, eine Kehrtwendung, drei Schritte. Bei jedem zweiten Schritt ein Blick auf Sommerfeldt.

Rupert stampfte mit dem rechten Fuß auf: »Ich glaube an den Rechtsstaat, und in einem Rechtsstaat geht das so nicht!«

»In einem Rechtsstaat dürfte es gar keinen Eisenmann geben«, stellte Frauke sachlich klar. »In einem Rechtsstaat säßen der und seine Leute im Knast und würden T-Shirts mit der Aufschrift *Freigänger* zusammennähen, denn das wäre das Größte, was bei guter Führung eines Tages aus ihnen werden könnte: Freigänger.«

Sommerfeldt sprach bedächtig: »Das System hat ihn überhaupt erst hervorgebracht. Ich nehme das sehr persönlich, wenn mich jemand killen will. Der hat jetzt einen Feind. Mich ...«

»Gib mir eine Chance«, bat Rupert. »Ich habe ihn ja auch gestoppt, als er diesen Handelsvertreter abknallen wollte, weil er dachte, das seist du ...«

Frauke fragte: »Ach, der Typ mit dem weißen Anzug?«

»Ja, genau der. Wenn ich nicht gewesen wäre«, lobte Rupert sich selbst, weil es kein anderer tat, »wäre der jetzt tot.«

»Du könntest mir aber einen Gefallen tun, Rupert«, räumte Sommerfeldt ein.

Rupert brachte sich in Positur. Er mimte jetzt ganz den Hauptkommissar. »Also?«

Sommerfeldt guckte Frauke an, und die sprach dann seinen Gedanken aus. So konnte Sommerfeldt Rupert gleichzeitig demonstrieren, wie gut Frauke und er sich verstanden.

Auf Rupert wirkte es aber anders. Seine Beate wusste manchmal Sachen, die er dachte, noch bevor er sie überhaupt im Kopf hatte. Frauke, so glaubte Rupert, habe einen sechsten Sinn, den Männer einfach nicht hatten. Er kannte einige Frauen, die Gedanken lesen konnten. Er fand das erschreckend und beruhigend zugleich. Manchmal erfüllte Beate ihm Wünsche, bevor er sie überhaupt hatte. Statt vegan zu kochen, holte sie ihm zum Beispiel von *Gittis Grill* eine extrascharfe Currywurst mit Pommes und doppelt Mayo. Dazu ein kühles Bier. Woher wusste sie, dass er sich genau so etwas gewünscht hatte?

Nur manchmal beschlich ihn die leise Angst, sie könne seine Gedanken nicht nur lesen, sondern sie sogar erzeugen. War das bei Frauke und Sommerfeldt auch so?

Frauke sprach nun seinen Wunsch aus. Bernhard nickte anerkennend.

»Finde heraus, wer die zehn Millionen auf meinen Mann ausgesetzt hat.«

Das musste Rupert sich nicht aufschreiben. Das konnte er sich auch so merken. Er folgerte: »Und wenn ich weiß, wer, dann …« Er sprach es nicht aus, sondern schnitt gestisch mit dem Messer seinen Hals auf.

Doch Sommerfeldt schüttelte den Kopf und zeigte, wie er es machen würde. Er deutete einen Stich in Ruperts Herz an. »Das macht weniger Sauerei«, fügte er hinzu.

Rupert schlief auf der Couch und schnarchte. Sommerfeldt nickte kurz ein, träumte aber, Frauke sei aufgestanden und zu Rupert rübergegangen. Danach fand Sommerfeldt nicht mehr so gut in den Schlaf. Dieser kurze Traum beschäftigte ihn mehr als die Frage, wem sein Tod zehn Millionen wert war.

Er wusste, dass ein großer Kampf auf ihn wartete. Vielleicht sein letzter. Er war ein Einzelgänger, aber er brauchte jetzt Komplizen, auf die er sich zu hundert Prozent verlassen konnte.

War Rupert so einer? Ausgerechnet ein Polizist, der mal ein Verhältnis mit seiner Frau gehabt hatte und offensichtlich immer noch scharf auf sie war?

Als er endlich einschlief, wurde es schon fast hell. Er bekam nicht mit, dass Rupert Brötchen holen ging. Er lag nass geschwitzt im Bett, hatte aber kalte Füße.

Obwohl Frauke die Schlafzimmertür geschlossen hatte, weckte ihn der Duft von schwarzem Tee und Filterkaffee.

Er stand auf und wunderte sich, weil in der Wohnküche geflüstert wurde.

Frauke und Rupert saßen am Frühstückstisch wie ein altes Ehepaar - oder nein, vielleicht doch eher wie ein frisch verliebtes junges Paar, das gerade nach einer schönen Nacht nun Pläne für den Tag schmiedete.

Rupert plauderte: »... und dann winkte der Typ Jessi mit dem Finger so zu sich ran. Ich sag noch, geh da bloß nicht hin, Jessi, das ist ein Idiot. Aber sie sagt: Wer weiß, vielleicht braucht der ja Hilfe. Er gibt der Polizei ein geheimes Zeichen und die reagiert nicht?« Rupert machte eine Geste: »Ich so: Ja, Jessi, der braucht vielleicht Hilfe, aber bestimmt nicht von uns. Der braucht eher einen Arzt ... Doch sie machte ganz auf braves Mädchen und stieg aus und lief zum Parkplatz rüber, wo die Arschgeige sich aus dem Fenster lehnte ...«

Rupert machte es echt spannend, und Frauke hörte fasziniert zu. Er wusste, wann man eine Pause machen musste, um die Spannung zu steigern.

Die beiden bemerkten Sommerfeldt nicht einmal, so gut unterhielten sie sich.

Rupert beugte sich vor und flüsterte, damit Frauke sich weit über den Tisch herüberlehnen musste, um alles zu hören. Er hatte so einen noch besseren Blick auf ihren Busen, denn sie trug Sommerfeldts Lieblingshemd, falsch zugeknöpft und ziemlich weit offen.

»Ja, und dann? Was passierte dann? Was war mit dem Mann?«, fragte Frauke ungeduldig. »Nun spann mich doch nicht so auf die Folter, Rupi!«

Rupert zögerte seine Pointe noch ein bisschen heraus. Er trank erst einen Schluck Kaffee, dann einen Tee und lobte beides.

»Das liegt am Wasser«, sagte Frauke. »Es kommt aus einer Süßwasserlinse unter der Insel. Das Regenwasser sammelt sich im Boden auf einer Schicht aus Torf und Ton. Deshalb ist es ein bisschen braun oder gelblich.« Sie lachte: »Die Touristen trinken es manchmal deshalb nicht, weil sie denken, es sei verschmutzt. Aber es hat eine hervorragende Qualität. Der Gehalt an Eisen prägt den Geschmack. Ich mag hier deshalb auch so gern den Filterkaffee.«

»Der Tee ist auch nicht ohne«, bestätigte Rupert genießerisch.

Sommerfeldt stand ganz ruhig im Türrahmen und hörte zu. Entweder sie taten so, als sei er Luft für sie, oder sie hatten ihn tatsächlich nicht bemerkt.

»Ja, aber jetzt weiter«, forderte Frauke. »Was war mit dem Typen im Auto?«

Sie stippte ihr Croissant in den Kaffee und biss hinein.

Rupert machte die Geste noch einmal mit dem Zeigefinger: »So hat er sie herangewunken, und als sie bei seinem Auto stand, lehnte er sich noch weiter aus dem Fenster und sagte: ›*Wenn ich dich schon mit meinem Finger kommen lassen kann, was meinst du, was erst passiert, wenn ich meinen Schwanz einsetze?‹*«

Frauke kaute nicht weiter. Sie fragte mit vollem Mund: »Und was hat deine Kollegin gemacht?«

Rupert schmunzelte. »Sie hat ihn gefragt, ob er wüsste, dass zu seinem Haarschnitt ein doppelter Kieferbruch gut passen würde.«

Rupert tat empört, aber so, dass seine klammheimliche Freude deutlich wurde.

Das kannte Frauke an ihm. Sommerfeldt hatte das auch manchmal drauf. In diesem Punkt waren die beiden sich ähnlich. Sie konnten sich beide über etwas empören und einen trotzdem spüren lassen, dass sie es insgeheim super fanden.

»Du ahnst es schon, häh?«, fragte Rupert. »Sie hat ihn das erst gefragt, nachdem sie ihm den Kiefer gebrochen hatte … Sie trainiert nämlich im Boxclub Norden. Sie hat eine ansatzlose rechte Gerade geschlagen.«

Frauke beschäftigte sich wieder mit ihrem Croissant und dem Kaffee. Sie fragte besorgt: »Bekommt sie jetzt als Polizistin ein Problem?«

Rupert winkte ab: »Nein, das hat sie ja nicht als Polizistin gemacht, sondern als Feministin.«

Frauke horchte auf. »Wie?«

»Ja«, behauptete Rupert, »sie hat gesagt ›das habe ich als Feministin gemacht‹. Ich hatte erst ›als Viehdiebin‹ verstanden, aber sie hat es wiederholt. ›Feministin‹. Also, ich finde das ja gut. Wenn es Ärger gibt, bin ich Zeuge, dass er sie zuerst angegriffen hat.«

»Kollegial von dir«, lachte Frauke, und er konnte es in ihrem Gesicht lesen: Sie fragte sich, ob er etwas mit Jessi laufen hatte. Sie musste es nicht aussprechen. Er beantwortete ihre Frage auch so: »Nein«, behauptete er, »ich habe nix mit ihr.«

Sommerfeldt räusperte sich: »Na, ihr Turteltäubchen?«

Sie sahen ihn beide an. »Na, du Langschläfer«, konterte Frauke in seinem Tonfall und schob ihm eine Tasse rüber.

»Moin«, brummte Rupert, der sich gern noch länger allein mit Frauke unterhalten hätte. Er fand, es lief gut für ihn.

»Hast du«, fragte er Sommerfeldt provozierend, »nicht noch irgendeinen dringenden Termin?«

Frauke deutete Rupert an, er solle das besser lassen. Doch der setzte noch einen drauf: »Du wolltest doch deinen Wert steigern. Ich meine, die Summe auf dem Steckbrief. Ich finde, heute ist ein idealer Tag dafür …«

Claudia und Samantha suchten einen Weg, die Insel zu verlassen. Sie beobachteten den Flugplatz. Nein, sie wollten keine Maschine kapern. Dazu sahen sie sich nicht in der Lage.

Sie erinnerten sich aber an die Zeiten, als sie noch Schülerinnen waren und versucht hatten, als Tramperinnen Europa kennenzulernen. Weit waren sie nicht gekommen, doch zwei so junge schöne Frauen wurden gern mitgenommen. Meist von einsamen Männern.

Pärchen waren die bessere Option. Sie hatten sich irgendwann entschieden, nur noch bei Paaren einzusteigen.

Der Flugplatz war leicht von mehreren Seiten zugänglich. Sicherheitschecks wie an den großen Flughäfen in Düsseldorf, Frankfurt, Berlin oder München gab es hier nicht. Hier wurde, wenn man Linie flog, das Gepäck nicht kontrolliert, sondern nur gewogen. Aber man kam auch mühelos – genau wie die Wildkaninchen, Füchse, Igel oder Gänse – zu den abgestellten Privatmaschinen nahe der Rollbahn.

Als sie Desiree und Johann Baptist Reichhart sahen, versuchten sie ihr Glück. Sie huschten zu den beiden, die ihr Gepäck gerade im Flieger verstauten, und fragten: »Nehmt ihr uns mit aufs Festland? Wir haben kein Geld, aber wir würden euch dann in unsere Gebete einschließen«, versprach Samantha.

Desiree fühlte sich sofort solidarisch mit den beiden Frauen. Sie sahen verwildert, ja abgerissen aus, wie Menschen, die gerade noch einen Schrank mit genügend Kleidung darin gehabt hatten und eine trockene Wohnung, in der der Schrank stand. Aber jetzt besaßen sie nichts mehr. Die Erschütterung darüber, alles verloren zu haben, war ihnen deutlich ins Gesicht geschrieben.

Sand rieselte aus ihren Haaren und klebte in ihren Augenbrauen. Sie rochen, als hätten sie draußen geschlafen, doch sie hatten nichts von Pennern oder Obdachlosen an sich, die den Zustand kannten und versuchten, sich damit zu arrangieren.

So schlecht es den beiden auch ging, fühlte sich Desiree in ihrer Nähe besser als mit Johann Baptist alleine. Sie musste es irgendwie schaffen, zu einem Arzt oder in ein Krankenhaus zu kommen. Sie wollte medizinischen Rat zu den Todeskugeln, die er ihr angeblich gespritzt hatte.

Das Beste wäre, dachte sie, wir nehmen die zwei mit zu uns, er verknallt sich in eine, und ich bin frei ... Bringt es etwas, wenn ich sein Handy stehle und dann damit in ein Krankenhaus fahre? Gibt es Spezialisten für so etwas? In Westerstede im Bundeswehrkrankenhaus vielleicht? Kennen die sich mit so etwas aus?

Johann Baptist Reichhart wurde plötzlich von einem eigenartigen Besitzerstolz ergriffen. Erst jetzt fiel ihm negativ auf, dass sich Desiree einen Dreck für sein Flugzeug interessiert hatte.

Für sie war nur wichtig, ob sie mit ihrer Körperfülle auch hineinpasste.

Er klopfte gegen die einmotorige Turboprop und sagte: »Das ist mein Pilatus PC-12. Damit kann ich sogar auf unbefestigten Pisten starten und landen. So einen Flugplatz wie den hier brauche ich eigentlich gar nicht.«

Die zwei zeigten sich interessiert und beeindruckt. Hauptsache, er stellte ihnen nicht zu viele Fragen.

»Ich kann locker fünftausend Kilo transportieren. Also, das bringt ihr drei ja gemeinsam kaum auf die Waage«, lachte er. »Das ist nicht so eine billige Cessna. Ich habe hinten immer mein Motorrad drin. Aber trotzdem ist noch Platz für sechs Gäste …« Mit Blick auf Desiree, die zwei Sitze in Anspruch nahm, korrigierte er: »Na ja, sagen wir, für fünf.«

Desiree verstand, dass er ihr zum ersten Mal wegen ihres Gewichts vor anderen einen Stich verpasst hatte. Angeblich liebte er doch gerade das so sehr an ihr. Wie oft hatte er andere Frauen als Hungerhaken bezeichnet, bei denen man sich blaue Flecken hole, wenn man sich an ihren Knochen stieß. Sie hingegen sei fraulich und gut gepolstert.

Hofierte er die zwei und kanzelte sie deshalb ab? Wollte er sie eifersüchtig machen und ihr zeigen, dass er ein toller Hecht war, der auch bei anderen Chancen hatte?

Claudia und Samantha sahen für Desiree wie solide Frauen aus. Also nicht wie Prostituierte. Auch nicht wie Gelegenheitshuren, von denen es ihrer Meinung nach viel zu viele gab, was schlecht fürs Geschäft der Professionellen war.

Mit soliden Frauen hatte sie manchmal im Leben Probleme gehabt. Merkwürdige Konkurrenzsituationen waren da entstanden. Aber woher sollten die beiden etwas über sie wissen?

Komisch, dachte Desiree, ich glaube ihnen anzusehen, dass

sie solide Frauen sind – warum sollen sie mir dann nicht ansehen, aus welchem Milieu ich komme?

Johann Baptist Reichhart gefiel die Idee, die zwei von der Insel zu schmuggeln. Es war so einfach. Er nannte sie *Ladys.* Das sollte respektvoll und doch augenzwinkernd-humorvoll klingen.

»Ich werde die Ladys nicht fragen, warum sie ausgerechnet diesen Weg wählen, um diesen zauberhaften Ort zu verlassen, an dem es im Moment leider nur so vor Polizisten wimmelt.«

Sie guckten sich an und überlegten, ob sie die Chance nutzen sollten, irgendetwas zu erklären. Aber die Wahrheit war viel zu unglaubwürdig.

Er baute ihnen scherzhaft eine Brücke. Er sprach zu Desiree, als habe sie eine Erklärung verlangt: »Wahrscheinlich«, frotzelte er, »haben die Ladys vor, den Kurbeitrag zu sparen.«

Beide lächelten dankbar und ein bisschen gequält.

Es amüsierte ihn, dass sie gar nicht danach fragten, wohin der Flug überhaupt gehen sollte.

Sie hatten kein Gepäck. Sie wollten unerkannt von der Insel, und es war ihnen völlig egal, wohin. Noch mehr auf der Flucht konnte man gar nicht sein, folgerte er.

Er hielt ihnen die Tür auf, wie ein freundlicher Pilot es in Ostfriesland nun mal machte.

»Aufpassen! Nicht den Kopf stoßen. Im Gegensatz zu Autos haben Flugzeuge Flügel.«

Die zwei versuchten, zu lachen. Claudia sah gestresst aus, Samantha erleichtert.

Sie schnallten sich sofort an, als hätten sie Angst, jemand könnte sie noch aus der Maschine zerren.

Claudia bedauerte: »Das ist mir unheimlich peinlich … Wir

versauen euch noch die Sitze.« Sie klopfte sich Sand und Schlick aus der Kleidung.

Samantha erklärte, plötzlich vertrauensselig geworden: »Wir haben am Strand übernachtet.«

»Sieht man«, stellte Desiree trocken fest.

Die Maschine scheuchte Dohlen und Möwen von der Rollbahn. Die Austernfischer mit ihren langen roten Schnäbeln pickten unbeeindruckt wenige Meter neben der Bahn nach Würmern.

Während des Fluges schwiegen die Frauen und sahen aus den Fenstern. Niemand fotografierte die Schönheit der Landschaft.

»Auf dem Fluglandeplatz Emden geht es nicht ganz so locker zu wie auf Norderney. Aber ihr müsst euch keine Sorgen machen. Personenkontrollen bei Flügen von den Inseln gibt es praktisch nicht ... Es sei denn, die Polizei ist aufgeschreckt, weil sie jemanden sucht. Und auf Norderney laufen die ja gerade rum wie die wilden Hühner.«

Im Grunde hoffte er auf ein Geständnis der beiden, das ihm die Möglichkeit gab, seine und die Fähigkeiten der Turboprop zu demonstrieren. Es gab bei Twixlum Landemöglichkeiten auf einem trockenen Acker und einer Landstraße. Er hatte sich solche Wege längst ausgeguckt. Einer wie er musste so etwas wissen, um notfalls reagieren zu können.

Jetzt hoffte er, so im Ansehen der Ladys zu steigen und natürlich auch Desiree etwas bieten zu können. Ja, er wollte gern zeigen, was er draufhatte, und da kamen ihm die Ladys gerade recht.

»Bitte nicht notlanden«, flehte Claudia. »Ich bin eigentlich ein Schisser. Ich hatte früher solche Flugangst ... Ich habe mich auch nicht auf Schiffe getraut. Aber nach so einem Anti-Flugangst-Training ging es mir besser. Normalerweise haue ich mir trotzdem vorher ein paar Beruhigungspillen rein.«

»Wir haben Schnaps an Bord«, sagte Reichhart.

»Um Himmels willen, keinen Alkohol! Das macht es nur noch schlimmer.«

»Also keine Landung direkt bei uns vorm Haus?«

Auch Desiree war froh, dass ihr das erspart blieb. Sie sagte aber nichts. Stattdessen erwähnte sie: »Komisch, dass Frauen sagen ›*Ich bin ein Schisser.*‹ Ich habe nie gehört, dass eine sagte: ›*Ich bin eine Schisserin.*‹«

»Ich finde gendern sowieso blöd«, sagte Johann Baptist, und Desiree überlegte, ob sie jetzt alle damit zum Lachen bringen konnte, weil ein Kunde mal von *Nutt*innen* gesprochen hatte. Aber dann hätte sie zu viel von sich preisgeben müssen.

Desiree zündete sich eine Mentholzigarette an und saugte den Qualm scharf ein. Sie blies ihn durch die Nase aus.

»Wie kommst du an die Dinger?«, fragte Claudia. »Sind Mentholzigaretten nicht schon lange verboten?«

Desiree guckte gelangweilt: »Ja, seit 2020. Leider. Aber, Herrgott, was ist heute nicht alles verboten? Die legalisieren Haschisch und verbieten Mentholzigaretten? Wer nimmt die denn noch ernst?«

Sie schwieg jetzt und sah aus dem Fenster.

»So, jetzt mal raus mit der Sprache. Was habt ihr beide verbrochen?«, rief Johann Baptist und guckte nach hinten.

Sie alle mussten sehr laut sprechen, denn die Motorengeräusche füllten den Raum.

Desiree fragte mit Barfrauenstimme: »Die toten Polizisten? Und dieser Frederick K.? Habt ihr damit etwas zu tun?«

Claudia schien neben Samantha zu gefrieren, tat aber, als wisse sie gar nicht, worüber geredet wurde.

»Ach, kommt, tut jetzt nicht so blöd. Auf der Insel wurden drei Leute getötet. Und ihr flieht ... Wenn man eins und eins zusammenzählen kann, dann ...«, tönte Johann Baptist Reichhart.

Claudias Stimme krächzte so leise, dass sie es dreimal sagen musste, um verstanden zu werden: »Frederick K.?«

»Ja, so steht es online in allen Zeitungen. Das ist der, den der Polizist erschossen hat. Erst dachten sie ja, es sei Dr. Bernhard Sommerfeldt.«

»Frederick K. ...«, stöhnte Claudia, »Das ist mein Mann ...«

Samantha schimpfte: »Deshalb ist der Arsch nicht zurückgekommen ...«

»Ja, und was«, wollte Desiree wissen, »habt ihr nun damit zu tun?«

Rupert hatte eigentlich noch Anspruch auf seinen gesamten Jahresurlaub. Von den Überstunden, die er vor sich herschob und bald abfeiern musste, damit sie nicht verfielen, ganz zu schweigen.

Neulich hatte die Gewerkschaft der Polizei darauf hingewiesen, in Niedersachsen seien knapp eine Million Überstunden gemacht worden. Gefühlt die Hälfte davon hatte Rupert auf seinem Buckel. Laut Plan waren es aber nur fünfundsechzig.

Jedenfalls träumte er davon, den Freizeitausgleich, wie es so schön genannt wurde, mit Frauke gemeinsam zu genießen. Zum Beispiel auf Mallorca, Ibiza, Fuerteventura oder Lanzarote. Hauptsache, nicht in Ostfriesland. Es kam ihm so vor, als ob ihn dort jeder kennen würde.

Im Süden war es ihm um diese Jahreszeit allerdings viel zu heiß. Der kühle Nordseewind fehlte dort eben.

Er hatte Frauke noch nicht gefragt und wusste auch noch keine Ausrede für seine Ehefrau Beate, da funkte ihm schon die Firma dazwischen.

Marion Wolters rief an und flötete, als wolle sie ein Date in einem romantischen Restaurant mit ihm ausmachen: »Man erwartet dich sehnsüchtig, Elvis.«

Er fragte sich, warum sie ihn plötzlich Elvis nannte und nicht Stummelschwänzchen, wie sonst so oft, wenn sie ihn ärgern wollte. Ihrem freundlichen Geflöte und Gesülze traute er sowieso nicht. So verpackte sie gern Katastrophenmeldungen oder Angriffe auf ihn.

Sie wechselte die Stimmlage und ermahnte ihn: »Ich würde an deiner Stelle Gas geben. Die Luft ist hier ziemlich dick wegen Eisenmännchen ...« Sie sagte das so komisch, als würde sie versuchen, seine Stimme nachzumachen.

Er fragte sich, ob sie wirklich versuchte, ihn zu imitieren oder ob sie einfach heiser war von einer durchzechten Nacht. Hatte sie versucht, sich irgendeinen Lover schönzusaufen, oder was war los?

Bevor er seine Frage stellen konnte, beantwortete sie sie schon. Das war auch wieder so etwas ... Konnte Marion seine Gedanken selbst durchs Telefon lesen? Waren Frauen einfach klüger als Männer?

Marion Wolters zitierte genüsslich auswendig: »›*Jetzt wollen wir aber keine alten Fehler wiederholen, Eisenmännchen, oder*?‹« Sie räusperte sich: »Das Ding ist viral, Rupi. Und mit tausenden Klicks. Es geht richtig durch die Decke im Netz. Besonders gefällt mir die Stelle: ›*Und ich bin Elvis.*‹ Den Hüftschwung hast du ja manchmal raus. Also, du musst noch ein bisschen üben, aber ...«

Rupert kapierte und erinnerte sich an die Filmerin mit den

blonden Haaren, die ein bisschen aussah wie Jane, und jeder Mann fühlte sich gleich wie Tarzan, der nach der Liane griff, um sie vor dem Gorilla zu retten.

Marion steigerte sich geradezu in Schwärmerei: »Die Szene, wie dieser Handelsvertreter die zwei Ninjas verdrischt, ist auch nicht ohne! Ihr seid wohl von vielen verschiedenen Kameras gefilmt worden. Mit Ton. Hier brennt jetzt die Hütte, das kannst du dir ja wohl vorstellen. Die haben die Filmchen in der Besprechung. Die Leitende Oberstaatsanwältin ist auch da.«

»Meta Jessen?«, hakte Rupert nach.

»Ja, genau die. Nur du fehlst, Alter.«

Rupert knipste das Gespräch weg und joggte zum Flugplatz. Unterwegs telefonierte er und ließ seine Beziehungen spielen. Als er keuchend ankam, stand eine Cessna für ihn bereit. Knapp zehn Minuten später landete er in Norddeich, wo Jessi Jaminski ihn abholte. Sie stand mit besorgtem Gesicht am Polizeiwagen.

Rupert glaubte, sie habe Kummer, und wollte sie aufheitern: »Hey, Jessi, alles im Lot auf dem Riverboot? Du siehst aus, als hätte dir irgendein pickeliger Jüngling einen Korb gegeben …«

»Nein«, sagte sie, »ich mache mir Sorgen um dich.«

»Um mich?«

»Ja, um wen denn sonst?«

Sie fuhr mit achtzig über die Norddeicher Straße und kaute dabei auf der Unterlippe herum. Rupert wunderte sich. Sie achtete doch sonst penibel auf die Geschwindigkeitsbegrenzungen. Neulich hatte sie noch zu ihm gesagt, die Polizei solle Vorbild sein und die Flotte auf Elektroautos umstellen.

Er hatte sie ausgelacht: »Ja, Jessi, das wünscht sich jeder Gangster. Wahrscheinlich würden einige Clans das sogar sponsern. Die kommen mit ihren protzigen Sportwagen, und wir tuckern mit unseren Elektrogurken hinterher.«

Rupert zeigte auf den Tacho und sagte trocken: »Eigentlich bekämpfen wir so etwas ja …«

Sie rechtfertigte sich: »Ich will einfach nicht, dass du noch mehr Ärger bekommst.«

»Ich? Wer fährt denn hier zu schnell?«

»Ach, hör doch auf. Ich hab die Filme auch gesehen. Die werden dich grillen. Und wenn sie dich jetzt vom Dienst suspendieren, was dann?«

»Mich?«, lachte Rupert.

»Du hast Eisenmann eine Kanone an den Kopf gehalten! Die machen da ein Riesending draus.«

Rupert winkte ab: »Ach, weißt du, Jessi, das sind so Gentechniker. Die machen aus jeder Mücke einen Elefanten.«

Jessi fuhr nicht auf den Polizeiparkplatz hinter der Inspektion, sondern hielt direkt vor dem Eingang und bat ihn: »Steig aus. Mach schon. Wenn sie dich feuern, dann will ich auch nicht mehr bleiben. Wir sind doch ein Team!«

Rupert sah ihr in die Augen. Er war gerührt. Sie meinte das tatsächlich ernst. Sie wollte kündigen, weil sie sich einen Polizeidienst ohne ihn nicht vorstellen konnte.

Er schluckte und wischte sich kurz unterm linken Auge.

»Heulst du?«, fragte sie.

»Ach was. Ein Sandkorn. Es war windig auf Norderney.«

Er stieg umständlich aus und stieß sich dabei den Kopf. Schwäche zu zeigen war nicht gerade sein Ding. Er griff seinen Ledergürtel und zog die Hose höher. Dann ertastete er seine Krawatte und lockerte sie. Sie saß zu ordentlich fest am Hals. Er wollte nicht aussehen wie einer, der sich korrekt anzog, um einen guten Eindruck zu machen. Das hatte er nicht nötig.

Rupert sprintete eine Treppe hoch und öffnete die Tür zum Besprechungsraum, ohne anzuklopfen. Er konnte sich noch an Zeiten erinnern, da kam jedes Mal eine Qualmwolke aus dem Zimmer. Diese Zeiten waren vorbei. Pfeife rauchende Kommissare gab es im Fernsehen nur noch in Filmen aus den Achtzigern. Wenn heute jemand im Krimi eine Zigarette rauchte, war es meist der Mörder.

Solche Gedanken halfen Rupert, sich daran zu erinnern, dass der Zeitgeist sich manchmal drehte. Man musste nicht jeden Quatsch mitmachen. Was heute richtig und gut war, konnte morgen schon völlig verblödet und falsch sein.

Frau Dr. Döse saß links neben der Leitenden Staatsanwältin Meta Jessen, rechts von ihr die Polizeidirektorin Elisabeth Schwarz. Hinter Dr. Döses Stuhl stand, wie ein Bodyguard, Kleinhaupt. Das Ganze hatte etwas von einem Strafgericht an sich.

Weller wirkte blass. Seine Zähne mahlten, und er presste die Lippen aufeinander, als müsse er irgendetwas festhalten, damit es nicht herauskam. Vermutlich eine unflätige Beleidigung, dachte Rupert, der sehr genau wusste, wie der besonnene Weller aussah, kurz bevor er ausflippte.

Wie in einer Endlosschleife liefen drei Amateurvideos, die während der Polizeiaktion auf Norderney gedreht worden waren, auf dem großen Bildschirm.

»Es gibt keine Ausreden«, behauptete Frau Dr. Döse und fixierte Ann Kathrin Klaasen dabei mit einer Mischung aus Zorn und Verachtung. »Sie haben Dr. Bernhard Sommerfeldt laufen lassen!«

Mechthild Döse drehte den Kopf zur Leitenden Oberstaatsanwältin und ergänzte: »Wenn Sie mich fragen, nicht zum ersten Mal. Aber diesmal …«, sie guckte Ann Kathrin Klaasen wieder an, »ist es dokumentiert!« Sie zeigte auf den Bildschirm. »In Wort und Ton, aus verschiedenen Perspektiven.«

Rupert sprang Ann Kathrin sofort bei: »Das ist nicht Sommerfeldt!« Er zeigte auf Eisenmann, der auf der rechten Seite des Tisches saß, neben sich die zwei Ninjas, die auf Norderney verhauen worden waren. Der eine mit einem Pflaster am Kinn, der andere mit dicker Backe und blauem Auge.

Rupert betonte mit Blick auf Eisenmann: »Der hätte den Falschen umgelegt! Reicht's euch nicht? Wir haben eine Katastrophe verhindert!«

Dr. Döses Stimme überschlug sich. Sie kreischte: »Sie haben ihn laufen lassen!« Sie tippte auf ihrem Computer herum, und die Filme auf dem Bildschirm wurden eingefroren. »Das«, sagte sie, »ist keineswegs der Handelsvertreter Rainer Hollmann aus Nippes.«

Marion Wolters mischte sich ein: »Ann Kathrin hatte seinen Ausweis. Ich habe den sofort in unser System eingegeben und ...«

»Herr Hollmann, geboren am 12.01.1975 in Leipzig, ist seit drei Jahren tot. Er wurde auf dem Melaten-Friedhof beigesetzt.«

»Ich dachte, da liegen nur Promis«, sagte Rupert.

Weller schlug mit der rechten Faust in seine linke Handfläche.

Marion Wolters nahm die Schuld sofort auf sich: »Ich wusste das nicht. Ich habe Ann Kathrin die richtigen Daten durchgegeben. Ich konnte nicht sehen, dass er schon tot ist. Jemand muss das im Netz manipuliert haben.«

»Wer weiß«, grinste Rupert, »wie viele lebende Leichen wir noch so rumhängen haben. Das ist doch die einfachste Methode, sich eine andere Identität zuzulegen. Man nimmt den Ausweis eines Toten, denn der ist ja immerhin echt, und wartet, bis die verschnarchten Behörden das im Netz haben, wo es vermutlich jeder Zwölfjährige löschen kann, der unsere Passwörter knackt.«

»An Ihrer Stelle«, giftete Frau Dr. Döse, »hätte ich jetzt nicht so eine große Klappe, Kommissar Rupert! Sie haben einen Kollegen mit der Waffe bedroht, um einem Serienmörder zur Flucht zu verhelfen, und das vor Publikum! Der Kollege«, sie sah zu Eisenmann, »hat Sie sogar auf Ihre Handlung hingewiesen. Ja, er hat es zweimal gesagt, damit es in Ihren Schädel hineingeht. Und Sie haben ihn trotzdem weiterhin bedroht und die Verhaftung vereitelt!«

Rupert beharrte darauf: »Das ist nicht Sommerfeldt. Möglicherweise ist das irgendein Kleinkrimineller, der sich einen falschen Namen zugelegt hat, ja, meinetwegen. Aber es ist nicht Sommerfeldt.«

»Ach, und woher wissen Sie das so genau?«, fragte Oberstaatsanwältin Meta Jessen.

Rupert hatte sie mal angegraben. Das lag schon eine ganze Weile zurück. Sie hatten damals sogar am Deich rumgeknutscht und sich den Sonnenuntergang angesehen. Mehr war nicht passiert, aber sie schwankte immer noch zwischen Wut auf ihn und der Erinnerung daran, dass es ein verdammt guter Kuss gewesen war. Der beste, an den sie sich in den letzten Jahren erinnern konnte.

Wenn er nicht Polizist geworden wäre, sondern Gigolo, könnte er recht erfolgreich sein, dachte sie, sagte es aber nicht.

Ann Kathrin warf Rupert einen warnenden, wissenden Blick zu. Sie war ihm dankbar, dass er versuchte, ihr zu helfen und sich auf ihre Seite schlug. Aber er brachte sich selbst in enorme Schwierigkeiten. Der Verdacht hing im Raum wie eine schwere Regenwolke über der Nordsee. Versuchte er nur, Sommerfeldt zu decken, oder sagte er tatsächlich die Wahrheit? Dann bedeutete es allerdings auch, dass er wissen musste, wie Sommerfeldt nach seiner Gesichtsoperation tatsächlich aussah.

»Hosen runter!«, forderte Drau Dr. Döse.

Um einen Moment Zeit zu gewinnen, griff Rupert seine Gürtelschnalle und machte eindeutige Bewegungen mit der Hüfte.

Weller stöhnte: »Bitte nicht ...«

Frau Dr. Döse konkretisierte ihren Satz: »Das war keine Aufforderung zu einem Striptease, sondern ich verlange, dass die Wahrheit auf den Tisch kommt!«

Rupert zog seinen Gürtel wieder zu.

»Die Wahrheit ist«, sagte Ann Kathrin Klaasen mit bebender Stimme, versuchte aber, ganz sachlich zu bleiben, »dass Eisenmann und seine Ninjas eine Schande für unsere Polizei sind. Eine Killertruppe! Ihre Aufgabe ist es, Dr. Bernhard Sommerfeldt umzubringen. Wobei ich betonen möchte, dass es in unserem Staat keine Todesstrafe gibt und kein Richter diesen Auftrag unterschrieben hat!«

Die Leitende Oberstaatsanwältin Meta Jessen sah Ann Kathrin irritiert an und guckte dann auf Frau Dr. Döse. Sie konnte es nicht fassen.

Eisenmann zuckte mit den Schultern: »Gerüchte. Nichts als Gerüchte. Leute, die die Polizei schlechtmachen wollen, erzählen so was. Miese Bullen, die woanders nicht mal einen Job als Türsteher bekämen. Wie er«, er machte eine Geste in Richtung Rupert.

Polizeidirektorin Elisabeth Schwarz hob ihre Hand wie zu einer Wortmeldung, ließ sie dann aber einfach auf den Tisch fallen. Das Geräusch brachte ihr Aufmerksamkeit. Sie formulierte es als klare Anweisung: »Für diese Ereignisse werden Sie sich verantworten müssen. Sie alle. Ich leite diese Polizeiinspektion. Ich fordere Sie auf, Ihre Dienstwaffen abzugeben und Ihre Ausweise. Bis zur endgültigen Klärung des Falles suspendiere ich Sie.«

Jetzt reichte es Weller: »Uns alle?«, fragte er. »Wird es in Norden jetzt keine Polizisten mehr geben, sondern nur noch Ninjas?«

Rupert frotzelte die beiden lädierten Ninjas am Tisch an: »Na, das habt ihr doch bestimmt locker im Griff, was? Ist doch so ähnlich wie Cowboy und Indianer spielen. Habt ihr doch früher auch immer gemacht, während Mama euch ein Süppchen gekocht hat ... «

Weller war der Erste, der seine Dienstwaffe und seine Polizeimarke auf den Tisch knallte. »Ihr seid so dämlich«, schimpfte er, »von euch würde ich kein Krabbenbrötchen kaufen!«

Rupert gab ihm recht: »Ja, zum Krabbenpulen zu doof ... « Er lachte. Es war seine Art, damit umzugehen.

Ann Kathrin saß noch stocksteif auf ihrem Stuhl und suchte nach einem Ausweg. Nach einem tiefen Seufzer gab auch sie stumm ihre Dienstwaffe ab.

Rupert tat es ihr gleich und frotzelte: »Ich hatte ja sowieso meinen Urlaub eingereicht.«

Weller war schon bei der Tür und wollte sie so richtig knallen lassen, da sagte Frau Dr. Döse scharf: »Bis zur Klärung der Sachlage haben Sie selbstverständlich Hausverbot. Sie alle!«

Ann Kathrin sah Elisabeth Schwarz an. Sie erwartete von ihr einen Widerspruch. Doch die zuckte mit den Schultern und gab zu: »Es tut mir leid, aber ich kann da nichts mehr machen.«

Marion Wolters erhob sich schwerfällig. Sie wusste nicht, ob sie auch von der Suspendierung betroffen war oder nicht. Sie legte aber alles auf den Tisch und wollte Weller zur Tür folgen.

Elisabeth Schwarz stoppte sie aber: »Das gilt nicht für Sie, Frau Wolters. Sie waren doch gar nicht auf Norderney.«

Frau Dr. Döse passte es gar nicht, dass Marion Wolters weiter in der Inspektion arbeiten sollte. Sie befürchtete, sie könne aus Loyalitätsgründen Ann Kathrin, Weller und Rupert zuarbeiten.

Trotzdem bestätigte sie: »Ja, das gilt nur für das Trio Infernale. Solange sich bei Ihnen keine weiteren Unregelmäßigkeiten ergeben.«

»Ich habe aber keinen Bock mehr«, sagte Marion Wolters.

Ann Kathrin versuchte, sie mit Blicken zu stoppen.

»Ich rate Ihnen, jetzt nicht in dieser emotional aufgeladenen Situation zu kündigen. Das werden Sie später sehr bereuen. Ich verstehe, dass Sie einen Konflikt haben, wenn drei Galionsfiguren der ostfriesischen Polizei ...«

»Bleib hier, Mariönchen«, riet Rupert ihr. »Guck sie dir doch an. Die kommen ohne dich doch überhaupt nicht klar.«

Unschlüssig setzte Marion sich wieder.

Weller konnte jetzt nicht anders. Er knallte die Tür hinter sich, dass der Putz darüber abbrach und Stücke herunterrieselten.

Im Flur stand Jessi. »War es so schlimm?«

»Ich muss hier raus«, gestand Weller. »Ich hatte Angst, ich geh sonst auf die Typen los.«

Als Nächstes verließ Rupert den Besprechungsraum. Er drehte sich in der Tür noch einmal um, zeigte seinen berühmten Hüftschwung und flötete: »Falls das hier alles ein Gag für *Vorsicht Kamera* war, dann habt ihr das wirklich gut gemacht, und wir sehen uns an einem Samstagabend in der ARD wieder. Wenn das aber euer Ernst war, seid ihr dämlicher als ein Heringsschwarm.«

»Wie kommt der darauf, dass Heringe dämlich sind?«, fragte Frau Dr. Döse die Polizeidirektorin, die keine Ahnung hatte, was Rupert damit meinte. Sie hielt es für eine ostfriesische Redensart.

Marion Wolters nutzte die Situation und erklärte: »Für Heringe braucht man keinen Köder. Man wirft einfach eine Angelschnur mit vielen glitzernden Haken ins Wasser. Sie beißen dann so an.«

Ann Kathrin erhob sich, schob ihren Stuhl an den Tisch, als wolle sie ihren Arbeitsplatz ordentlich verlassen. Sie nickte Marion Wolters zu. »Das«, sagte sie, »war eine sehr exakte Beschreibung der Situation.«

Kurt Kleinhaupt galt als Ermittler mit Spürhundinstinkten. Dabei folgte er nur einer sehr einfachen Methode: Er hängte sich und seine Teams an Personen, von denen er glaubte, sie würden zur Zielperson führen.

Das war meist gar nicht so schwer herauszufinden. Eine Mutter im Altersheim, ein Kind, das Geburtstag hatte, eine Geliebte, die man nicht zu lange allein lassen wollte ...

Einen besonders raffinierten Trickbetrüger, der mit Regierungsgeldern durchgebrannt war, hatte er mal erwischt, weil er wusste, dass er Golf-Fan war und sein Lehrer bei einem großen Turnier spielte.

Der gewann es sogar. Und sein Schüler konnte festgenommen werden.

Die Liste der Leute, die ihn zu Sommerfeldt führen sollten, wurde immer länger. Holger Bloem und Susanne Kaminski standen ganz oben, und Rupert machte ihnen nach seinem Auftritt während der Dienstbesprechung nun die vorderen Plätze streitig. Sie wurden nach der Pleite auf Norderney alle drei rund um die Uhr überwacht.

Am liebsten hätte Kleinhaupt angeordnet, alle Mitglieder des Sommerfeldt-Fanclubs permanent zu überwachen, doch dafür war die Personaldecke auch bei ihm zu dünn. Er zweifelte auch daran, dass Sommerfeldt dumm genug war, sie alle in seine Nähe kommen zu lassen. Die Gefahr, dass ein Verräter mit dabei war, der über den Club Zugang zu ihm suchte, war einfach viel zu groß.

Aber Rupert hatte sich verplappert. Er musste Sommerfeldts Aussehen kennen.

Dieser Bloem gehörte Kleinhaupts Meinung nach sowieso längst in den Knast, weil er einen viel zu guten Draht zu Schwerverbrechern hatte, von denen Sommerfeldt nur die Speerspitze war. Und diese mysteriöse Susanne Kaminski würde ab jetzt keinen Schritt mehr machen, ohne dass zwei bewaffnete Leute sie beobachteten.

Eine dieser drei Personen würde noch in den nächsten Stunden Kontakt zu Sommerfeldt aufnehmen, dessen war er sich völlig sicher.

Anders als alle anderen hier war er nicht überzeugt davon, dass dieser angebliche Handelsvertreter Rainer Hollmann Sommerfeldt war. Okay, es sprach einiges dafür, unter anderem, wie gut der Mann im Nahkampf war. Immerhin hatte er zwei Ninjas zu Boden gehen lassen, ohne eine Waffe zu ziehen. Aber war es nicht auch denkbar, dass er nur ein Adlatus war? Ein Sommerfeldt-Gehilfe?

Kleinhaupt ging davon aus, dass es sich bei Sommerfeldt um mehrere Personen handelte, die ein gemeinsames Ziel verfolgten. Wahrscheinlich gab es einen echten Sommerfeldt, der sie führte.

Für ihn war das eine kleine Gruppe. Vielleicht drei, vier Personen, die alle unter ein und demselben Pseudonym auftraten: Dr. Bernhard Sommerfeldt. Wenn einer von ihnen verhaftet wurde, taten die anderen alles, um ihn herauszuholen.

Wenn es darum ging, jemanden umzubringen, spionierte der eine die Gegend aus, ein anderer war der Quartiermacher, der Nächste gab ein Alibi oder organisierte ein Fahrzeug.

Ja, nur so ergab es Sinn. Vielleicht war dieser Hollmann einer aus dieser Sommerfeldt-Gruppe. Die Kripo hatte aber immer nur eine einzelne Person gejagt, die angeblich in Bamberg aufgewachsen war, der Erbe einer Textilfirma, der den Laden ruiniert hatte und schließlich, um sich der Verantwortung zu entziehen, in Norddeich als falscher Arzt eine Praxis eröffnet hatte.

Doch ganz so einfach war die Sache nicht, dachte Kurt Kleinhaupt.

Vielleicht, sinnierte er, hat Rainer Hollmann uns auch nur abgelenkt. Dieser weiße Anzug ... schrecklich kitschig! Wahrscheinlich bereitet Sommerfeldt irgendwo anders einen großen Coup vor. Dem macht es Spaß, die Polizei lächerlich zu machen, um dann selbst als großer Held dazustehen.

In einem psychologischen Gutachten über Sommerfeldt stand etwas von *multipler Persönlichkeit.*

Wahrscheinlich kapieren die Psychologen gar nicht, wie multipel diese Persönlichkeit wirklich ist. Es ist nicht einer. Es sind mehrere, dachte Kleinhaupt. Er vermutete, dass Eisenmann auch einen Sommerfeldt erschossen hatte, der mit bürgerlichem Namen Frederick Krosch hieß. Auch dieser Markus Baumann, der sich als Sommerfeldt ausgegeben hatte, gehörte zu der Gruppe.

Dr. Bernhard Sommerfeldt – das war eine ganze Bande ...

Er war sich zwar sicher, wusste aber nicht, ob er sich den anderen anvertrauen sollte. Irgendwann würde es vielleicht herauskommen, und dann hätte es sowieso jeder von Anfang an gewusst.

Er äußerte seinen Verdacht noch nicht. Er hatte Angst, alles würde zerredet werden. Stattdessen unterstrich er die drei Namen: Bloem. Rupert. Kaminski.

Über euch werden wir ihn kriegen.

Waren sie nur Unterstützer und Sympathisanten? Oder gehörten sie dazu?

Wie dem auch sei, dachte er, ihr werdet uns zum Rest der Bande führen. Wir kleben ab jetzt an euren Schuhen wie warme, breiige Scheiße, in die ihr getreten seid …

Er stellte sich das bildlich vor und hatte Spaß daran.

Er ging auf und ab und diktierte dabei ein Memo. Er hielt seine Gedanken fest: »Wir müssen uns davon verabschieden, dass es sich bei Dr. Bernhard Sommerfeldt um eine Einzelperson handelt. Es ist der Name einer Gruppe. Sie könnten sich genauso gut *Supermann* nennen oder *Graf von Monte Christo*. Das Ganze soll einfach nur ablenken.«

Zu Hause im Distelkamp holte Weller ein halbes Dutzend Schuhe aus dem Schrank, trug alle auf die Terrasse und begann sie zu putzen.

Er hatte einen ganzen Karton mit Bürsten. Er besaß Glanzbürsten aus Rosshaar und Buchenholz. Eine Schmutzbürste für die grobe Arbeit, mit Messingborsten, und eine mit Kokosfasern.

Er glaubte nicht an Sprays oder Schwammtuben, sondern nur an echte Schuhcreme auf der Basis von Wachs und Öl.

Seine Töchter hatten ihm mal zum Geburtstag einen türkischen Schuhputzkasten, beschlagen mit blitzendem Messing und Perlmuttintarsien, geschenkt. Ein Spaß, mehr nicht. Ein Hingucker in jedem Schaufenster eines Schuhgeschäfts.

Aus Jux hatte er manchmal seinen Mädchen, dahinter sitzend, die Schuhe poliert und sie mit *Prinzessin* oder *Hoheit* angeredet.

Seit Ann Kathrin mit Weller zusammen war, hatte sie nie wieder ihre Schuhe geputzt. Wenn er in eine seelische Schieflage kam, tobte er sich gern an Schuhen aus. Besonders verdreckte Exemplare stellte sie einfach in den Heizungsraum. Der Tag kam garantiert, an dem er sie herausholte und auf der Terrasse auf Vordermann brachte.

Ja, so nannte er es: auf Vordermann bringen.

Sie hatte ihn einmal gefragt, woher diese Redewendung kam. Sie rechnete mit einer Antwort wie: *Mein Vater hat das immer gesagt.* Stattdessen erklärte er, es sei eigentlich ein Begriff aus dem Militär, weil sich die Soldaten, wenn zum Beispiel ein wichtiger Staatsbesuch begrüßt werden musste, beim Strammstehen an der Vorderreihe orientierten, damit alles geordnet aussah, wenn der Politiker, General oder Monarch die Aufstellung abschritt.

So genau hatte sie es eigentlich gar nicht wissen wollen. Sie dachte sich nur: Komisch, andere Männer würden vielleicht vor Wut einen saufen gehen, um den Ärger runterzuspülen, oder Streit anfangen, Holz hacken, Sport treiben. Meiner putzt Schuhe, bis es ihm besser geht. Seine Methode ist jedenfalls weder gesundheitsschädlich noch beziehungsfeindlich. Nur ein bisschen gewöhnungsbedürftig.

Sie hätte jetzt gern ein Gespräch mit ihm geführt. Einen Deichspaziergang mit ihm gemacht oder eine Wattwanderung. Auch eine Fahrradtour hätte ihr gefallen. Aber er putzte Schuhe.

Staub und Dreck flogen in Wolken hoch. Dazu dieses Geräusch, wie die Borsten über das Leder kratzten.

Sie setzte sich mit ein paar Metern Abstand auf die Terrasse und sah ihm einfach zu. Sie hielt zwei ihrer Lieblingsbücher wie ein Schutzschild vor ihren Bauch. Manchmal sah es aus, als würde sie sich hinter Bilderbüchern verstecken. Sie blätterte nicht darin, aber sie brauchte sie, um sich zu vergewissern, dass es noch mehr gab auf der Welt als Arroganz, Wahnsinn und Verbrechen. Zum Beispiel Wohlwollen und Kunst. Poesie. Liebenswerte Menschen. Sprechende kleine Drachen oder einen Maulwurf.

Sie legte die Füße hoch und trank frisches Leitungswasser aus einem Weinglas.

Frank arbeitete verbissen, benutzte die Bürsten wie ein Revolvermann seine Colts und sah aus, als würde er ein Duell gewinnen.

Der Wind stand günstig. Die Staubwolken wurden in Richtung Kirschbaum geweht und nicht zu ihr.

»Wenn wir in einer schmutzigen Welt leben müssen, dann willst du wenigstens mit sauberen Schuhen durch den Müll waten«, sagte sie.

Er schrubbte über einen braunen Lederschuh, als habe er vor, ihn durchzuscheuern. »Ich kapier das nicht. Echt nicht! Ich bin dafür einfach zu blöde. Meinetwegen können wir denen zuvorkommen und in den Sack hauen …«

Sie wusste, was jetzt kam, und nahm es vorweg: »Willst du die Fischbrötchenbude in Norddeich eröffnen?«

»Ja, warum nicht?«

»Gute Fischbrötchen gibt's da schon.« Sie zählte auf: »Bei Noormanns. Im Krabbenkutter. Im Diekster Fischhuus und bei …«

Weller unterbrach sie: »Ja, ich weiß. Es gibt bei uns gute Fischbrötchen. Klasse Pizza. Super Torten. Aber was hier fehlt, ist …« Er sprach es nicht aus.

Sie riet, während er ein weiches Tuch in die Schuhcreme tupfte: »Sinn für Gerechtigkeit? Und vielleicht jemand, der das dann auch durchsetzt?«

Weller stellte den Schuh ab und köpfte eine Bierflasche. Er mochte das Ploppen der Bügel. »Nein«, widersprach er, »das klingt so, als würde ich nach einem starken Mann rufen. Einem Führer oder so.« Er knallte die Flasche auf den Tisch, ohne davon getrunken zu haben. »Genau das will ich aber nicht. Ich hasse es, wenn jemand Macht über mich hat oder auch nur glaubt, Macht über mich zu haben. Diese dämliche aufgeblasene Kuh! Wie die uns abgekanzelt hat! Das ... «

Um es nicht sagen zu müssen, nahm er einen tiefen Zug aus der Flasche.

Ann sprach es für ihn aus: »Das erinnert dich an deinen Vater?«

»Ja, verdammt! Der hat mich auch immer dastehen lassen, als sei ich der letzte Versager, der mal wieder alles vergeigt hat. Andere Eltern sind stolz auf ihre Kinder, loben sie. Als ich das zum ersten Mal bei meinen Klassenkameraden mitgekriegt habe, wurde mir erst klar, wie verrückt ich aufwachse. Mein Alter hat mich immer nur runtergeputzt, genau wie dieses dämliche Tribunal da heute. Ich will das einfach nicht mehr. Ich will so etwas nicht mehr mit mir machen lassen. Lieber ... « Er sah auf die Bürsten. »Lieber putze ich Schuhe!«

»Ja«, lachte Ann Kathrin, »das könnte sogar klappen. Hast du noch diesen dekorativen Schuhputzkasten? Wenn du dich damit in Norddeich bei der blauen Brücke hinsetzt oder direkt vors *Haus des Gastes,* würden die Leute Schlange stehen und sich dabei filmen lassen oder fotografieren, wie du ihnen die Schuhe putzt. Ich glaube, bei Touristen könnte das ein Hit werden, Frank.«

Er war sich nicht sicher, ob sie ihn verspottete oder nicht. Aber er wollte auf keinen Fall so weitermachen. Er griff sich den nächsten Schuh und hob die Schmutzbürste hoch. Dann setzte er den Schuh wieder ab, legte die Bürste weg und polierte den Schuh weiter, mit dem er gerade begonnen hatte.

Ann stand auf und holte noch ein Paar aus dem Heizungsraum, mit denen sie bei Regen durch den matschigen Lütetsburger Schlosspark gegangen war. Stumm stellte sie die Schuhe vor Weller hin.

Dankbar, eine sinnvolle Arbeit zu haben, nickte er.

»Wir können doch nicht zusehen, wie sie Sommerfeldt aufspüren und ihn dann abknallen. Das ist, als wären wir Zeugen bei einem Mordkomplott.« Es tat ihm gut, das so klar auszusprechen.

Ann bestätigte: »Ja, Frank, genau das ist es.«

Weller sah sie ratlos an: »Und was machen wir jetzt?«

»Wir könnten uns an die Presse wenden. Aber ... wir haben keine Beweise ... Und wir würden uns gegen den gesamten Apparat stellen.«

Frank blies heftig aus: »Und ich habe keine Lust, wie ein Verschwörungstheoretiker dazustehen.«

In Twixlum im Wohnhaus ihrer Großeltern kam Desiree sich wie ein Fremdkörper vor, als würden alle hierhin gehören, nur sie nicht mehr.

Sie kannte dieses Gefühl, seitdem Johann Baptist Reichhart bei ihr eingezogen war. Aber jetzt, mit Claudia und Samantha, wurde es noch mal verstärkt. Sie spürte in sich den Impuls, wegzulaufen. Gleichzeitig wollte sie sich hier aber auch nicht verdrängen lassen, sondern behaupten. Die Möglichkeit, alle loszuwerden und wieder so zu leben wie früher, schien ihr gänzlich ausgeschlossen.

Desiree beobachtete Claudia. Die stand unter dem Druck, sich nützlich machen zu wollen. Sie fragte ständig, ob sie noch einen Tee kochen solle oder ob jemand etwas brauche. Ein Glas Wasser zum Beispiel oder Gebäck.

Sie führte sich als Gastgeberin auf, wusste aber nicht, wo sie die Dinge finden konnte, weil sie sich im Haus gar nicht auskannte.

Zugegeben, ihre Omeletts waren einsame Spitze. Die süßen mit Zimt und Obst aus dem Garten genauso wie die herzhaften mit Käse, Zwiebeln, Pilzen und Paprika.

Johann Baptist Reichhart saß im Schaukelstuhl, das doppelläufige Jagdgewehr ihres Großvaters auf den Knien, und ließ sich bedienen. Er spielte hier den Pascha mit drei Frauen.

Eine von uns wird ihn am Ende töten, dachte Desiree und war sich gar nicht so sicher, ob sie es selbst tun musste. Samantha wirkte unerschrocken auf sie. Mit allen Wassern gewaschen. Selbstsüchtig und skrupellos. Genauso eine brauchen wir jetzt auch, dachte Desiree. Eine, die ihr eigenes Ding durchzieht, ohne Rücksicht auf Verluste.

Es war Johann Baptist tatsächlich gelungen, die Turboprop auf dem Acker zu landen. Damit hatte er allen bewiesen, dass er den Ernst der Lage begriffen hatte und bereit war, sich den Problemen zu stellen.

Gemeinsam hatten sie in der Nähe des Twixlumer Tiefs die Maschine bei einer Baumgruppe mit einem Netz bedeckt und mit Ästen und Blättern vor Blicken geschützt. Selbst Desiree war beeindruckt, als er ganz selbstverständlich das Netz hervorholte. Es klebten schon Plastikblätter zur Tarnung daran.

Aber sie vervollständigten alles und machten die Deckung dichter.

Ihnen allen wurde klar: Er machte so etwas nicht zum ersten Mal. Er war ein wirklich gefährlicher Mann.

Er hatte behauptet: »Von der Landstraße aus kann ich jederzeit wieder starten.«

Claudia und Samantha zweifelten zwar daran, aber beide wussten genau, dass es kein Zurück in ihr altes Leben mehr gab.

»Hosen runter, Mädels«, verlangte Johann Baptist Reichhart aus seinem knatschenden Schaukelstuhl.

Samantha vermutete zunächst, ihr Retter werde jetzt sexuelle Dienstleistungen einfordern, aber der fuhr nur grinsend fort: »Ich will die ganze Wahrheit, und zwar jetzt.«

Desiree hörte gespannt zu. Dabei griff sie immer wieder zu der Einstichstelle und massierte sich dort. Sie musste das Emder Krankenhaus erreichen. Irgendwie. Und dann hoffte sie, dass man ihr Glauben schenken und helfen würde.

Samantha schwieg zuerst noch verbissen, doch Claudia begann zu reden, und dann, als der Anfang geschafft, war, fiel es ihr immer leichter: »Wir waren hinter Dr. Bernhard Sommerfeldt her. Wir wollten uns die zehn Millionen holen.«

»Ihr wart bereit, zu töten?«, fragte Desiree.

»Ja«, antwortete Samantha, »für ein freies, unabhängiges Leben.«

Die beiden sahen für Desiree nicht so aus. Samantha vielleicht, aber Claudia ganz sicher nicht.

Wahrscheinlich schätze ich Menschen falsch ein, dachte sie. Ich habe ja auch lange Johann Baptist für einen harmlosen Handelsvertreter gehalten.

»Wir wollten ihn vergiften«, erklärte Samantha, als sei das weniger schlimm.

Johann Baptist Reichhart dachte an die guten Omeletts und fragte sich, ob es so klug von ihm gewesen war, sie zu verschlingen.

»Ich sollte also beim Essen vorsichtiger sein«, betonte er.

Desiree spürte eine Enge in der Brust, die ihr Angst machte. Ihr Herz klopfte unregelmäßig, als würde es stolpern. Mal raste es heftig wie bei einer körperlichen Anstrengung, dann wieder schien es für Sekunden stillzustehen. Verstopften mittlerweile seine verfluchten Todeskügelchen ihre Adern?

Sie stellte sich vor, wie die Dinger kleine Klumpen bildeten und kein Blut mehr durchfloss. Allein der Gedanke ließ ihr Herz noch heftiger pochen. Kalter Schweiß tropfte von ihrer Stirn in die Augenbrauen und von dort auf ihre Wangen.

Samantha bemerkte etwas. Vielleicht machte sie sich wirklich Sorgen, vielleicht wollte sie auch nur von sich und ihrer Schwester ablenken. Jedenfalls fragte sie: »Geht's dir nicht gut? Du siehst – verzeih, wenn ich das so sage – schrecklich aus, Desiree.«

Desiree kämpfte mit einem Brechreiz. Sie würgte Speichel runter und antwortete: »Mir ist hundeelend. Als ob ich einen Herzinfarkt bekommen würde ...« Sie fasste sich an Brust und Hals. »Vielleicht hatte ich auch schon einen.«

Sie atmete demonstrativ schwer aus und ein. Es pfiff, als hätte ihre Lunge Löcher.

»Wir müssen sie in ein Krankenhaus bringen oder zu einem Notarzt«, verlangte Claudia.

Johann Baptist stoppte das Geschaukel und zeigte mit der doppelläufigen Flinte nacheinander auf jede Frau: »Stellt euch nicht so an! Da müssen wir jetzt durch.«

»Männer«, beschwerte Claudia sich und verdrehte die Augen. Sie wurde plötzlich mutig und ging Johann Baptist direkt an: »Was bist du für ein Typ?! Ich denke, du liebst sie! Da kannst du doch nicht einfach so ruhig im Schaukelstuhl herumwippen und zugucken, wie sie leidet!«

»Doch, kann er«, widersprach Desiree. »Er weiß gar nicht, was Liebe ist.«

Sie tupfte sich Schweiß ab und bog sich nach hinten durch, als kämen jetzt auch noch üble Rückenschmerzen dazu.

Johann Baptist wirkte getroffen. Er brauchte einen Moment, bis er reagierte. »Was soll das hier werden«, fragte er bissig, »Zwergenaufstand? Oder sollte ich besser sagen Feenrevolte?« Er lachte. »Kann man Zwergenaufstand gendern?«

Er gab sich Mühe, allen zu vermitteln, dass er ihr Aufbegehren nicht ernst nahm. So wollte er ihnen den Wind aus den Segeln nehmen. Sie sollten erst gar nicht auf die Idee kommen, sie könnten ihn beeindrucken oder ihm Angst machen.

Er glaubte, bereit zu sein und sie alle drei töten zu können. Jetzt gleich. Aber dann wäre er auch wieder allein mit sich selbst …

Er musste sich eingestehen, dass er es leid war, einsam zu sein. Er wollte weiterhin frei leben können wie bisher, dabei auf nichts und niemanden Rücksicht nehmen. Er wollte tun, wozu immer er Lust hatte, aber trotzdem nicht allein sein.

Ging das überhaupt? Bedeutete Zweisamkeit oder Gemeinsamkeit nicht immer auch Kompromiss?

Desiree dehnte sich und seufzte. Sie brauchte noch einen Moment, um die letzten Reste Mut aus allen Teilen ihres Körpers zusammenzusuchen. Ja, genauso kam es ihr vor: Als seien ihr Mut und ihre Selbstachtung gesprengt worden. Nicht verschwunden, aber doch zerstückelt. Fast pulverisiert. Doch alles ließ sich einsammeln und neu zu einer enormen Kraft aufbauen, hoffte sie.

Es war, als ob sie wachsen würde. Es tat weh. Wachstumsschmerzen ...

»Er hat mir«, sagte sie, »irgend so einen Mist gespritzt, mit dem er mich an sich bindet. Wenn ich mich aus dem Radius seines Handys bewege, dann platzen so beschissene Kügelchen ... Aber ich befürchte, das Zeug bringt mich jetzt schon um und verstopft mir die Adern.«

Sie war stolz auf sich, es gesagt zu haben, aber jetzt schnappte sie nach Luft.

»So, jetzt ist es raus«, fügte sie hinzu.

Claudia rief empört: »Stimmt das?«

Samantha wollte die Initiative ergreifen und stellte mit einer Stimme, die keinen Widerspruch duldete, klar: »Wir werden sie sofort zum Arzt bringen. Sofort!«

Sie griff sich ein Küchenmesser und bedrohte ihn damit. Es sah lächerlich aus. Sie hielt die abgerundete Spitze in seine Richtung, als könne sie damit schießen, hielt aber gebührenden Abstand. So konnte sie ihn mit dem Messer niemals erreichen.

Er lachte höhnisch. »Das war ein Bluff. Ein Scherz. Ein Witz. Mehr nicht.«

Desiree hätte ihm nur zu gern geglaubt. Gleichzeitig explodierte die Wut in ihr. Wut auf sich selbst. Wie blöd muss man denn sein, um auf so einen Schwachsinn hereinzufallen, fragte sie sich.

»Du lügst«, schrie Samantha und fuchtelte mit dem Messer herum. Sie bückte sich dabei in eine breitbeinige Angriffshaltung, hielt aber weiterhin respektvoll ein paar Meter Abstand. Sie traute ihren Messerkünsten wohl nicht allzu sehr.

»Was hast du ihr gespritzt?«, wollte Claudia wissen.

Er lachte: »Heparin.«

Da sie alle drei ungläubig oder unwissend guckten, erklärte

er amüsiert: »Eine Anti-Thrombose-Spritze. Ich habe noch ein paar übrig. Vom letzten Knochenbruch. Mein rechtes Bein war durch eine Schiene stillgelegt. Da kann sich schnell eine tiefe Venenthrombose bilden.« Er zeigte auf Desiree: »Also, ihr geht es gut. Seht ihr ja.«

Samantha widersprach: »Nein, es geht ihr nicht gut! Guck sie doch an!«

Claudia schloss sich Samantha an: »Wie auch immer. Sie muss ins Krankenhaus.«

Er schüttelte den Kopf und sprach ganz ruhig: »Kümmert euch um sie und ruht euch auch selber aus. Ihr zwei auch! Ihr habt eine aufregende Zeit hinter euch und genauso eine noch vor euch. Aber eins ist klar: Wir igeln uns hier ein, denn man sucht uns da draußen. Das habt ihr doch kapiert, oder nicht?« Er machte versöhnliche Gesten, als wolle er einlenken, und sprach sanft, ja einschmeichelnd: »Seht mal. Es gibt genau zwei Möglichkeiten. Die eine ist: Ich leg euch alle drei um und ziehe dann von hier aus die Sache alleine durch. Ich hole mir die zehn Millionen, und das war's.«

Samantha senkte das Messer, als sei es zu schwer geworden. Sie stellte sich wieder gerade hin und fasste sich mit der linken Hand in den Rücken.

Desiree hielt die Luft an.

Claudia wünschte sich in ihr altes Leben zurück. Ja, auch Frederick Krosch erschien ihr als Ehemann plötzlich gar nicht mehr so schlimm.

Johann Baptist freute sich. Er hatte sie ordentlich erschreckt. Das funktionierte. Er würde sie mit Angst regieren. Wie auch sonst?

Jetzt kam sein erlösendes Friedensangebot: »Oder wir vertragen uns. Machen uns hier eine gute Zeit, und ihr helft mir, diesen Sommerfeldt zu erledigen. Danach trennen wir uns, und jeder geht seiner Wege. Ich mag euch. Ich könnte großzügig sein. Eine Million für jede von euch. Für einen Neustart.« Er schlug auf die Flinte: »Ja, stellt euch das jetzt nicht so einfach vor. Das Geld schenke ich euch nicht! Das wird hart erarbeitet. Wir müssen ihn zunächst finden. Das heißt, Internetrecherche. Vielleicht brauche ich euch als Lockvögel ... Nun, wir werden sehen. Aber dafür lege ich für jede von euch beiden noch falsche Papiere obendrauf. Und glaubt mir, die werdet ihr brauchen. Was ich besorge, ist einsame Spitze. Meine Personalausweise sind echter als die echten. Dazu Kreditkarten, Geburtsurkunden - das ganze Gesumms.« Er klatschte in die Hände, als sei es eine einzige Freude: »Ihr bekommt völlig neue Identitäten. Sucht euch aus, wer ihr sein wollt! Fangt ein neues Leben an. Die Welt ist eine Möglichkeitenmaschine. Es kommt nur darauf an, sie zu nutzen! Also, es sei denn, ihr entscheidet euch, lieber zu sterben.«

Claudia und Samantha sahen sich an.

»Ja, was denn?«, lachte er. »Braucht ihr Bedenkzeit? Müsst ihr euch erst zur Beratung zurückziehen? Will ich in Freiheit reich werden oder lieber im Grab verfaulen? Hm ... lasst mich mal nachdenken ...« Er kratzte sich am Kinn.

Desiree fragte: »Du hast mir echt Heparin gespritzt?«

»Ja, hab ich.«

Sie sackte in sich zusammen. Es war für sie, als würde sie ein paar Kilo verlieren und gleichzeitig schwerer und leichter werden.

Samantha forderte hart: »Zwei Millionen pro Nase. Zwei!« Als sei er zu dumm, es selbst auszurechnen, erklärte sie ihm: »Dann bleiben für dich vier Millionen. Das ist doppelt so viel, wie jede von uns bekommt.«

Desiree fragte sich, welche Kraft ihre Psyche hatte. Sie fühlte sich besser, als würden die Verstopfungen in den Adern sich auflösen. Reichte allein die Möglichkeit, dass er ihr vielleicht kein Gift gespritzt hatte, aus, um ihren Herzrhythmus zu regulieren? Hatten Angst und Hoffnung solche Auswirkungen auf den menschlichen Körper?

»Wie«, fragte Claudia, »ist das mit den Lockvögeln gemeint?«

Er lehnte sich zurück. Er hatte gewonnen.

Er schnippte mit den Fingern: »Das ist kein großes Ding. Ich weiß, wie wir an ihn rankommen. Über seinen Fanclub. Diese Susanne Kaminski ist da eine Schlüsselfigur. Er wird bei den Frauen auf der Flucht vor der Polizei Unterschlupf suchen. Und wir«, er zeigte um sich, als hätten die Anwesenden die Räume noch nie gesehen, »bieten ihm das ideale Versteck. Zwei hübsche Schwestern, ein abgelegenes Haus ... Es wird funktionieren. Unser Angebot ist sehr verlockend. Und wenn nicht, dann weiß ich noch etwas.«

»Was?«, fragte Samantha.

»Ihr seid also im Boot?«, fragte er.

Samantha und Claudia nickten.

Desiree sagte nichts. Sie atmete nur und versuchte, in ihren Körper hineinzuhorchen. War sie wieder gesund?

»Sommerfeldt ist dafür bekannt, dass er gern den Frauenheld spielt. Er muss Frauen retten. Er kann gar nicht anders. Zumindest ist das sein Image nach außen.«

»Wir haben seine Biographie gelesen«, konterte Claudia.

Er zeigte auf sie, als wolle er aus seinem Finger eine Kugel abfeuern: »Aus dir werden wir eine Frau machen, die von ihrem saufenden Ehemann verprügelt wird. Natürlich bist du Sommerfeldt-Fan. Dein Typ hält dich hier gefangen. Am besten im Keller. Es ist dir aber gelungen, an seinen Computer zu kommen, und du kannst einen Hilferuf an den Fanclub absetzen. Ich wette, er liest mit.«

»Wer sagt dir«, fragte Claudia, »dass er nicht einfach die Polizei ruft?«

Johann Baptist lachte: »Weil er Dr. Bernhard Sommerfeldt ist. Deshalb. Er wird hierherkommen und mich – ich spiele deinen Ehemann – mit meinen schlimmen Taten konfrontieren. Ist das nicht wundervoll? Er kommt zu uns. Er läuft direkt in die Falle und macht uns alle reich.«

»Wir sind dabei.«

»Wie schön«, lächelte er. »Aber vorher brauche ich einen kleinen Vertrauensbeweis von euch.«

»Was für einen Vertrauensbeweis?«, fragte Samantha mit Sorge in der Stimme.

»Ich werde euch auch so eine Spritze setzen wie Desiree schon eine im Körper hat.«

Claudia schüttelte vehement den Kopf: »Ich brauche kein Heparin!«

»Aber es kann dir auch nicht schaden«, lächelte er sanft.

»Was soll das?«, fragte Samantha. »Warum?«

»Wir werden aufeinander angewiesen sein. Und ich kann nur mit euch arbeiten, wenn ihr mir vertraut.«

Samantha versuchte, eine Sache zu verstehen, die sie längst kapiert hatte: »Wir sollen dir so weit vertrauen, dass wir uns freiwillig von dir etwas spritzen lassen, ohne zu wissen, was es ist?«

»Ja«, lachte er. »Das Leben ist kein Streichelzoo. Ich will wissen, woran ich mit euch bin.«

Frauke wunderte sich. Sie stand in Bernhards Büro, weil sie einen Vertragsentwurf suchte. Manchmal wurde Post von seinen Mitarbeiterinnen falsch einsortiert. Sie selbst hatte inzwischen ein kleines Büro mit einem Sekretär. Sie legte Wert darauf, dass ein Mann ihre Diktate abtippte und sie bei Terminen vertrat.

Sie fragte sich, warum Bernhard ihr die Einladung nicht gezeigt hatte. Das war doch eine große Ehre! Eine Charity-Veranstaltung im *Reichshof*. Bürgermeister Florian Eiben sollte eine Rede halten. Die Ministerin der niedersächsischen Landesregierung für Soziales, Arbeit, Gesundheit und Gleichstellung hatte ihr Kommen angesagt. Außerdem auch einige spannende Künstler.

Sie suchte ihren Mann und fand ihn in der Bibliothek. Er saß im Sessel und las in seinen selbst verfassten Büchern. Sie kannte das an ihm, obwohl er immer versuchte, heimlich darin zu lesen, als sei es ihm peinlich, dabei erwischt zu werden.

Wenn er sich in so einem Zustand befand, dann war er entweder auf der Suche nach sich selbst, oder er wollte sich einlesen, um Mut für ein neues Werk zu sammeln.

Noch war er nicht so weit, doch es kündigte sich in ihm an. Neue Erfahrungen verlangten danach, aufgeschrieben zu werden, doch wenn er sein eigenes Leben als Steinbruch für ein neues Buch benutzte, dann vergewisserte er sich zwar seiner selbst, aber gleichzeitig verriet er sich ja auch. Er könnte das Buch nur veröffentlichen, wenn er vorher eine neue Identität angenommen hätte.

Genau das war sein Problem. Er fühlte sich wohl als Klinikleiter Dr. Ernest Simmel. Er war gern verheiratet mit Frauke. Er hatte keine Lust, Ostfriesland zu verlassen. Er wollte nicht mehr fliehen. Nirgendwohin. Er wollte bleiben. Mit ihr. Hier!

Leider bedeutete das für ihn, sich nicht als Schriftsteller ausleben zu dürfen. Es kam ihm vor, als hätte er höchstpersönlich Fallada ins Gefängnis gesteckt und ihm dann noch Papier und Stift weggenommen.

Sie stand vor ihm und riss ihn aus seinen Gedanken. Sie fächelte sich mit der Einladung demonstrativ Luft zu. »Was soll das? Ich denke, wir haben keine Geheimnisse voreinander? Warum weiß ich nichts davon?«

Er lachte. Ihre Empörung gefiel ihm. »Der Termin liegt in unseren Flitterwochen, Schönste! Die wollte ich auf keinen Fall unterbrechen.«

»Flitterwochen? Das nennst du Flitterwochen?«

Er zuckte mit den Schultern und spielte den Unschuldigen. »Na ja, ich bin nicht gerade gut darin. Ich meine ... mir fehlt die Praxis für so etwas. Da kann ich bestimmt noch viel von dir lernen ...«

Sie setzte sich auf die Sessellehne und küsste ihn. »Ich weiß. Du übst noch ...«, flüsterte sie.

»Ja«, bestätigte er. »Hab Geduld mit mir.«

Sie stand auf, ging zur großen Bücherwand und fischte wahllos einen dicken Roman heraus. Sie blätterte darin, als suche sie etwas. Dann bestimmte sie: »Ich will mit dir dahin.«

»Och nöö ...«

»Komm! Das sind auch meine Flitterwochen, Bernhard, und ich möchte diese Charity-Veranstaltung gern mit dir gemeinsam genießen. Du sollst geehrt werden, Bernhard! Für dein karitatives Engagement. Wie viel hast du gespendet, seit du in Norddeich wohnst?«

Er wusste es tatsächlich nicht. Es waren Gelder, die er von Gangstern erpresst hatte, um die er Drogen- und Waffenhändler erleichtert hatte. Mit schmutzigem Geld konnte man viel Gutes tun.

»Na komm. Wie viel?«, stichelte sie.

»Ich weiß es echt nicht.«

Sie tänzelte vor ihm herum, zu Klängen einer Musik, die nur sie hörte: »Hast du mehr gespendet als Klempmann?« Da er nicht antwortete, kicherte sie: »Der hat sowieso nur Gelder überwiesen, weil du ihm die Pistole auf – oh verzeih – das Messer auf die Brust gesetzt hast. Im Grunde gehen seine Millionen ja auch noch auf dein Spendenkonto.«

Er winkte ab und brachte seine Bücher zurück ins Regal. Sie stupste ihn an: »Ich möchte sehen, wie du geehrt wirst. Ich bin deine Frau. Ich will stolz auf dich sein dürfen!«

»Ach, bitte, Kirschblüte! Ich bin kein Mensch, den man öffentlich auszeichnen sollte. Ich bin ein Serienkiller. Wenn die Sache auffliegt, ist es doch für alle nur peinlich.«

»Auffliegt? Wie soll das denn auffliegen?« Sie sah noch einmal auf die Karte. »Es ist schon morgen. Ich glaube, ich hab gar nichts anzuziehen. Lass uns einkaufen fahren. Du könntest auch einen neuen Anzug gebrauchen. Hellblau, wie der ostfriesische Himmel.«

»Ich habe genug Anzüge. Maßgeschneiderte.«

Erneut stupste sie ihn an: »Ach komm! Sei nicht so spießig, Bernhard.«

»Ich mag Ehrungen nicht«, insistierte er.

»Lügner«, sagte sie und traf damit ins Schwarze.

Dann sagte er: »Morgen Abend. Na gut, meinetwegen. Heute Abend habe ich nämlich noch was vor …«

»Ich kann es mir denken. Bitte sei vorsichtig, Liebster. Ich möchte nicht während der Flitterwochen schon zur Witwe werden.«

Er lächelte. »Ich hole ihn mir. Und danach machen wir einen Spaziergang am Meer und gehen in die Sauna richtig schwitzen.«

»Ja«, freute sie sich, »das tut gut. Sauna hat immer so etwas Reinigendes.«

Polizeidirektorin Elisabeth Schwarz klingelte im Distelkamp Nr. 13. Sie stand so bedröppelt vor der Tür, als hätte sie einen Strauß Blumen in der Hand. Hatte sie aber nicht. Trotzdem wollte sie sich entschuldigen oder wenigstens erklären.

Für sie war es auch nicht einfach, doch ihre Not sah niemand. Es war nicht leicht, Chefin dieser eigenwilligen Polizeitruppe zu sein. Je höher sie im Job aufgestiegen war, umso einsamer fühlte sie sich.

Frank Weller öffnete ihr, ohne sie eines Blickes zu würdigen, als sei sie unsichtbar geworden oder als könne er durch sie durchgucken. Sie verstand genau, was er ihr damit sagen wollte. Sie war Luft für ihn geworden.

Das tat weh, aber eben deshalb war sie ja gekommen. Sie wollte in ihrer eigenen Problematik gesehen werden. Als Person, die nicht böse war, sondern in einem schlimmen Konflikt stand.

Frank drehte sich um und ging ins Haus, ohne die Tür zu schließen. Er rief: »Erwartest du Besuch, Ann?« Dann verschwand er die Treppen hoch.

Elisabeth Schwarz erinnerte sich daran, dass ihre Mutter öfter den Satz benutzt hatte: *Dann stand ich herum wie bestellt und nicht abgeholt.* Jetzt spürte sie körperlich, was damit gemeint war. Wer um Anerkennung buhlte, wer gesehen werden wollte, der gab den anderen auch Macht. Sie konnten die bedürftige Person einfach hängen lassen.

Sie fürchtete, dass ihr das genau hier und jetzt passieren

würde. Sie war inzwischen sechsundfünfzig Jahre alt, beruflich auf dem Höhepunkt ihrer Karriere und gleichzeitig kurz davor, die Klamotten hinzuschmeißen und wieder in die zweite Reihe zurückzutreten oder sich in eine Krankheit zu retten.

Ann Kathrin kam in den Flur. Sie machte wenigstens ein erstauntes Gesicht. Immerhin, Ann Kathrin nahm sie als Person zur Kenntnis.

»Ja?«, fragte sie knapp.

»Herrje, machen Sie es mir doch nicht so schwer, Frau Klaasen«, bat Elisabeth Schwarz und zeigte ihre offenen Handflächen vor.

»Ach, ich mache es Ihnen schwer?«

»Was hätte ich denn tun sollen?«, fragte Frau Schwarz.

Weller stand oben vor dem Arbeitszimmer, für Elisabeth Schwarz nicht sichtbar, aber dort konnte er alles hören. Er stürmte jetzt die Treppe herunter. Sie wusste, wie impulsiv er sein konnte, und hoffte, dass sie in der Lage sein würde, seinen Angriff zu parieren.

»Was Sie hätten tun können?«, schnauzte Weller schon auf halber Höhe. Er stoppte und setzte sich auf die Stufen. »Sie hätten den Pfeifen von der Inneren zum Beispiel sagen können, wer wir wirklich sind … Nicht, dass die das nicht wüssten … Aber wie wäre es mit Sätzen gewesen wie: Diese Leute, Ann Kathrin Klaasen, Rupert und dieser Nichtsnutz von Frank Weller haben den größten Rauschgiftdeal in der Geschichte der Bundesrepublik platzen lassen. Nicht weit von hier, keinen Kilometer Luftlinie, war das Zeug gelagert. Dort, wo eigentlich der Sand gebunkert wird, damit der Deich bei Sturmflut verteidigt werden kann …«

Sie beugte sich vor und erkannte beim Sprechen ihre eigene Stimme nicht: »Herrgott, das weiß ich doch alles! Die Zeitungen haben darüber berichtet. Das Ganze ist Legende!«

»Und warum«, pflaumte Weller wütend, »sagen Sie es dann nicht, wenn es alle wissen? Warum müssen wir uns dann abkanzeln lassen, als seien wir Verbrecher?«

»Mir sind doch auch die Hände gebunden«, behauptete die Polizeidirektorin.

Weller schüttelte den Kopf. »Nach oben buckeln und nach unten treten. Na klasse, das sind mir die Liebsten!«

Ann Kathrin formulierte es konkreter: »Ist nicht genau das das Problem, Frau Schwarz? Weder unsere Drogenfahndung noch die Abteilung Wirtschaftskriminalität oder der Zoll haben irgendetwas in dieser Frage hingekriegt. Das organisierte Verbrechen führt uns an der Nase durch den Ring. Die lagern ihre Drogen vor unserer Haustür und verschicken sie auch von hier. Wir müssen ausgeschaltet werden, weil wir den Kreislauf durchbrochen haben. Wir haben einen Informanten in ihren Reihen. Und alle, die mitkassiert und ein Auge zugedrückt haben, in unserer Firma, in den Ministerien und sonst wo, die haben jetzt Angst. Deswegen werden wir zu Feinden, und man sucht nur eine Möglichkeit, uns fertigzumachen.«

Weller nickte. »Herzlichen Glückwunsch. Die haben sie ja gefunden«, grollte er.

Frau Schwarz fragte: »Wollen Sie mich nicht reinbitten? Sollen wir das wirklich zwischen Tür und Angel verhandeln?«

»Am liebsten würde ich das vor einem Gericht verhandeln«, drohte Weller.

Ungebeten trat Frau Schwarz ein und schloss die Tür hinter sich. Jetzt sprach sie es aus: »Machen wir uns doch nichts vor. Wir wissen alle, wer Ihr Informant gewesen ist.«

Ann Kathrin sagte nichts. Weller spottete: »Ach ja? Vielleicht war das ja einfach gute Polizeiarbeit. Haben wir von der Pike auf gelernt. Augen und Ohren aufhalten, sorgfältig ermitteln …«

Sie machte eine wegwerfende Handbewegung: »Hören Sie doch auf! Dr. Bernhard Sommerfeldt hat Sie informiert, und deswegen schützen Sie ihn. Sie«, sie zeigte auf Ann Kathrin Klaasen, »Sie, Herr Weller, und Ihr Kollege Rupert. Das Trio Infernale der ostfriesischen Polizei.«

»Nehmen wir einmal an«, fuhr Ann Kathrin nach einer kurzen Denkpause fort, »Sie hätten recht.«

Weller verdrehte die Augen zur Decke und spuckte trocken aus: »Fang du nicht auch noch an!«

»Nehmen wir einmal an, Sie hätten recht, Frau Schwarz, und Dr. Bernhard Sommerfeldt informiert uns aus dem Inneren des organisierten Verbrechens heraus. Muss man ihn und uns dann ganz schnell beseitigen, weil ein großes Ding laufen soll? Sind wir da einem *Big Deal* im Weg? Wurden deshalb zehn Millionen auf seinen Kopf ausgesetzt? Wenn man zehn Millionen ausgibt, um nicht aufzufliegen, dann wird das eigentliche Ding wohl das Zehn-, wenn nicht Zwanzigfache wert sein. Stimmt's?«

Elisabeth Schwarz hatte nicht das Gefühl, irgendeinen Zugang zu Weller bekommen zu können, aber möglicherweise zu Ann Kathrin. Sie schien ihr in diesem Fall die Rationalere zu sein. Weller war voller Kränkung und Wut.

»Ich verstehe Sie gut, Frau Klaasen. Glauben Sie mir. Aber ich kann nicht erlauben, dass Sie mit ungesetzlichen Mitteln ... «

Von der Treppe rief Weller: »Bla, bla, bla!«

»Was wollen Sie wirklich, Frau Schwarz?«, fragte Ann Kathrin. »Glauben Sie im Ernst, dass Sie uns hier einseifen können, und wir verraten Ihnen den Aufenthaltsort von Dr. Bernhard Sommerfeldt, damit Sie Eisenmann und seine Ninjas hinschicken können, um ihn zu töten? Selbst wenn wir wüssten, wo er ist, würden wir es Ihnen nicht verraten.«

Erst jetzt merkte Elisabeth Schwarz, dass sie die ganze Zeit die Luft angehalten hatte. Sie atmete heftig stoßweise aus. »Das ist starker Tobak, Frau Klaasen.«

»Ja«, brüllte Weller von der Treppe und schlug mit der Faust gegen das Geländer, »das ist verdammt starker Tobak! Und soll ich Ihnen mal was sagen? Sie müssen sich keine Mühe geben, Sommerfeldt zu finden. Bei uns versteckt er sich jedenfalls nicht. Der ist doch nicht bescheuert! Aber ich kann Ihnen sagen, was der tun wird. Ich habe nämlich seine Bücher gelesen, und ich kenne jedes Scheißinterview, das er gegeben hat. Er wird sich Ihren Eisenmann holen. In solchen Sachen ist er nämlich sehr humorlos, und Eisenmann hat sich damit gebrüstet, ihn getötet zu haben. Nur leider hat er den Falschen erwischt. Der Doktor zieht daraus so seine eigenen Schlüsse.«

Weller rührte mit seinem Zeigefinger vor seinem Gehirn herum, als könne er den Denkkasten aufziehen.

Eisenmann hätte sich gern mit den vier Ninjas im Restaurant *Smutje* verabredet, denn dort hatte Sommerfeldt angeblich so gern gegessen. Aber das *Smutje* war plötzlich zu einem Hotel garni geworden. Es gab zwar noch ein großartiges Frühstück, aber das Restaurant hatte geschlossen.

Doch auch im *Reichshof* hatte Sommerfeldt es sich schmecken lassen. Das Restaurant unten im Hotel hieß jetzt *Heimisch*. Dort sollte es wunderbares Lammkarree geben.

Als Eisenmann das Restaurant betrat, glaubte er, Sommerfeldts Energie zu spüren. Sie klebte praktisch in den Tapeten. Hier konnte er den Plan schmieden, ihn endlich zur Strecke zu bringen.

Er verband sich innerlich so sehr mit Sommerfeldt, dass er

sich sogar das Lammkarree bestellte, als würde er ihm damit näherkommen, wenn er den Geschmack auf der Zunge spürte, den Sommerfeldt verbriefterweise so gern genossen hatte. Deichlamm, zartrosa, nicht zu blutig, aber auch nicht durch.

Die vier Ninjas, zwei Männer und zwei Frauen, wählten vegetarische beziehungsweise vegane Gerichte.

Da wuchs eine neue Generation heran. Gesundheitsbewusst, umweltbewusst, tierlieb. In ihre Sprache schlichen sich Sternchen ein. Mörder* innen Polizist* innen, Serienkiller* innen.

An diesem Abend wurde ihm klar, dass dies nicht mehr wirklich seine Welt war. Ja, er befehligte diese Truppe noch, aber er war sich nicht sicher, ob sie ihn noch wirklich ernst nahmen. Eigentlich hatten bereits die Kämpfe um seine Nachfolge begonnen.

Er versuchte ein paar Scherze, wie: »Serienkiller kann man nicht im Home-Office erledigen. Da muss man schon mal raus auf die Straße und sich frischen Wind um die Nase wehen lassen.«

Was er auch sagte, sie gaben ihm in allen Punkten recht. Aber nicht weil sie fanden, dass seine Ideen so klug waren, das spürte er genau. Nein, sie widersprachen nicht, weil es leichter war, zuzustimmen. Sie wollten keine Schwierigkeiten. Keinen Eintrag in die Personalakte.

Er hatte sich dieses Treffen anders vorgestellt. Er wollte großzügig sein, nicht einfach mit ihnen essen gehen, sondern richtig speisen. Mehrere Gänge, mit verschiedenen Weinen und am Schluss ein, zwei gute Drinks zur Verdauung bei *Wolbergs.*

Die beiden Frauen kamen ihm männlicher vor als die Männer. Unterm Tisch schielten sie immer wieder auf ihre Handys. Nacheinander verabschiedeten sie sich für längere Zeit zur Toilette. Dabei nahm jeder jeweils sein Handy mit, und Eisenmann fragte sich, ob sie jetzt ihre Instagram- und Facebook-Seiten pflegten oder ob sie bei Tinder Dates klarmachten.

Er konnte es riechen. Für alle vier war dieses Treffen eine Pflichtübung, weil sie nicht aus dem Rennen gekickt werden wollten. Doch niemand hatte Spaß daran, am Schluss nicht einmal mehr er selbst.

Schließlich war er froh, sie loszuwerden und noch ein bisschen allein durch die Stadt zu bummeln. Er hatte sich ein Hotelzimmer im *Smutje* genommen, er wohnte dort in einer Suite, die nach einem Kriminalschriftsteller benannt war, den er nicht kannte. Er fand das absolut lächerlich, aber da er wusste, dass Sommerfeldt eine Verbindung zum Restaurant und zum Hotel hatte, in welcher Form auch immer, wollte er hier sein.

Die Suite ging über zwei Etagen. Als er die Treppe heraufstieg, um sich aufs Bett zu werfen, sprach Sommerfeldt ihn an: »Sie suchen mich? Hier bin ich.«

Eisenmann fuhr herum und versuchte, in der Bewegung seine Waffe zu ziehen. Doch da hatte er schon ein Messer an der Kehle. Sommerfeldt nahm ihm die Waffe ab und warf sie aufs Bett. Auf dem Kopfkissen lag eine Praline als Betthupferl, die jetzt herunterrollte.

»Setzen wir uns. Reden wir miteinander«, schlug Eisenmann vor.

Sommerfeldt lächelte ihn an: »Darf ich Sie daran erinnern, Herr Eisenmann: Sie haben den Auftrag, mich zu töten. Wollen Sie mich totquatschen?«

Eisenmann lockte: »Vielleicht habe ich Ihnen ja was zu bieten.«

»Zum Beispiel?«

»Interessiert es Sie nicht, wer zehn Millionen auf Ihren Kopf ausgesetzt hat?«

»Ein reicher Schwachkopf?«, riet Sommerfeldt.

»Was geben Sie mir«, fragte Eisenmann, »wenn ich Ihnen den Namen verrate?«

»Ach, Sie glauben, Sie sind in der Position, verhandeln zu können?«, grinste Sommerfeldt.

Eisenmann begann, sich zu kratzen. Zunächst an der linken Brust, dann am rechten Bein und am Arm. Manchmal wurden Menschen, wenn sie die Todesbedrohung spürten, von Juckreiz geplagt. Sommerfeldt kannte das. Doch in diesem Fall wurde er hereingelegt.

Nachdem Sommerfeldt Eisenmanns Kratzen akzeptiert hatte, wiederholte Eisenmann es noch einmal an seinem linken Oberschenkel, um sich dann bis zur Wade vorzuarbeiten. Dort saß unterm Hosenbein seine zweite Waffe in einem Holster.

Sommerfeldt war schon fast bereit, sich auf einen Deal einzulassen, um zu erfahren, wer das Geld auf seinen Kopf ausgesetzt hatte, in dem Moment zog Eisenmann die Pistole.

Sommerfeldt stach zunächst in Eisenmanns rechten Oberarm, dann, nachdem die Waffe auf den Boden gepoltert war, in sein Herz.

Eisenmann blickte sich Halt suchend im Raum um. Er wusste, dass dies seine letzten Sekunden waren. Er griff sich ans Herz und versuchte, noch etwas zu sagen. Doch nur ein gurgelnder Laut verließ seinen Mund.

Sommerfeldt ging ins Badezimmer und wusch seine Klinge ab. Er tänzelte die Treppe hinunter und verließ die Suite in gelöster Stimmung. Er freute sich auf Frauke und ein bisschen sogar auf seine Ehrung.

Ja, er war stolz auf sich, und er freute sich, dass Frauke dabei sein wollte.

Und jetzt, dachte er, gehen wir erst mal wie versprochen zusammen in die Sauna. Schwitzen tut gut.

Nach dem Gespräch – falls man die Auseinandersetzung im Distelkamp so nennen konnte – wollte Elisabeth Schwarz nicht allein sein. Ann Kathrin hatte ihren Weller. Rupert seine Ehefrau und zig Affären. Aber wer war für sie da, wenn sie Redebedarf verspürte oder sich einfach mal anlehnen wollte?

Aber darum ging es jetzt nicht. Sie wollte sich nicht ausheulen. Sie stellte sich grundsätzliche Fragen. Wann ging es überhaupt mal um sie und ihre Bedürfnisse? Selbst in ihren zwei Ehen konnte sie sich daran nicht ernsthaft erinnern. Immer rissen alle an ihr herum, und sie fragte sich, warum sie da mitspielte.

Auch jetzt wieder. Sie hatte längst Feierabend, falls es in ihrer Position überhaupt so etwas wie Feierabend gab. Das Verbrechen legte ja auch keine Pausen ein.

Sie war für eine Viertelmillion Menschen verantwortlich. Jetzt, da die Touristen hier waren, vermutlich doppelt so viele.

Sie musste jetzt mit Eisenmann sprechen. Sie wollte nicht telefonieren. Nein! Sie suchte ein offenes Gespräch unter vier Augen. Sie würde ihn konfrontieren und warnen, denn Weller und Ann Kathrin konnten durchaus recht haben. Sie kannten diesen verfluchten Sommerfeldt besser als irgendwer sonst.

Sie wollte Eisenmann auch sagen, dass sie es nicht in Ordnung fand, an Sommerfeldt ein Todesurteil zu vollstrecken. So etwas stand niemandem zu. Sie wollte es wenigstens mal ausgesprochen haben. Da hatte das ostfriesische Trio Infernale einfach recht. Ohne jeden Zweifel!

Sommerfeldt gehörte ihrer Meinung nach in den Knast oder in eine forensische Psychiatrie. In einen Maßregelvollzug. Vermutlich war er ein zwar hochintelligenter, aber doch geistesgestörter Mensch.

Sie wusste, dass Eisenmann im *Smutje* wohnte. Sie fragte dort nach ihm und erfuhr, dass er mit zwei Pärchen im Restaurant gegessen hatte. Sie ging hoch, um ihn in seiner Suite zu besuchen. Sie klopfte und nahm die Blutspur vor der Tür wahr. Sie wusste sofort, was geschehen war. Es hatte einen Kampf gegeben, und jemand mit Blut an den Schuhen hatte das Zimmer verlassen.

Sie hoffte, Eisenmann noch lebend anzutreffen. Dem war aber nicht so.

Zu gern hätte sie ihn gerettet, doch seine Seele hatte den Körper bereits verlassen, als sie die Suite betrat. Es kam ihr trotzdem so vor, als sei noch etwas Lebendiges von ihm hier. Ein Geist? Eine Energie?

Sie würde das später niemandem erzählen und in keinem Bericht erwähnen. Aber es geschah nicht zum ersten Mal, dass sie angesichts eines gerade getöteten Menschen eine Anwesenheit spürte. Fast körperlich. Fast. Aber irgendwie anders. Intensiver sogar. Es passte so gar nicht in ihr Weltbild. Deshalb hielt sie sich lieber an die Fakten. Jemand, der an Geister oder lebende Tote glaubte, war als Polizeidirektorin nicht tragbar.

Noch bevor sie den offiziellen Dienstweg wählte und die Ermittlungskette auslöste, rief sie Frau Dr. Döse an und informierte sie. Während sie die Nummer wählte, fragte sie sich, warum sie das tat. Wollte sie sich bei ihr einschmeicheln? Akzeptierte sie sie als die höhere Instanz?

Frau Dr. Döse reagierte anders als erwartet. Sie stöhnte: »Was jetzt beginnt, hätte ich gern verhindern wollen.«

»Was?«

»Jetzt kommt das Chaos auf uns zu, Frau Schwarz. Es wird ein Machtkampf bei den Ninjas beginnen.«

»Machtkampf? Wird nicht einfach ein neuer«, Elisabeth

Schwarz suchte den richtigen Ausdruck, »ein neuer Kommandeur ernannt?«

Frau Dr. Döse lachte höhnisch über so viel Naivität. »Eine Truppe, die es nicht gibt, und ein Chef, der keiner ist, wird offiziell auch von niemandem beherrscht. Eisenmann hat den Laden aufgebaut und geführt. Es gibt nicht mal ein Personalregister. Ich hatte ohnehin Sorge, die Truppe könnte sich irgendwann selbständig machen. Das ist immer das Problem bei solchen *Privatarmeen.* Das ist eine aus allen Bundesländern zusammengewürfelte Truppe. Polizisten. Ex-Polizisten. Geheimdienstleute. Einige Militärs sollen auch dabei sein.«

Polizeidirektorin Elisabeth Schwarz wollte sich aus dieser polizei- beziehungsweise staatsschutzinternen Diskussion heraushalten. Das würde, so hoffte sie, nicht ihr Problem werden. Sie setzte dem Ganzen nur einen Satz entgegen, um das Gespräch wieder auf das für sie Wesentliche zurückzuführen: »Sommerfeldt ist in unserer Nähe, und er ist sehr zornig.«

Desiree fragte sich, wie verrückt die beiden sein mussten oder wie geldgierig. Sie ließen sich tatsächlich eine ihnen unbekannte Substanz von Johann Baptist spritzen. Erst Claudia, dann Samantha.

Claudia schloss die Augen und sagte ihm: »Ich vertraue dir.« Sie machte aber ein Gesicht, als würde sie dabei denken: *Verreck, du Aas!*

Ihr letzter Blick, nachdem sich das Zeug in ihrem Körper ausbreitete, ging zu Desiree. Lag da Triumph in ihren Augen, weil sie so mutig gewesen war und Desiree ihr jetzt nichts mehr voraushatte?

Er wollte Samantha die Spritze nicht in den Oberarm drücken, sondern ins Fettgewebe am Bauch, wo sie nicht gerade mit üppigen Polstern ausgestattet war. Er kniff zwei-, dreimal hinein, fand dann eine Hautfalte und sagte: »Du solltest zunehmen. Ich werde darauf achten, dass ihr zwei etwas auf die Rippen kriegt.«

Er sah Desiree auffordernd an und fragte: »Wie viele Kalorien am Tag braucht man, um so auszusehen wie du?«

Desiree genoss Samanthas erschrockenen Blick. Der Gedanke, zuzunehmen, machte ihr mehr Angst als die Substanz, die er ihr in den Körper jagte.

Desiree antwortete nicht. Sie nahm die unwirkliche Situation in sich auf. Sie versuchte, sie zu verarbeiten. Sie fragte sich: Was fühle ich eigentlich? Spüre ich überhaupt noch etwas?

Da sie schwieg, bestimmte Johann Baptist es willkürlich: »Also, vier- bis fünftausend sollten es schon sein. Mindestens. Bei körperlichen Aktivitäten natürlich mehr.« Er zeigte seine Desiree stolz vor wie einen wertvollen Besitz, den er gerade erst erworben hatte: »So sieht ein echtes Vollweib aus! Guckt sie euch an.«

Er forderte Desiree auf, aufzustehen und sich zu drehen. Sie tat es und dachte: Will er die zwei wirklich auf mein Maß hochfüttern, um sich dann hier einen eigenen Harem nach seinem Geschmack zu züchten?

Er kündigte es klar an. Es klang wie eine Drohung und gleichzeitig wie eine Verlockung: »Ab jetzt geht es täglich auf die Waage. Ich werde genau Buch führen.« Er klatschte wieder fröhlich in die Hände und bekam ein kindliches Gesicht. »Das Fasten und Hungern hat ein Ende! Ist das nicht großartig? Ihr seid frei! Ab jetzt wird zugenommen!«

Claudia und Samantha starrten ihn an. Sie spürten genau, er meinte das ernst. Todernst.

Desiree wurde beauftragt, zu kochen. In der Tiefkühltruhe gab es noch so einige Köstlichkeiten. Er entschied sich für Rehbraten mit Klößen. »Und zum Nachtisch etwas mit viel Sahne. Schokotörtchen zum Beispiel oder einen Pudding. Kannst du Grießpudding mit Himbeersoße? Oder Kaiserschmarrn? Den mag ich am liebsten mit Apfelkompott.«

Desiree ging an die Arbeit. Sie bezweifelte, dass Samantha kochen konnte. Bei Claudia war sie sich nicht so sicher, ob ihre Fähigkeiten in der Küche weit über Omeletts hinausgingen. Aber an ihre eigenen Kochkünste kam sicherlich keine von beiden heran.

Er bereitete mit Claudia und Samantha deren Mitgliedschaft im Sommerfeldt-Fanclub vor. Auf der Homepage konnte man eine Rubrik anklicken: *Briefe, die er hoffentlich liest.* Darin gaben einige Frauen ihre Männer, Ehemänner oder Chefs ziemlich unverblümt zum Abschuss frei. Ein paar wollten sich damit zweifellos interessant machen, hatten es aber mehr auf Kontakt zu Sommerfeldt abgesehen als auf Rache an ihren Ex-Partnern. Andere inszenierten das Ganze eher als Jux. Nicht alles hier war ernst gemeint. Vorschläge, welche Politiker Sommerfeldt sich mal vornehmen sollte, fehlten auch nicht. Erstaunlich viele kamen aus dem Gesundheits- und Finanzsektor.

Es gab Dinge, die jeder mitlesen konnte, und dann noch einen Briefkasten mit der Überschrift: *Post für Bernhard persönlich.*

Nur ein Satz war zu lesen: *Bleib, wo du bist. Sie haben keine Ahnung, wo du steckst.*

Der Rest war verschlüsselt. Gingen die E-Mail-Schreiberinnen wirklich davon aus, dass Sommerfeldt hier mitlas oder dass die Dinge an ihn weitergeleitet wurden? Hatte irgendein Administrator Kontakt zu ihm und leitete Mails an ihn weiter? Wenn ja, war das dann diese Susanne Kaminski?

In den letzten zwei Tagen hatte der Fanclub – vermutlich durch die große Presse – mehr als siebenhundert neue Mitglieder bekommen. Jetzt kamen Claudia und Samantha hinzu, allerdings nicht mit ihren richtigen Namen. Sie mussten ja befürchten, inzwischen selbst gesucht zu werden. Es gab zwar noch keine öffentliche Fahndung, aber der Weg über Claudias toten Ehemann Frederick Krosch führte garantiert direkt zu ihnen, und sie mussten davon ausgehen, dass er nicht in der Lage gewesen war, alle Spuren, ihre Fingerabdrücke und DNA am Tatort zu beseitigen.

Als Profilbilder wählten sie eine Rose und eine Nelke. Sie nannten sich dementsprechend Rosi und Elke. In der Rubrik *Post für Bernhard persönlich* tippte Claudia als Rosi ein, was Johann Baptist ihr diktierte. Sie fragte sich, warum er es nicht gleich selber schrieb, aber sie tat es widerspruchslos.

Lieber Bernhard, ich hoffe von Herzen, dass es dir gut geht. Ich liebe deine Bücher. Du bist für mich ein großer Schriftsteller. In schweren Zeiten haben deine Werke mir Hoffnung gegeben. Mein Ehemann ist ein schrecklicher Tyrann. Am Anfang hatten wir eine schöne Zeit, doch die ist schon lange vorbei. Der Alkohol hat ihn vollständig im Griff und macht ihn aggressiv. Ich frage mich, warum ich das alles ertrage.
Ich wohne in dem kleinen Ort Twixlum, der früher mal zur ältesten ostfriesischen Stadt Norden gehörte und dann von Emden eingemeindet wurde. Hier gibt es knapp eintausend Einwohner, und von meinem Elend kriegt niemand etwas mit. Nach außen hin ist mein Mann ein feiner Kerl.
Er hat auch noch viel Gutes in sich, doch das Ich scheint wirklich, wie du mal geschrieben hast, alkohollöslich zu sein.

Wir wohnen ziemlich abgelegen und haben einen verwilderten Garten.
Mein Mann ist oft beruflich unterwegs, und ich bin dann lange alleine. Dann trösten mich deine Bücher. Sie nähren in mir den Gedanken, dass es bessere Menschen gibt und für alle eine Hoffnung.
Deine Rosi

»So«, tönte Johann Baptist und rieb sich schon vor Vorfreude auf das Essen den Bauch, »das ist doch ganz prima. Jetzt ein paar Fotos dazu, damit man das Gehöft finden kann und sieht, wie schön abgelegen es ist. Rieche ich da schon was aus der Küche, Desiree?«

Ihr war beim Kochen flau geworden, vielleicht, weil sie sich mehrfach bücken musste, um den Backofen zu füllen. Oder waren es doch die Kügelchen, die er ihr gespritzt hatte? Sie wusste es nicht. Die Geschichte mit dem Heparin wurde für sie gerade ziemlich unwahrscheinlich. Sie begann, wieder an diese Kügelchen zu glauben, die ihm Macht über sie verliehen.

Sie erschien im Türrahmen und sprach die Frage aus: »Was hast du uns wirklich gespritzt? Mir ist ganz flau.«

So unterschiedlich die drei Frauen auch waren und so widersprüchlich ihre Interessen, sie wollten schon wissen, was er in ihre Körper gejagt hatte.

»Ich habe euch eine vertrauensbildende Maßnahme gespritzt. Mehr nicht. Wir sind jetzt aufeinander angewiesen. Wir müssen uns vertrauen.«

Er wandte sich an Samantha und Claudia: »So, und jetzt auf die Waage mit euch. Betrachtet euren Aufenthalt hier als Kur. Wir werden was an euch dranfüttern, nicht wahr, Desiree? Wir werden richtige Frauen aus ihnen machen.« Er fragte Desiree:

»Wie viel kann man am Tag zunehmen, wenn man richtig reinhaut? Ein Kilo? Zwei?«

Claudia verzog den Mund: »Bitte, das kann doch nicht ernst gemeint sein?!«

Desiree beantwortete Johann Baptists Frage: »Wenn man Schlagsahne flüssig trinkt, könnte es klappen.«

Er freute sich und lobte Desiree. »Seht ihr? Die hat die Tricks drauf. Von der könnt ihr was lernen.«

Manchmal übernahm Willi Klempmann das Steuer seiner Yacht selbst und ließ den Kapitän eine Pause machen. Er bekam so das Gefühl, die Dinge wieder im Griff zu haben und den Kurs im eigenen Leben bestimmen zu können. Manchmal brauchte er das.

Seine Leibwächterinnen, Annika und Christine, sonnten sich in ihren Bikinis an Bord und genossen das luxuriöse Leben in seiner Nähe.

Silvia stand hinter ihm und lehnte sich an ihn. Sie liebte das Schaukeln des Schiffs, wenn die Yacht durch die Wellen schnitt. Sie freute sich auf den gemeinsamen Abend mit ihm in Norden.

Diesmal konnte Willi Klempmann seiner Silvia den Wunsch nicht abschlagen. Ihm fehlte einfach jedes Argument. Sie sollte geehrt werden, weil sie als großzügige Spenderin so viel für die Gemeinschaft tat. Sie sollte sich ins Goldene Buch der Stadt Norden eintragen, und für sie war klar, dass sie diese Veranstaltung nutzen würde, um noch mehr Gelder für ihren *Zufluchtsort für junge Mütter* und ihr *Neustartprogramm* sammeln zu können.

Eine Redakteurin der Zeitschrift *Donna* hatte bereits bei ihr nachgefragt, und *Bild der Frau* wollte eine Fotoreportage über Silvia und ihren Mann bringen. Schließlich waren sie beide Vorbilder in einer immer egoistischer werdenden Gesellschaft und setzten sich für mehr Menschlichkeit ein.

»Starke Schultern«, so hatte Silvia gesagt, »können mehr tragen als schwache. Die Starken sind in der Gesellschaft für die Schwachen verantwortlich. Menschen sind keine Raubtiere, sondern soziale Wesen, die eine Verantwortung füreinander haben.«

Mit solchen Sätzen war sie zur Charity-Lady geworden, der viele nacheiferten.

Ja, Willi Klempmann schrieb es durchaus seiner Frau zu, dass so viele Stars und Sternchen sich inzwischen um soziale Projekte kümmerten, Engagement zeigten, Schirmherrschaften übernahmen oder Spendengelder einsammelten. Seine Silvia trug dazu bei, das Land lebenswerter zu machen.

Der Tag war seit langem in seinem Terminkalender eingetragen. Sie hatte *Norden / Reichshof* reingeschrieben und zweimal unterstrichen. Bescheiden, wie sie war, stand nicht dabei, worum es genau ging. Er war davon ausgegangen, sie habe im *Romantik-Hotel Reichshof* einen Tisch für ein Candlelight-Dinner reserviert. Sie liebte die *Zillestube*. Sie mochte das Rustikale in dieser Bauernstube, und die Bilder an den Wänden gaben ihr ein gutes Gefühl. Ihr Urgroßvater nannte Heinrich Zille immer nur den *Pinsel-Heinrich* und hatte angeblich in Berlin so manches Gläschen mit ihm geleert.

Beim letzten Besuch im *Reichshof* hatten die Gastgeber Martina Haver-Franke und ihr Mann Björn Haver, die den Familienbetrieb in der dritten Generation führten, ihnen ein bisschen über die Bilder erzählt, weil Silvia so intensiv nachgefragt hatte.

Die *Zillestube* trug den Namen seit über dreißig Jahren, wie sie jetzt wussten.

»Mein Schwiegervater Hans-Jürgen Franke«, hatte Björn Haver gesagt, »hatte Zeit seines Lebens eine emotionale Verbindung zur Stadt Berlin. Dort hat er seinen Küchenmeister gemacht. Er mochte die Bilder von Heinrich Zille immer sehr, aber ich muss Sie enttäuschen – das hier an den Wänden sind keine Originale.«

Silvia war gar nicht enttäuscht, sondern sie nahm die Kraft wahr, die aus dem langen Gemälde sprach, das quer über die Wand ging und den Raum dominierte.

Martina Haver-Franke erklärte ihr: »Die wurden Ende der achtziger Jahre von Helmut Reich geschaffen. Der war viele Jahre Stammgast bei uns. Er war Funker bei Radio Norddeich und hatte eine stark künstlerisch ausgeprägte Ader. Neben der Malerei war er auch ein ausgesprochen talentierter Musiker, der Abend für Abend seine Fähigkeiten auf der Orgel im Restaurant zum Besten gab. Zwischen meinem Vater und Helmut Reich entwickelte sich eine Freundschaft. Zur Eröffnung unseres großen Festsaals 1983 malte Helmut Reich zwei riesige Gemälde mit dreimastigen Segelbooten an die Wände des Saals. Ein paar Jahre später fragte mein Vater ihn, ob er sich vorstellen könnte, Wandgemälde wie von Zille für einen Raum im Restaurant zu schaffen, da ihm Zilles Stil immer so gefallen hatte. Das war die Geburtsstunde der heutigen *Zillestube.*«

Silvia konnte viele Geschichten über Heinrich Zille erzählen. Nun kam eine neue hinzu. Natürlich gab sie auch gleich eine zum Besten. Sie erzählte, dass Heinrich Zille auf Wunsch seines Vaters eigentlich Metzger werden sollte, doch Heinrich konnte kein Blut sehen und entschied sich, auf eigene Kosten Zeichenunterricht zu nehmen und Lithograph zu werden.

Willi Klempmann, den sie immer liebevoll George nannte, hätte sehr gern dort mit ihr zu Abend gegessen und dann in einer Suite oder einem Loft übernachtet.

Klempmann hatte ein Zille-Original erworben und wollte es ihr an diesem Tag beim Candlelight-Dinner im *Reichshof* in der *Zillestube* überreichen. Er ahnte, wie gerührt sie sein würde. Mit solch liebevollen Aktionen inszenierte er sich immer wieder als ihr Traumpartner. Was spielte es da noch für eine Rolle, dass er nicht gerade aussah wie Brad Pitt?

Doch nun wurde ihm klar, dass er an einer Feierstunde teilnehmen sollte. Keine kuschelige Zweisamkeit, sondern eine große, offizielle Sache. Reden würden gehalten werden, Fotografen wären dabei ... Er mochte solche Auftritte nicht.

Er tat, als ob alles in Ordnung wäre und er sich auf den Abend freute, doch Silvia kannte ihn gut genug. Vor ihr konnte er auch mit seinem Pokerface nichts verstecken.

Sie sprach ihn direkt darauf an: »Du hast überhaupt keine Lust ... Hast du es etwa vergessen? Ich hatte es in deinen Terminkalender geschrieben.«

»Nein, natürlich habe ich es nicht vergessen. Ich habe sogar ein Geschenk für dich besorgt. Ich dachte, wir würden im *Reichshof* essen gehen. So eine schöne Geschichte zu zweit, und dann kommt jetzt stattdessen so was Hochoffizielles ...«

Sie hüpfte auf und ab wie ein kleines Mädchen, das hofft, zum Geburtstag das ersehnte Pony geschenkt zu bekommen. »Du hast ein Geschenk für mich?«

»Ja, aber bei so einer Charity-Veranstaltung ist das vielleicht unpassend.«

»Dann gib's mir jetzt, und wir fahren später gemeinsam hin.«

Er holte die Zille-Zeichnung.

Sie öffnete das kunstvoll verpackte Geschenk nicht sorgfältig, sondern riss das Papier auseinander. Dass sich darunter ein Bild befand, war ihr gleich klar, denn sie konnte den Rahmen fühlen.

»Ist das ein Original?«, fragte sie.

Er lächelte nur milde und stellte dann die Gegenfrage: »Habe ich dir jemals eine billige Kopie geschenkt?«

Sie umarmte und küsste ihn. »Nein, du alter Gangster, *billige* Kopien nie, aber ein paar Fälschungen waren schon dabei, oder?«, vermutete sie augenzwinkernd.

Annika und Christine sprangen auf und rannten zu ihren Waffen. Eine Drohne bewegte sich auf die Yacht zu.

Es wäre nicht das erste Attentat auf ihren Chef.

An Bord waren sie mit Aartos ausgerüstet. Mit Multisensoren und einer Frequenzüberwachung, basierend auf künstlicher Intelligenz, sollte eine Drohne schon erkannt und ihr Typ identifiziert werden, bevor sie überhaupt zu sehen war.

Es war das erfolgreichste Drohnenabwehrsystem weltweit. Wenn es versagt hatte, dann musste es sich um eine Drohne handeln, deren künstliche Intelligenz größer war als die der Software von Aartos.

Aartos war sogar an internationalen Flughäfen installiert, aber natürlich gab es immer wieder Leute, die etwas Neues erfanden, um Aartos auszutricksen.

Das konnte keine Drohne aus dem Kaufhaus sein, mit der ein Hobbyfotograf Strandschönheiten oder Seehunde fotografieren wollte. Das Ding da oben war gefährlich und möglicherweise mit Waffen ausgestattet.

Annika feuerte mit ihrem Präzisionsgewehr, Christine mit der Pumpgun. Flügelsplitter flogen durch die Luft, und die Drohne fiel wie ein Stein ins Wasser.

»Wer immer uns das Ding geschickt hat«, sagte Silvia zu ihrem George, »der weiß jetzt, dass wir Waffen an Bord haben und sie auch einsetzen.«

Willi Klempmann nickte. »Gut. So soll es auch sein. Jeder, der uns attackieren will, soll wissen, dass er einen hohen Preis bezahlen wird.«

»Sie haben dir nie verziehen, dass die Crystal-Meth-Fabriken in Meppen und Wilhelmshaven und die Heroinverstecke aufgeflogen sind. Für viele bist du ein Verräter, für die anderen ein Held.«

»Genauso fühle ich mich auch«, antwortete er. »Einerseits habe ich mich freigekauft und von einer Riesenlast befreit. Andererseits gibt es eine Menge Leute, die mich ausschalten wollen, denn ich weiß noch wesentlich mehr, was ich verraten könnte. Ich dachte immer, das sei meine Lebensversicherung und eine Garantie für die Freiheit. Falls die Staatsanwaltschaft mich doch mal an den Hammelbeinen kriegt, könnte ich ihnen einen Deal anbieten, den sie nicht ausschlagen können.«

»So, wie du es mit Sommerfeldt gemacht hast?«, fragte Silvia.

Er nickte.

Annika kam schwer atmend zu ihnen. Klempmann stoppte sie mit sanfter Geste: »Ich hab's gesehen. Sauberer Schuss.«

»Ich schlage vor«, sagte Annika, »dass wir uns hier verdünnisieren und ein sicheres Versteck auf dem Festland aufsuchen.«

»Och nö«, protestierte Silvia. »Ich dachte, wir gehen zur Charity-Veranstaltung nach Norden.«

Annika sah aus, als würde sie das für keine besonders gute Idee halten.

Klempmann dagegen wurde plötzlich trotzig: »Warum nicht?«, fragte er. »Wir lassen uns doch nicht einschüchtern. Es ist zwar nicht gerade ein *sicheres Versteck*, aber immerhin auf dem Festland.« Er zwinkerte Annika zu, als hätte er damit ihren Vorschlag aufgenommen.

»Das ist mein George!«, freute Silvia sich und küsste Klempmann auf die rechte Wange.

Er übergab das Steuer wieder seinem Kapitän und verlangte, dass Aartos sofort auf irgendwelche Fehlfunktionen überprüft werden müsste.

»Aartos funktioniert hervorragend«, behauptete Annika. »Wir haben es mit einem ganz neuen Drohnenmodell zu tun. Die Entwicklung geht da rasant weiter.«

Claudia zögerte. Sie stand im Bademantel vor der Waage.

»Stell dich nicht so an«, forderte Samantha, »schließlich gehst du auch in die Sauna und an den FKK-Strand.«

Claudia ließ den Bademantel fallen und stieg auf die Waage.

Johann Baptist Reichhart notierte: »54,3 Kilo.«

Desiree verzog spöttisch die Lippen, »Hungerhaken«, sagte sie leise zu sich selbst.

Claudia bückte sich nach ihrem Bademantel und schlüpfte wieder hinein. Sie gab die Waage für Samantha frei.

Die machte eine Show daraus, als sei es ein Auftritt vor Publikum. Eine Art Modenschau, nur ohne Wäsche. Sie ging die Schritte bis zur Waage, als hätte sie zu oft Heidi Klums Castingshow *Germanys Next Topmodel* geguckt. Sie war zwar ein paar Zentimeter größer als ihre Schwester, aber auch dreieinhalb Kilo leichter. Sie stand mit einem gewissen Stolz aufrecht da. Sie genoss die Blicke nicht gerade, aber sie fühlte sich stark. Die Gewissheit, dass sie das alles überleben würde, war ihr ins Gesicht geschrieben. Sie hatte das Lächeln einer Siegerin, die fest daran glaubte, den bevorstehenden Kampf zu gewinnen.

Zuerst war es so, als müsse sie die Blicke der anderen aushalten, aber dann, als sie innerlich in die Kriegerin ging, kippte die Situation. Da mussten die anderen ihre Nacktheit ertragen.

Auch Desiree maß sich an ihr. Ja, guck nur, dachte Samantha, so kann man aussehen, wenn man etwas für sich tut. Sport treibt, statt zu kochen, und studiert, statt sich mit Kinderkriegen die Figur zu versauen.

Sie wusste nicht, woher ihr Hochmut kam. Hatte er immer schon in ihr geschlummert? Jetzt tat er gut, gab ihr Kraft. Die Vorstellung, sie könne zwischen sich und die Welt eine Schutzmauer aus Arroganz ziehen, erschien ihr einleuchtend und erhebend zugleich.

Sie konnte sich im Spiegel sehen.

Trag die Nase hoch, ermunterte sie sich selbst. Dann musst du den Dreck unter dir, durch den du watest, nicht sehen.

Sie fürchtete, ihre Schwester könnte dem neuen Leben nicht gewachsen sein. Sie selbst war bereit, sich hineinfallen zu lassen, um das Beste für sich rauszuholen. Sie würde überleben, weil sie anpassungsfähig war und in sich einen harten, unzerstörbaren Kern spürte.

»Ihr seid jetzt praktisch meine Angestellten. Meine Meisterschülerinnen sollt ihr werden! Es reicht aber nicht, ein bisschen zuzunehmen. Unbezwingbare Kampfmaschinen werde ich aus euch machen! Berufskiller.« Johann Baptist Reichhart grinste und fügte augenzwinkernd hinzu: »Oder sollte ich sagen, Berufskiller*innen?« Er klatschte in die Hände. »Wir beginnen sofort mit dem Training. Eingeteilt in die Praxisfächer«, er zählte es an den Fingern auf, »Konditionstraining. Schusswaffengebrauch. Lautloses Töten. Stellen und Verfolgen. Und last but not least, Spuren verwischen. Die Theorie umfasst Strategie und Taktik.«

Nicht schlecht, dachte Samantha. Schusswaffengebrauch heißt ja wohl, dass ich von ihm eine Wumme bekomme. Und dann puste ich ihn weg.

Sie erschrak, weil er seine Rede unterbrach und auf sie zeigte: »Was lächelst du so überheblich? Erkläre den Unterschied zwischen Strategie und Taktik. Kannst du das?«

»Ja. Ich ... ähm ... Also, das sind wohl sehr militärische Begriffe ...« Sie zog sich den Bademantel wie eine Schutzausrüstung an und raffte ihn mit beiden Händen unterm Hals zusammen. Sie versuchte, mit einem Scherz aus der Situation herauszukommen: »Also. Militär ist jetzt nicht so mein Ding. Fesche Jungs in Uniform dagegen schon eher ...«

Er guckte auffordernd zu Claudia, die zuckte nur mit den Schultern.

Desiree fragte: »Strategie und Taktik? Ist das nicht das Gleiche?«

Er genoss den Wissensvorsprung und holte weit aus: »Die Begriffe stammen aus dem Buch *Die Kunst des Krieges* von Sun Tzu. Er hat es ein paar hundert Jahre vor Christi Geburt geschrieben, aber noch heute ist es ein grundlegendes Werk. In Wirklichkeit ändert sich nämlich nichts auf der Welt. Im Grundsätzlichen bleibt alles gleich. Wir tragen nur andere Anzüge, haben Handys und Mikrowellen, aber«, er klopfte sich gegen die Brust. »wir funktionieren noch wie vor zweitausend Jahren. Heute benutzt sein Werk jeder BWL-Student. Die Strategie ist der große Plan für die Zukunft. Was wollen wir wie erreichen? Man definiert ein Ziel und den Weg dorthin.

Wir wollen reich und unabhängig werden, das ist schon mal klar. Mit ordentlicher Arbeit ist das wohl kaum möglich. Wenn wir Sommerfeldt töten, schon. Das ist unsere Strategie. Wir spüren ihn auf, stellen ihm eine Falle und kassieren ab.

Unsere konkreten Handlungsschritte sind dann die Taktik. Wir nähern uns ihm über den Fanclub. Wir locken ihn zu uns. Wir killen ihn und kassieren die Kohle – was bestimmt noch eine eigene Taktik benötigt, denn solche Summen wecken Begehrlichkeiten. Auch da hat sich in der Welt nichts verändert.«

Desiree gab sich gelehrig: »Die kleinen Schritte sind also die Taktik, der große Plan die Strategie?«

Er nickte zufrieden und zwinkerte ihr komplizenhaft zu. Dann bekam seine Stimme einen Kasernenhofton: »So, jetzt fünfzig Liegestütze, und dann, wenn ihr genug Sauerstoff in den Muskeln habt, stelle ich euch die gleiche Frage noch einmal.«

Er gab Desiree mit einem Blick zu verstehen, dass der Befehl nicht ihr gegolten hatte, sondern nur den beiden Schwestern.

»Ach komm«, kokettierte Claudia, »fünfzig Liegestütze?! Das war ein Scherz, oder? Wir sind Frauen!«

»Noch nie etwas von Gleichberechtigung gehört? Emanzipation? Frauen dienen heute genauso beim Militär wie Männer, und sie leiten Polizeipräsidien. Glaubst du, wenn ihr gegen einen Mann kämpft, setzt der nur die halbe Kraft ein, weil ihr Frauen seid und er ein Gentleman ist?« Er tippte sich gegen die Stirn.

Claudia wusste, dass sie es unmöglich schaffen konnte. Sie traute sich keine zehn Liegestütze zu. Sie nutzte ihr Wissen über Sommerfeldt: »Er wird nicht mit uns kämpfen«, behauptete sie. »Frauen kann er nämlich nichts zuleide tun. Darüber hat er ausführlich geschrieben.«

Johann Baptist Reichhart schüttelte sich vor Lachen. »Was für ein Versager von Serienkiller!« Er wiederholte Claudias Aussage: »… Kann Frauen nichts zuleide tun … So ein bekloppter Spinner!

Bei mir ist das anders. Verlasst euch drauf, Mädels. Oder wollt ihr es ausprobieren?« Er klopfte mit dem Gewehrkolben auf den Boden. »Und jetzt geht es los! Leibesübungen! Liegestütze!«

Samantha begann, was es Claudia erschwerte, zu widerstehen.

Er gab den Takt mit dem Gewehrkolben vor und forderte: »Laut mitzählen! Eins, zwei, zweieinhalb – das war kein richtiger Liegestütz, Claudia! Nur korrekte Ausführung zählt! Erst mit der Nase auf den Fußboden und dann wieder hoch!«

Er stand auf und ließ sich nach vorne fallen. Er fing sich mit den Händen ab und begann, sofort loszupumpen. Es sah beeindruckend aus, fand Desiree, die zwar froh war, nicht mitmachen zu müssen, aber gleichzeitig nicht genau wusste, warum.

Gab er ihr eine herausragende Stellung, oder brauchte er sie nicht mehr? Sollte sie durch die zwei jungen Frauen ersetzt werden?

Sie konnte sich im Moment nicht vorstellen, wie das hier gut für sie ausgehen sollte.

Claudia schaffte kaum sechs Liegestütze, und schon kam sie nicht mehr hoch. Samantha kam mit zitternden Oberarmen auf elf.

Er drückte kräftig weiter und zählte dabei: »Zwanzig. Einundzwanzig. Zweiundzwanzig.« Bei dreißig drehte er voll auf und klatschte jedes Mal in die Hände. Bei vierzig stoppte er. Er atmete schwer. Seine Stimme klang mehr wie ein Hecheln: »Also, da liegt noch ein weiter Weg vor uns. Aber jetzt wird erst mal gefuttert. De Niro hat in vier Monaten dreißig Kilo zugenommen, für den Film *Wie ein wilder Stier.* Wie viel Gage hat er wohl dafür bekommen? Ich wette, ihr kriegt mehr! Aber es war der Start für seine Weltkarriere. Vier Monate. Dreißig Kilo. Das schafft ihr schneller, stimmt's?«

Er griff Samantha ins Gesicht und zwang sie, ihn anzusehen. »Sag's mir! Ihr seid besser als de Niro, oder nicht?«

Claudia fragte erschrocken: »Wieso sollen wir schneller sein?«

Er ließ Samantha sofort los und griff Claudia in die Haare. Er zog sie näher zu sich: »Weil ihr Frauen seid, und er ist ein Mann. Ihr Frauen könnt das einfach besser, oder nicht? Im Zunehmen seid ihr doch spitze!«

Er ließ sie wieder los und drohte beiden mit dem Zeigefinger: »Enttäuscht mich nicht. Überrascht mich! Zeigt mir, was ihr draufhabt.«

Er sah zu Desiree: »Ist das Essen so weit, meine Liebe?«

Sie verschwand in die Küche zum Rehbraten und rief: »Ja! Das reicht für ein halbes Dutzend hungriger Holzfäller!«

Meist hatte Sommerfeldt das Gefühl, in eine Rolle zu schlüpfen, wenn er sich anzog. Er wurde Arzt. Wattwanderer. Klinikleiter. Serienkiller. Golfer oder Ehemann im Freizeitdress.

Heute machte er sich richtig schick. Es ging ihm nicht darum, den anderen Gästen zu gefallen, wohl aber seiner Frauke. Da er geehrt werden sollte, trug er sogar eine seidene Fliege. Keine mit Gummizug, sondern handgebunden. Er selbst hätte damit vermutlich Probleme gehabt, aber Frauke konnte so etwas. Als Miet-Ehefrau einiger Gangsterbosse und Industriekapitäne hatte sie gelernt, den ungeschickten Männern Fliegen und Krawatten zu binden. Sie beherrschte zwei Dutzend verschiedene Krawattenknoten. Einen doppelten Windsor. Den kleinen Windsor. Einen Prince-Albert-Knoten. Sankt-Andreas-Knoten. Den Kreuz-Knoten oder den Balthus-Knoten.

Er wollte es eigentlich selbst machen und hatte *Fliegen bin-*

den gegoogelt. Dabei war er aber auf Fliegenfischerseiten gekommen, die erklärten, wie ein Angler seine Köder selbst basteln konnte. Zum Angeln zu gehen wäre ihm im Grunde heute auch lieber gewesen als zu dieser Ehrung.

Weil er sich dabei sehr ungeschickt anstellte, wollte Frauke ihm eine Krawatte mit einem doppelten Windsor binden: »Bei so einem perfekten Knoten sollte das breite Ende das schmale bedecken. Die Spitze sollte die Gürtelschnalle gerade noch berühren. Und oben muss es immer so ein kleines Grübchen geben. Das passt besonders gut zum Haifischkragen.«

Er gestand, dass er sich eigentlich eine Fliege binden wollte, und zeigte sie vor. Frauke war begeistert und half ihm.

Er hatte sich eine blaue Fliege mit weißen Punkten gekauft. Frauke band sie ihm perfekt, so, dass noch zwei Finger zwischen Hemdkragen und Hals passten.

Sie selbst trug ein Kleid mit Laternenärmeln in königsblau, das ihre schmale Taille betonte. Er ahnte, dass sie in den Ärmeln Waffen versteckte. Vermutlich links einen Damenrevolver und rechts einen Dolch. Sie war gern vorbereitet und notfalls bereit, sich den Fluchtweg freizuschießen.

Er hatte ihr zugesehen, als sie ihre Gucci-Tasche packte. Sie nahm neben Puder, Lippenstift und Papiertaschentüchern auch eine Glock 17, Modell GEN 5, 9 mm Luger mit Safe-Action-Abzug, 17 Patronen im Magazin mit. Er hätte sein ganzes Vermögen darauf gewettet, dass sie ein zweites Magazin bei sich trug. Sie war sich bewusst, dass die schönste Feier jederzeit eskalieren konnte. Sie hatte nicht nur als Miet-Ehefrau, sondern immer auch als Personenschützerin gearbeitet.

Er ertrug die Ballerei zwar nicht, ihm wurde bei dem Lärm körperlich übel, und selbst wenn er Ohrenschützer trug, spürte er den Knall im Körper.

Der Schwefelgeruch war ebenfalls nicht seins. Trotzdem hatte er ihr mehrfach bei Schießübungen zugesehen.

Sie war verdammt gut. Sie schoss nicht nur auf Zielscheiben, sondern auch auf bewegliche Ziele. Sie konnte im Laufen feuern. Sie warf sich auf den Boden, schoss im Rollen oder im Knien – sie hielt sich in jeder Hinsicht fit.

Frauke staunte, als ihr klar wurde, dass er vorhatte, zwar mit Fliege und im Anzug, aber auf dem Fahrrad zum *Reichshof* zu fahren. Er hatte als Klinikleiter mehrere Autos und genügend Personal zur Verfügung, um sich hinfahren zu lassen. Außerdem gab es Taxen in Norddeich.

»Du willst ernsthaft mit dem Rad fahren?«, fragte sie mit einem Lächeln im Gesicht.

Er nickte. »Wir sind in Ostfriesland. Wir wollen doch keine Bank ausrauben. Wir brauchen kein Fluchtfahrzeug ...«

»Du bist ein Kindskopf«, lachte sie und zerwuschelte seine Haare.

»Ist das ein Problem für dich mit dem Kleid?«

»Problem? Definiere das Wort Problem«, forderte sie.

Er nahm sie in den Arm und schlug eine Alternative vor: »Sollen wir nicht hierbleiben und uns lieber lieben?«

Sie küsste ihn auf die Nase: »Wir sollten hinfahren und uns trotzdem lieben.«

Sie nahmen ihren Schleichweg nach Norden, weil ihnen die Norddeicher Straße manchmal zu laut war.

Sie fuhren durch die Molenstraße, neben den Bahnschienen entlang über den Kolkpadd. Am Bahnkolk saß ein einsamer Angler und schnarchte laut.

Sie kamen an einem riesigen Sonnenblumenfeld vorbei. Sie hielten an und stiegen von den Rädern. Alle Sonnenblumen hatten ihre Köpfe in eine Richtung ausgerichtet.

Die Sonne stand bereits im Westen, als hätte sie vor, in der Nordsee unterzugehen. Aber die Sonnenblumen blickten nach Osten. Die Sonnenstrahlen durchleuchteten die gelben Zungenblüten von hinten. Der sanfte Nordwestwind brachte die Blütenkörbe dazu, zu nicken, als würden sie dem Gang der Welt zustimmen.

Frauke und Sommerfeldt standen stumm neben ihren Rädern und staunten.

Der Wind bewegte die Köpfe der Sonnenblumen sanft, und der Geruch frisch gemähter Wiesen ließ Frauke niesen.

»Hast du«, säuselte Sommerfeldt, »es schon mal in einem Sonnenblumenfeld getrieben?«

Sie stupste ihn an: »Das ist jetzt nicht dein Ernst!«

»Ich wusste gar nicht, wie spießig du sein kannst, Frauke!«

»Ja, da stehen schöne Sonnenblumen, Bernhard. Aber das Feld ist auch voller Disteln …«

Nordens Bürgermeister Florian Eiben ging noch einmal kurz die Liste der geladenen Gäste durch: Polizeidirektorin Elisabeth Schwarz. Dr. Anika Scholle. Der Präsident der Ostfriesischen Landschaft Rico Mecklenburg. Der Obermeister der Konditoreninnung Jörg Tapper mit seiner Ehefrau Monika. Landrat Olaf Meinen. Erwin Sell, der Bürgermeister von Hage. Tido Graf zu Inn- und Knyphausen. Karl-Heinz Hartig, der Präsident des Golfclubs und sein Vize Uwe Buss. Martina Haver-Franke und ihr Mann Björn Haver. Vom Förderverein für das *Hospiz am Meer* die Vorsitzende Miriam Glave, außerdem Christina Bitiq, Elgard Neubauer und Dr. Ekkehart Wolter.

Die Liste war noch lang, doch Florian Eiben las nicht weiter.

Hoffentlich haben wir niemanden vergessen, dachte er. Er war zwar nicht dafür verantwortlich, aber peinlich wäre es ihm trotzdem gewesen.

Die Namen aller Künstler hatte er noch gar nicht gelesen. Er musste die ersten Gäste begrüßen.

Es gab ein Vier-Gänge-Menü. Florian wusste, dass an solchen Abenden viel Geld für soziale Einrichtungen gespendet wurde. Das war immer ein Gewinn für die Stadt, ja, für den Landkreis.

Für Silvia Schuberts Wohnprojekt *Neustart* sollte noch im August Richtfest gefeiert werden. Die Finanzierung, auch die des Personals, war für die ersten drei Jahre bereits durch Spenden gesichert.

Florian Eiben verspürte als Bürgermeister einen gewissen Stolz. Es war angenehmer, einer Stadt mit engagierten Menschen vorzustehen, die gemeinsam leidenschaftlich an der Verbesserung des Gemeinwesens arbeiteten, als eine Bande von Nörglern überzeugen zu müssen, dass man nicht nur an sich selbst denken durfte.

Der Journalist Holger Bloem stellte ihm schon im Vorfeld eine Frage nach seiner Erwartungshaltung für den Abend. Aber bevor der Bürgermeister antworten konnte, umarmte ihn eine Schauspielerin, die mit ihrem Produzenten gekommen war. Martin Lehwald drehte gerade in Norden einen Kriminalfilm. Seine Hauptdarstellerin, Picco von Groote, kam sympathisch rüber.

Barnaby Metschurat, der ein bisschen wie Hauptkommissar Rupert aussah, scherzte: »Bei unserem letzten Dreh hier im Januar musste Picco im Nachthemd ins Watt, bei gefühlten vier Grad minus.«

Picco von Groote winkte ab, als sei das alles nicht so schlimm gewesen, doch Barnaby Metschurat insistierte: »Jetzt, bei dem Wetter, wäre es doch kein Problem ...«

Dr. Ernest Simmel mit seiner Frau Frauke betraten den Raum leise, fast schlichen sie sich rein. Sie standen plötzlich da. Simmel hatte einen festen Händedruck. Ein Mann, der zupacken konnte.

Fraukes königsblaues Kleid sah ein bisschen derangiert aus. Ihre Haare leicht zerzaust. An ihrem rechten Laternenärmel klebten gelbe Pollen.

Frauke flüsterte Sommerfeldt ins Ohr: »Du hast Lippenstift am Hemdkragen.«

Er tat erstaunt. »Und? Steht es mir?«

»Ja. Es macht dich interessant.«

»So wie dich der Blütenstaub.« Er pustete in ihr Haar.

Sie sah es ihm an. Er amüsierte sich prächtig und freute sich auf das Essen. Er hatte manchmal etwas Animalisches an sich, das sie sehr mochte. Er war gerade wieder viel mehr Dr. Bernhard Sommerfeldt als der Klinikleiter Simmel, den er heute Abend aber geben musste. Da er einige Male mit Karl-Heinz Hartig Golf gespielt hatte, kam Karl-Heinz jetzt direkt auf ihn zu. Die zwei begrüßten sich herzlich.

Frauke und Picco von Groote verstanden sich gut. Auch der Produzent Martin Lehwald schien ein Vertrauter zu sein, so wie Dr. Simmel und er miteinander umgingen.

Florian Eiben lachte: »Na, ihr kennt euch! Ich muss euch ja wohl nicht vorstellen ...«

Martin Lehwald erklärte dem Bürgermeister: »Unser Team wird in Ihrer wunderschönen Stadt wirklich massiv unterstützt. Das ist sehr schön für uns. Ganz anders als in den Großstädten, wo die Leute von Dreharbeiten oft nur noch genervt sind. In seiner Klinik«, Martin Lehwald zeigte auf Dr. Simmel, »wird uns immer bei medizinischen Problemen rasch geholfen.« Martin winkte Dr. Anika Scholle, die er erst jetzt entdeckte: »Das ist auch so eine Nette. Sie hat uns manchmal zu euch geschickt«, lachte er. »Ihr habt ja praktisch alles da. Könnt röntgen, habt ein CT … was man so braucht. Wenn jemand sich sonntagabends den Rücken verknackst, dann geht da sofort was, und wir können montags wieder drehen.«

Dr. Anika Scholle und Dr. Wolter begrüßten sich ebenfalls. Anika hatte die Räume seiner ehemaligen Praxis bezogen.

Es roch schon gut, und Sommerfeldt alias Dr. Ernest Simmel studierte die Speisekarte. Es gab die berühmte Krabbensuppe als Vorspeise, die er nie irgendwo besser gegessen hatte.

Frauke kratzte sich am Rücken. Dort pikste der Stachel einer Distel. Sie entfernte sie mit einem verschmitzten Lächeln.

Im Essen war Desiree eindeutig besser als Claudia und Samantha. Sie verputzte ihre mächtige Portion nicht nur schneller, sondern sie genoss es auch noch geradezu unverschämt.

Während Claudia noch in ihrem Braten herumstocherte und eine Stelle absäbelte, die ihr zu fett war, aß Desiree mit herausgestellter Lust. Sie scheute sich nicht, zu schmatzen und ein Stück Fleisch in die Finger zu nehmen. Je intensiver sie das Essen in sich hineinschlang, umso schwieriger schien es für Claudia und Samantha zu werden. Sie konnten sowieso nicht mithalten. Ihre Zähne schienen immer länger und ihre Hälse immer dünner zu werden.

»Scheiße, schmeckt das gut«, stöhnte Johann Baptist und packte sich eine zweite Portion auf den Teller. »Esst, Kinder«, forderte er fröhlich. »Ihr müsst täglich ein Kilo zunehmen. Nicht nur Fett, sondern auch Muskelmasse! Das braucht Energie.« Er deutete auf das Essen. »Das alles kann mit Freude und Genuss geschehen oder auch mit Lebertran und Haferschleim.«

Fast hätte Claudia geantwortet: *Haferschleim macht nicht dick,* doch die Angst vor seiner Wut schnürte ihr den Hals zu.

Plötzlich schlug er mit der flachen Hand auf den Tisch und brüllte: »Ja, rede ich chinesisch?! Versteht mich keiner?! Ich will sehen, wie ihr esst! Haut rein! Nehmt euch ein Beispiel an Desiree.«

Er streichelte ihr über die Haare, während sie kaute.

»Übrigens ...« Er machte eine lange Pause, um die Spannung zu steigern. »Ich habe euch natürlich kein Heparin gespritzt, sondern ... eine wunderbare Substanz, die euch hilft, loyal zu mir zu bleiben. Falls ihr es nicht vorzieht, zu sterben.«

Claudia saß stocksteif. Eine Träne rollte ihr über die Wange und tropfte vom Kinn auf den Tellerrand.

»Nach dem Essen ...«, er betonte es scharf, »nachdem ihr aufgegessen habt – werden wir mit dem Messertraining beginnen. Lautloses Töten. Mit Messer oder Garotte.«

Er legte eine Stahlschlinge wie ein Schmuckstück neben seinen Teller.

»Warum tust du das?«, fragte Samantha.

Er missverstand sie bewusst, hob die Garotte hoch und erwiderte: »Warum ich so gerne mit der Stahlschlinge töte?«

Sie verzog die Lippen.

Er straffte die Schnur mit beiden Händen. Sie vibrierte wie eine angeschlagene Gitarrensaite: »Weil ich spüre, wie sie zappeln und ihre Bewegungen erst immer hektischer werden, dann ruhiger und schließlich ...« Er ließ seinen Kopf zur Seite sacken.

»Warum machst du uns solche Angst mit dieser Spritze? Findest du das lustig? Tut dir das gut? Brauchst du so was?«, wollte

Samantha wissen. Ihre Haut kribbelte am ganzen Körper. Sie erwartete einen Angriff. Eher eine Ohrfeige als einen Faustschlag. Sie war zwar zu weit gegangen, und er würde ihr das nicht durchgehen lassen, aber er würde sie eher demütigen als schwer verletzen. Er brauchte sie. Er wollte sie und ihre Schwester als eine Art Werkzeug nutzen.

Werkzeug, das man noch braucht, zerstört man nicht, dachte sie. Sie hoffte, dass er rational genug war.

»Ich kann nicht mehr. Mir ist schlecht«, sagte Claudia und legte Messer und Gabel neben den Teller.

Er fuhr sie an: »Wie oder womit du das Gewicht an dich dranfrisst, ist mir egal. Aber du wirst es tun, oder ich …« Er führte die Alternative nicht aus.

Sie nahm die Gabel wieder in die Hand und begann, sich den Mund vollzustopfen. Eigentlich schmeckte dieser Braten sogar gut. Aber ihr Magen weigerte sich, mehr aufzunehmen. Was sie schluckte, blieb in der Speiseröhre hängen. Sie spürte es zwischen Zwerchfell und Herz. Es wurde immer mehr im Mund. Sie kaute, aber sie konnte nicht mehr schlucken.

Er sah ihre Not und goss ihr Rotwein ein. Sie versuchte, damit runterzuspülen, was ihre Zähne zu Brei zermahlen hatten.

Samantha hoffte, den Terror zu beenden, indem sie vorsichtig vorschlug: »Können wir nicht mit dem Messertraining beginnen? Ich bin richtig heiß darauf.«

Er wischte sich den Mund ab. »Gern.« Er zeigte auf Samantha und Claudia. »Was wollt ihr werden?«

Samantha und Claudia sahen sich fragend an. Sie wussten es nicht.

»Unbezwingbare Kampfmaschinen!«, brüllte er.

Da sie immer noch nicht wunschgemäß reagierten, stand er auf.

Sie sahen seinen Zorn.

»Was wollt ihr werden?«

»Unbezwingbare Kampfmaschinen«, riefen sie gleichzeitig.

Das gefiel ihm. »Also los«, befahl er und zeigte ihnen, dass sie sich mit ihm in den Nebenraum begeben sollten.

Bürgermeister Florian Eiben wollte gern beginnen, aber Silvia Schubert fehlte noch, und sie sollte doch zuerst geehrt werden. Er wollte mit ihr anfangen und dann zu Dr. Ernest Simmel übergehen, der gemeinsam mit Gerd Thellmann, genannt Thelly, ausgezeichnet werden sollte. Thellmann leistete als Vorsitzender der Stiftung *Kinder in Not* hervorragende Arbeit.

Wenn Florian Eibens Informationen richtig waren, hatte Silvia Schubert allein in diesem Jahr gut zehn Millionen an gemeinnützige Organisationen verteilt. Sie reiste herum, hielt Reden und organisierte Charityveranstaltungen. Dort sammelte sie Geld ein. Es mussten große anonyme Spenden sein. Ihre Stiftung schien über unerschöpfliche Mittel zu verfügen. Silvia Schubert bewegte sich mit ihren Hilfsprojekten in ganz Europa und in Afrika, hatte aber ihre ostfriesischen Wurzeln nie vergessen und zeigte sich in ihrer alten Heimat besonders spendabel.

Es entstand eine kurze Wartezeit. Karl-Heinz Hartig überbrückte sie mit einem Witz, den viel mehr Leute hörten, als er geplant hatte. »Kommissar Rupert sagte zu seiner Frau Beate: ›*Die Suppe ist kalt. Ich ruf jetzt den Kellner. Das lasse ich mir nicht gefallen.*‹ Beate flüsterte ihm zu: ›*Das ist Gazpacho.*‹ Und was macht der Typ? Er ruft den Kellner: ›*Gazpacho! Kommen Sie mal, die Suppe ist kalt!*‹«

Klempmanns Personenschützerin Annika betrat den Raum und sah sich um. Hier waren hundert, vielleicht hundertzwanzig Menschen, die sie nicht kannte und folglich auch nicht einschätzen konnte. Sie fand, dass ihr Chef ein unnötiges Risiko einging. Das lag aus ihrer Sicht an seiner Affenliebe zu der alten Fregatte Silvia.

Annika konnte nicht begreifen, was er an dieser Frau fand. Annikas Meinung nach zog sie ihm das Geld aus der Tasche, indem sie ihm das Gefühl gab, sie würde in ihm einen guten Menschen sehen und nicht den Gangsterboss, der er in Wirklichkeit war. Dabei hatte er ihr mal erzählt, der große Fassbinder, in dessen Filme Klempmann angeblich schon Ende der Siebziger Geld investiert hatte, hätte ihm mal gesagt: »Ich werde lieber für das gehasst, was ich bin, als für etwas geliebt, was ich nicht bin.«

Vielleicht war es auch nur wieder eine seiner Geschichten gewesen, durch die er versuchte, sich mit einem künstlerischen Nimbus zu umgeben. Vielleicht hatte er Fassbinder nie kennengelernt und auch nie Filme von ihm finanziert. Aber er hätte es gern getan, statt sich mit Waffenschmugglern und Drogendealern abzugeben.

Es ist fast unmöglich, ihn hier zu schützen, dachte sie. Dazu müsste man ihn schon hinter kugelsicheres Glas setzen.

Hatte man ihn hierhergelockt, um ihn umzubringen? Steckte möglicherweise sogar Silvia dahinter? Wollte sie als seine Alleinerbin das Imperium übernehmen? Lieferte sie den alten Mann jetzt den Wölfen aus?

All dies hätte sie niemals gesagt, denn sie wusste, dass Klempmann, vor die Wahl gestellt, ihr zu vertrauen oder Silvia, immer Silvia gewählt hätte.

Dann erblickte sie Frauke. Sie hatte sich mal einen üblen Kampf mit ihr geliefert und verloren. Diese Niederlage nagte immer noch an ihr. Lief dieser Abend auf eine Revanche hinaus?

Sie erblickte neben Frauke Sommerfeldt. Ja, keine Frage, das war er! Nie würde sie dieses Gesicht vergessen. Zu viele Schwierigkeiten hatten er und diese Frauke ihnen in den letzten Jahren gemacht.

Sie hätte am liebsten ihre Waffe gezogen und das Magazin in Fraukes und Sommerfeldts Körper entleert. Doch sie war sich der Problematik durchaus bewusst, drehte um und informierte ihren Chef, der mit Silvia und Christine vor der Feierscheune im Schatten wartete.

Annika war ungewöhnlich direkt. Sie sprach, ohne vorher gefragt worden zu sein: »Er ist drin. Sie auch. Alle beide. Wir können sie uns holen.«

Es war nicht nötig, die Namen auszusprechen.

Silvia hatte entweder keine Ahnung, oder sie spielte die Unwissende sehr geschickt. »George! Ich weiß zwar nicht, worum es hier geht, aber keinen Stress! Dies wird eine Feierstunde und ...«

Klempmann drückte ihr einen Kuss auf die Wange und versprach: »Keine Sorge, du Zauberhafte. Nichts wird geschehen. Annika und Christine müssen nur auf uns aufpassen, dafür sind sie ja da.«

Er nahm die beiden Personenschützerinnen in die Arme, als müsse er sich auf sie stützen, und zog sie zur Seite.

Der Vizepräsident des Golfclubs, Uwe Buss, kam vor die Tür, um draußen eine zu rauchen. Ihm fiel auf, dass der ältere Herr und die beiden hübschen Frauen, die er für seine Töchter hielt, sofort schwiegen, als er in ihre Nähe kam. Offensichtlich hatten sie etwas zu besprechen, bei dem sie nicht belauscht werden wollten. Das war auch gar nicht Uwes Absicht. Er drehte sich um und ging in die andere Richtung.

Klempmann flüsterte mit seinen Leibwächterinnen. »Ruhig Blut, ihr zwei. Wir holen ihn uns. Aber nicht jetzt. Ich will nicht in der Nähe sein, wenn er exekutiert wird.«

Er sah es in ihren Augen. Sie fragten sich, ob sie dann die zehn Millionen bekämen oder ob das Ganze im Rahmen ihres normalen Arbeitsverhältnisses stattfand.

»Ich werde euch«, versprach er, »reichlich belohnen. Hängt euch an ihn dran. Stellt fest, unter welchem Namen er jetzt lebt. Findet seine Adresse heraus und ...«

Christine lächelte und genoss ihr überlegenes Wissen sichtlich. Sie zeigte auf ein großes Plakat am Eingang und sagte: »Er ist mit Silvia auf einem Poster.«

Annika sah das Poster erst jetzt und konnte es nicht fassen. »Tatsächlich! Die beiden werden zusammen geehrt.«

Klempmann trat an das Bild heran. Am liebsten hätte er es abgerissen und mit nach Hause genommen. Da war das Foto seiner Silvia. Es war vor gut zehn Jahren entstanden, aber er fand, dass sie inzwischen noch schöner geworden war.

Unter ihrem Bild ein Foto von Sommerfeldt und eins von Gerd Thellmann.

»Er nennt sich also jetzt Dr. Ernest Simmel.« So, wie Klempmann den Namen aussprach, war es fast ein Vorwurf an sich selbst, dass er nicht früher darauf gekommen war. »Seine Lieblingsschriftsteller sind Hemingway und Simmel. Er konnte sich ja schlecht Dostojewski nennen«, grinste Klempmann.

Silvia stand fünf, sechs Meter von ihnen entfernt. Sie rief: »Wir müssen langsam rein! Die Leute warten auf uns!«

Willi Klempmann ließ es sich auf der Zunge zergehen: »Dr. Ernest Simmel ... Klinikleiter in Norddeich ...' Dieses schöne Leben wird er nicht so einfach kampflos aufgeben. Dahin wird er zurückkehren. Und dann knipsen wir ihn aus.«

»Wir erledigen das«, versprach Christine.

»Informiert den Henker.«

»Aber warum? Das können wir doch …«

»Jetzt wissen wir, wo er ist. Der Rest ist Drecksarbeit. Es wird schmutzig werden, und ich möchte, dass ihr euch da raushaltet. Wir werden dann alle auf der Yacht sein. Vor Borkum. Oder noch weiter weg. Am besten mit ein paar honorigen Zeugen an Bord.«

»Den Henker? Johann Baptist Reichhart?«

»Ja. Geben wir ihm doch noch eine Chance.«

Annika versuchte es noch einmal: »Aber warum sollten wir dem zehn Millionen zahlen, wenn …«

Klempmann lächelte. »Davon habe ich nichts gesagt. Wir lassen ihn den Job erledigen. Und dann brauchen wir ihn nicht mehr.«

Silvia wurde langsam ärgerlich. Sie schritt auf die Tür zu. Sie hasste es, Menschen warten zu lassen. Da war sie ganz anders als ihr geliebter George.

Im Flur begegneten ihr der Graf zu Inn- und Knyphausen, der ebenfalls auf dem Weg in den Saal war, und Christina Bitiq. Christina stellte sich der großzügigen Spenderin vor »Ach, da sind Sie ja, Frau Schubert! Schön Sie zu sehen.«

Als Sommerfeldt Silvia sah, ging er gleich auf sie zu. Seiner Meinung nach hatte sie diese Ehrung genauso verdient wie er und Gerd Thellmann. Er schätzte sie sehr. Mit ihrer Hilfe, so glaubte er, war aus dem Gangsterkönig Klempmann eine Stütze der Gesellschaft geworden. Ein ehrenwerter Bürger, der seine Vergangenheit bereute und statt dafür im Gefängnis zu büßen, großzügige Summen verteilte.

Silvia bedankte sich zunächst bei den Gastgebern Martina Haver-Franke und Björn Haver, nahm ein Glas Prosecco und entschuldigte sich bei Florian Eiben für ihr Zuspätkommen.

Klempmann und seine beiden Personenschützerinnen betraten den Saal. Sie nahmen am Nebentisch Platz.

Sommerfeldt und Klempmann nickten sich kurz zu. Sie taten, als seien sie nur flüchtige Bekannte.

Sommerfeldt fühlte sich in seiner Nähe nicht bedroht, sondern spürte eher ein Triumphgefühl. Klempmann hatte ihm die Standorte der Crystal-Meth-Fabriken in Meppen und Wilhelmshaven verraten und das Heroinlager in Norddeich.

Selten hatte Sommerfeldt so kalte Blicke registriert wie die von Annika und Christine. Die beiden hassen mich, dachte er. Aber was spielt das für eine Rolle? War er auf der Welt, um von allen gemocht zu werden?

Florian Eiben eröffnete den Abend und stellte die drei Personen vor, die heute geehrt werden sollten.

Eine der Ninja-Frauen, zumindest munkelte man in Polizeikreisen, dass sie zu Eisenmanns Gruppe dazugehört hatte, versuchte seit Eisenmanns Tod, Rupert zu daten. Sie schickte ihm Fotos von sich, und nicht auf allen war sie vollständig bekleidet. Auf einigen sah sie mehr nach einem Dessous-Model aus als nach einer Polizistin.

Es gehörte nicht viel dazu, Rupert zu einem Treffen zu bewegen. Sie versprach ihm eine feurige Liebesnacht. Sie brauche mal wieder einen richtigen Kerl, und er sei ja als Liebhaber in Polizistinnenkreisen eine Legende – so behauptete sie.

Sie war aus Schwerte, hatte lange als Zielfahnderin gearbeitet und einige schwere Jungs zu Fall gemacht. Zweimal hatte sie einen in *Notwehr* erschossen. Vielleicht kam ihr Ruf, sie gehöre zu den Ninjas, daher.

Sie hatte sich immer wieder in Eisenmanns Umfeld bewegt und war von ihm protegiert worden, so sagte man.

Sie trafen sich in ihrer Ferienwohnung in Bensersiel. Als Rupert aus dem Auto stieg, stellte er sich vor, von ihr in Reizwäsche empfangen zu werden. Er stand eigentlich mehr auf nackte Haut, aber die Fotos hatten ihn doch ganz schön scharf gemacht.

Dann trug sie aber einen für dieses Wetter eigentlich viel zu dicken Pullover und eine Jeans.

Sie hatte einen Roséwein aufgemacht, und das war auch nicht gerade sein Ding.

Es lief anders, als er sich erhofft hatte. Sie wollte plötzlich über ihre Arbeit reden, den Stress im Polizeidienst, die Ungerechtigkeiten bei der Beförderung ... Das alles war von einer Liebesnacht so weit entfernt wie Norderney von der Karibik.

Sie wollte wissen, wie es ihm mit Eisenmanns Tod ginge. Sie behauptete, dass er so etwas wie ein Vorbild für sie gewesen sei.

Rupert versuchte, ihre Aufmerksamkeit auf andere menschliche Bedürfnisse zu lenken. Er brauchte fast eine Stunde, um sie ins Bett zu quatschen. Schnelle Nummer konnte man dazu nicht mehr sagen, dachte er. Früher war das alles für ihn viel einfacher gewesen.

Immer wieder wurde Rupert von einer Mücke gestört. Zweimal stach sie in seinen Rücken und mehrfach in beide Ohrläppchen. Das grässliche Summen des Blutsaugers an seinem rechten Ohr machte ihn wahnsinnig. Ein Ohrläppchen schwoll schon an.

Der Sex mit ihr war für ihn ein bisschen wie Gymnastik am Reck und hatte mehr mit Leistung als mit Spaß zu tun. Dabei spielte sie ihm übertrieben vier Orgasmen hintereinander vor.

Das ist alles nicht echt, dachte er. Sie tut das nur, damit ich mich wohlfühle. Was will sie wirklich von mir?

Sie hatte keinen Spaß am Sex. Er auch nicht. Es war, als würden sie ein IKEA-Regal zusammenschrauben. Möglicherweise hätte das sogar mehr Spaß gemacht.

Als sie danach nebeneinander lagen und sie ihm einen Zug aus ihrer E-Zigarette anbot, die nach Mango und Vanille duftete, fühlte sich alles nur noch falsch für ihn an. Er bereute es, überhaupt gekommen zu sein. Mit Beate wäre es bestimmt schöner gewesen, dachte er, wollte das aber ihr gegenüber jetzt nicht zugeben.

Manchmal, das entsprach durchaus seiner Erfahrung, nutzten Frauen die postkoitale Blödheit von Männern aus, um sie zu irgendetwas zu überreden. Einem Abend im Theater, einer Urlaubsreise, einer neuen Spülmaschine oder einer Hochzeit.

Was wollte sie?

»Du hast doch«, sagte sie, »diesen Sommerfeldt ewig gejagt und sogar einmal in den Knast gebracht.«

Sie wussten beide genau, dass er es nicht gewesen war, sondern Ann Kathrin Klaasen, aber Rupert widersprach nicht.

»Wenn mir einer helfen kann, ihn zu finden, dann du. Man sagt euch beiden heute immer noch eine große Nähe nach.«

Rupert versuchte, zu lachen. »Eine große Nähe? Uns beiden? Ich bin Hauptkommissar, und er ist …«

»Der meistgesuchte Mann unseres Landes. Ich weiß. Aber ich bin nicht blöd. Keine Polizeiinspektion in Deutschland weist solche Erfolge auf, wie ihr sie in Ostfriesland habt. Das hat doch Gründe …«

Rupert führte ihre Gedanken zu Ende: »Und du glaubst, dass wir die Tipps von Sommerfeldt bekommen.«

»Ja, und man erzählt sich auch, dass ihr ihn deshalb deckt.«

»Das ist eine Unverschämtheit!«, empörte Rupert sich.

»Hilf mir, ihn zu fassen. Wir könnten zwei Fliegen mit einer Klappe schlagen.«

»Welche Fliegen?«, fragte Rupert und erwischte die Mücke an seinem Oberarm. Von ihr blieb nur noch ein kleiner Blutfleck übrig.

Sie zählte auf: »Die ostfriesische Polizei wäre ab dann entlastet. Du könntest aufräumen mit dem Gerücht, dass ihr ihn schützt.«

»Und die zweite Fliege?«, fragte er.

»Wir könnten uns die zehn Millionen teilen. Du gibst mir die Informationen, und ich erledige die Drecksarbeit.«

Sie ist praktisch mit mir ins Bett gestiegen, um fünf Millionen zu kassieren, dachte Rupert, und es gefiel ihm überhaupt nicht. Deshalb war alles so lieblos, so mechanisch, so gespielt leidenschaftlich abgelaufen.

»Du glaubst doch nicht im Ernst, dass irgendwer zehn Millionen dafür hinlegt. Das ist doch alles nur ein Gerücht. So wie es auch nur ein Gerücht ist, dass wir Sommerfeldt decken.«

»Du weißt genauso gut wie ich, dass beides wahr ist, Rupi. Eisenmann hätte das Geld für sich kassiert. Für uns – für seine Ninjas – wäre höchstens eine kleine Bonuszahlung drin gewesen.«

»Und von wem«, fragte Rupert, »sollte Eisenmann die zehn Millionen kriegen? Von der Bundesregierung?«

Sie nahm das als Scherz. »Nein, von Klempmann!«

Rupert zuckte zusammen. »Von Willi Klempmann, den alle George nennen?«

»Ja klar. Wusstest du das nicht?«

Rupert schüttelte den Kopf. Er musste Sommerfeldt warnen.

Sofort. Aber natürlich nicht in ihrem Beisein. Und auch nicht per Telefon. Diese Information war einfach zu heiß.

Bürgermeister Florian Eiben und Landrat Olaf Meinen überreichten Silvia Schubert einen Blumenstrauß. Der Landrat betonte: »Wir brauchen Menschen mit solchem Engagement wie Ihrem. Sie sind ein Vorbild, Frau Schubert.«

Dr. Ernest Simmel erhob sich als Erster vom Stuhl und klatschte stehend Beifall. Viele Gäste taten es ihm gleich. Auch Willi Klempmann wuchtete sich hoch. Die beiden standen jetzt nebeneinander wie Freunde.

Annika verschwand zur Toilette, um noch eine Nachricht abzusetzen. Es war ein völliges Unding für eine Personenschützerin, sich in so einer unübersichtlichen Situation vom Geschehen zu entfernen. Doch etwas anderes schien ihr wichtiger.

Sie hasste Johann Baptist Reichhart, den Henker. Ihr wurde schon schlecht, wenn er sie nur ansah. Sie gönnte ihm die Prämie nicht und hatte eine Idee, wie sie mitkassieren könnte.

Auf dem Toilettendeckel sitzend, gab sie die Information an zwei befreundete Hitmen und eine Hitwoman weiter. Sie forderte zehn Prozent für sich für einen guten Tipp.

Die zwei Männer antworteten augenblicklich mit: *Danke, dass du an mich gedacht hast* und *Selbstverständlich!*

Die dritte, eine Freundin aus alten Tagen, versprach sogar: *Von mir bekommst du die Hälfte.* Sie hieß Dorothee Schluck und wurde in der Szene *One-Hit-Wonder* genannt, womit spaßig ausgedrückt werden sollte, dass sie immer nur einen Schuss brauchte. Platten hatte sie nie gemacht, Schlager nie gesungen.

Annika versendete die Information: *Er nennt sich jetzt Dr. Ernest Simmel. Klinikleiter in Norddeich.*

Sie zog sich den Lippenstift nach und ging zurück. Genieß den Abend, Sommerfeldt, dachte sie. Es wird dein letzter sein.

Florian Eiben bat Gerd Thellmann und Dr. Ernest Simmel auf die Bühne, um sie auszuzeichnen. Holger Bloem schoss Fotos.

Als Florian Eiben Dr. Ernest Simmel vorstellte und besonders sein Engagement für das Hospiz und die Leseförderung hervorhob, stützte Willi Klempmann beide Hände auf dem Tisch ab und drückte seinen schweren Körper hoch. Diesmal wollte er als Erster stehen und Beifall klatschen. Laut rief er: »Bravo, Simmel, bravo, Thelly, bravo!«

Christine bewunderte ihren Chef dafür. Wenn man ihn jetzt ansah, hatte nichts von dem, was er tat, etwas Falsches an sich. Er wirkte tatsächlich wie ein Wohltäter, wie ein Gutmensch. Vermutlich würde er gleich, um seinen Auftritt zu untermauern, eine größere Spende ankündigen.

Dr. Simmel wirkte bescheiden auf der Bühne, so als würde er da nicht wirklich hingehören. Und in der Tat wäre er am liebsten wieder runtergegangen und hätte sich zu Frauke an den Tisch gesetzt. Doch sie ermunterte ihn mit Blicken und Daumen-hoch-Gesten. Als er gebeten wurde, ein paar Worte zu sagen, fiel es ihm schwer, was einige Gäste charmant fanden, andere dagegen peinlich.

Mit leiser Stimme, als würde er sich dafür schämen, erzählte er: »Wir haben alle von dem schweren Brand in der Krummhörn gehört. Eine fünfköpfige Familie steht jetzt ohne Dach überm Kopf da. Ich habe spontan in unserer Klinik unter den Gästen gesammelt. Es kam einiges zusammen. Ich stocke den Rest auf, so dass ich mich freue, dem Bürgermeister hunderttausend Euro für die Familie übergeben zu können.«

Als sei dies ein Bieterwettbewerb, rief Klempmann: »Ich verdopple das Ganze!«

Wie die kleinen Jungs, dachte Frauke. Sie tun Gutes, als würden sie beim Fußball Tore schießen, und versuchen, sich gegenseitig zu übertreffen. So soll es sein – mit Spaß und guter Laune.

Thelly stellte sein Projekt *Kinder in Not* vor. Er lächelte dabei. Er wusste, dass er an diesem Abend für die Stiftung einen guten Zufluss erhalten würde.

Hinter der Bühne stimmte Bettina Göschl ihre Gitarre noch einmal durch. Man hatte sie gebeten, *Sehnsüchte eines Steins* zu spielen.

Rupert fuhr nicht mit einem Dienstauto zur *Klinik hinterm Deich*. Er wollte schließlich keine schlafenden Hunde wecken. Aber ein Fahrrad schien ihm auch unangemessen. Er nahm ein Taxi.

Als er ausstieg und die junge Fahrerin mit einem großzügigen Trinkgeld belohnte, hätte er bestimmt nicht so lange herumgeflirtet, wenn ihm bewusst gewesen wäre, dass sein Kopf im Fadenkreuz eines Zielfernrohrs auftauchte.

Oben auf der Deichkrone – die Füße auf der dem Meer zugewandten Seite des Deiches – lag die Scharfschützin Dorothee Schluck. Ein leichter Nieselregen hatte eingesetzt, und hinter Juist ging die Sonne unter.

Dorothee bewegte sich so gut wie gar nicht. Zwei Möwen schauten ihr zu und kamen ihr bedenklich nahe. Sie wusste, dass Möwen Aasfresser waren. Hielten die Tiere sie bereits für tot?

Fast hätte sie abgedrückt und den Typen, der da aus dem Taxi stieg, erledigt. Doch das war eindeutig nicht Sommerfeldt. Sommerfeldt musste größer sein. Er besaß eine stattliche Statur.

Sie hatte diesen Dr. Ernest Simmel gegoogelt und sich sein Bild eingeprägt. Auf dem offiziellen Foto sah er spießig aus, mit einem scharfen Seitenscheitel.

Jetzt, da Rupert sich anders hinstellte, um sich von der Taxifahrerin die Telefonnummer geben zu lassen: »Ich brauche Sie bestimmt, wenn ich von hier wieder wegwill«, erkannte Dorothee Schluck Rupert. Der Kommissar hatte bei einer Pressekonferenz damit angegeben, in Ostfriesland sei dem Drogenhandel eine entscheidende Schlappe zugefügt worden. »Wir haben den größten Schlag in der Geschichte der Bundesrepublik gegen die europäischen Drogenkartelle vorbereitet und durchgeführt.«

Sie erinnerte sich gut an sein großspuriges Auftreten. Um den war es nicht schade, aber auch wenn sie ihm den Tod gönnte, drückte sie nicht ab. Sie war Profi. Sie tötete nur gegen Bezahlung. Sie konnte Privates und Geschäftliches gut trennen.

Der richtige Sommerfeldt ließ unterdessen die Charity-Feier noch in der *Wolbergs-Bar* ausklingen. Bei ihm waren das Ehepaar Tapper, Karl-Heinz Hartig, Uwe Buss und Christina Bitiq vom *Hospiz am Meer*. Frauke wollte sich dort ehrenamtlich engagieren und sprach mit Christina darüber, ob es möglich sei, einen Kurs zu machen und sich zur Sterbebegleiterin ausbilden zu lassen.

Schon zweimal hatte Rupert an Sommerfeldt die Nachricht *mDsA* geschickt. Doch Sommerfeldt hatte sein Handy lautlos gestellt und ging nicht ran. Als Klinikleiter fühlte er sich nicht für jeden Mist zuständig. Er hatte die *Klinik hinterm Deich* gut organisiert. Ein hochbezahltes motiviertes Team führte den Laden. Er traf nur manchmal grundsätzliche Entscheidungen und leitete die Klinik nach dem Prinzip: Ein Chef, der sich überall einmischen muss, hat entweder ein Ego-Problem oder nicht das richtige Personal.

Die Spezialistin für Plastisch-Rekonstruktive und Ästhetische Chirurgie, Dr. Sibylle Birk, die ihn auch umoperiert hatte, lockte durch ihre inzwischen legendäre Arbeit nicht nur Menschen an, die durch Unfälle verunstaltet waren, sondern auch Gangsterbosse, die dringend ein anderes Gesicht brauchten, außerdem Scheichs und Popstars, die Angst davor hatten, auf einer Party die Gesichtsältesten zu sein.

Dr. Birk hatte sich in die medizinische Leitung der Klinik hochgearbeitet. Sie erhielt das Gehalt eines Ministerpräsidenten plus steuerfreier Zulagen, spielte aber ein Vielfaches davon ein.

Eigentlich, so erwähnte Sommerfeldt, hätte sie auch an diesem Abend ausgezeichnet werden müssen. Sie hatte sieben im Ukraine-Krieg übel versehrte Menschen kostenlos operiert. Fast hätte Sommerfeldt gesagt, *sie sehen jetzt besser aus als vorher*, das schluckte er aber zum Glück mit einem Mojito runter.

Es gefiel ihm, dass Frauke und Christina Bitiq sich so gut verstanden. Frauke war wirklich heimisch in Ostfriesland geworden. Sie fühlte sich hier zu Hause, genauso wie er. Sie schämte sich immer noch ein bisschen dafür, dass sie als Miet-Ehefrau so vielen Männern zur Verfügung gestanden hatte. Sie suchte einen seelischen Ausgleich. Als Immobilienmaklerin bekam sie den nicht. Die Hospizarbeit würde ihr vielleicht helfen, das eigene Gleichgewicht wiederzufinden.

Jörg Tapper lief rüber zum Café und kam von dort mit einer neuen Pralinenkreation zurück. Er ließ alle probieren und freute sich über die vielen *Ahs* und *Ohs*. Sommerfeldt mochte Menschen, die mit Leidenschaft ihr Handwerk betrieben.

Gegen Mitternacht fuhren Frauke und Sommerfeldt auf ihren Fahrrädern zurück. Er wackelte ein bisschen. Der Mojito schmeckte nicht nur gut, sondern tat auch seine Wirkung. Er hatte, ganz gegen seine Gewohnheiten, drei getrunken, und Frauke war so viel Piña Colada auch nicht mehr gewöhnt. Sie schwankten ein bisschen, fuhren nebeneinander her, scherzten und lachten.

»Man hat es uns angesehen«, rief sie. »Dir zumindest, mit deinem Lippenstift am Kragen!«

»Nur dir hat man nichts angemerkt«, stichelte er. »Deine Frisur wird jetzt bestimmt Mode. Holger Bloem hat dich ein paarmal abgelichtet.«

Sie griff sich sofort ins Haar. »Wieso? Was ist denn? Wie sehe ich aus?«

»Als hättest du vorher Sex im Sonnenblumenfeld gehabt«, freute Sommerfeldt sich und betätigte seine Fahrradklingel, als müsse er seinen Satz mit lautem Bimmeln unterstreichen.

Der Regen machte den beiden überhaupt nichts aus. Im Gegenteil. Sie genossen es, nass zu werden. Sommerfeldt fuhr jetzt freihändig vor ihr her und reckte sein Gesicht zum Himmel. Regen war für ihn auch nur eine Möglichkeit, sich mit der Natur zu verbinden.

»Du bist echt der Typ, der sich mit einem Liegestuhl im Garten fläzt, wenn es regnet.«

»Ja«, rief er, »du hast mich durchschaut. Du kannst mir wirklich tief in die Seele schauen.«

Dorothee Schluck fand, das sei eine geniale Situation. Sie konnte beide vom Fahrrad schießen. Es war sowieso klug, diese Frauke gleich mit zu erledigen. Für die gab es zwar kein Preisgeld, doch das war genau die Frau, die sich grausam rächte, wenn ihr jemand ihren Lebenspartner wegnahm, egal ob durch eine Affäre oder einen Kopfschuss.

Dorothee fand Frauen sowieso viel gefährlicher als Männer. Männer ließen sich einwickeln oder mit Sex verrückt machen. Frauen behielten einen klaren Kopf und konnten sich grausam rächen.

Sie sah die Lichter der Radfahrer näherkommen. Sie fuhren Schlangenlinien. Der Regen machte auf die Entfernung einen Treffer schwierig, daher beschloss Dorothee, die beiden herankommen zu lassen und direkt vor dem Eingang zur Klinik zu erledigen. Die Bewegungsmelder dort würden den Zugang hell erleuchten lassen.

Ein Pärchen, das zwar verheiratet war, aber nicht miteinander, hatte sich in drei zusammengestellten Strandkörben unten an der Wasserkante vergnügt. Jetzt wurde der Regen zu heftig. Patschnass rannten sie auf den Deich zu.

Sie hatte einen Ehemann in der Klinik. Er eine Ehefrau in einer Ferienwohnung in Greetsiel.

Die Frau plagten jetzt Gewissensbisse. Sie war eigentlich katholisch und hatte so etwas noch nie gemacht. Den Regen empfand sie fast als Strafe, als sei der liebe Gott jetzt sauer auf sie. Sie fürchtete, ihr Mann könnte ihr alles sofort ansehen.

Sie beschloss, das Ganze zu beichten, aber nicht in ihrer Kölner Gemeinde, schließlich kannte der Pastor nicht nur sie, sondern auch ihren Mann. Sie wollte die Beichte lieber in einer Kirche in Ostfriesland ablegen, bei einem Priester, für den sie eine Fremde war.

Sie empfand es als Schandtat. Das Wort ging ihr nicht aus dem Kopf. Es war, als würde ihre tote Mutter mit ihr schimpfen. In Wirklichkeit hätte sie stolz auf sich sein können, denn als Dorothee Schluck hinter sich Leute heranhecheln hörte, ließ sie ihr Gewehr unter ihrem Regenmantel verschwinden und lief gebückt in die entgegengesetzte Richtung.

Sommerfeldt und seine Lebensgefährtin zu töten war das eine. Aber ganz nebenbei noch ein patschnasses Pärchen abzuknallen – nein, das widerstrebte Dorothee. Sie hatte gelernt, dass sich die Dinge viel zu rasch ausweiteten. Es kam aber darauf an, die Taten einzudämmen. Das Ziel zu verfolgen und dann schnell abzuhauen. Verdeckungstaten führten oft zur Ergreifung. Ein toter Serienkiller, darüber würde sich die Polizei vermutlich klammheimlich freuen. Aber so ein unschuldiges Pärchen ... Nein, so unprofessionell wollte sie nicht sein und auf keinen Fall den Hass der Behörden auf sich ziehen.

Leicht angesäuselt und fröhlich betraten Frauke und Sommerfeldt, ganz in der Leichtigkeit des Seins angekommen, die Klinik. Im Flur nahm er sie auf den Arm, um sie die Treppen hochzutragen. Sie hatte ein wenig Angst, weil er nicht mehr ganz nüchtern war, und sie wollte nicht mit ihm die Treppe runterfallen. Aber es lief alles gut, zumindest bis sie oben in ihren Privaträumen ankamen. Dort saß Rupert wie ein Bodyguard vor der Tür. Er flüsterte, als hätte er Angst, belauscht zu werden, aber gleichzeitig legte er eine Vehemenz in seine Worte und Gesten, die sie erschreckte.

»Wieso rufst du mich nicht an? Wir haben einen Code vereinbart! Ich hab dir ...«

Sommerfeldt machte eine tänzelnde Bewegung und setzte Frauke ab. »Ach, Handy, Handy ... Das ist doch eine Geißel der Menschheit! Wer will denn ständig aufs Handy gucken, während um ihn herum das Leben tobt?«

»Ja, schön für dich«, grummelte Rupert. »Du bist aufgeflogen.«

»Wie? Was? Aufgeflogen?«

Sommerfeldt veränderte seine Körperhaltung. Frauke erstarrte. Er wirkte, als sei er schlagartig nüchtern geworden.

»Klempmann hat die zehn Millionen auf dich ausgesetzt.«

Frauke konnte es nicht fassen.

Sommerfeldt blies Luft aus. »Klempmann?«

»Ja! Und er weiß jetzt auch genau, wer du bist und wo du bist.«

Sie betraten gemeinsam das große Wohnzimmer. Sommerfeldt ging zum Getränkeschrank, nahm aber nichts Alkoholisches heraus, sondern holte nur drei Gläser. Er füllte sie mit ostfriesischem Leitungswasser. Er leerte mit dem Rücken zur Wand ein Glas, und es schien ihm sofort besser zu gehen. »Das ist doch alles nur Quatsch. Wer erzählt denn solchen Mist?«

»Das ist kein Mist. Eine von den Ninjas hat es mir erzählt. Sie würde dich gerne umlegen und sich das Geld holen. Sie möchte es mit mir teilen …«

»Ach was, das sind doch nur Gerüchte, da darfst du nichts drauf geben.«

Rupert sah das große Buchregal an und spuckte seine Frage gegen die von ihm nicht gelesene Weltliteratur, als könne er von dort eine Antwort bekommen: »Was mache ich hier eigentlich?«

Das Pärchen trennte sich. Sie benahmen sich auf der Straße wie zwei Fremde, die nur zufällig in eine Richtung mussten. Sie ging in die Klinik, zurück zu ihren Mann, ihr Lover legte einen Spurt zum Parkplatz ein, um nach Greetsiel zu seiner Ehefrau zu fahren. Er hatte Angelsachen im Kofferraum. Er wollte ihr erzählen, er sei zum Nachtangeln gefahren und hätte es wegen des heftigen Regens abgebrochen.

Dorothee Schluck hatte Glück. In der obersten Etage konnte

sie hinter den beleuchteten Fenstern Sommerfeldt, Frauke und Rupert sehen.

Es waren immer noch gut achtzig Meter, und bei dem starken Regen ergab das keinen leichten Schuss. Ihr Zielobjekt erschien immer nur kurz und verschwand dann in die Tiefe des Raumes. Wenn er nicht nah genug am Fenster stand, hatte sie kaum eine Chance.

Sie war es gewohnt, zu warten. Manchmal hatte sie fünf, sechs Stunden gelauert, bis sie ihren berühmten Schuss abgab, der jedes Mal eine Todesursache darstellte.

Sie hatte den Finger am Abzug. Sie sah Sommerfeldt im Fadenkreuz, doch zwei Möwen, die Frauke Sigurd und Akim getauft hatte und die sich ständig in der Nähe der Klinik aufhielten, flatterten auf.

Die Kugel verließ den Lauf. Scheiben klirrten. Federn flogen durch die Luft.

Sommerfeldt, Rupert und Frauke warfen sich sofort auf den Boden. Rupert zog seine Waffe, kroch in Richtung Fenster, und als er auf Sommerfeldts Höhe war, sagte er: »Gerüchte. Na klar. Alles nur Gerüchte!«

Frauke rief: »Licht aus!«

Sommerfeldt warf sein Glas zum Lichtschalter. Er traf.

Schon stand Rupert neben dem Fenster und versuchte, etwas zu erspähen. Er sah nur eine wild schimpfende Möwe.

Dorothee Schluck trat sofort den Rückzug an. Man gibt einen Schuss ab und verschwindet. So hatte sie es gelernt. Kein Nachhaken, kein *Wer A sagt, muss auch B sagen*, nein, entweder es klappte beim ersten Mal oder eben nicht.

Ihre Augen waren immer noch gut, ihre Hand immer noch ruhig. Sie schob alles auf die schlimmen Wetterbedingungen, dieses Liebespärchen und die Scheißmöwen. Heute sollte es einfach nicht sein.

Rupert wollte nach unten, um den Schützen zu stellen, doch Sommerfeldt hielt ihn fest: »Bist du wahnsinnig? Du bist selbst sofort eine Zielscheibe. Außerdem, wem willst du das erklären, dass du direkt hier vor unserer Kurklinik eine Schießerei angefangen hast?«

»Ich hab nicht angefangen«, verteidigte Rupert sich.

»Er hat recht«, sagte Frauke zu Sommerfeldt. »Wir sind aufgeflogen. Wir müssen weg.«

Sie sah bei der Schlussfolgerung *Wir müssen weg* aus, als könne sie gleich in Tränen ausbrechen.

»Das alles hier verlassen?«, fragte Sommerfeldt.

»Uns bleibt keine andere Wahl.«

»Ja«, sagte Rupert, »und in dem Fall würde ich an deiner Stelle auf meine Frau hören. Die Ninjas sind hinter dir her und jeder kleine Vorstadtganove, der glaubt, das Zeug zum Auftragskiller zu haben und gerne die zehn Millionen verdienen möchte. Und ich fürchte, das wollen viele …«

Sommerfeldt lief nach nebenan. Er holte seine Messersammlung. Seine sechs Lieblingsmesser, eingerollt in einer Stoffhülle.

Das sagte aus Fraukes Sicht alles.

Jetzt sinnierte er mit versteinertem Gesicht: »Aufgeflogen ... Die OP, die neue Identität, alles umsonst?«

»Hey, die Polizei weiß nichts davon«, rief Rupert.

»Sagt ein Polizist«, kommentierte Frauke.

»Ich meine, hinter dir sind Gangster her«, behauptete Rupert.

»Dann verhafte sie«, forderte Frauke von ihm.

»Nein«, bog Sommerfeldt ab, »das ist meine Aufgabe. Ich muss sie mir holen. Sonst haben wir nie Ruhe.«

»Ja, willst du jetzt hier gemütlich Koffer packen oder was?«, schnauzte Rupert verständnislos.

Sommerfeldt begriff. Auch, wenn alle seine Gefühle sich dagegen sträubten, musste er sich der Realität fügen. Er packte nicht. Er rannte die Treppe runter. Rupert und Frauke folgten ihm.

Er hatte einen direkten Zugang zur Garage. Er nahm den weißen Mercedes. Das Fahrzeug war für eine Flucht gut ausgestattet.

Er warf die Messersammlung hinter sich auf den Rücksitz.

Frauke stand an der Autotür. Sie klopfte gegen die Scheibe. »Hey, willst du mich nicht reinlassen?«

Rupert lief gebückt mit seiner Heckler & Koch in der Hand zum Deich. Von dort musste der Schuss gekommen sein. Er leuchtete mit seiner Taschenlampe und suchte den Schützen. In seiner Vorstellung war es ganz klar ein Mann.

Sommerfeldt ließ die Scheibe herunter. »Jetzt«, sagte er, »bin ich wieder da, wo ich am Anfang war. Ich werde gejagt und bin auf der Flucht.«

Sie schüttelte den Kopf. »Nein. Es ist nicht ganz so wie am Anfang.«

Er sah sie nur an.

Sie schluckte: »Damals warst du allein. Jetzt nicht mehr, Bernhard. Wir sind zu zweit.« Sie ging um den Wagen herum, öffnete die Beifahrertür und stieg ein.

Er fuhr den Wagen aus der Garage. Er rechnete damit, dass erneut geschossen werden würde, doch dieses Fahrzeug war mit kugelsicheren Scheiben ausgerüstet.

Frauke drehte sich im Beifahrersitz um und blickte auf die Klinik. »Wir hatten eine verdammt gute Zeit in Norddeich«, sagte sie mit belegter Stimme.

Sie setzte sich wieder anders hin. Die Klinik verschwand im Rückspiegel.

Frauke versuchte, die Stimmung aufzuhellen. Sie stellte eine rhetorische Frage:

»Ist wenigstens noch genug Sprit im Tank?«

Er erwiderte: »Ich bin immer auf alles vorbereitet.«

Sie küsste ihn auf die Wange: »So hatte ich mir die Flitterwochen mit dir immer vorgestellt. Wir beide alleine auf der Flucht …«

ENDE

Leseprobe

Klaus-Peter Wolf
EIN MÖRDERISCHES PAAR

DER STURZ

Dieser Band erscheint im Juni 2025

Andere verbrachten die Flitterwochen vielleicht in St. Moritz oder Südtirol. In der Karibik oder bei einer romantischen Städtetour. Paris. London. New York.

Dr. Bernhard Sommerfeldt und seine Ehefrau Frauke fuhren über die A 31 ins Ruhrgebiet, nach Gelsenkirchen-Ückendorf.

Sie schlichen wie zwei Grabschänder bei Dunkelheit über den Südfriedhof. Ihr Fluchtauto parkte in der Günnigfelder Straße, Ecke Aschenbruch.

Sie huschten im Schutz der Finsternis den Hauptweg entlang bis zum zweiten Rondell. Nicht weit davon, bei der Christusfigur, begann er zu graben.

In Gelsenkirchen hatte er Verstecke angelegt. Nein, keine Schließfächer in Sparkassen. Er wollte auf der Flucht nicht gern gefilmt werden.

Friedhöfe, Parkanlagen, selbst der Zoo, waren dagegen gute Plätze für Stahlkassetten mit Bargeld, Ausweisen und Kreditkarten. In jeder Box ein sicheres Handy. An den Modellen sah er erst, wie viel Zeit vergangen war.

Er hatte gemeinsam mit Frauke ein gutes Leben in Norddeich geführt. Sie waren anerkannte Mitglieder der Gesellschaft gewesen. Er als Leiter der *Klinik hinterm Deich*, sie als Immobilienmaklerin. Für viele ein Glamourpaar, auch wenn sie sich weigerten, zu strahlen und zu glitzern.

Er hasste Schusswaffen. Trotzdem lag in jeder Kassette eine Pistole mit Ersatzmagazin. Für Frauke war das ein romantischer Liebesbeweis. Er hatte also damals schon, als er seine Verstecke vorbereitet hatte, um für alle Eventualitäten gewappnet zu sein, an sie gedacht. Er glaubte wirklich an ihre Beziehung!

Für sie, die mit Handfeuerwaffen umgehen konnte, als würde sie planen, damit im Zirkus aufzutreten, hatte er, ihren Fähigkeiten entsprechend, einen Ballermann vergraben. Natürlich mit Schalldämpfer und Reservemagazin.

Sie war gerührt. Er hatte also nie vorgehabt, allein zu fliehen.

Wir gehören halt zusammen, dachte sie. Auf Gedeih und Verderb!

Der Sternenhimmel über dem Südfriedhof in Ückendorf erinnerte sie an klare Nächte auf Spiekeroog, Wangerooge oder Langeoog, weil so viele Sterne zu sehen waren, denn die Lichtverschmutzung durch Leuchtreklame und Autoscheinwerfer existierte auf den Inseln praktisch nicht.

Hier war es ähnlich. Es fehlten ihr nur das Rauschen der Nordseewellen und die Möwenschreie. Dafür gab es hier Nil- und Kanadagänse. Sie sahen Sommerfeldt aufgeregt bei der Arbeit zu, als hätte er vor, für sie Futter auszugraben.

Sommerfeldt sprach mit den Tieren: »Na, man sagt ja, ihr schmeckt bitter. Anders als domestizierte Zuchtgänse seid ihr halt wild und nicht nur für die Bratröhre geboren … wir haben viel gemeinsam … wir sind Überlebenskünstler und gehören eigentlich gar nicht hierhin.«

Die Wildgänse schienen ihm zu antworten. Fast wirkte es, als würden sie miteinander flüstern. Eine Gruppe von fünf Gänsen umringte ihn inzwischen.

Er rief Frauke zu: »Ich glaube, in einer Knoblauch-Sahnesoße könnten sie gut schmecken. Man sollte eine lange Garzeit bei niedriger Temperatur wählen … Sie sind gut genährt. Die schmoren leicht im eigenen Fett. Mit Kichererbsen, Orangenstückchen und Datteltomaten könnte das eine Köstlichkeit werden.«

Er fächelte sich Luft zu, als würde er es schon riechen.

»Gänsebrust mit Kurkuma – nicht zu viel Chili, Kreuzkümmel, Harissa und Sternanis!« Er überlegte kurz und entschied dann: »Ein paar Nüsse gehören auch dazu. Mandeln auf alle Fälle.«

Er küsste seine Fingerspitzen.

Eine Gans reckte den Hals und schnatterte laut los. Es war wie ein Schimpfen oder eine Warnung. Es kam Frauke so vor, als hätte die Gans seine Worte genau verstanden und würde sie jetzt für die anderen übersetzen. Sekunden später verschwanden die Wildgänse nämlich in der Dunkelheit, aus der sie gekommen waren. In der Ferne hörte Frauke sie noch palavern.

Sommerfeldt schloss die Ausgrabung wieder und trat die Erde fest.

Er packte die leere Kassette und den Spaten in den Kofferraum des weißen Mercedes. Die Pistole und das Magazin gab er Frauke, wie andere Männer ihrer Frau einen Blumenstrauß überreichten.

Ohne nachzuzählen, erhielt sie dann auch die Hälfte des Bargelds. Es waren ein Stapel grüner Hunderter und gelber Zweihunderter. Vielleicht fünfzigtausend pro Nase, eher mehr als weniger.

Wichtiger waren die Kreditkarten und Ausweise. Er gab ihr gleich drei mit ihrem Foto. Einmal hatte sie lange blonde Haare, einmal kurze schwarze, einmal einen roten Wuschelkopf.

Das alles lagerte hier und hatte darauf gewartet, gebraucht zu werden. Sie fühlte sich unendlich geliebt und wertgeschätzt.

Sie fuhren weiter Richtung Dinslaken. In der Nähe der sogenannten *Dinslakener Elbphilharmonie* gab es eine moderne Fünfzimmerwohnung, für die Frauke einen Schlüssel besaß. Als Immobilienmaklerin sollte sie die Eigentumswohnung verkaufen. Sie war ihr von einem schnöseligen Jungerben im Paket mit vier Einfamilienhäusern angeboten worden. Er wollte sich um nichts kümmern. Er hatte eine Freundin und mehrere Weinberge - oder einen Weinberg und mehrere Freundinnen, das wusste sie nicht mehr so genau. Jedenfalls lebte er in der Nähe von Rom.

Frauke schlug Sommerfeldt vor, in der Eigentumswohnung zu übernachten. Er wollte eigentlich gleich weiter nach Groß-Zimmern in Hessen. Im Boardinghouse bei der Golf-Akademie fühlte er sich sicher und wohl. Dort hatte er sich schon einmal eine Zeitlang versteckt gehalten, bevor er zum Klinikleiter in Ostfriesland geworden war.

Nur weil sie sich auf der Flucht vor ein paar Profikillern befanden, die scharf auf die zehn Millionen waren, die Willi Klempmann auf seinen Kopf ausgesetzt hatte, wollte er nicht auf seinen geliebten Sport verzichten.

Achtzehn Loch, bei diesem phantastischen Panorama, eingebettet in die Ausläufer zwischen Odenwald und Spessart! Da konnte er einfach nicht widerstehen.

»Zweihundert Meter über dem Meeresspiegel«, erklärte er, »fliegen die Bälle ganz anders als in Lütetsburg oder auf Langeoog.«

Sie konterte: »Vielleicht ist die Luft da dünner.«

Er wollte am liebsten die Nacht durchfahren und morgens in Groß-Zimmern mit ihr frühstücken. Er behauptete, ein herrlicher Tag würde sich ankündigen, und sie könnten erst mal eine Runde Golf spielen.

»Das beruhigt«, versprach er, »dabei kann ich meine Gedanken am besten sortieren, komme wieder in meine Mitte, und dann überlegen wir uns genau, wie es weitergeht.«

Sie bestand auf einer Ruhepause in Dinslaken.

»Meinetwegen kannst du eine Gans mitnehmen. Es gibt da eine große Einbauküche, darin einen extragroßen Bräter, und die Boxspringbetten werden dir auch gefallen.«

Er holte sich keine Gans, aber er gab den Wünschen seiner Frauke sofort nach.

Arm in Arm, wie ein frisch verliebtes Pärchen, das eine einsame Stelle zum Knutschen sucht, schlenderten sie noch ein paar Meter am Friedhof vorbei, bevor sie den Wagen bestiegen und nach Dinslaken aufbrachen.

Die Spezialistin für Plastisch-Rekonstruktive und Ästhetische Chirurgie, Dr. Sibylle Birk, sah die kaputte Scheibe und die Scherben. Sie musste die Kugel im Bücherregal nicht suchen. Sie konnte sich lebhaft vorstellen, was geschehen war. Sie hatten jederzeit damit rechnen müssen.

Es war alles vorbereitet. Die Papiere lagen unterschrieben in ihrem Schrank. Dr. Bernhard Sommerfeldt übertrug ihr die Leitung der Klinik, falls er *für längere Zeit verreisen müsste.*

Sie hatte Zugriff auf die Konten und durfte schalten und walten, wie sie wollte. Er vertraute ihr. Es gab einen Code zwischen ihnen: *Ich lese gerade Hape Kerkelings »Ich bin dann mal weg«.*

Sollte dieser Spruch abgefangen und interpretiert werden, würde man ihn vermutlich auf dem Jakobsweg suchen, und dort war er garantiert nicht.

Sie war aufgeregt. Er vertraute ihr vollkommen. Kein Wunder – sie hatte ihn operiert. Sein Gesicht war ein Meisterwerk, auf das sie stolz war.

Auch so eine Ironie des Schicksals … Sie hätte zu gern damit angegeben, aber niemand durfte wissen, dass sie es war, die aus einem gesuchten Killer einen angesehenen Klinikleiter gemacht hatte – zumindest äußerlich. Er würde sie garantiert nicht verraten.

Sie spürte einen Schmerz in sich, weil er nicht mit ihr, sondern mit Frauke geflohen war. Ja, wenn er sie gefragt hätte, wäre sie vermutlich bereit gewesen, alles stehen und liegen zu lassen, um mit ihm durchzubrennen. Sie wunderte sich selbst über ihre Gefühle. Sie hatten nie etwas miteinander gehabt außer dieser professionellen und zutiefst menschlichen Basis.

Wahrscheinlich hatte niemand in ihrem Leben mehr für sie getan als er. Ihm konnte sie alles sagen. Ihren Eltern und ihren wechselnden Lebenspartnern nicht.

Als sie durch einen Vermögensberater in Schwierigkeiten geraten war und befürchten musste, wegen Steuerhinterziehung ins Gefängnis zu gehen, hatte Sommerfeldt das Problem für sie erledigt und den Vermögensberater ebenfalls.

Er hatte sie mit zwei Millionen und einer Bürgschaft gerettet. Der Vermögensberater war zu Fischfutter geworden, wie Sommerfeldt es ausdrückte.

Seitdem arbeitete sie für ihn.

Sie hatte nie ganz begriffen, warum er es getan hatte. Eine Weile fühlte sie sich gesehen, ja geliebt. Einen besseren Menschen als ihn kannte sie nicht. Und sie wusste, dass er wegen sechs Morden gesucht wurde, von denen er keinen bereute.

Einmal von ihr darauf angesprochen, hatte er gescherzt: »Ach Gott, sechs … es waren viel mehr.« So wie er es aussprach, kokettierte er damit, nicht mehr mitzuzählen.

Sie fragte ihn: »Weißt du wirklich nicht mehr, wie viele es waren?«

Er zuckte mit den Schultern und grinste: »Wusste Picasso, wie viele Bilder er gemalt hat?«

Ja, er konnte überheblich sein. Auch arrogant. Aber das war nur ein Anzug, den er trug, eine äußere Schale. In Wirklichkeit war er eine Seele von Mensch.

Er hatte nie von ihr verlangt, die zwei Millionen zurückzuzahlen. Im Gegenteil. Für ihn war das einfach erledigt, und er sprach nicht mehr darüber. In ihrer Phantasie hatte er das Geld dem Vermögensberater abgenommen und ihn dann abgestochen.

Wie kalt er gegen Verbrecher sein konnte und wie liebevoll er mit den Patienten und dem Klinikpersonal umging, hatte sie am Anfang sehr irritiert. Sie erinnerte sich an ein Gespräch: »Bist du eine gespaltene Persönlichkeit?«, hatte sie ihn gefragt.

Er, der Liebhaber russischer Literatur, stand da, mit Dostojewskis *Schuld und Sühne* unterm Arm - ein Roman, in dem er immer wieder las - und fragte zurück: »Sind wir das nicht alle? Jeder von uns ist viele andere. Es beginnt ganz früh. Wenn du mit deinen Freundinnen alleine warst, dann warst du doch anders, als wenn du mit deinen Eltern zusammen warst. Wenn du mit dem Chirurgenmesser arbeitest und deine Kunstwerke vollbringst, bist du doch nicht dieselbe, die abends heult, weil ihr Lover eine andere hat.«

Sie erinnerte sich noch genau. Sie hatte sich damals ins Gesicht gegriffen und sich gefragt, woher er wusste, dass sie gerade in einer schrecklichen Beziehung lebte und eine große Enttäuschung durchmachte. Sie fühlte sich gedemütigt und ausgenutzt, von dem Vermögensberater finanziell, von dem Lover sexuell.

Sie hatte sich bei ihm ausgeweint, und das tat gut. Doch danach gruselte sie sich vor ihm, denn sie fragte sich, ob er dieses Problem nun auch auf seine Weise lösen würde.

Sie hatte sich kurz an ihn gekuschelt und ihn gebeten: »Bitte tu ihm nichts. Er ist zwar ein Arsch, aber ...«

Sommerfeldt hatte ihr über den Kopf gestrichen und gespottet: »Soll sich doch jetzt eine andere mit ihm herumärgern.«

Sie nahm das als sein Versprechen, ihn leben zu lassen.

Und jetzt übergab er ihr die Leitung der Klinik.

Wie wäre, dachte sie, mein Leben verlaufen, hätte ich ihn nicht kennengelernt? Würde ich wegen Steuerhinterziehung im Knast sitzen, oder wäre ich zur Bewährung herausgekommen und dürfte jetzt in irgendeinem Krankenhaus Überstunden schieben, um meine Schulden abzuzahlen?

Sie saß hinter ihrem Schreibtisch und erwischte sich selbst dabei, dass sie auf ihrem Block mit spitzem Bleistift ein neues Gesicht für ihn entwarf. Es tat ihr in der Seele weh, aber auf dem Papier machte sie einen hässlichen Menschen aus ihm. Mit dicker, großporiger Rotweintrinkernase, pausbäckig, mit wulstiger Stirn.

Sie hörte Schritte im Flur. Mit heftigen Strichen versuchte sie, das Gesicht unkenntlich zu machen, so als hätte sie sich an ihm versündigt. Sie riss das Blatt vom Block, zerknüllte es und warf es in den Papierkorb.

Anders als sie erwartet hatte, gingen die Schritte weiter. Man wollte nicht zu ihr. Das würde sich in dem Moment ändern, wenn alle wussten, wer die Geschicke der Klinik jetzt leitete.

Sie fischte das zerknüllte Blatt aus dem Papierkorb und glättete es. Sie schämte sich ein bisschen, so als hätte sie Sommerfeldt etwas angetan.

Johann Baptist Reichhart fühlte sich nicht im Geringsten liebenswert. Er hatte für Zuwendung immer bezahlen müssen – mit Leistung oder mit Geld.

Er glaubte, die drei Frauen im Griff zu haben. Sie waren abhängig von ihm. Die beiden spindeldürren Schwestern Claudia und Samantha wurden von der Polizei gesucht, und er gab ihnen die Möglichkeit, ihren Lebenstraum von Freiheit und Unabhängigkeit zu verwirklichen. Dafür waren sie aber eine Weile seine Sklavinnen.

Ja, genau so sah er es. Auch wenn er es nicht aussprach, ließ er sie es spüren. Er war hier der Chef im Ring!

Die mollige Desiree hatte er einst als Stammkunde besucht, so oft es nur ging. Es war eine schöne Zeit gewesen, doch dann begann er, eifersüchtig auf die anderen Freier zu werden. Er wollte sie ganz für sich allein.

Er liebte sie auf eine verrückte, verzweifelte Art und traute sich doch nicht, es zuzugeben. Liebe machte so verdammt abhängig.

So gut wie sein Vorbild, der Nazi-Henker Johann Baptist Reichhart, nach dem er sich benannt hatte, konnte er sowieso nicht mehr werden. Johann Baptist hatte später für die Alliierten weitergearbeitet und dann die Leute aufgehängt, von denen er vorher Mordaufträge erhalten hatte.

So wollte er auch sein: Nur auf seinen eigenen Vorteil bedacht. Kaltblütig. Professionell. Moral war etwas für die anderen.

In diesem abgelegenen Haus hinter den Hecken und hohen Bäumen bildete er die Schwestern aus und genoss es, wie sie untereinander in Konkurrenz gerieten. Er bildete sich sogar ein, dass sie um ihn und seine Gunst buhlten.

War Desiree, die alte Hure, eifersüchtig auf ihre schmalhüftigen Konkurrentinnen? Er konnte mit so dünnen Frauen nichts anfangen. Er wühlte sich lieber durch Fleischberge.

Als ihn die Nachricht *Sommerfeldt nennt sich jetzt Dr. Ernest Simmel und leitet die* Klinik hinterm Deich *in Norddeich* von Annika erreichte, befürchtete er sofort, dass dieses gemeine Luder andere Hitmen früher informiert hatte als ihn. Fairness oder Chancengleichheit gab es in dem Job nicht. Jeder wollte beim Run auf die zehn Millionen am Ende der Sieger sein.

Er schlug mit der rechten Faust in die linke und ärgerte sich: »Die *Klinik hinterm Deich!* Das hätte ich mir denken können.«

Man munkelte in der Szene schon lange, dies sei ein Rückzugsort für Leute, die sich nicht gern in einem offiziellen Krankenhaus behandeln ließen. Entweder weil sie in der Öffentlichkeit standen oder weil sie gesucht wurden.

Er war ein Einzelgänger. Er gab nichts auf solche Gerüchte. Es gab überall Ärzte, die gegen eine Cash-Zahlung bereit waren, von Meldungen an die Behörden abzusehen.

Er übte gerade mit Claudia und Samantha das lautlose Töten mit der Garotte. Um nicht verletzt zu werden, wickelten sie sich Handtücher um die Hälse, denn sie sollten auch in die Situation des Opfers kommen. Sie mussten dieses Zappeln spüren, wie sich die Bewegungsfreiheit langsam einengte und wie es war, wenn jemand verzweifelt um sich schlug.

Er machte es ihnen vor. Desiree saß im Sessel und beobachtete alles, als sei dies eine Theaterprobe und sie hätte lediglich eine Statistenrolle. Sie rauchte dabei ihre verbotenen Mentholzigaretten, die, seitdem sie nicht mehr legal waren, noch besser schmeckten.

Er mochte diesen Moment, wenn sie ihm völlig ausgeliefert waren, wenn er die Garotte um ihren Hals zuzog. Ja, die

Haut war durch das Handtuch geschützt, doch sie spürten: *Ich kann nichts mehr machen, bin völlig in seiner Hand, und wenn das jetzt keine Übung ist, sondern er ernst macht, werde ich sterben.*

Wahrscheinlich war das der Moment tiefsten Vertrauens und größter Angst.

Er ließ sie jeweils eine Weile zappeln, bevor er die Schlinge löste.

Sie probierten es auch miteinander. Zunächst Claudia bei Samantha, aber sie machte es sehr zaghaft. Unentschlossen. Er packte ihre Hände und zog die Stahlschlinge zwischen ihren Fingern straffer.

Er unterbrach die Übungen. »Wir wissen jetzt, wie er aussieht und wie er heißt.«

Die beiden waren froh, dass die Übungsstunde damit beendet war. Sie rieben sich die Hälse, und auch die Hände taten ihnen weh.

»Ich fürchte«, sagte Johann Baptist Reichhart zu Desiree, »die beiden sind noch nicht so weit.«

Desiree war anderer Meinung: »Die beiden haben einen Polizisten vergiftet, den sie für Sommerfeldt hielten.«

»Zwei«, korrigierte Samantha.

»Sie haben also bewiesen, dass sie töten können«, lobte Desiree die zwei.

Er sprach es verächtlich aus: »Ja. Mit Gift. Aber ich will ihn nach Luft japsen sehen. Wenn wir ihn in der *Klinik hinterm Deich* besuchen, dann brauchen wir einen guten Grund.« Er zeigte auf Desiree. »Entweder gehst du dorthin, um dir den Magen verkleinern zu lassen, oder …«

Sie erschrak, sah aber in seinem Gesicht, dass er das nicht ernst meinte. Dafür liebte er ihre Pfunde doch viel zu sehr.

Er drehte sich zu Samantha und Claudia um: »Oder eine von euch beiden lässt sich das Gesicht verschönern.«

»Das haben wir nicht nötig«, bellte Samantha zornig.

»Das sehe ich anders, Mädels«, konterte er. »Erstens werdet ihr von der Polizei gesucht – ihr braucht nicht nur neue Gesichter, sondern auch neue Fingerabdrücke, weil der Tatort nicht vernünftig gereinigt wurde, und zweitens fürchte ich, dass es so weit gar nicht kommen wird, weil Sommerfeldt vorher stirbt.«

Er stupste gegen Claudias Nase: »Oder willst du dir vorher das Näschen operieren lassen und ihn dann strangulieren?«

Claudia wünschte sich ihr altes, langweiliges Leben zurück, das sie so öde gefunden hatte, bevor sie wusste, wie anstrengend Abenteuer sein konnten.

In Samanthas Augen dagegen entdeckte Johann Baptist die Entschlossenheit, es hinter sich zu bringen.

Leseprobe

Klaus-Peter Wolf
OSTFRIESENNEBEL

Der neue Fall für
Ann Kathrin Klaasen

Der Roman (Band 19) erscheint am 29. 1. 2025

Normalerweise war es hier oben im Flur der Polizeiinspektion ruhig. Wenn mal eine Tür geknallt wurde, waren es entweder der Durchzug oder Kommissar Rupert.

Beim letzten Mal war es hier vor ein paar Jahren laut gewesen, als ein Serienkiller versucht hatte, aus Ann Kathrin Klaasens Büro zu fliehen. Er hatte Marion Wolters in die Hand gebissen und war direkt in Jessi Jaminskis Faust gelaufen.

Jetzt tobten zwei Grundschulkinder durch den Flur und kegelten einen Stuhl gegen Ruperts Tür. Der wurde bei seinem Versuch, sich hochzuschlafen, gestört.

Er hatte davon geträumt, zum Polizeichef ernannt worden zu sein.

Der Lärm hatte nicht nur ihn, sondern auch Marion Wolters aus ihrem Büro gelockt. Rupert und Marion sahen sich feindselig an.

Ein blonder Junge zerrte seinen zwei Jahre jüngeren Bruder über den Boden. Der Kleine versuchte, sich zunächst an der Tür festzuhalten, dann an Rupert.

»Na«, fragte Rupert verständnisvoll lächelnd, »spielt ihr Cowboy und Indianer?«

»Nein«, konterte der Ältere, »wir spielen Klimakleber und Polizei.«

Ein Seufzer entfuhr Rupert: »*Was* macht ihr?«

Marion Wolters giggelte: »Sie spielen Klimakleber und Polizei. Ich glaub's nicht!«

Ihr schien das zu gefallen.

Der Kleinere klammerte sich immer noch an Ruperts Bein fest. Rupert bückte sich, löste die Hand des Jungen und schlug ihm vor, sich gefälligst woanders festzukleben. Dann drehte Rupert sich kopfschüttelnd um und verschwand mit dem Satz »Was ist nur aus dieser Welt geworden?« in sein Büro.

Marion Wolters versuchte, beruhigend auf die Kinder einzuwirken. Mit ihrer leisen, warmen Stimme gelang ihr das sogar: »Ihr seid doch bestimmt nicht alleine hier, oder?«, fragte sie und versuchte, Blickkontakt aufzunehmen, erst zu dem Älteren, dann zu dem Jüngeren. Der Große reagierte nicht, sondern zerrte an seinem Bruder herum. Der Kleine zeigte auf Ann Kathrins Tür und rief: »Wir sind mit unserer Mama da!«

Drei Stühle waren zu einer Pyramide aufgebaut, ein anderer lag quer im Flur, nahe bei der Treppe. Marion ordnete die Stühle wieder und stellte so im Flur eine Wartezimmeratmosphäre her.

»Setzt euch hier mal brav hin«, schlug sie vor. »Ich kann euch gerne Papier bringen und Stifte, dann könnt ihr etwas malen.«

»Au ja! Ein Atomkraftwerk, und das legen wir dann still«, forderte der Kleine.

Der Große rief: »Nee, wir lassen es explodieren!« Er machte eine Bewegung, als würde er es bereits in die Luft sprengen: »Boouuuwww!«

Marion Wolters, die den Umgang mit Kindern in dem Alter nicht gewohnt war, öffnete die Tür zu Ann Kathrins Büro. Die zwei sahen sich nur kurz an. Blicke genügten oft zwischen ihnen.

Ann Kathrin hatte diesen *Bitte kümmere dich, ich schaffe es gerade nicht*- Augenaufschlag. Sie wirkte angestrengt.

Ihr gegenüber saß die Mutter der Jungs. Sie hatte lange blonde Haare bis zu den Ellbogen. Sie redete verzweifelt auf Ann Kathrin ein: »Mein Mann war immer ein zärtlicher Liebhaber. Jetzt ist er ganz anders: Fordernd. Dominant. Egoistisch.«

»Ja«, sagte Ann Kathrin, »so etwas gibt es, Frau Oberdieck. Menschen verändern sich.«

Marion Wolters mischte sich ungefragt ein: »Das kenne ich. Am Anfang sind sie immer alle charmant, liebevoll, lesen einem die Wünsche von den Augen ab, und später dann …«

Carina Oberdieck funkelte Marion Wolters an. Sie fühlte sich keineswegs von ihr bestätigt und verstanden. »So ist das aber nicht!«, behauptete sie.

Marion zuckte mit den Schultern und machte eine Geste der Ratlosigkeit.

Ann Kathrin erklärte: »Frau Oberdieck glaubt, ihr Mann sei gar nicht ihr Mann.«

Die Kinder sangen jetzt im Flur:

»Zickezacke Hühnerkacke,
unser Nachbar hat 'ne Macke,
immer, wenn wir spielen wollen,
will er gleich die Bullen holen!«

Die Mutter stöhnte: »Ich weiß, dass sie nicht einfach sind. Die Situation ist auch für die Kinder schwierig. Ich wollte sie nicht mitbringen, aber die Babysitterin hat mich im letzten Moment versetzt, und ich …«

»Schon gut, ich kümmere mich«, sagte Marion und ließ Ann Kathrin mit der aufgebrachten Mutter allein.

»Mein Fabian«, behauptete Carina Oberdieck, »lebt nicht mehr. Da können Sie mir erzählen, was Sie wollen, Frau Kommissarin.«

Ann Kathrin wollte wissen: »Wann hatten Sie denn zum ersten Mal den Verdacht, dass Ihr Mann nicht Ihr Mann ist?«

»Wir haben eine schwierige Phase hinter uns. Ich will nicht sagen, dass alles an den Kindern lag, aber das hat es nicht gerade einfacher gemacht ... wir haben uns auf Probe getrennt, also wir wollten mal eine Pause einlegen.«

»Und wie lange hat die Pause gedauert?«

»Ziemlich genau ein halbes Jahr. Fabian hat sogar eine Therapie angefangen. Wir haben uns geschrieben, und je weiter wir voneinander entfernt waren, umso näher sind wir uns gekommen. Plötzlich war es fast wieder wie am Anfang. Wir haben zunächst eine Fernbeziehung geführt. Zwischen uns lagen fast immer vier-, fünfhundert Kilometer. Wir haben uns aufeinander gefreut und dann, am Wochenende ...«

»Ihr Mann hat also nie ganz viel von der Erziehung der Kinder mitbekommen?«

»Nein. Aber wir haben uns dann in Norden ein Haus gekauft. Wir wollten hier leben. Am Meer. Wo andere Urlaub machen.«

Ann Kathrin trank aus ihrem Kaffeebecher warmes Wasser. Sie hatte plötzlich das Gefühl, sich der Frau gegenüber erklären zu müssen: »Ich würde Ihnen auch gerne etwas anbieten, aber das ist kein Kaffee. Manchmal trinke ich einfach gerne heißes Wasser. Es hat so etwas Klärendes. Wollen Sie vielleicht auch?«

Carina Oberdieck nickte. Ann Kathrin erhob sich, als sei das bereits eine Anstrengung für sie. Stumm ermahnte sie sich selbst, in Zukunft mehr Sport zu treiben. Sie ging zum Wasserkocher, griff dann aber zur Thermoskanne. Daraus goss sie einen blauen Kaffeebecher voll.

Auf dem Becher stand: *Nimm dir Zeit für Meer.*

Frau Oberdieck nahm ihn gern. Sie schlug die Beine übereinander und stellte den Becher auf ihren Knien ab, wo sie ihn mit beiden Händen festhielt. Sie trank aber nichts davon.

»Wir wollten das Haus schon wieder verkaufen und uns scheiden lassen … Aber ich hatte immer das Gefühl, unsere Ehe sei noch nicht wirklich gescheitert.«

Ann Kathrin befürchtete, die Frau könne noch ein paar Stunden weiterreden, und da das Geschrei im Flur ziemlich laut wurde, versuchte sie ganz gegen ihre Gewohnheiten, das Gespräch abzukürzen: »Sie haben sich also entschieden, wieder zusammenzuziehen?«

»Ja. Zunächst vor allen Dingen auch wegen der Kinder. So waren wir zumindest gemeinsam in einem Haus, aber in getrennten Schlafzimmern.«

»Und wann haben Sie bemerkt, dass etwas nicht stimmte?«

Carina Oberdieck sah zur Tür, als müsse sie sich vergewissern, dass ihre Kinder nicht hereingekommen waren. Sie flüsterte: »Er wollte ständig Sex … Er hatte im Bett andere Vorlieben und überhaupt … Fabian war im Essen ganz etepetete. Alles musste immer Bio sein, höchstens einmal in der Woche Fleisch und dann natürlich ganz ausgesuchtes vom Biobauernhof. Und plötzlich geht der mit den Jungs ins Fußballstadion und Pommes essen … «

Ann Kathrin machte ihr ein Angebot: »Vielleicht hat Ihr Mann sich ein wenig verändert und kommt jetzt mehr aus sich heraus. Gerade wenn Sie sagen, dass er eine Therapie begonnen hat. Dazu die Trennungszeit … «

Frau Oberdieck ließ das nicht gelten. Sie tippte sich gegen die Stirn und verschüttete etwas von dem warmen Wasser, schien das aber gar nicht zu bemerken: »Plötzlich fährt er mit denen nach Köln zum 1. FC! Dabei war er doch Werder-Bremen-Fan. Nein! Das ist nicht mein Fabian! Ich spüre das ganz genau. Fabian ist tot!«

Ann Kathrin war ein wenig ratlos. Sie nahm noch einen Schluck Wasser, lehnte sich in ihrem schwarzen Bürosessel zurück, versuchte, ruhig zu atmen und beide Fußsohlen fest auf den Boden zu drücken. Diese Frau war fest davon überzeugt, dass ihr Mann ermordet worden war und ein Fremder sich bei ihr eingenistet hatte. War sie ein Fall für die Psychiatrie?

»Ich bin«, sagte Ann Kathrin, »von der Mordkommission.«

»Ich weiß. Deswegen bin ich ja zu Ihnen gekommen.«

»Wenn wir keine Leiche haben, dann ist es natürlich schwierig, von einem Mord zu sprechen. Sie reden von einem Mann, der sich verändert hat. Mal ehrlich, Frau Oberdieck, wenn jemand - gesetzt den Fall, es ist wirklich so - so tut, als sei er Ihr Mann, dann muss er ihm schon verdammt ähnlich sehen. Aber spätestens wenn Sie mit ihm ins Bett gehen, werden Sie doch bemerken, ob ...«

»O nein. So einfach ist das nicht, Frau Klaasen. Das ist Fabians Zwillingsbruder.«

»Er hat einen Zwillingsbruder?«

»Ja. Eineiige Zwillinge.«

Das ließ die Geschichte in einem anderen Licht erscheinen. Ann Kathrin machte sich Notizen. Nicht etwa weil sie sich wirklich etwas aufschreiben wollte, sondern damit die Frau das Gefühl bekam, ernst genommen zu werden. Oft veränderte es ein Gespräch, wenn sie mitzuschreiben begann. Dabei spielte es gar keine Rolle, ob sie es wirklich tat oder nicht.

»Und Sie glauben also, dass sein Zwillingsbruder ihn umgebracht hat und jetzt stattdessen bei Ihnen wohnt?«

»Das glaube ich nicht, das weiß ich.«

Frau Oberdieck und Ann Kathrin sprangen gleichzeitig hoch und waren bei der Tür. Selbst Rupert trat erneut in den Flur, um zu gucken, was los war. Er verschränkte die Arme vor der Brust und amüsierte sich.

Marion Wolters saß auf einem Stuhl. Ihr linkes Handgelenk war mit einer Handschelle an der Lehne eines anderen Stuhls festgemacht. Die beiden Kinder liefen johlend in Richtung Treppe.

Marion versuchte, sich zu erklären: »Ich wollte sie beschäftigen. Wir haben doch kein Spielzeug hier. Sie haben mich gefragt, ob ich eine richtige Polizistin bin, ob ich Handschellen habe und ...«

»Dann hast du sie ihnen gezeigt«, feixte Rupert. »Mariönchen, Mariönchen, du musst noch viel lernen.«

Die Mutter versuchte, ihre Kinder zu beschützen: »Die meinen das nicht böse. Die sind ein bisschen wild, aber sonst eigentlich ganz in Ordnung.«

»Ja, ganz goldige Kerlchen«, lachte Rupert, der froh war, dass der Kinderwunsch, den seine Frau Beate lange gehegt hatte, niemals in Erfüllung gegangen war.

Vielleicht hat mich das davor bewahrt, zum Kindsmörder zu werden, dachte er und zuckte plötzlich zusammen, weil er nicht wusste, ob er das nur gedacht oder laut gesagt hatte. Heutzutage wurde ja jedes Wort auf die Goldwaage gelegt, da konnte man sich leicht um Kopf und Kragen reden.

Ann Kathrin wollte Marion aus der misslichen Lage befreien und fragte sich, warum Marion es nicht selbst längst getan hatte. »Haben die Kinder etwa auch den Schlüssel?«, fragte Ann Kathrin.

Marion antwortete nicht, sondern presste ihre Lippen fest zusammen.

»Kommt sofort zurück!«, rief Carina Oberdieck hinter ihren Söhnen her.

»Früher«, behauptete Rupert, »hat man mit Taschengeldentzug gedroht, Stubenarrest oder dass es keinen Nachtisch gibt. Heute, habe ich gehört, soll es ausreichen, wenn man das WLAN-Passwort verändert, damit die Kleinen nicht mehr ins Netz kommen ...«

»Ja«, fauchte Frau Oberdieck zurück, »herzlichen Dank für die Erziehungstipps!«

»Vielleicht hilft mir mal einer?«, fragte Marion und versuchte aufzustehen.

Polizeidirektorin Elisabeth Schwarz kam die Treppe hoch. Ihr Gang hatte etwas Erhabenes an sich, und sie strahlte eine Autorität aus, die keine lauten Worte nötig hatte. Geradezu ängstlich wichen die Kinder zurück und flohen zu ihrer Mutter.

Frau Schwarz erfasste die Situation sofort. Sie musterte Marion Wolters, verzog den Mund und sprach dann schmallippig Ann Kathrin an: »Wie ich sehe, haben Sie mal wieder alles im Griff.«

Leseprobe

Klaus-Peter Wolf
DER WEIHNACHTSMANNKILLER II

Dieser Band erscheint am 25. 9. 2024

Hier nannte man ihn nicht den *Weihnachtsmannkiller*, sondern *Der Ostfriese* oder *Möwe*. Susi sagte sogar liebevoll *Möwchen* zu ihm. Man durfte sie zwar nicht anfassen, dann bekam sie Schreikrämpfe, aber sie zwinkerte ihm zu und warf ihm aus der Entfernung auch immer wieder Küsschen zu, weil er sie beim Mühle- und Dame-Spiel gewinnen ließ.

Sie schummelte gern und recht geschickt, doch er verriet sie nicht. So hatten sie ein kleines Geheimnis miteinander, und das machte Freunde aus ihnen.

Frau Dr. Karin Bogen, von den Patienten *Flitze* genannt, fand, dass er sich in der Gruppentherapie sehr gut geöffnet hatte. Viele erfanden hier Geschichten, um die Peinlichkeit zu überbrücken, die entstand, wenn in den Gruppen niemand etwas sagen wollte.

Frau Dr. Bogen, die *Gärtnerin der Neurosen*, merkte so etwas natürlich. Sie nannte es nicht Lüge, sondern unauthentisch. Da war er mit seiner Geschichte gut angekommen, denn er erzählte nur die Wahrheit: »Ich … ich füttere Möwen, mit Fischbrötchen und Pommes«, hatte er zugegeben und *Bullemann*, ein Hüne von zwei Meter vier, der als Sachbearbeiter in der Buchhaltung seinen Chef erwürgt hatte und deswegen für viele, die ihre Chefs auch gern erwürgen würden, aber sich nicht trauten, als Held galt, kommentierte das sofort mit seinem Lieblingsspruch: »Das ist verboten, das darf man nicht.«

Susi war sofort für ihn in den Ring gesprungen und hatte ihn verteidigt: »Aber wenn er doch so tierlieb ist!«

Frau Dr. Bogen bat: »Wir wollen Tobias jetzt erst mal ausreden lassen.«

»Also, ich weiß natürlich, dass das verboten ist. Vielleicht tue ich es deshalb so gern. Am liebsten würde ich es jetzt auch machen. Hier gibt es ja keine Möwen, aber zum Beispiel so kleine Silberfischchen. Denen streue ich auch immer Körner hin. Aber ich weiß nicht, ob die Brötchen mögen.«

Irgendwann hatte er sich in Rage geredet und davon geschwärmt, wie toll es war, wenn er am Nordseestrand, am liebsten in Norddeich, den Möwen zusehen konnte, wie sie Touristen angriffen, die lange Schlange gestanden hatten, um sich Pommes oder Fischbrötchen zu besorgen.

»Die Möwen«, triumphierte er lachend, »wissen ja nicht, ob man sie füttern will oder nicht. Die denken, die Touristen sind so nett zu ihnen wie ich. Das ist ein Spaß! Und dann das Gekreische!«

»Das ist verboten, das darf man nicht«, kommentierte Bullemann. Er sagte das während der Gruppentherapien mindestens alle zehn Minuten.

Manchmal kommentierte Frau Dr. Bogen die Aussage eines Patienten, wenn er sich wirklich geöffnet hatte. Es war weniger ein Kommentar, sondern mehr eine Zusammenfassung, fand er. Vielleicht kam auch daher ihr Spitzname *Flitzebogen*. Sie traf mit dem, was sie sagte, oft ins Schwarze.

Ihm hatten ihre Aussagen unglaublich gutgetan. Seitdem fühlte er sich tatsächlich besser. Mit sich selbst im Reinen.

Wenn jemand etwas gegen Frau Dr. Bogen sagt, so schwor er sich, lege ich ihn um. Sie stand ab jetzt unter seinem persönlichen Schutz.

Vor allen hatte sie laut mit ihm gesprochen. Sie beugte sich vor, stützte ihre Ellbogen auf ihren Knien ab, hatte ihm geradlinig in die Augen gesehen und gesagt: »Sie identifizieren sich mit den Möwen. Es sind wilde Raubtiere. Kaum einer mag sie. Nur wenn man sie von weitem sieht, findet man sie für ein Foto gut. Sie werden auch die Ratten der Lüfte genannt.«

»Wie die Tauben am Kölner Dom«, warf Bullemann ein.

Frau Dr. Bogen ignorierte ihn. Sie blieb ganz bei Tobias.

Er hatte ihr recht gegeben: »Ja, die Möwen gehören genauso wenig zur menschlichen Gesellschaft wie ich oder die Silberfischchen hier.«

»Die Möwen holen sich, was sie wollen, und ansonsten halten sie Abstand. Wenn sie einer anfassen will, picken sie mit ihrem scharfen Schnabel zu oder fliegen einfach weg«, rief Susi begeistert und klatschte dabei fröhlich in die Hände.

Seitdem hieß er *Möwe* oder für Susi *Möwchen.*

Er nahm an allen Aktivitäten teil. Am Malkurs und auch in der Töpfergruppe war er sehr schnell zum Künstler ernannt worden. Er, der Nichtraucher, machte die schönsten Aschenbecher.

Am Anfang musste er seine Medikamente unter Aufsicht nehmen, jetzt wurden die Pfleger laxer, denn er galt als *unkompliziert,* als einer, der keine Schwierigkeiten machte.

Das Anti-Aggressionstraining erledigte er problemlos. Schließlich saß ihm hier kein Weihnachtsmann gegenüber.

Nur *Ödi,* mit seinem weißen Vollbart bis zur Brust, nervte ihn. Der heulte jedes Mal, wenn jemand eine Spinne oder eine Mücke erschlug. Ihm hätte er gern mal eine hereingehauen. Das sagte er aber nicht. Ödi mit der Fistelstimme hatte seine Mutter erstochen.

Wenn der sich noch rote Klamotten anzieht, dachte Tobias Henner, ist er reif. Dann kann ich mich nicht zurückhalten.

Doch zum Glück trug Ödi meist eine blaue Latzhose und karierte Baumwollhemden.

Der Frühling und der Herbst waren für Henner hier in der forensischen Psychiatrie eine gute Zeit gewesen. Vielleicht sogar besser als zu Hause in Norden, wo er doch sehr abgekapselt, ja eremitenhaft lebte und niemanden in seine Wohnung ließ, um sich nicht zu verraten. Schließlich hatte er Leichen in seiner Tiefkühltruhe gestapelt, aber das spielte hier unter den anderen Patienten keine Rolle.

Jetzt, in der Adventszeit, wurde er langsam nervös. Immer wieder erklang irgendwo ein schauriges Weihnachtslied. Es war schwer, dem zu entfliehen.

Am Abend hatten sie im Fernsehen einen Bericht über ihn gebracht: Eine Reportage über den Weihnachtsmannkiller. Fast alle hatten zugesehen. Jeder wusste jetzt, dass er siebzehn Menschen getötet hatte. Siebzehn ehemalige Weihnachtsmänner.

Zunächst wollte er am anderen Morgen sein Zimmer gar nicht verlassen. Er fürchtete, auf Hass und Missgunst zu treffen, denn die anderen malten ja schon fleißig Weihnachtspostkarten, um sie nach Hause zu schicken, sofern es für sie noch ein Zuhause gab und sie noch irgendjemanden hatten. Sie freuten sich auf Christstollen und Adventskalender, und in einer Gruppe wurden Weihnachtskrippen gebastelt, die Heiligen drei Könige, Schafe und Engelchen aus Fimo. Vorsichtshalber machte er da nicht mit.

In der Einzelstunde hatte Frau Dr. Bogen ihn gefragt, ob es denn niemanden gäbe, für den er gern ein Weihnachtsgeschenk basteln würde. Er wollte zunächst verneinen, denn da draußen gab es tatsächlich niemanden. Aber dann sagte er schnell: »Ich würde gern für Sie etwas basteln. Und vielleicht auch für Susi.«

Sie fühlte sich nicht geehrt. Sie zeigte keine Regung. In den Einzelstunden setzte sie oft dieses Pokerface auf. Aber er vermutete, dass es für sie sehr schwer war, ihre Freude unter Kontrolle zu halten. Wahrscheinlich durfte sie das nicht zeigen. Es gab ja so viele Scheißregeln im Leben. Dies war möglicherweise eine davon, die für Psychologinnen - wie sie - galt, die andere dazu bringen wollten, ihre Gefühle zu offenbaren und selbst dabei versuchten, nur eine Projektionsfläche zu werden, wie ein weißes Blatt Papier, auf die jede Geschichte geschrieben werden kann.

»Ich würde Ihnen aber lieber etwas zum Geburtstag basteln oder einfach so, weil Sie ein guter Mensch sind ... Aber keinen Weihnachtsmann, sondern zum Beispiel eine Möwe oder ...« Er überlegte.

»Oder einen Silberfisch?« Sie sagte auch das nicht wie einen Scherz, sondern wie eine ernsthafte Möglichkeit, die man erwägen konnte.

»Warum«, fragte sie, »machen Sie in der Backgruppe nicht mehr mit, Tobias? Sie haben doch dort wunderbare Torten gezaubert. Das war jedes Mal ein Ereignis.«

»Ja, aber das ist nichts mehr für mich. Die fangen ja schon an mit Spekulatius, Weihnachtssternen, und jetzt sollen Stutenkerle gebacken werden. Bei uns in Ostfriesland nennt man die *Klaaskerl.*«

»Und wenn«, fragte sie, »Susi oder ich, wenn sich eine von uns nun so einen«, sie versuchte, das ostfriesische Wort richtig auszusprechen, »Klaaskerl wünschen würde? Könnten Sie sich dann überwinden?«

»Ich habe mir«, verriet er, »früher auch Knusperhäuschen gebaut. Sogar bis kurz vor meiner Verhaftung.«

Sie staunte und wollte mehr darüber wissen.

»Ja, allerdings nicht aus Lebkuchen und Zuckerguss, sondern aus Fischstäbchen. Und auch nicht so ein Spitzdach, sondern einen Flachdachbungalow.«

War es ihm tatsächlich gelungen, ihr ein Lächeln abzuringen? Lachte sie ihn aus, oder fand sie es amüsant?

Er hatte schon zweimal an Gruppenausflügen teilgenommen. Einmal hatten sie – zwei Stunden lang – einen Zoo besucht, und anschließend gab es ein Eis. Er hatte befürchtet, dass uniformierte Polizisten sie mit Maschinenpistolen um den Hals begleiten würden. Doch das war gar nicht so. Es gab eine Eins-zu-eins-Betreuung. Ja, so hieß das. Jeder Patient hatte einen Pfleger bei sich.

Am Anfang gingen sie auch noch nebeneinander her, später dann bildeten sich zwei Gruppen, die des Personals und die der Patienten. Eigentlich war alles ganz entspannt gelaufen, so dass er auch beim zweiten Mal wieder mitdurfte. Diesmal besichtigten sie eine Kunstausstellung, und zum Abschluss gab es beim Italiener Pizza.

Doch was jetzt bevorstand, war unendlich viel größer für ihn: ein Besuch auf dem Weihnachtsmarkt.

✦

Er mochte Frau Dr. Bogens Art, die Patienten zu siezen, aber gleichzeitig mit Vornamen anzusprechen. So schaffte sie Nähe und Distanz in einem.

Sie hatte ihm gestanden, dass sie Material für eine wissenschaftliche Arbeit über ihn sammelte. Es hatte sich für ihn angehört wie ein Geständnis. Sie wollte seine Einverständniserklärung. Er gab sie ihr gern.

Was zunächst ein Artikel für eine Fachzeitschrift werden

sollte, wuchs sich langsam zu einem Buch aus. Er fühlt sich gebauchpinselt, zeigte das aber nicht.

Über den Serienkiller Dr. Bernhard Sommerfeldt waren viele Bücher geschrieben worden. Er fand, dass ihm das auch zustand.

Dass er jemals wieder hier herauskommen würde, den Traum hatte er aufgegeben. Warum auch? Er hatte sich hier wunderbar eingerichtet, und Frau Dr. Bogen war eine sehr anregende Gesprächspartnerin. Nie zuvor in seinem Leben hatte jemand so viel Interesse an ihm gezeigt. Kommissarin Ann Kathrin Klaasen vielleicht mal ausgenommen.

Ja, er wäre gern geblieben und hätte auch gern weiter an dem Buch mitgearbeitet. Und ganz sicher würde er auch Susis Augenzwinkern und ihre Küsse aus der Ferne vermissen. Doch der Weihnachtsmarkt, das war einfach eine zu harte Prüfung für ihn.

Damit der Geruch von gebrannten Mandeln, Glühwein und Bratwurst ihn nicht fertigmachte, hatte er sich Ohrstöpsel aus hautfreundlichem Schaumstoff in zwei kleine nasengerechte Teile geschnitten und sie sich in die Nase geschoben. Er musste jetzt durch den Mund atmen, und seine Nase hatte knollenartige Ausbuchtungen, aber immerhin trafen ihn die schrecklichen Gerüche nur gefiltert.

Susi wollte gern einen roten Liebesapfel haben. Sie leckte auf laszive Art am Zuckerguss und zwinkerte ihm dabei zu. Ihm! Nicht dem Bullemann, der in Susi verliebt war, seit er sie zum ersten Mal gesehen hatte.

Die Gruppe wurde nicht nur eins zu eins von Pflegekräften betreut, sondern die Gärtnerin der Neurosen war auch mit dabei und zwei Polizeibeamte, Jens Jenssen und Dirk Seibold. Um die Patienten aber keinen Diskriminierungen auszusetzen, gingen sie in Zivil mit. Es waren zwei nette junge Familienväter mit entspannten Gesichtern. Sie glaubten, das würde ein leichter Job werden. Ein angenehmer Nachmittag.

An einer Bude mit Holzarbeiten ließ Jens Jenssen sich die Namen seiner Frau und seiner Tochter in Frühstücksbrettchen brennen. Es gab Rostbratwürstchen für alle.

Er zögerte. Das schaffe ich nicht, dachte er, denn obwohl er Rostbratwürstchen gern aß und sie schön knusprig aussahen, vom Holzkohlegrill, war da dieses kleine Problem mit dem Typen hinter der Theke. Er trug so eine bescheuerte rote Mütze mit weißem Rand. Die Spitze der Nikolausmütze wurde batteriebetrieben von links nach rechts geworfen, dabei bimmelte das Glöckchen, das oben dranhing.

Ich hätte mir, dachte er, die Ohrenstöpsel besser in die Ohren gesteckt.

Frau Dr. Bogen stand neben ihm. Sie hielt bereits eine Bratwurst in den Händen und aß sie genüsslich mit viel Senf. Sie sah sein Zögern und fragte ihn: »Wie ist das jetzt für Sie, Tobias, hier zu sein, auf dem Weihnachtsmarkt, und mit den anderen eine Bratwurst zu essen?«

Er antwortete nicht. Er konnte gar nicht woanders hingucken. Diese Weihnachtsmannmütze mit der Glocke machte ihn fertig.

»Solche Menschen«, sagte sie, »haben Sie früher getötet. Was fühlen Sie jetzt?«

Er schluckte. Der Idiot hinterm Bratwurststand sah ihn an und wartete auf die Bestellung. Er drehte die Würstchen noch einmal um.

Tobias Henner sagte so ruhig wie möglich, während er das Gefühl hatte, sein Herz würde in der Brust, im Hals und im Kopf gleichzeitig pochen: »Es ist, als sei ich das gar nicht gewesen. Als hätte es ein anderer getan.«

»Sie haben keine Gefühle zu dem, was damals geschehen ist?«

»Ich weiß, dass es so war. Aber es ist wie ein Film, den ich gesehen habe. Nicht wirklich real.«

Der Typ hinterm Stand wurde ungeduldig und klopfte mit der Gabel auf den Rost.

Tobias brachte den Satz raus: »Ich hätte auch gern eine Bratwurst.«

Gelangweilt hakte der Möchtegern-Weihnachtsmann nach: »Vom Schwein oder vom Rind? Mit Senf oder mit Ketchup? Im Brötchen oder mit Pommes?«

So viele Entscheidungen überforderten ihn. Ihn beschlich der Gedanke, das Ganze sei vielleicht ein Experiment, und Frau Dr. *Flitze*bogen beobachtete ihn, weil sie Material für ihr Buch brauchte.

Wie schaffe ich es, die Wurst zu nehmen, ohne dass er mich berührt, fragte Tobias sich. Er befürchtete, bei einem direkten Kontakt auszuflippen. Die Lust in ihm wuchs, dem Bratwurst-Weihnachtsmann eine Gabel in die Hand zu rammen, ihn über die Theke zu ziehen und ihm dann mit seinem eigenen Brotmesser die Halsschlagader zu durchtrennen.

»Nimm die Thüringer«, rief Susi. »Die ist richtig lecker.«

Er nickte ihr dankbar zu und wiederholte: »Ja. Die Thüringer.«

Zum Glück lag auf der Theke ein gewelltes Metallstück. Da hinein legte der Wurst-Dealer das Brötchen mit der Thüringer. Als Tobias in sein Würstchen biss, hatte er das Gefühl, eine schwierige Arbeit erledigt zu haben. Die Beherrschung hatte ihn ungeheuer viel Kraft gekostet. Seine Unterwäsche war schweißnass, seine Hände und seine Nase von der kalten Luft aber rotgefroren.

Frau Dr. Bogen lobte ihn: »Sie machen das gut, Tobias.« Dann nickte sie dem Polizisten mit den Frühstücksbrettchen zu. Der reagierte mit erhobenem Daumen.

Sie haben mich voll im Blick, dachte Tobias Henner. Sie wollen sehen, ob ich noch der Weihnachtsmannkiller bin oder ob die Tabletten einen harmlosen Spinner aus mir gemacht haben, wie aus den meisten hier.

Natürlich wusste Susi, dass Alkohol für Patienten tabu war. Trotzdem scherzte sie: »Na, Frau Doktor Flitze, jetzt ein Gläschen Glühwein?«

Bullemann wies sie sofort zurecht: »Das ist verboten, das darf man nicht.«

Frau Dr. Bogen reagierte gelassen: »Es gibt da auch alkoholfreien Glühwein. Davon nehme ich auch gerne einen.«

»Okay«, lachte Tobias, »aber nicht schummeln!«

Am liebsten hätte er sich wie früher Kopfhörer aufgesetzt und laut Death Metal aufgedreht, um dieses Weihnachts-Klinkel-Klankel nicht aushalten zu müssen. Doch es kam noch schlimmer. Es gab sogar einen Engelchen-Kinderchor. Zettel mit den Liedtexten wurden verteilt, damit jeder mitsingen konnte.

Er verzog sich zur Toilette. Jens Jenssen ging mit und blieb vor der Tür stehen. Er telefonierte mit seiner Frau, denn der Kleine hatte Fieber, wollte heute nicht bei Oma bleiben, und sie musste zur Weihnachtsfeier. Sie wurde sowieso schon von ihren Kolleginnen gemobbt, weil sie so selten an außerberuflichen Aktivitäten teilnahm. Es war nicht leicht für sie, mit so vielen studierten gut ausgebildeten Singles zusammenzuarbeiten.

Er verstand sie zwar, doch er gab zu bedenken: »Sarah, ich kann jetzt hier nicht weg.«

Dann fiel ein Name, der ihn auf die Palme brachte. Ständig verglich sie ihn mit Johannes, dem Mann ihrer Schwester.

»Ja, klar, unterstützt der Johannes seine Frau in so einer Situation! Der ist Maler, Mensch! Sie verdient die Kohle, und er kümmert sich um die Kinder und um seine Bilder. Ist ja alles ganz okay, aber ich kann doch jetzt hier nicht so einfach ...«

Kaum stand Tobias im Toilettenwagen am Pissoir und versuchte durchzuatmen, betrat ein Weihnachtsmann den wackeligen Raum und stellte sich mit lautem »Hohoho« neben Tobias. Er trug nicht nur eine klassisch gewellte Perücke, sondern auch einen imposanten langen weißen Bart und buschige Augenbrauen. In dem glänzenden Weiß hing lediglich unterhalb der Lippen ein bisschen Currysoße. Er roch nach Alkohol.

Der Weihnachtsmann hatte einen Sack bei sich, verziert mit einer goldenen Kordel. Darin Weckmänner mit Rosinenaugen und Tonpfeifen. Er stellte den Sack neben sich ab und öffnete seine Hose.

Nicht mal hier ist man sicher, dachte Tobias und biss in seinen Handrücken.

Er hörte draußen das Telefongespräch mit, während der Weihnachtsmannkiller in ihm immer größer wurde. Vielleicht hätte er es geschafft, mit der im Anti-Aggressionstraining gelernten Technik die Situation zu überstehen, doch der Weihnachtsmann neben ihm stöhnte: »Ich hatte mir den Job echt leichter vorgestellt. Für fünfzehn Euro die Stunde hab ich den ganze Tag Rotzlöffel auf den Knien und frag sie nach ihren Scheißwünschen. Die Muttis haben Tränen in den Augen, während sie uns fotografieren. Dabei würde ich die viel lieber auf den Schoß nehmen. Da sind schon ein paar ganz schön scharfe Schnitten dabei.«

Im Kochkurs hatte Tobias den Satz gehört: *Man wird, was man isst.* Er musterte den Pinkler neben sich. Wenn dieser Satz wahr war, dann musste der irgendwann ein faules Stück Scheiße gegessen haben.

Er zog einen Flachmann aus der Tasche: »Doppelkorn.« Er nahm einen tiefen Schluck. Erleichtert stöhnte er gegen die Wand.

»Hoffentlich hat's geschmeckt«, sagte der Weihnachtsmannkiller, »das war nämlich der letzte Schluck deines Lebens.«

»Häh? Was?« Weiter kam er nicht. Ein Tritt gegen sein linkes Knie nahm ihm die Luft. Dann traf ihn eine Faust im Gesicht, und der Weihnachtsmannkiller packte ihn bei der Gurgel. Dabei berührten die weißen Polyesterhaare Tobias Henners Finger.

Tobias rechnete mit Widerstand, doch der Santa Claus ergab sich seinem Schicksal, als hätte er nur darauf gewartet, endlich zu seinen Engelchen in den Himmel zu kommen. Doch Tobias Henner war sich sehr sicher: Der hier würde in der Hölle landen, wo er hingehörte.

Der Rest lief fast automatisch ab. Es kam ihm so vor, als würde er sich selbst zusehen, ja als wären seine Augen unter der Decke. Er erschrak vor sich selbst, gleichzeitig bewunderte er sich.

Endlich war seine Zeit wieder gekommen! Er zog sich das Weihnachtsmannkostüm an. Er wusste, dass dies der Weg in die Freiheit war. Doch es kostete ihn enorme Überwindung. Er kämpfte gegen den körperlichen Ekel an. Dies Gefühl, brechen zu müssen, als er sich den gut fünfzig Zentimeter langen Vollbart umschnallte. Es kratzte im Gesicht.

Unter dem Polyester aber fühlte er sich wieder frei. Durchtrieben und cleverer als der Rest der Welt.

Schade, dass Frau Dr. Bogen mich so nicht sehen kann, dachte er.

Er verließ den Toilettenwagen leichtfüßig und nickte dem jungen Polizisten sogar zu, der immer noch dabei war, sich vor seiner Frau zu rechtfertigen.

Du wirst so bald noch keinen Feierabend haben, dachte der Weihnachtsmannkiller. Er lief an dem Karussell vorbei und hatte Glück. Auf der gegenüberliegenden Straßenseite hielt der Bus. Weihnachtsmänner brauchten keinen Fahrschein.

Im Bus versteckte sich ein kleines Mädchen hinter seiner Mutter und fragte laut: »Mama, ist das der Nikolaus?«

Er nickte dem Kind zu, griff in seinen Sack, fischte einen Stutenkerl heraus und fragte: »Möchtest du?«

Das kleine Mädchen, das auf den Namen Lucy hörte, wollte nur zu gern. Doch die Mutter hielt das Kind zurück: »Sind die denn auch gluten- und laktosefrei?«, fragte sie und sah den Weihnachtsmann kritisch an. Sie mochte es überhaupt nicht, wenn Erwachsene ihrem Kind in der Öffentlichkeit etwas zu essen anboten. Sie achtete so sehr auf eine gesunde Ernährung ihrer Tochter, mied Fleischtheken, wo Wurst verteilt wurde, genauso wie Bäckereien. Am liebsten nahm sie ihre Lucy gar nicht mit zum Einkaufen, denn Verführungen lauerten überall. Lucy sollte gluten-, laktose- und nach Möglichkeit sogar zuckerfrei aufwachsen. Letzteres war aber kaum möglich, denn Lucy war auf Zucker schärfer als ihr Ex-Mann auf junge Frauen.

»Ja, ich weiß nicht«, antwortete der Weihnachtsmannkiller. »Ich fürchte, nicht.«

Dann biss er dem Weckmann den Kopf ab. Er fand es gut, um die Mutter zu schockieren, hatte aber selbst Mühe, zu kauen. Es wurde immer mehr in seinem Mund. Er schaffte es gar nicht, das breiige Zeug herunterzuschlucken.

»Sie haben völlig recht«, bestätigte er. »Grässlich! Es schmeckt einfach grässlich. Nee, Lucy, so einen Dreck willst du auch nicht essen. Da kauft deine Mama dir bestimmt lieber ein Eis oder eine Schokolade.«

Klaus-Peter Wolf
Ein mörderisches Paar
Das Versprechen

Er ist ein Mann mit Prinzipien. Und er scheut vor Mord nicht zurück. Sie ist eine Frau mit Hintergrund. Und äußerst schlagfertig. Gemeinsam spielen sie nicht nur Golf!
Der Drogentod eines Schülers bringt Dr. Ernest Simmel alias Dr. Bernhard Sommerfeldt auf den Plan. Er weiß, wem er einen Besuch abstatten muss und welche Strafe der Dealer verdient hat. Sommerfeldt und Frauke, seine zukünftige Ehefrau, sind ein mörderisches Paar und das neue Dream-Team in der Spannung.

Die neue Serie von Nummer-1-Bestsellerautor Klaus-Peter Wolf ab Mai 2023!

Ostfriesenkrimi
464 Seiten, Klappenbroschur

Weitere Informationen finden Sie auf
www.fischerverlage.de

Norden
Norddeich
Scan den QR-Code für mehr Informationen
Der Tourismus-Service Norden-Norddeich präsentiert
Klaus-Peter Wolf
und die Welt der Ostfriesenkrimis
AUSSTELLUNG IN NORDEN-NORDDEICH
Foto: Gaby Gerster
norddeich.de/ostfriesenkrimis
SCHIWAGO FILM

Klaus-Peter Wolf
Totenstille im Watt
Sommerfeldt taucht auf
Roman
Band 29764

Der neue Held von Kult-Autor Klaus-Peter Wolf

»Es ist viel schwieriger, eine gute Fischsuppe zu kochen, als an eine neue Identität zu kommen. Meine ist perfekt. Ich heiße neuerdings Dr. Bernhard Sommerfeldt. Ich bin praktischer Arzt. Ich habe mich in dem schönen Städtchen Norddeich niedergelassen. Die Leute kommen gerne zu mir. Ich höre ihnen zu. Behandele nicht nur ihre Wunden, sondern entsorge auch schon mal den gewalttätigen Ehemann. Ich bin ein Mann mit Prinzipien. Und ich scheue vor Mord nicht zurück.« Ostfriesland ist noch gefährlicher geworden, und Ann Kathrin Klaasen hat einen neuen, raffinierten Gegenspieler.

Klaus-Peter Wolf
Totentanz am Strand
Sommerfeldt kehrt zurück

Das war knapp: Seine Enttarnung in Ostfriesland, die Trennung von Beate und seine anschließende Flucht nach Gelsenkirchen haben Spuren bei Dr. Sommerfeldt hinterlassen. Ganz auf sich selbst gestellt, sinnt er auf Rache. An seiner Familie in Bamberg, die ihn in diese Lage brachte. Aber die Sehnsucht nach Ostfriesland lässt ihn nicht los. Also fährt er noch einmal an den Ort, an dem es für ihn am gefährlichsten ist. Denn dort fahndet noch immer Ann Kathrin Klaasen nach Dr. Bernhard Sommerfeldt.

»... genau die Mischung aus Bekanntem und Originalität, die gute Bestseller haben.« *Stefan Keim, WDR*

384 Seiten, broschiert

Weitere Informationen finden Sie auf
www.fischerverlage.de

AZ 596-29919/1

Jeder Mensch sollte ein
selbstbestimmtes und
würdevolles Leben bis zum letzten
Augenblick führen können.
Sterben ist ein Teil des Lebens.

Unser Hospiz am Meer steht. Es war ein weiter Weg von der Idee – wir hatten noch nicht einmal ein Grundstück – bis jetzt. Ich bedanke mich bei den vielen Menschen, die uns mit ihren Spenden geholfen haben. Es macht mich stolz und glücklich, dass so viele meiner Fans dabei mitgeholfen haben. Natürlich sind wir auch weiterhin auf Spenden angewiesen.

Hier unser Spendenkonto:

FÖRDERVEREIN
HOSPIZ
AM MEER

Förderverein Stationäres Hospiz Norden e.V.
Spendenkonto: IBAN DE 04 2835 0000 0145 4027 98
BIC BRLADE21ANO Sparkasse Aurich-Norden